Vito Roberto

Haftpflichtrecht

Haftpflichtrecht

Vito Roberto
Dr. iur., Professor an der Universität St. Gallen

2. Auflage

Stämpfli Verlag

Zitiervorschlag: Vito Roberto, Haftpflichtrecht, 2. Auflage, N xy

Bibliografische Information der Deutschen Nationalbibliothek
Die Deutsche Nationalbibliothek verzeichnet diese Publikation in der Deutschen Nationalbibliografie; detaillierte bibliografische Daten sind im Internet über http://dnb.d-nb.de abrufbar.

www.staempfliverlag.com

ISBN 978-3-7272-1575-9

Über unsere Online-Buchhandlung www.staempflishop.com
ist zudem folgende Ausgabe erhältlich:
Judocu ISBN 978-3-0354-1514-8

FSC
www.fsc.org
MIX
Papier aus verantwortungsvollen Quellen
FSC® C083411

Vorwort

Das Haftpflichtrecht gehört zum Kerngebiet der juristischen Ausbildung. Die Beherrschung haftungsrechtlicher Grundbegriffe wie Kausalität, Verschulden und Schaden ist auch für das Verständnis anderer Rechtsgebiete bedeutsam. Dreh- und Angelpunkt des ausservertraglichen Haftungsaufbaus ist sodann der Begriff der Rechtswidrigkeit. Da diese Grundlagen des Haftpflichtrechts im Schrifttum umstritten sind, verdeutlicht das vorliegende Lehrbuch in einer leicht fasslichen Darstellung die dogmatischen Strukturen des Rechtsgebietes, zeigt deren Anwendung auf konkrete Problembereiche auf und erläutert die Streitfragen. Dies erfolgt weitgehend anhand von Beispielsfällen. In diesem Sinne hilft auch der in der Reihe «Stämpflis juristische Repetitorien» erschienene Ergänzungsband bei der Wiederholung sowie Festigung des Stoffes und der Prüfungsvorbereitung.

Behandelt werden neben der in OR 41 ff. geregelten ausservertraglichen Haftung auch der Persönlichkeitsschutz und die weiteren im ZGB geregelten Haftungstatbestände sowie die Gefährdungshaftungen und die Staatshaftung. Einen Schwerpunkt bildet sodann die Schadensberechnung und Ersatzbemessung. Aufgrund der Behandlung zahlreicher im Haftpflichtrecht umstrittener Fragen und der Einarbeitung der neueren Rechtsprechung dürfte das Buch nicht nur für Studierende, sondern auch als Nachschlagewerk für den Praktiker wertvoll sein.

Die Literaturnachweise wurden aus Gründen der Lesbarkeit auf ein Minimum beschränkt. Wo es dem Verständnis des jeweiligen Fragenbereichs dient, wird auch auf ausländische Lehrmeinungen und Gerichtsentscheidungen verwiesen. Rechtsprechung und Literatur wurden bis Dezember 2017 berücksichtigt.

Ein herzlicher Dank gilt meiner wissenschaftlichen Assistentin, Frau Nadia Kuźniar, M.A. HSG, sowie den weiteren Assistentinnen und Assistenten, welche an dieser und der vorangehenden Auflage mitgewirkt haben. Danken möchte ich auch all jenen, die mir kritische Hinweise und Anregungen für Verbesserungen zukommen lassen (vito.roberto@unisg.ch).

St. Gallen, im Dezember 2017 *V.R.*

Inhaltsübersicht

Inhaltsverzeichnis

II. Teil: Haftungsfolgen

Abkürzungsverzeichnis

Allgemein

a.a.O.	am angeführten Ort
a.M.	anderer Meinung
Abs.	Absatz
AcP	Archiv für civilistische Praxis (Tübingen)
AG	Aktiengesellschaft; Amtsgericht (Deutschland)
AJP	Aktuelle Juristische Praxis (St. Gallen)
Art.	Artikel
Aufl.	Auflage
BAG	Bundesarbeitsgericht (Deutschland)
Bd., Bde.	Band, Bände
BGE	Entscheidung(en) des Schweizerischen Bundesgerichts, Amtliche Sammlung
BGer	Bundesgericht; Urteil des Bundesgerichts
BGH	Bundesgerichtshof (Deutschland)
BGHZ	Entscheidung(en) des Bundesgerichtshofs in Zivilsachen, Amtliche Sammlung (Deutschland)
BJM	Basler Juristische Mitteilungen (Basel)
BK	Berner Kommentar
BR/DC	Baurecht/Droit de la construction (Freiburg)
Bsp.	Beispiel(e)
BSK	Basler Kommentar
BVerfGE	Entscheidung(en) des Bundesverfassungsgerichts (Tübingen)
BVGer	Entscheidung(en) des Bundesverwaltungsgerichts
BVR	Bernische Verwaltungsrechtsprechung
BR/DC	Baurecht/Droit de la Construction (Freiburg)
bzw.	beziehungsweise
ca.	circa
CAN	Zeitschrift für kantonale Rechtsprechung (Zürich)
CHF	Schweizer Franken
Cedidac	Centre du droit de l'entreprise (Genf)
cm	Zentimeter
d.h.	das heisst
ders.	derselbe, dieselbe
Diss.	Dissertation
Dr.	Doktor
DM	Deutsche Mark
E.	Erwägung(en)
EGMR	Europäischer Gerichtshof für Menschenrechte
etc.	et cetera
evtl.	eventuell
f., ff.	folgende(r)
FIS	Fédération Internationale de Ski
Fn.	Fussnote

FS	Festschrift, Festgabe
GesKR	Gesellschafts- und Kapitalmarktrecht (Zürich)
gl.M.	gleicher Meinung
GmbH	Gesellschaft mit beschränkter Haftung
GRUR	Gewerblicher Rechtsschutz und Urheberrecht (Weinheim)
h.L.	herrschende Lehre
HAP	Handbücher für die Anwaltspraxis
HAVE	Haftung und Versicherung (Zürich)
Hrsg., hrsg.	Herausgeber(in), herausgegeben
i.S.v.	im Sinne von
i.V.m.	in Verbindung mit
JBl	Juristische Blätter (Wien)
JdT	Journal des Tribunaux (Lausanne)
JKR	(Bern)
JTPI	Jugement du Tribunal de Première Instance
JuS	Juristische Schulung (München)
JZ	Juristenzeitung (Tübingen)
KGer	Kantonsgericht
Komm	Kommentar
l	Liter
LG	Landgericht
LL.M.	Legum Magister
lit.	litera
m.N., m.w.N.	mit Nachweisen, mit weiteren Nachweisen
Medialex	Zeitschrift für Kommunikationsrecht (Bern)
mg	Milligramm
Mio.	Millionen
MüKo	Münchener Kommentar zum Bürgerlichen Gesetzbuch
N	Note (Randnote)
n.p.	nicht publiziert
NJW	Neue Juristische Wochenschrift (München)
NJW-RR	Neue Juristische Wochenschrift Rechtsprechungs-Report Zivilrecht (München)
Nr.	Nummer
NZV	Neue Zeitschrift für Verkehrsrecht (München)
NZZ	Neue Zürcher Zeitung (Zürich)
OGH	Oberster Gerichtshof (Österreich)
ÖJZ	Österreichische Juristenzeitung (Wien)
OLG	Oberlandesgericht (Deutschland)
OLGZ	Entscheidungen der Oberlandesgerichte in Zivilsachen (Deutschland)
Pra	Die Praxis (Basel)
Prof.	Professor
RabelsZ	Rabels Zeitschrift für ausländisches und internationales Privatrecht (Berlin und Tübingen)
recht	Zeitschrift für juristische Ausbildung und Praxis (Bern)
Rev.	Review
RG	Reichsgericht (Deutschland)
RGZ	Entscheidungen des Reichsgerichts in Zivilsachen, Amtliche Sammlung (Deutschland)
S.	Seite
s.	siehe

SA	Société anonyme
Semjud	La Semaine Judiciaire (Genf)
SIA	Schweizerischer Ingenieur- und Architektenverein
sic!	Zeitschrift für Immaterialgüter-, Informations- und Wettbewerbsrecht (Zürich)
SJZ	Schweizerische Juristen-Zeitung (Zürich)
sog.	sogenannt
SR	Systematische Sammlung des Bundesrechts
SVZ	Schweizerische Versicherungszeitschrift (Bern)
SZ	Entscheidungen des Obersten Gerichtshofs in Zivilsachen, Amtliche Sammlung (Österreich)
SZW	Schweizerische Zeitschrift für Wirtschaftsrecht (Zürich)
u.a.	und andere; unter anderem
US	United States
USA	United States of America
USD	United States Dollar
usw.	und so weiter
VE	Vorentwurf
VersR	Versicherungsrecht (Karlsruhe)
vgl.	vergleiche
Vor	Vorbemerkung(en)
vs.	versus, gegen
z.B.	zum Beispiel
ZBJV	Zeitschrift des Bernischen Juristenvereins (Bern)
ZBl	Schweizerisches Zentralblatt für Staats- und Gemeindeverwaltung (Zürich)
ZEuP	Zeitschrift für Europäisches Privatrecht
Ziff.	Ziffer
zit.	zitiert
ZK	Zürcher Kommentar
ZR	Blätter für Zürcherische Rechtsprechung (Zürich)
ZSR	Zeitschrift für Schweizerisches Recht (Basel)
ZUM-RD	Rechtsprechungsdienst Zeitschrift für Urheber- und Medienrecht (Baden-Baden)
ZVR	Zeitschrift für Verkehrsrecht (Wien)

Erlasse und Reglemente

ABGB	Allgemeines Bürgerliches Gesetzbuch vom 1. Juni 1811 (Österreich)
ATSG	Bundesgesetz vom 6. Oktober 2000 über den Allgemeinen Teil des Sozialversicherungsrechts (SR 830.1)
BankG	Bundesgesetz vom 8. November 1934 über die Banken und Sparkassen, Bankengesetz (SR 952.0)
BGB	Bürgerliches Gesetzbuch vom 18. August 1896 (Deutschland)
BSG	Bundesgesetz vom 3. Oktober 1975 über die Binnenschifffahrt (SR 747.201)
BZG	Bundesgesetz vom 4. Oktober 2002 über den Bevölkerungsschutz und den Zivilschutz, Bevölkerungs- und Zivilschutzgesetz (SR 520.1)
CCi	Codice Civile vom 16. März 1942 (Italien)
EBG	Eisenbahngesetz vom 20. Dezember 1957 (SR 742.101)
EleG	Bundesgesetz vom 24. Juni 1902 betreffend die elektrischen Schwach- und Starkstromanlagen, Elektrizitätsgesetz (SR 734.0)
EMRK	Konvention zum Schutze der Menschenrechte und Grundfreiheiten (SR 0.101)
FinfraG	Bundesgesetz vom 9. Juni 2015 über die Finanzinfrastrukturen und das Marktverhalten im Effekten- und Derivatehandel (SR 958.1)

GTG	Bundesgesetz vom 21. März 2003 über die Gentechnik im Ausserhumanbereich, Gentechnikgesetz (SR 814.91)
JSG	Bundesgesetz vom 20. Juni 1986 über die Jagd und den Schutz wildlebender Säugetiere und Vögel, Jagdgesetz (SR 922.0)
KG	Bundesgesetz vom 6. Oktober 1995 über Kartelle und andere Wettbewerbsbeschränkungen, Kartellgesetz (SR 251)
KHG	Kernenergiehaftpflichtgesetz vom 18. März 1983 (SR 732.44)
LFG	Bundesgesetz vom 21. Dezember 1948 über die Luftfahrt, Luftfahrtgesetz (SR 748.0)
LTrV	Verordnung vom 17. August 2005 über den Lufttransport (SR 748.411)
MG	Bundesgesetz vom 3. Februar 1995 über die Armee und die Militärverwaltung, Militärgesetz (SR 510.10)
OR	Bundesgesetz vom 30. März 1911 betreffend die Ergänzung des Schweizerischen Zivilgesetzbuches, Fünfter Teil: Obligationenrecht (SR 220)
PatG	Bundesgesetz vom 25. Juni 1954 über die Erfindungspatente, Patentgesetz (SR 232.14)
PBG	Bundesgesetz vom 20. März 2009 über die Personenbeförderung, Personenbeförderungsgesetz (SR 745.1)
PrHG	Bundesgesetz vom 18. Juni 1993 über die Produktehaftpflicht, Produktehaftpflichtgesetz (SR 221.112.944)
PrSG	Bundesgesetz vom 12. Juni 2009 über die Produktesicherheit (930.11)
RLG	Bundesgesetz vom 4. Oktober 1963 über Rohrleitungsanlagen zur Beförderung flüssiger oder gasförmiger Brenn- oder Treibstoffe, Rohrleitungsgesetz (SR 746.1)
SchKG	Bundesgesetz vom 11. April 1889 über Schuldbetreibung und Konkurs (SR 281.1)
SebG	Bundesgesetz vom 23. Juni 2006 über Seilbahnen zur Personenbeförderung, Seilbahngesetz (SR 743.01)
SprstG	Bundesgesetz vom 25. März 1977 über explosionsgefährliche Stoffe, Sprengstoffgesetz (SR 941.41)
StGB	Schweizerisches Strafgesetzbuch vom 21. Dezember 1937 (SR 311.0)
StSG	Strahlenschutzgesetz vom 22. März 1991 (SR 814.50)
SVG	Strassenverkehrsgesetz vom 19. Dezember 1958 (SR 741.01)
URG	Bundesgesetz vom 9. Oktober 1992 über das Urheberrecht und verwandte Schutzrechte, Urheberrechtsgesetz (SR 231.1)
USG	Bundesgesetz vom 7. Oktober 1983 über den Umweltschutz, Umweltschutzgesetz (SR 814.01)
UVG	Bundesgesetz vom 20. März 1981 über die Unfallversicherung (SR 832.20)
UWG	Bundesgesetz vom 19. Dezember 1986 gegen den unlauteren Wettbewerb (SR 241)
VG	Bundesgesetz vom 14. März 1958 über die Verantwortlichkeit des Bundes sowie seiner Behördemitglieder und Beamten (SR 170.32)
VVG	Bundesgesetz vom 2. April 1908 über den Versicherungsvertrag, Versicherungsvertragsgesetz (SR 221.229.1)
VVV	Verkehrsversicherungsverordnung vom 20. November 1959 (SR 741.31)
VZertES	Verordnung vom 23. November 2016 über Zertifizierungsdienste im Bereich der elektronischen Signatur und anderer Anwendungen digitaler Zertifikate (SR 943.032)
ZertES	Bundesgesetz vom vom 18. März 2016 über Zertifizierungsdienste im Bereich der elektronischen Signatur und anderer Anwendungen digitaler Zertifikate (SR 943.03)
ZGB	Schweizerisches Zivilgesetzbuch vom 10. Dezember 1907 (SR 210)
ZPO	Schweizerische Zivilprozessordnung vom 19. Dezember 2008 (SR 272)

Allgemeine Literatur

Basler Kommentar, Kommentar zum Schweizerischen Privatrecht, Obligationenrecht I, hrsg. von Honsell/Vogt/Wiegand, 6. Aufl., Basel 2015 (zit. BSK/BEARBEITER)

Basler Kommentar, Kommentar zum Schweizerischen Privatrecht, Zivilgesetzbuch I, hrsg. von Honsell/Vogt/Geiser, 5. Aufl., Basel 2014 (zit. BSK/BEARBEITER)

Basler Kommentar, Kommentar zum Schweizerischen Privatrecht, Zivilgesetzbuch II, hrsg. von Honsell/Vogt/Geiser, 5. Aufl., Basel 2015 (zit. BSK/BEARBEITER)

BERGER, Allgemeines Schuldrecht, 2. Aufl., Bern 2012

Berner Kommentar, Kommentar zum schweizerischen Privatrecht, Bern, verschiedene Aufl. und Jahrgänge (zit. BK/BEARBEITER)

BRÜGGEMEIER, Prinzipien des Haftungsrechts, Baden-Baden 1999

Commentaire Romand, Code des Obligations I, hrsg. von Thévenoz/Werro, 2. Aufl., Basel 2012 (zit. CR/BEARBEITER)

DESCHENAUX/TERCIER, La responsabilité civile, 2. Aufl., Bern 1982

DEUTSCH, Allgemeines Haftungsrecht, 2. Aufl., Köln 1996

DOBBS, The Law of Torts, St. Paul 2000

ENGEL, Traité des obligations en droit suisse, 2. Aufl., Bern 1997

FELLMANN/KOTTMANN, Schweizerisches Haftpflichtrecht, Bd. I, Bern 2012

FURRER/MÜLLER-CHEN, Obligationenrecht Allgemeiner Teil, 2. Aufl., Zürich 2012

GAUCH/SCHLUEP/SCHMID/EMMENEGGER, Schweizerisches Obligationenrecht Allgemeiner Teil, Bd. II, 10. Aufl., Zürich 2014

GUHL, Das Schweizerische Obligationenrecht, bearbeitet von KOLLER/SCHNYDER/DRUEY, 9. Aufl., Zürich 2000 (zit. GUHL/BEARBEITER)

Haftpflichtkommentar, hrsg. von Fischer/Luterbacher, Zürich 2015 (zit. HaftpflichtKomm/BEARBEITER)

Handbücher für die Anwaltspraxis, Haftung und Versicherung, hrsg. von Weber/Münch, 2. Aufl., Basel 2015 (zit. HAP/BEARBEITER)

Handkommentar zum Schweizer Privatrecht, hrsg. von Furrer/Schnyder, 3. Aufl., Zürich 2016 (zit. CHK/BEARBEITER)

HONSELL/ISENRING/KESSLER, Schweizerisches Haftpflichtrecht, 5. Aufl., Zürich 2013

KELLER, Haftpflichtrecht im Privatrecht, Bd. I, 6. Aufl., Bern 2002, Bd. II, 2. Aufl., Bern 1999

KELLER/GABI/GABI, Haftpflichtrecht, 3. Aufl., Basel 2012

KIESER/LANDOLT, Unfall – Haftung – Versicherung, Zürich 2012

KOZIOL, Österreichisches Haftpflichtrecht, Bd. I, 3. Aufl., Wien 1997, Bd. II, 2. Aufl., Wien 1984

KUHN/MÜLLER-STUDER/ECKERT, Privatversicherungsrecht, Unter Mitberücksichtigung des Haftpflicht- und des Aufsichtsrechts, 3. Aufl., Zürich 2010

LANDOLT/ROBERTO, Haftpflichtrecht, 2. Aufl., Zürich 2016

LANGE/SCHIEMANN, Schadensersatz, 3. Aufl., Tübingen 2003

LARENZ, Lehrbuch des Schuldrechts, Bd. I, Allgemeiner Teil, 14. Aufl., München 1987

LARENZ/CANARIS, Lehrbuch des Schuldrechts, Bd. II/2, 13. Aufl., München 1994

MERZ, Obligationenrecht, Allgemeiner Teil, Schweizerisches Privatrecht, Bd. VI/1, Basel 1984

MÜLLER, La responsabilité civile extracontractuelle, Basel 2013

Münchener Kommentar zum Bürgerlichen Gesetzbuch, München, verschiedene Aufl. und Jahrgänge (zit. MüKo/BEARBEITER); zitiert wird auch die von GRUNSKY bearbeitete Kommentierung von BGB 249 ff. in der 3. Aufl.

OFTINGER/STARK, Schweizerisches Haftpflichtrecht, Bd. I, 5. Aufl., Zürich 1995, Bd. II/1–3, 4. Aufl., Zürich 1987/1989/1991

PROSSER/KEETON, The Law of Torts, 5. Aufl., St. Paul 1984

REY/WILDHABER, Ausservertragliches Haftpflichtrecht, 5. Aufl., Zürich 2017

ROBERTO, Schadensrecht, Basel 1997

RUMO-JUNGO, Haftpflicht und Sozialversicherung, Freiburg 1998

SCHNYDER/PORTMANN/MÜLLER-CHEN, Ausservertragliches Haftpflichtrecht, 2. Aufl., Zürich 2013

SCHWENZER, Schweizerisches Obligationenrecht Allgemeiner Teil, 7. Aufl., Bern 2016

Soergel, Bürgerliches Gesetzbuch, 13. Aufl., Stuttgart, verschiedene Jahrgänge (zit. Soergel/BEARBEITER)

VON BAR, Gemeineuropäisches Deliktsrecht, Bd. I, München 1996, Bd. II, München 1999

von Staudingers Kommentar zum Bürgerlichen Gesetzbuch, verschiedene Aufl. und Jahrgänge (zit. Staudinger/BEARBEITER)

VON TUHR/PETER, Allgemeiner Teil des Schweizerischen Obligationenrechts, Bd. I, 3. Aufl., Zürich 1979

WERRO, La responsabilité civile, 3. Aufl., Bern 2017

Zürcher Kommentar, Kommentar zum Obligationenrecht, Zürich, verschiedene Aufl. und Jahrgänge (zit. ZK/BEARBEITER)

§ 1 Einleitung

Das schweizerische Haftungsrecht befindet sich angeblich in einer schlechten Verfassung. Unbefriedigend sind aber weniger die gesetzlichen Bestimmungen oder die Ergebnisse der hiesigen Gerichtspraxis zum Haftpflichtrecht, sondern in erster Linie die Haftpflichtrechtsdogmatik. 01.01

Die **schweizerische Dogmatik** hat sich stark an der (verunglückten) Deliktrechtskonzeption in Deutschland ausgerichtet. Die Übernahme des deutschen Haftungsaufbaus (insbesondere der Rechtswidrigkeitsdefinition) ist von den gesetzlichen Grundlagen her überraschend, da das deutsche im Gegensatz zum schweizerischen Haftpflichtrecht nicht auf einer Generalklausel beruht, und von der Sache her unverständlich, da die deliktsrechtliche Konzeption des deutschen BGB seit Jahrzehnten als reformbedürftig gilt. Die Ausrichtung auf die deutsche Dogmatik machte überdies zwangsläufig die Übernahme der dortigen Hilfskonstruktionen (z.B. der Vertrauenshaftung) und die Auseinandersetzung mit den damit verbundenen Widersprüchen und Streitfragen notwendig. Wenig glücklich ist ferner, dass die schweizerische Lehre seit jeher im Banne des deutschen Schadensrechts steht; dieses befindet sich selbst nach Einschätzung deutscher Autoren seit Jahrzehnten in «desolatem Zustand», wobei die Dogmatik in kaum einem anderen Bereich so sehr «auf der Suche nach dem verlorenen Profil» sei, und der kaum mehr überblickbaren Diskussion im Schrifttum werden geradezu «chaotische Züge» attestiert (Nachweise bei ROBERTO 2). 01.02

Einzuräumen ist, dass es sich beim Haftpflichtrecht um ein Rechtsgebiet handelt, in dem die einzelnen **Elemente eng miteinander verwoben** sind; aus diesem Grunde fällt es teilweise schwer, Problembereiche sachgerecht einzuordnen. Dies enthebt die Lehre freilich nicht der Aufgabe, eine möglichst sachgerechte, auf die meisten Fälle anwendbare Systematisierung anzustreben. In diesem Sinne verfolgt auch das haftpflichtrechtliche Standardwerk von OFTINGER/STARK (I § 1 N 1) das Ziel, «Grundlinien herauszuarbeiten, die es erlauben, die sich immer wieder stellenden gleichen Fragen gleich zu beantworten». 01.03

Die Aufgabe wird durch **sprachliche Unklarheiten** erschwert. So spricht man vom «Schaden» und meint damit sowohl Vermögenseinbusse als auch Verletzung eines Rechtsgutes (Sachbeschädigung, Personenverletzung). Entsprechendes gilt hinsichtlich der Rechtswidrigkeit, welche sich auf die Verletzung einer Norm, aber auch (und wiederum) auf die Verletzung eines Rechtsgutes beziehen kann. 01.04

Hinzu kommen **dogmatische Widersprüchlichkeiten**. So soll etwa eine Ursache haftpflichtrechtlich nur dann relevant sein, wenn sie «nach dem gewöhnlichen Lauf der Dinge und der allgemeinen Lebenserfahrung geeignet ist, den eingetretenen Erfolg zu bewirken»; allgemeiner Auffassung nach können demgegenüber auch «ungewöhnliche», «ausserordentliche» oder sogar «seltene» Folgen adäquat sein. Bei unbefangener Betrachtung mutet es auch reichlich seltsam an, dass Juristen sowohl den Messerstich durch einen Kriminellen als auch den ärztlichen Heileingriff mit dem Skalpell als «rechtswidrig» qualifizieren: Weshalb eine kunstgerecht vorgenommene Operation zunächst als rechtswidrige Körperverletzung gilt und 01.05

der Arzt erst aufgrund eines Rechtfertigungsgrundes von der Haftung befreit wird, ist in der Tat (und nicht nur für den Laien) schwer verständlich. Ein weiteres Beispiel sind die Sorgfaltspflichten des Geschäftsherrn hinsichtlich seiner Hilfspersonen. In Juristenkreisen zwinkert man sich nachgerade zu, dass man dem Geschäftsherrn zwar den Sorgfaltsbeweis einräume, aber doch wisse, dass er diesen im Regelfall gar nicht erbringen kann.

01.06 Anders als in ausländischen Rechtsordnungen unterscheidet die schweizerische Lehre schliesslich auch nicht zwischen dem **Haftungstatbestand** und den **Rechtsfolgen**, d.h. einerseits der Frage, wer unter welchen Umständen für welche Schädigungen haftet, und andererseits der Frage, welche Ansprüche (Schadenersatz, Genugtuung, Unterlassung, Beseitigung) der Geschädigte hat und insbesondere wie der Schadenersatz zu berechnen ist. Stattdessen vermischt man die Voraussetzungen der Haftung mit den Folgen der Haftung, indem man den Schaden als eine der Haftungsvoraussetzungen bezeichnet.

01.07 In der Lehre ist nunmehr weitgehend anerkannt, dass der herkömmliche Haftungsaufbau ungereimt und widersprüchlich ist. Gleichwohl folgen die meisten Lehrbücher nach wie vor der veralteten Dogmatik. Im **vorliegenden Lehrbuch** sollen dagegen die Konsequenzen aus den in den letzten Jahren gewonnenen Einsichten gezogen und ein **der modernen Entwicklung entsprechender Haftungsaufbau zugrunde gelegt** werden. Gleichzeitig soll damit auch die Kompatibilität des schweizerischen Haftpflichtrechts mit ausländischen Haftungssystemen erhöht und der Zugang zur internationalen Haftpflichtrechtsdiskussion erleichtert werden.

I. Teil:
Haftungstatbestand

1. Kapitel: Grundlagen

§ 2 Gegenstand und Ziele des Haftpflichtrechts

1. Haftungsgründe, Haftungsarten, Begriffe

Literatur
KELLER/WEBER, Haftpflichtbestimmungen, 13. Aufl., Bern 2011; ROBERTO, Verschulden statt Adäquanz – oder sollte es gar die Rechtswidrigkeit sein, recht 2002, 145 ff.; ders., Verschuldenshaftung und einfache Kausalhaftung: eine überholte Unterscheidung?, AJP 2005, 1323 ff.; SCHAER, Modernes Versicherungsrecht – Das Privatversicherungsrecht und seine Schnittstellen zum Sozialversicherungs- und Haftpflichtrecht, Bern 2007; VON JHERING, Geist des römischen Rechts auf den verschiedenen Stufen seiner Entwicklung, Bd. I, 10. Aufl., Leipzig 1968.

1.1. Haftungsgründe

Es gibt vielerlei Gründe, weshalb die physische oder psychische Gesundheit oder die finanzielle Situation sich verschlechtern kann: zu denken ist etwa an Unfälle, Krankheiten, Beschädigung oder Zerstörung von Gütern, geschäftliche Gewinneinbrüche, Wertschriftenverluste, irrtümliche Zahlungen an Dritte und dergleichen mehr. Als Grundsatz gilt: **Jeder trägt seine Einbussen selber** («casum sentit dominus»; «the loss lies where it falls»). 02.01

Bei Unfällen und Krankheiten gilt dies heutzutage nicht mehr. Vielmehr lautet der Grundsatz in diesen Fällen, dass die finanziellen Folgen (zumindest teilweise) durch Sozialversicherungen gedeckt werden. 02.02

Der Grundsatz, wonach jeder seine Einbussen, namentlich seinen erlittenen Schaden, selber zu tragen hat, kommt dann nicht zum Zuge, wenn der Betroffene aufgrund einer **Rechtsnorm** oder eines **Vertrages** Ansprüche gegen einen Dritten geltend machen kann. Führt die Verletzung vertraglicher Pflichten zur Schädigung, können vertragliche Ansprüche (insbesondere Schadenersatz und Gewährleistungsansprüche) geltend gemacht werden. 02.03

Neben dieser **Vertragshaftung** (z.B. OR 97 ff.) kommen bloss gesetzliche Ansprüche in Betracht: Das Obligationenrecht unterscheidet diesbezüglich im Allgemeinen Teil (d.h. in den Bestimmungen OR 1–183) die **unerlaubte Handlung** (OR 41 ff.) und die **ungerechtfertigte Bereicherung** (OR 62 ff.). 02.04

02.05 Daneben gibt es eine Vielzahl weiterer Grundlagen, die Schuldverhältnisse bzw. Ansprüche gegen Dritte begründen können. Am bedeutsamsten sind die in Sondergesetzen enthaltenen Haftungstatbestände, namentlich die im Strassenverkehrsgesetz vorgesehene Gefährdungshaftung in SVG 58. Sodann handelt es sich auch bei der Geschäftsführung ohne Auftrag um einen gesetzlichen Anspruch, wenngleich das OR die Geschäftsführung ohne Auftrag bei den einzelnen Vertragsverhältnissen (OR 419 ff.) regelt. Auch die Haftung infolge vorvertraglicher Schädigung (culpa in contrahendo) ist ein gesetzlicher Anspruch. Die Haftungsgrundlage ist umstritten (vgl. dazu KOLLER § 28 N 18 ff.). Verschiedene gesetzliche Haftungstatbestände finden sich überdies im Gesellschaftsrecht (wesentlich sind namentlich die aktienrechtlichen Verantwortlichkeitsansprüche in OR 752 ff.) und im ZGB (z.B. 28 ff., 333 oder 679), sodann in den wettbewerbsrechtlichen und immaterialgüterrechtlichen Erlassen (z.B. KG 12 I b, UWG 9 III, PatG 73) sowie im öffentlichen Recht (s. zur Staatshaftung hinten N 17.01 ff.).

02.06 Die erwähnten Tatbestände gehören zu den Schuldverhältnissen («Obligationen»). Unter dem Haftungsrecht versteht man indessen bloss die vertragliche und die ausservertragliche Haftung (nicht also z.B. die ungerechtfertigte Bereicherung).

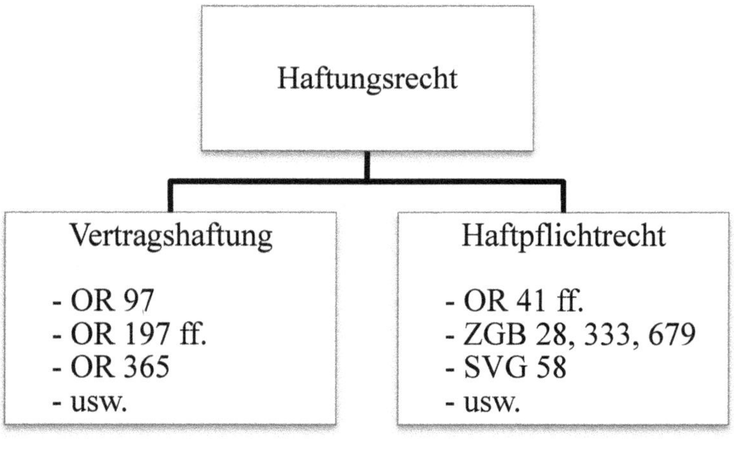

02.07 Das **Haftpflichtrecht** (auch Deliktsrecht genannt) befasst sich mit der **ausservertraglichen** Einstandspflicht für Schädigungen Dritter. Hierzu gehören nicht nur die Tatbestände der unerlaubten Handlung in OR 41 ff., sondern auch die Haftungstatbestände im ZGB, im Gesellschaftsrecht und in zahlreichen Sondergesetzen.

Die Begriffsverwendung ist in der Literatur uneinheitlich. Teilweise wird der Begriff «Haftpflichtrecht» sowohl für die ausservertragliche als auch die vertragliche Haftung verwendet, dafür unter «Deliktsrecht» lediglich die Verschuldenshaftung verstanden (so noch in der Vorauflage REY N 2 und 11; wie hier dagegen die Begriffsverwendung bei HONSELL/ISENRING/KESSLER § 1 N 2 und 6; WERRO N 1). 02.08

Merke: Um die Folgen einer Einbusse auf einen Dritten abwälzen zu können, bedarf es einer Anspruchsgrundlage (Vertragshaftung, ausservertragliche Haftung, ungerechtfertigte Bereicherung, Geschäftsführung ohne Auftrag usw.). Unrichtig ist infolgedessen die Bejahung einer Haftung mit der Begründung, der Haftpflichtige könne sich wiederum an einen Dritten halten. Es ist daher unzulässig, eine Schadenersatzpflicht zu bejahen, weil die schadenersatzleistende Person versichert ist oder aus einem anderen Grund den geleisteten Ersatz bei einem Dritten einfordern kann. 02.09

1.2. Ausservertragliche Haftungsarten

Bei der ausservertraglichen Haftung unterscheidet man im schweizerischen Recht gemeinhin zwischen drei Haftungsarten: 02.10

der **Verschuldenshaftung** 02.11

dabei handelt es sich um den allgemeinen Haftungstatbestand in OR 41; 02.12

den **einfachen Kausalhaftungen** 02.13

diese werden auch gewöhnliche oder milde Kausalhaftungen genannt; dazu gehören OR 55: Geschäftsherrenhaftung, OR 56: Tierhalterhaftung, OR 58: Werkeigentümerhaftung, ZGB 333: Haftung des Familienhauptes, ZGB 679: Grundeigentümerhaftung; 02.14

den **Gefährdungshaftungen** 02.15

diese werden auch strenge oder scharfe Kausalhaftungen genannt; dazu gehören etwa SVG 58: Haftung des Fahrzeughalters, Eisenbahngesetz 40b f., Elektrizitätsgesetz 27 f. 02.16

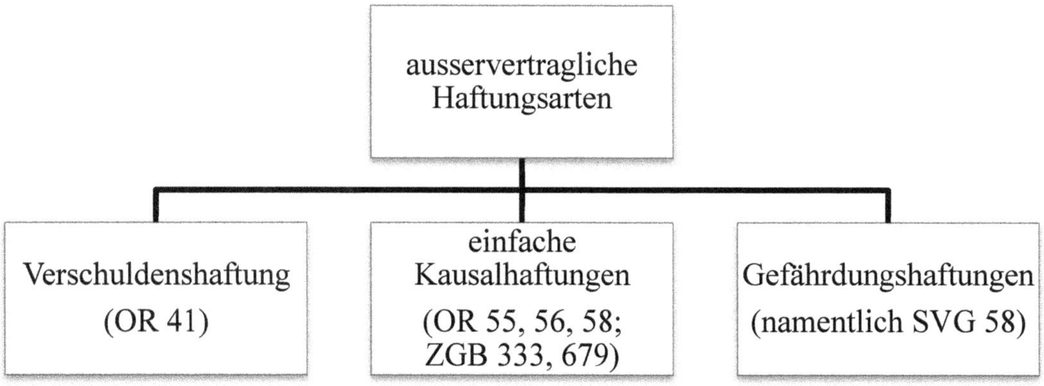

Die Verschuldenshaftung setzt ein Verschulden voraus, Gefährdungshaftungen dagegen nicht. Während man bei Letzteren unabhängig von jeglichem Fehlverhalten haftpflichtig werden kann, ist bei der Verschuldenshaftung eine Sorgfaltspflichtverletzung (und sei sie bloss geringfügig) notwendig. 02.17

Bsp.: Ein vorsichtig fahrender Fahrradfahrer verletzt ein plötzlich auf den Fahrradweg springendes Kind. Die Haftung richtet sich nach OR 41 I: Der Fahrradfahrer ist nicht haftbar. Ein 02.18

vorsichtig fahrender Fahrzeuglenker verletzt ein plötzlich auf die Strasse springendes Kind. Die Haftung richtet sich nach SVG 58: Der Fahrzeughalter ist haftbar.

02.19 Bei den einfachen Kausalhaftungen ist ebenfalls ein Fehlverhalten vorausgesetzt. Es handelt sich infolgedessen um Unterarten der Verschuldenshaftung. Das vorausgesetzte Fehlverhalten, das die Haftung begründet, unterscheidet sich bei den einzelnen Arten der einfachen Kausalhaftungen.

02.20 Bei einigen sieht das Gesetz eine Sorgfaltspflichtverletzung im Zusammenhang mit einem bestimmten Sachverhalt vor (z.B. als Geschäftsherr, der geschäftliche Verrichtungen durch Hilfspersonen ausführen lässt, als Tierhalter, als Familienhaupt). Bei diesen Haftungstatbeständen kann der Verantwortliche eine Haftung vermeiden, indem er nachweist, die notwendige Sorgfalt aufgewendet zu haben. Anders als bei der Verschuldenshaftung nach OR 41 I wird die Sorgfaltspflichtverletzung vermutet (Beweislastumkehr in Bezug auf die Sorgfaltspflichtverletzung).

02.21 Etwas anders gelagert sind die Werkeigentümer- und Grundeigentümerhaftung. Bei Ersterer ist ein Werkmangel (eine mangelhafte Erstellung oder ein mangelhafter Unterhalt des Werkes), bei Letzterer eine Überschreitung des Eigentumsrechts vorausgesetzt. Letztlich ist aber auch bei diesen beiden Tatbeständen in irgendeiner Form ein Fehlverhalten (bzw. eine Unterlassung) notwendig.

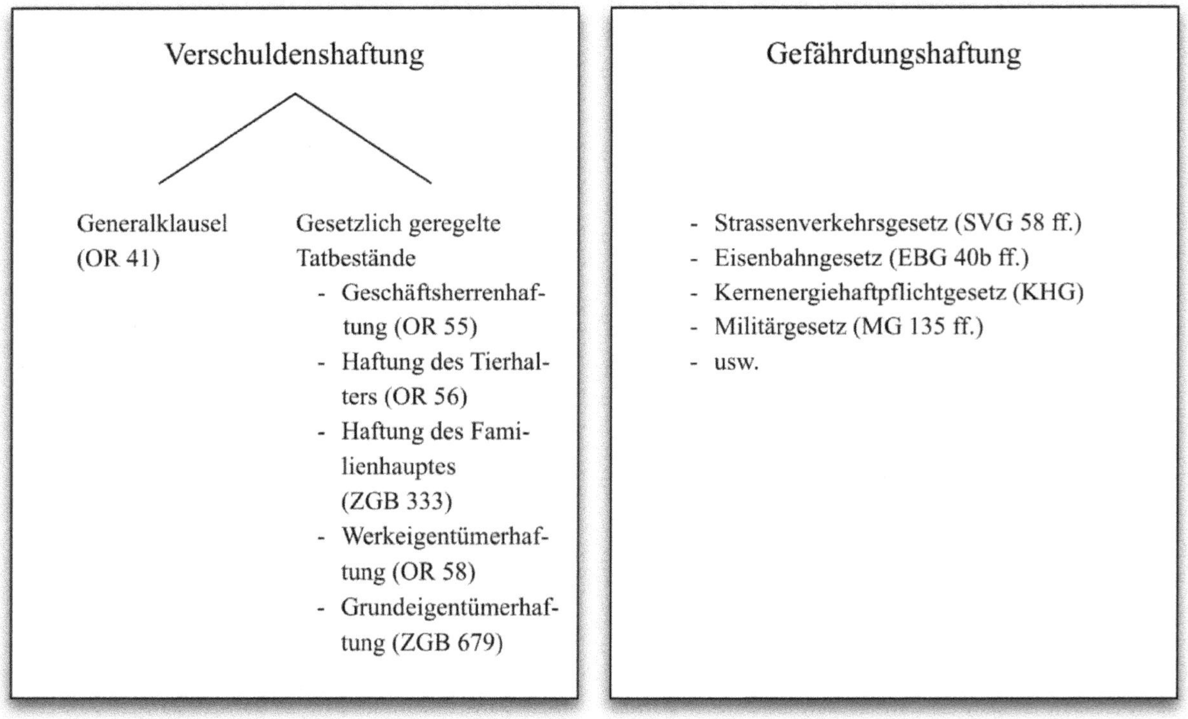

02.22 Einfache Kausalhaftungen stellen nach der hier vertretenen Auffassung **spezifisch normierte Ausprägungen der Verschuldenshaftung** dar (ebenso HONSELL/ISENRING/KESSLER § 1 N 23; SCHWENZER N 49.09; FELLMANN/KOTTMANN N 668 ff. verorten die einfachen Kausalhaftungen hingegen zwischen den Verschuldens- und den Gefährdungshaftungen), denn sie setzen ebenfalls ein Fehlverhalten voraus (Sorgfaltspflichtverletzung, Belassung eines Werkmangels, Überschreitung der Grundeigentümerrechte). Anders als bei der Generalklausel der Verschuldenshaftung in OR 41 wird das Fehlverhalten vermutet. Es handelt sich daher nicht um vom Fehlverhalten unabhängige Kausalhaftungen (auch nicht um «einfache» oder «milde» Kausalhaftungen).

Nach der wohl noch vorherrschenden Ansicht in Lehre und Rechtsprechung soll es sich dagegen (trotz des Erfordernisses einer Sorgfaltspflichtverletzung!) um **verschuldensunabhängige** Haftungen handeln (s. etwa BK/BREHM OR 55 N 37; REY/WILDHABER N 1043 f.; HaftpflichtKomm/FISCHER Vor OR 41–61 N 29 ff.; KELLER/GABI/GABI 167 je m.w.N.). 02.23

Für die Haftung des Schädigers ist die unterschiedliche Sicht der Dinge bloss dogmatisch fragwürdig; die Ergebnisse unterscheiden sich dagegen nicht (ausführlich ROBERTO, recht 2002, 145 ff.). Bedeutsam ist die Frage der Einordnung dagegen im Rahmen des Regresses (s. hinten N 18.17 f.). 02.24

1.3. Begriffe

Im Haftpflichtrecht werden die Begriffe nicht immer im gleichen Sinne verwendet, was die Diskussion erschwert. Die wesentlichsten Begriffe sind folgende: 02.25

Verschulden: Man unterscheidet zwischen subjektivem Verschulden (die Urteilsfähigkeit) und dem objektiven Verschulden (Vorsatz oder Fahrlässigkeit). 02.26

Achtung: Hier wie anderswo wird das Begriffspaar «subjektiv» und «objektiv» wenig glücklich verwendet. Unterschieden wird nämlich auch noch zwischen subjektiviertem und objektiviertem Verschuldensmassstab. Bei Ersterem kommt es auf die Fähigkeiten des Handelnden an, während es bei Letzterem um einen abstrakten Sorgfaltsmassstab geht. 02.27

Rechtswidrigkeit (= Widerrechtlichkeit): «Wider dem Recht» handelt, wer die ihm obliegenden Pflichten verletzt. Dies kann durch aktives Tun oder durch ein Unterlassen erfolgen (zur Schwierigkeit der Unterscheidung von Tun und Unterlassen hinten N 06.09 ff.). 02.28

Die Rechtswidrigkeit wird höchst unterschiedlich definiert (s. hinten N 04.01 ff.). Nach der modernen und hier vertretenen Auffassung handelt es sich um die Verletzung einer (geschriebenen oder ungeschriebenen) Verhaltenspflicht bzw. um eine Sorgfaltspflichtverletzung. Nach der älteren Auffassung stellt dagegen die Verletzung eines absolut geschützten Rechtsgutes bereits eine Rechtswidrigkeit dar. Die Verletzung einer Verhaltenspflicht ist dann bloss noch bei primären (reinen) Vermögensschädigungen relevant. 02.29

Rechtsgutverletzung (= Schädigung): Es handelt sich dabei um die Verletzung rechtlich geschützter Rechtspositionen – Rechte, Güter, Interessen. 02.30

Das Recht anerkennt verschiedene Rechtsgüter. Die wesentlichsten sind die persönlichen (Leben, Gesundheit, Ehre usw.) und die dinglichen (vor allem Eigentum) Rechte. Diese werden auch als «absolut geschützte Rechtsgüter» bezeichnet. Dazu gehören allgemeiner Auffassung nach auch die Mitgliedschaftsrechte (z.B. an einer Gesellschaft). Das Vermögen als solches (Geld, Guthaben, Erwerb, Gewinn usw.) stellt dagegen kein absolut geschütztes Rechtsgut, wohl aber ein (subjektives) Recht, ein Interesse, dar. 02.31

Schaden: Es handelt sich um die finanziellen Folgen einer Schädigung. 02.32

Manche Autoren unterscheiden im Rahmen der Erläuterungen zum Schaden zwischen Personen-, Sach- und Vermögensschäden. Dabei verwechseln sie den Schaden (der immer bloss einen Geldwert darstellen kann) mit der Rechtsgutverletzung, welche den Schaden bewirkt (die Verletzung einer Person, die Beschädigung einer Sache oder der primäre Vermögens- 02.33

schaden – wobei bei Letzterem die Gleichsetzung zwischen Rechtsgutverletzung und Schaden am ehesten nachvollziehbar ist).

02.34 **Adäquater Kausalzusammenhang**: Gemeint ist nicht die natürliche Kausalität, sondern der rechtlich erhebliche Kausalzusammenhang.

02.35 Unklar ist, zwischen welchen Elementen der adäquate Kausalzusammenhang bestehen muss (Relation zwischen Handlung und dem eingetretenen Schaden? Zwischen der Handlung und der ersten unmittelbaren Rechtsgutverletzung? Zwischen der ersten Rechtsgutverletzung und den Folgeverletzungen?). Sodann ist auch umstritten, wie die Adäquanz zu definieren ist.

2. Haftpflichtrecht und andere Rechtsgebiete

2.1. Zusammenwirken von Schadensausgleichssystemen

02.35a Zu beachten ist, dass das Haftpflichtrecht in den meisten Fällen nicht den einzigen Schadensausgleichsmechanismus darstellt. Vielmehr ist es in der Regel eingebettet in eine Vielzahl von Ausgleichssystemen, die Zahlungspflichten verschiedener Akteure begründen. Zu denken ist beispielsweise an private Versicherer sowie an Versicherer nach öffentlichem Recht, namentlich die Sozialversicherungen (vgl. für eine Übersicht der Ausgleichssysteme HAP/BECK N 6.15).

2.2. Haftpflichtrecht und Versicherungen

02.36 Bei einer Personenverletzung z.B. stehen sich in den allermeisten Fällen nicht nur der Geschädigte und der Schadensverursacher gegenüber. Zu einem Teil werden die Einbussen bei Körperverletzungen und Tötungen auch durch die **Sozialversicherungen**, namentlich die Unfallversicherung, die Krankenversicherung, die Invalidenversicherung, die Alters- und Hinterbliebenenversicherung und die berufliche Vorsorgeeinrichtung, bei Straftaten überdies die Opferhilfe, ersetzt. Bei Sachbeschädigungen decken oftmals **Privatversicherungen**, namentlich die Hausrats-, Kasko- oder Feuerversicherung, den entstandenen Schaden.

02.37 Ist der eine Körperverletzung oder Tötung verursachende Schädiger haftpflichtig, muss er dem Geschädigten bzw. den Hinterbliebenen den nicht durch eine Sozial- oder Privatversicherung gedeckten Schaden ersetzen.

02.38 Daneben stellt sich die Frage, unter welchen Voraussetzungen und in welchem Umfang die Versicherungen Rückgriff («Regress») auf den Schädiger nehmen können (s. hierzu KIESER/LANDOLT N 705 f.; KUHN/MÜLLER-STUDER/ECKERT N 829 ff.).

02.39 Namentlich bei Personenverletzungen können die Schadenersatzforderungen rasch einmal die finanziellen Möglichkeiten des Schädigers übersteigen. Nun übernimmt aber in zahlreichen Fällen eine **Haftpflichtversicherung** die Ersatzpflicht des Schädigers. Dies gilt beispielsweise im (zahlenmässig bedeutsamen) Bereich der Strassenverkehrsunfälle, wo der Geschädigte von Gesetzes wegen sogar einen direkten Anspruch gegen die Haftpflichtversicherung des Ersatzpflichtigen geltend machen kann (SVG 65).

Die haftpflichtrechtliche Auseinandersetzung findet infolgedessen in vielen Fällen nicht (oder nicht ausschliesslich) zwischen dem Geschädigten und dem Schädiger, sondern zwischen den Versicherungen statt. Man spricht daher schon seit längerem davon, dass das Haftpflichtrecht (jedenfalls im Bereich des Unfallrechts) zu einem «Recht der Regressvoraussetzungen» zwischen verschiedenen Versicherungen geworden ist. 02.40

Die Haftungsfrage ist in solchen Fällen gleichwohl wesentlich. Sie entscheidet darüber, ob die Ersatzleistung durch die Sozialversicherungen (primär bei Personenverletzungen) bzw. Privatversicherungen (primär bei Sachbeschädigungen oder Vermögenseinbussen) zu tragen ist oder ob die leistenden Versicherungen auf den Haftpflichtigen bzw. auf dessen Haftpflichtversicherung zurückgreifen können. 02.41

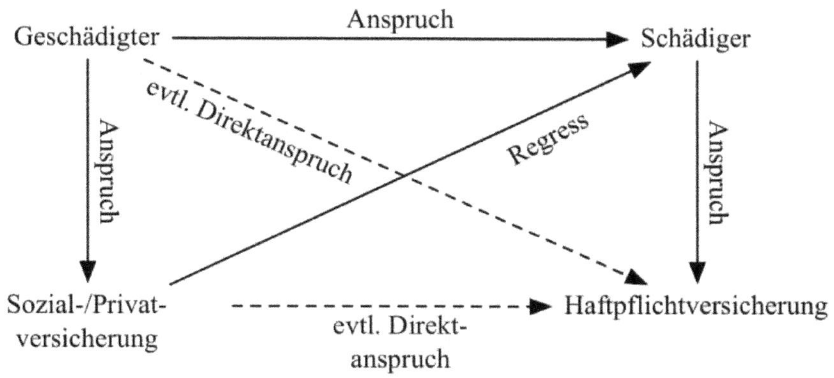

2.3. Haftpflichtrecht und Vertragshaftung

Vertragliche Ansprüche können grundsätzlich nur gegen jemanden geltend gemacht werden, mit dem man in einer vertraglichen Verbindung steht (Ausnahme etwa bei einem echten Vertrag zugunsten Dritter, OR 112). Ausservertragliche Ansprüche können dagegen nicht bloss gegen vertragsfremde Dritte, sondern auch gegen Vertragspartner geltend gemacht werden. 02.42

Zwischen der Vertragshaftung und dem Haftpflichtrecht besteht in anderen Worten **«Anspruchskonkurrenz»**, d.h. der Geschädigte kann seinen Anspruch auf beide Grundlagen stützen. Bei Erfüllung des einen Anspruchs geht der andere unter, so dass der Geschädigte den Schadenersatz nicht doppelt erhält. 02.43

Ausservertragliche Ansprüche beziehen sich in den meisten Fällen auf Unfälle, also auf Personenverletzungen und Sachbeschädigungen. **Vermögenseinbussen, die nicht Folge von Personenverletzungen oder Sachbeschädigungen sind** (sog. reine oder primäre Vermögensschäden), werden dagegen **im Allgemeinen durch das Haftpflichtrecht nicht geschützt**. Ein haftpflichtrechtlicher Anspruch besteht bei solchen Schädigungen bloss ausnahmsweise: einerseits bei Verstössen gegen Schutzgesetze, andererseits in wenigen durch die Gerichte anerkannten Fallkonstellationen (dazu hinten N 05.66 ff.). 02.44

Die vertragliche Haftung ihrerseits richtet sich zwar typischerweise auf Vermögensschädigungen und Gewährleistungsansprüche wegen Mängeln der gelieferten oder hergestellten Sache. Führt die Vertragsverletzung zu einer Personenverletzung (etwa bei ärztlichen Tä- 02.45

tigkeiten, Personentransporten, Freizeitangeboten usw.), können jedoch neben vertraglichen auch ausservertragliche Ansprüche geltend gemacht werden. Der Geschädigte kann sich auf beide Haftungsgrundlagen berufen.

02.46 Führt die Verletzung einer vertraglichen **Hauptpflicht** zu einer Personenverletzung oder Sachbeschädigung, ist dies unbestritten. Der vertragliche Schutz bei Personenverletzungen und Sachbeschädigungen wird jedoch dadurch erweitert, dass vielfältige vertragliche **Nebenpflichten** zum Schutz und zur Obhut gegenüber dem Vertragspartner anerkannt sind. Ein Verstoss gegen diese Nebenpflichten, der eine Personenverletzung oder eine Sachbeschädigung zur Folge hat, begründet ebenfalls vertragliche Schadenersatzansprüche.

02.47 Bsp.: Bloss ein **vertraglicher** Anspruch kann geltend gemacht werden, wenn eine ausstehende Schuld nicht bezahlt wird, das gekaufte Fahrzeug funktionsuntüchtig ist, der Maler die Wand im falschen Farbton bemalt, der Arzt den Patienten unrichtig über die Kostenübernahme durch die Krankenversicherung informiert, ein Transportunternehmen das Transportgut am falschen Ort abliefert, der beauftragte Anwalt eine Frist verpasst, ein Skifahrer mit einer Wochenkarte die Skilifte nach dem ersten Tag nicht mehr benützen kann, weil sämtliche Anlagen infolge eines technischen Defekts für den Rest der Woche stillgelegt werden, usw.

02.48 Bloss ein **ausservertraglicher** Anspruch kann geltend gemacht werden, wenn ein Fahrzeug in einem Unfall beschädigt wird, ein Handwerker auf einem Baugerüst einen Farbeimer ausleert und einen Spaziergänger beschmutzt, ein Wanderer von einem fremden Hund gebissen wird, ein morscher Baumast auf ein parkiertes Fahrzeug fällt, ein Tourenskifahrer für die Talfahrt die Skipiste benützt und in einen ungesicherten Mast mitten in der Skipiste fährt, ein Dieb den Geldbeutel stiehlt usw.

02.49 Sowohl ein **vertraglicher** als auch ein **ausservertraglicher** Anspruch kann geltend gemacht werden, wenn die Bremsen des gekauften Fahrzeuges versagen und der Käufer sich verletzt, der Handwerker einen Farbeimer ausleert und den Teppich des Kunden beschädigt, in einer Zirkusvorstellung ein Zuschauer durch ein Tier verletzt wird, ein morscher Ast eines Baumes auf dem Grundstück des Vermieters auf ein parkiertes Fahrzeug des Mieters fällt, ein Transportgut (das dem Versender gehört) beschädigt wird, ein Skifahrer mit einer Tageskarte in einen ungesicherten Mast, der mitten in der Skipiste steht, fährt, ein Angestellter Geld veruntreut usw.

2.4. Haftpflichtrecht und Strafrecht

02.50 Im Zusammenhang mit Unfällen sowie vorsätzlichen Sachbeschädigungen und Vermögensdelikten kommt es oftmals nicht nur zu Haftungsansprüchen, sondern auch zu einer strafrechtlichen Untersuchung. Im **Strafrechtsverfahren** stehen dem Schädiger grundsätzlich die staatlichen Untersuchungsbehörden gegenüber. Im Gegensatz zum Geschädigten haben diese die Möglichkeit, Zwangsmittel zur Aufklärung des Sachverhalts einsetzen zu können (z.B. Hausdurchsuchung, Beschlagnahmung von Gegenständen, Einvernahme des Schädigers und von Auskunftspersonen).

02.51 Der Geschädigte hat die Möglichkeit, sich am strafrechtlichen Verfahren zu beteiligen, indem er z.B. bei Befragungen durch die Untersuchungsbehörden Zusatzfragen stellen kann sowie ein Akteneinsichtsrecht hat. Aufgrund dieser Vorteile kommt es bei Unfällen oftmals auch dann zu strafrechtlichen Anzeigen, wenn der Geschädigte an einer Bestrafung des Verursachers im Grunde nicht interessiert ist.

Der Ausgang des Strafrechtsverfahrens ist für das Gericht, das die zivilrechtliche Haftpflicht zu beurteilen hat, nicht bindend (OR 53). Eine strafrechtliche Verurteilung dürfte aber immer auch zu einer Bejahung der zivilrechtlichen Haftung führen: Zum einen wird im Strafrecht das Verschulden subjektiv (also auf die Fähigkeiten des Betreffenden bezogen), und nicht wie im Haftpflichtrecht objektiv (also nach dem strengeren Massstab eines umsichtigen Dritten) beurteilt; zum anderen sind die Voraussetzungen in Bezug auf den Verschuldensvorwurf in der Regel höher, da die meisten Strafdelikte eine vorsätzliche Handlung voraussetzen. Aus diesen Gründen gilt umgekehrt nicht das Gleiche: Ein strafrechtlicher Freispruch präjudiziert das zivilrechtliche Urteil im Allgemeinen nicht. 02.52

2.5. Abgrenzungen

Es bestehen zahlreiche **Teilgebiete** der ausservertraglichen Haftung, die traditionellerweise bei der Darstellung des Haftpflichtrechts **ausgeklammert** bleiben. Zu erwähnen ist etwa die Schädigung eines Dritten durch wettbewerbswidriges Verhalten oder durch Immaterialgüterrechtsverletzungen. Diese Aspekte werden jeweils im Rahmen der Ausführungen zum Wettbewerbs- bzw. Immaterialgüterrecht behandelt. 02.53

Auch Schädigungen von Gläubigern und Inhabern einer Gesellschaft durch Organe einer Aktien- oder anderen Kapitalgesellschaft gehören zwar zur ausservertraglichen Haftung, werden aber in der Lehre unter dem Titel «Verantwortlichkeitsrecht» im Gesellschaftsrecht behandelt. Entsprechendes gilt für Persönlichkeitsrechtsverletzungen (Gegenstand der Literatur zum Personenrecht) und für die Staats- und Beamtenhaftung (Gegenstand des Verwaltungsrechts). 02.54

Infolgedessen sind im vorliegenden Lehrbuch in erster Linie die Haftungen gemäss OR 41 ff. darzulegen. Dargestellt werden überdies einige ausgewählte Haftungen des ZGB, das PrHG, die Haftung des Motorfahrzeughalters und im Überblick die Staatshaftung. Dagegen kann aus Platzgründen weder auf sämtliche Gefährdungshaftungen noch auf Haftungen aufgrund gesellschaftsrechtlicher Bestimmungen, wegen unlauteren Wettbewerbs, wegen Verstosses gegen das Kartellrecht oder wegen Immaterialgüterrechtsverletzungen eingegangen werden. Für diese Haftungen sei auf die Darstellungen in der jeweiligen Spezialliteratur verwiesen. 02.55

3. Rechtsvergleichung und -vereinheitlichung

Im Haftpflichtrecht sind verschiedene Bereiche, insbesondere im Transportrecht, durch Staatsverträge vereinheitlicht worden. Durch autonome Umsetzung der europäischen Richtlinie entsprechen auch die Produktehaftung sowie das Produktesicherheitsgesetz der Rechtslage im europäischen Ausland; zumindest in Bezug auf das Produktehaftpflichtgesetz lässt sich feststellen, dass die praktische Bedeutung vernachlässigbar gering ist (Grund hierfür ist die aus OR 55 abgeleitete Produzentenhaftung, vgl. hinten N 08.25 ff.). 02.56

Weitaus am bedeutsamsten ist die Rechtsangleichung durch die Gerichtspraxis. Diese Angleichung wird durch den Umstand gefördert, dass **Haftpflichtrecht in ausgeprägtem** 02.57

Masse Fallrecht ist. Die zu entscheidenden Fragestellungen sind in den verschiedenen Rechtsordnungen ähnlich bis identisch; zu denken ist etwa an die verschiedenen Kausalitätsprobleme (hinten N 06.01 ff.) oder an die Haftung für primäre («reine») Vermögensschädigungen (hinten N 05.65 ff.).

02.58 Diesbezüglich ist anzumerken, dass die schweizerische Rechtsprechung seit jeher ausländische – namentlich deutsche – Entwicklungen bei der Entscheidfindung mitberücksichtigt hat. Dass dies zunehmend auch auf ausländische Gerichte zutrifft, zeigt etwa die englische Entscheidung White vs. Jones (Appeal Cases 1995/2, 207) oder die kanadische Entscheidung Canadian National Railway vs. Norsk Pacific Steamship (Dominion Law Reports 4th 1991, 289); in den Urteilsbegründungen dieser «leading cases» finden sich umfangreiche rechtsvergleichende Analysen zum Problemkreis der Haftung für «reine» Vermögensschädigungen.

02.59 Wer ausländische Entwicklungen und Entscheidungen im Privatrecht nicht mitberücksichtigt, degradiert die Rechtswissenschaft zur «Landesjurisprudenz». Schon VON JHERING hatte die im 19. Jahrhundert stattgefundene Ablösung der «gemeineuropäischen» Privatrechtswissenschaft durch nationale Kodifikationen beklagt: Anstelle des «Zusammenarbeitens der Jurisprudenz der verschiedensten Länder an demselben Stoff und derselben Aufgabe» sei die Wissenschaft «zur Landesjurisprudenz degradiert, die wissenschaftlichen Grenzen fallen in der Jurisprudenz mit den politischen zusammen. Eine demütigende, unwürdige Form für eine Wissenschaft!» (14 f.).

02.60 Im Rahmen dieses Lehrbuchs werden daher neben der schweizerischen auch die ausländische Literatur und Rechtsprechung berücksichtigt. Denn ein Wettbewerb der Ideen muss jedem ein Anliegen sein, der sich nicht in erster Linie «seinem» Recht, sondern der sachgerechten Lösung der sich stellenden Probleme verpflichtet weiss (vgl. VON BAR I N 406).

4. Reformbestrebungen

Literatur

BERGAMIN, Vorentwurf zur Totalrevision des Verjährungsrechts, HAVE 2012, 84 ff.; CHAPPUIS/WERRO, La responsabilité civile: à la croisée des chemins, ZSR 2003 II, 237 ff.; FOËX/WERRO (Hrsg.), La réforme du droit de la responsabilité civile, Zürich 2004; FUHRER, Zum Verhältnis von Haftpflicht und Privatversicherung im Vorentwurf zur Revision und Vereinheitlichung des Haftpflichtrechts, ZSR 2001 I, 371 ff.; GAUCH, Die Vereinheitlichung der Delikts- und Vertragshaftung, ZSR 1997 I, 315 ff.; HONSELL, Die Reform der Gefährdungshaftung, ZSR 1997 I, 297 ff.; ders., Reformbestrebungen im schweizerischen Haftpflichtrecht, FS Schlechtriem, Tübingen 2003, 743 ff.; ders., Revision des Verjährungsrechts?, FS Vogt, Basel 2012, 107 ff.; KADNER-GRAZIANO, Entwicklungstendenzen im schweizerischen ausservertraglichen Haftungs- und Schadensrecht, in: Aktuelle Entwicklungen im Haftungsrecht, hrsg. von Jung, Zürich 2007, 1 ff.; KRAUSKOPF, Neues Verjährungsrecht?, Bericht zur laufenden Verjährungsrechtsrevision, in: Haftpflichtprozess 2016, hrsg. von Fellmann/Weber, Zürich 2016, 51 ff.; LOSER, Kritische Überlegungen zur Reform des privaten Haftpflichtrechts – Haftung aus Treu und Glauben, Verursachung und Verjährung, ZSR 2003 II, 127 ff.; MÜLLER-CHEN, Brennpunkte der Revision des Haftpflichtrechts, Anwaltsrevue 2001, 10 ff.; PETITPIERRE, Les fondements de la responsabilité civile, ZSR 1997 I, 273 ff.; PICHONNAZ, La révision du droit de la prescription, Réflexions sur l'avant-projet de modification du Code des obligations, in: Journées du droit de la circulation routière, hrsg. von Werro/Probst, Bern 2012, 145 ff.; PORTMANN, Revision und Vereinheitlichung des Haftpflichtrechts, ZSR 2001 I, 327 ff.; ROGERS, A Common Lawyer Looks at the Swiss Tort Law Reform Project, ZSR 2001 I, 351 ff.; RUSCH, Die Revision des Verjährungsrechts, in: Strassenverkehrsrechts-Tagung 2012, hrsg. von Probst/Werro, Bern 2012, 223 ff.; TERCIER, La réforme du droit de la responsabilité civile, ZSR 1997 I, 257 ff.; WERRO, Die Sorgfaltspflichtverletzung als Haftungsgrund nach Art. 41 OR, ZSR 1997 I, 343 ff.; ders., Quelques remarques sur l'avant-projet de Loi fédérale sur la révision et l'unification du droit de la responsabilité civile, HAVE 2002, 14 ff.; WIDMER, Die Vereinheitlichung des schweizerischen Haftpflichtrechts – Brennpunkte eines Projekts, ZBJV 1994, 385 ff.; WINIGER, L'architecture de l'Avant-projet de loi sur la responsabilité civile, ZSR 2001 I, 299 ff.

In den neunziger Jahren des letzten Jahrhunderts hatte eine Studienkommission für die Gesamtrevision des Haftpflichtrechts einen Bericht abgefasst, auf dessen Grundlage ein Vorentwurf zum Allgemeinen Teil des Haftpflichtrechts (VE-OR) erstellt und im Jahre 2000 in die Vernehmlassung gegeben wurde. Der Vorentwurf wurde aus verschiedenen Gründen kritisiert (vgl. etwa die Beiträge in ZSR 1997 I und ZSR 2001 I). 02.61

Insgesamt vermochte die vorgeschlagene Gesamtrevision des Haftpflichtrechts nicht zu befriedigen. Der Entwurf hatte in verschiedener Hinsicht den falschen Weg eingeschlagen, und man mochte zu den im Entwurf verfolgten Zielen stehen, wie man wollte: Zu einer Modernisierung des Haftpflichtrechts oder gar einer Anpassung an die gesamteuropäische Entwicklung hätte der Entwurf nicht verholfen. Der Bundesrat hat denn auch zu Recht beschlossen, den Entwurf nicht weiter zu verfolgen. 02.62

Prüfenswert ist dagegen, ob einzelne Anliegen (insbesondere betreffend die Verjährung und den Rückgriff) durch eine partielle Revision umgesetzt werden können. Im Jahre 2011 schickte der Bundesrat einen Vorentwurf in die Vernehmlassung, in dem er vorschlug, die vertrags- und bereicherungsrechtlichen Verjährungsfristen mit jenen des ausservertraglichen Haftpflichtrechts zu harmonisieren. Alle Forderungen sollten einer relativen dreijährigen und einer absoluten zehnjährigen Verjährungsfrist unterliegen. Für Personenschäden wurde eine absolute Frist von dreissig Jahren vorgeschlagen. Die Vereinheitlichungsbemühungen wurden bereits mit der Botschaft fallengelassen; die weiteren Vorschläge wurden in den parlamentarischen Beratungen weitgehend verworfen. Übrig geblieben ist im Wesentlichen die Verlängerung der relativen Verjährungsfrist auf drei Jahre. Nach der Errichtung der Stiftung «Entschädigungsfonds für Asbestopfer» im März 2017 sieht die Rechtskommission des Nationalrates keine Notwendigkeit einer Revision mehr und beantragt, das Geschäft abzuschreiben. Die Beratung in der ständerätlichen Kommission über den Antrag auf Abschreibung ist im Winter 2017 zu erwarten. 02.63

5. Ziele des Haftpflichtrechts

Literatur

ADAMS, Ökonomische Analyse der Gefährdungs- und Verschuldenshaftung, Heidelberg 1985; BÜHLER, Ist die Schadensprävention kein Thema für das Schweizerische Haftpflichtrecht?, FS Rey, Zürich 2003, 197 ff.; BURCKHARDT, Die Revision des Schweizerischen Obligationenrechts in Hinsicht auf das Schadensersatzrecht, ZSR 1903, 469 ff.; CALABRESI, The Costs of Accidents, New Haven 1970; CANE, Atiyah's Accidents, Compensation and the

Law, 8. Aufl., London 2013, zitiert wird die 5. Aufl.; ENDRES, Ökonomische Grundlagen des Haftungsrechts, Heidelberg 1991; HARRIS, Can the Law of Torts Fulfil its Aims, New Zealand Universities Law Review (14) 1990, 113 ff.; KÖTZ, Sozialer Wandel im Unfallrecht, Karlsruhe/Heidelberg 1976; POSNER, Economic Analysis of Law, 9. Aufl., Boston 2014; ROBERTO, Haftpflichtrisiken bei Geschäftsbeziehungen mit den USA, in: Haftpflicht- und Versicherungsrechtstagung 2003: Tagungsbeiträge, hrsg. von Koller, St. Gallen 2003, 141 ff. («Haftpflichtrisiken»); ders., Schadenersatz, Gewinnabschöpfung und Bereicherungsanspruch bei Immaterialgüterrechtsverletzungen, in: 10 Jahre sic! Das Immaterialgüterrecht und seine Schnittstellen, 23 ff., hrsg. von Amstutz/Berger/Cherpillod/Hilty/Jaccard/Marbach/Ritscher/Stieger, Zürich 2008 («Gewinnabschöpfung»); ROHE, Gründe und Grenzen deliktischer Haftung, AcP 2001, 118 ff.; SUMPTION, Abolishing Personal Injuries Law – A project, Personal Injuries Bar Association Annual Lecture, London 16. November 2017; TRIMARCHI, Causalità e danno, Milano 1967; VON BAR, Vertragliche Schadensersatzpflichten ohne Vertrag?, JuS 1982, 637 ff.; VON HIPPEL, Schadensausgleich bei Verkehrsunfällen, Haftungsersetzung durch Versicherungsschutz, Tübingen 1968; WEYERS, Unfallschäden – Praxis und Ziele von Haftpflicht- und Vorsorgesystemen, Frankfurt a.M. 1971; WIDMER LÜCHINGER, Schweizerisches und US-amerikanisches Haftpflichtrecht. Konvergenz/Divergenz, ZBJV 2015, 545 ff.

5.1. Im Allgemeinen

02.64 Für das Haftpflichtrecht kommen allgemeiner Ansicht nach zwei Zielsetzungen in Betracht: Zum einen kann es das Ziel sein, einen **Schadensausgleich** zu schaffen, d.h., dem Geschädigten einen Ersatzanspruch für den erlittenen Schaden zu gewähren (sog. Ausgleichsfunktion). Zum anderen kann die **Vermeidung zukünftiger Schädigungen** bezweckt sein (sog. Präventionsfunktion).

02.65 Diese beiden Funktionen sind nicht völlig gleichlaufend, weshalb sich die Frage nach dem Vorrang stellt (ausführlich zu den Haftungsfunktionen RUMO-JUNGO N 190 ff.). Während in der älteren Lehre der Präventionsgedanke noch im Vordergrund stand, ist heute der Ausgleichsgedanke vorherrschend.

02.66 Einhellig abgelehnt wird dagegen die pönale bzw. Sanktionsfunktion (vgl. HONSELL/ISENRING/KESSLER § 1 N 3 f.; REY/WILDHABER N 17; SCHWENZER N 49.04).

5.2. Vorrang der Ausgleichsfunktion?

02.67 Der Ausgleichsgedanke wird damit begründet, dass der vollständige Ausgleich des Schadens den leichtfahrlässig handelnden Ersatzpflichtigen zwar schwer treffen könne, doch sei es noch unbilliger, den schuldlosen Geschädigten auf einem Teil des Schadens sitzenzulassen (PROSSER/KEETON 287; TRIMARCHI 95). Dagegen wird eingewandt, dass der Vorrang der Gläubigerinteressen in jenen Fällen nicht völlig zu überzeugen vermag, in denen eine kleine Nachlässigkeit zu einer vergleichsweise hohen Schadenersatzforderung führt (BURCKHARDT 497).

02.68 Es erscheint wenig erfolgversprechend, das vorzugswürdige Schadenersatzprinzip aus Gerechtigkeitserwägungen deduzieren zu wollen. Die Begründungen der Lehre beschäftigen sich denn auch ausführlich damit, wie wenig andere Funktionen, insbesondere Sanktions-

und Präventionsgedanken, zum geltenden Recht passen (vgl. etwa LARENZ 424). Aus diesem Subtraktionsverfahren folgt dann die Richtigkeit des Ausgleichsgedankens.

Der Ausgleichsgedanke vermag im Grunde weniger die Ersatzpflicht als solche, als vielmehr die Anspruchsbegrenzung, d.h. das Bereicherungsverbot, zu begründen (TRIMARCHI 160). Der Geschädigte soll durch die Ersatzleistung nicht mehr erhalten, als er ohne den Schädigungsfall gehabt hätte (BGE 129 III 135; 131 III 12; 134 III 491). 02.69

Dass der Geschädigte aus dem Schadensereignis keinen finanziellen Vorteil ziehen soll, ist im Grundsatz zutreffend. Absolut gilt der Grundsatz indes nicht. So werden etwa beim sog. Haushalts- und Pflegeschaden Schadenersatzansprüche gewährt, ohne dass der Geschädigte im Regelfall eine entsprechende finanzielle Einbusse erleidet (dazu hinten N 29.31 ff.). Gleiches gilt in all jenen Fällen, in denen Reparaturkosten oder Nutzungsausfälle auch dann als ersatzfähige Schäden anerkannt werden, wenn keine entsprechenden Aufwendungen getätigt werden (zu diesen fiktiven Schadenspositionen hinten N 29.01 ff.). 02.70

5.3. Ökonomische Analyse des Haftungsrechts und Präventionsfunktion

Aus gesamtgesellschaftlicher Sicht ist im Hinblick auf die konkrete Schädigung unerheblich, ob der Geschädigte die Einbusse zu tragen hat oder ob diese durch den Schädiger ausgeglichen wird (TRIMARCHI 53 f.). Auf die Gesamtheit der Schadensfälle bezogen kann jedoch die Ausgleichspflicht dazu beitragen, künftige Schädigungen zu verhüten und so das Schädigungsvolumen insgesamt zu verringern. Der im älteren Schrifttum vorherrschende Präventionsgedanke (vgl. OFTINGER im Vorwort der 1. Aufl. des Schweizerischen Haftpflichtrechts, Bd. I, Zürich 1940, XXIII) wurde in neuerer Zeit namentlich von Vertretern der Ökonomischen Analyse des Rechts wieder in den Mittelpunkt gerückt (CALABRESI 26 ff. und passim; POSNER 191 ff.; CANE 361 ff., insbesondere 374 ff.; ADAMS passim; ENDRES passim). 02.71

Dagegen wird eingewandt, der Schädiger sei, zumal bei verschuldensunabhängigen Gefährdungshaftungen, oftmals gar nicht in der Lage, durch mehr als pflichtgemässe Vorkehrungen zur Schadensverhütung das Risiko eines Schadenseintritts zu vermindern. Überdies versage die Abschreckung, wenn die Ersatzpflicht durch eine Haftpflichtversicherung abgedeckt ist (LARENZ 423; HARRIS 113 ff.). 02.72

Diese Einwände vermögen nicht zu überzeugen. Das Versicherungsargument ist nur bedingt gültig, weil sich die erwünschte Verhaltenssteuerung, wenngleich mit erheblich schwächerer Wirkung, auch durch Selbstbehalte und Bonus-Malus-Systeme herbeiführen lässt (CANE 382 f.); so verringern sich z.B. Fahrzeug-Versicherungsprämien, wenn der Versicherte einige Jahre keine Leistungen beansprucht. Überdies ist gemäss den Vertretern der Ökonomischen Analyse des Rechts unerheblich, ob der Einzelne oder alle Prämienzahler als Gruppe die Kosten der Schädigungen tragen; wesentlich ist einzig, dass die Kosten internalisiert (d.h. von den Verursachern einzeln oder gemeinsam getragen) werden (CALABRESI 68 ff.). 02.73

Was die Gefährdungshaftungen anbelangt, so wird von den Kritikern des Präventionsgedankens unterstellt, dass die Haftpflichtigen die Wahrscheinlichkeit der Drittschädigung nicht oder nur unwesentlich beeinflussen können. Dieser Ansicht ist entgegenzuhalten, dass der Erfindungsreichtum bei der Verhütung von Schädigungen nicht unterschätzt werden darf. 02.74

Das Auffinden schadensvermindernder Vorkehrungen ist freilich mit Kosten verbunden, die im Regelfall nur aufgewandt werden, wenn sich dies im Vergleich zu den ansonsten zu erwartenden Schadenersatzansprüchen auszahlt. Insgesamt spricht vieles dafür, dass das Schadenersatzrecht – wenngleich bloss in beschränktem Umfang – in den Dienst einer gesamtgesellschaftlich erwünschten Verringerung des Schädigungspotentials gestellt werden kann (CANE 388 ff.).

02.75 Es gibt verschiedene weitere Konzepte der ökonomischen Analyse des Haftungsrechts. Zu erwähnen sind namentlich folgende:

02.76 «cheapest cost avoider»: Der Schaden soll jener Partei aufgebürdet werden, welche diesen mit dem geringsten Aufwand hätte vermeiden können (vorausgesetzt, die Schädigung lässt sich vermeiden).

02.77 «cheapest insurer»: Der Schaden soll jener Partei aufgebürdet werden, welche diesen am günstigsten versichern kann (vorausgesetzt, der Schaden lässt sich versichern).

02.78 «superior risk bearer»: Der Schaden soll jener Partei aufgebürdet werden, welche die Kosten am ehesten tragen kann (sind beide Parteien in ähnlichem Umfang in der Lage, den Schaden zu tragen, sollte der Schaden zwischen ihnen aufgeteilt werden).

5.4. Pönale Funktion

02.79 Allgemeiner Auffassung nach hat das Haftpflichtrecht in der Schweiz (anders als in den USA) **keinen pönalen Charakter**. Ersetzt werden höchstens der finanzielle Verlust sowie eine Genugtuungssumme für immaterielle Schädigungen. Eine darüber hinausgehende Zusprache eines Strafschadenersatzes, also sog. «punitive damages», ist dagegen nicht zulässig (HaftpflichtKomm/FISCHER Vor OR 41–61 N 15).

02.80 Eines der bekanntesten amerikanischen Urteile, welche einen Strafschadenersatz gewähren, ist der «Ford Pinto»-Fall aus dem Jahre 1981 (Grimshaw v. Ford Motor Company, 174 Cal. Rep. 348 [1981]). Bei diesem Fahrzeugtyp war der Benzintank im hinteren Teil des Fahrzeugs integriert, was bei Auffahrunfällen zu Explosionen führen konnte. Die Verantwortlichen beim Fahrzeughersteller Ford wussten um die Gefahren, doch nahmen sie die möglichen Ersatzansprüche in Kauf, da die Kosten einer Konstruktionsänderung gemäss einer internen Kosten-Nutzen-Analyse über den befürchteten Schadenersatzansprüchen lagen. Konkret hätte die Änderung etwa USD 11 je Wagen gekostet, was bei 12.5 Mio. Fahrzeugen Gesamtkosten von USD 137 Mio. verursacht. Nach den internen Berechnungen bei Ford hätte die Änderung bezüglich des Benzintanks zur Vermeidung von ca. 180 Todesfällen und noch einmal so vielen Verletzten geführt. Je Todesfall rechnete man mit Ersatzansprüchen in der Höhe von USD 200’000 und je Verletzten von USD 67’000, insgesamt also USD 49.5 Mio. Man entschied deshalb, die Konstruktionsänderung nicht vorzunehmen. Die Geschworenen, denen diese unternehmensinternen schriftlichen Erwägungen vorlagen, sprachen dem Geschädigten infolgedessen einen über die Einsparungen hinausgehenden Betrag von USD 125 Mio. als «punitive damages» zu. Das Gericht reduzierte diesen Betrag dann aber auf USD 3.5 Mio. (vgl. für weitere Fälle ROBERTO, Haftpflichtrisiken, 141 ff.).

02.81 Die Begründung für die Zusprechung des Strafschadenersatzes zeigt die Nähe dieses Instituts zur Gewinnabschöpfung. Letztere ist bei einer Geschäftsanmassung (OR 423) auch in der Schweiz zulässig, wobei in subjektiver Hinsicht Bösgläubigkeit erforderlich ist (zum Ganzen ROBERTO, Gewinnabschöpfung, 23 ff.). Da es im Haftpflichtrecht für die Einstandspflicht jedoch keiner Bösgläubigkeit bedarf, sondern leichte Fahrlässigkeit bzw. bei Gefährdungshaftungen die Verwirklichung einer Gefahr genügt, kann bloss der eigene tatsächlich erlittene Gewinnausfall, nicht dagegen der durch den schädigenden Dritten erzielte Gewinn für die Schadensberechnung massgebend sein.

Pönale Aspekte gehören infolgedessen nicht zu den Zielen des Haftpflichtrechts. Es stellt sich überdies die Frage, ob das Haftpflichtrecht eine Sanktionsfunktion wegen der zunehmenden Bedeutung der Gefährdungshaftungen und der Ausbreitung der Haftpflichtversicherungen wahrnehmen könnte. 02.82

Widersprüchlich ist es freilich, wenn die schweizerische Lehre auf der einen Seite die pönale Funktion des Haftpflichtrechts ablehnt und auf der anderen Seite die Reduktion des Schadenersatzbetrages bei geringem Verschulden befürwortet (dies wird teilweise erkannt, ohne jedoch die entsprechenden Folgerungen daraus zu ziehen, s. etwa REY/WILDHABER N 17; zum Ganzen hinten N 32.01 ff.). 02.83

Hinsichtlich der mit dem Haftpflichtrecht verfolgten pönalen Ziele ist nochmals darauf hinzuweisen (s. auch N 02.36), dass bei Körperverletzungen und Sachschäden eine Haftung in aller Regel nicht zu einer direkten Ersatzleistung des Schädigers an den Geschädigten führt. Vielmehr wird der Schaden auf Seiten des Geschädigten oftmals durch eine private oder öffentliche Versicherung ersetzt (z.B. Unfallversicherung, Alters- und Hinterlassenenversicherung, Invalidenversicherung, Opferhilfe, Hausrats-, Kasko- oder Feuerversicherung), und auf Seiten des Schädigers übernimmt in zahlreichen Fällen eine Haftpflichtversicherung die Ersatzpflicht. 02.84

5.5. Versicherung statt Haftpflicht?

Liegt die Funktion des Schadenersatzes lediglich in der Erhaltung des Güterstandes, wäre zu überlegen, ob man den Schaden nicht grundsätzlich beim Geschädigten belassen soll und den Ausgleich der erlittenen Einbussen auf der Versicherungsebene löst (d.h. jeder versichert sich selbst gegen Schädigungen, die er aus irgendwelchen Gründen erleidet). Anstelle der Versicherung gegen Haftpflichtansprüche Dritter würde die Eigenversicherung treten (ausführlich VON HIPPEL; RUMO-JUNGO N 380 ff.; ferner CANE 420 ff.; KÖTZ 42 ff.). Bei dieser Lösung könnten auch die erheblichen Kosten, welche die haftpflichtrechtliche Güterumverteilung verursacht, eingespart werden. 02.85

Gemäss einer englischen Untersuchung betragen die Kosten für die haftpflichtrechtliche Zuweisung der Entschädigungen etwa 47% aller durch den Schadensfall entstandenen Einbussen; bei der Sozialversicherung liegt der Wert bei 11% (s. auch die Nachweise bei SUMPTION 4; ROBERTO 265 Fn. 93). 02.86

2. Kapitel: Allgemeiner Haftungstatbestand

§ 3 Überblick über die Haftungsvoraussetzungen

1. Allgemeines

Das schweizerische Haftpflichtrecht beruht im Grundsatz auf einer Generalklausel. «Wer einem andern widerrechtlich Schaden zufügt, sei es aus Absicht, sei es aus Fahrlässigkeit, wird ihm zum Ersatze verpflichtet» (OR 41 I). Aufgabe der Doktrin und der Rechtsprechung ist es, diese Generalklausel zu konkretisieren. 03.01

Bei der Konkretisierung ist zunächst zwischen dem Haftungstatbestand und den Haftungsfolgen zu unterscheiden. Beim Haftungstatbestand geht es um die Frage, welche Voraussetzungen für eine Haftung vorliegen müssen. Die Haftungsfolgen richten sich dagegen auf die Rechtsbehelfe, welche dem von einem haftungsbegründenden Ereignis Betroffenen zustehen. 03.02

Der erste Teil dieses Lehrbuches befasst sich mit dem Haftungstatbestand, der zweite Teil mit den Haftungsfolgen. Bereits hier ist darauf hinzuweisen, dass der Ersatz des Schadens die bedeutsamste, aber keineswegs die einzige Haftungsfolge ist – daneben kommen auch die Genugtuung, die Beseitigungs- und Unterlassungsklage sowie die Naturalrestitution in Betracht. 03.03

2. Haftungsvoraussetzungen gemäss dem vorliegenden Lehrbuch

Im Rahmen eines Überblicks lässt sich zu den Haftungsvoraussetzungen, d.h. zu den Elementen des Haftungstatbestandes, Folgendes anmerken: Die rechtswidrige Handlung muss zu einer Verletzung eines Rechtsgutes geführt haben, und das Verhalten muss dem Handelnden vorwerfbar, d.h., es muss verschuldet sein. 03.04

Es lassen sich somit vier Haftungsvoraussetzungen unterscheiden: (1) die Rechtswidrigkeit, (2) die Rechtsgutverletzung, (3) der juristische Kausalzusammenhang zwischen der rechtswidrigen Handlung und der Rechtsgutverletzung sowie (4) das Verschulden. 03.05

(1) Die **Rechtswidrigkeit** bezieht sich auf ein menschliches Verhalten, das gegen Gesetze oder das allgemeine Sorgfaltsgebot verstösst. Rechtswidrigkeit bedeutet daher Verletzung einer Verhaltenspflicht. 03.06

(2) Das **Rechtsgut** bzw. das Integritätsinteresse stellt eine rechtlich geschützte Rechtsposition dar. 03.07

03.08 (3) Die **kausale Beziehung** zwischen dem rechtswidrigen Verhalten des Schädigers und der Rechtsgutverletzung des Geschädigten bezeichnet man als «juristische Kausalität» oder «Zurechnung».

03.09 (4) Beim **Verschulden** muss einerseits die Urteilsfähigkeit des Schädigers geprüft werden. Sodann ist zwischen den verschiedenen Verschuldensgraden (leichte Fahrlässigkeit, grobe Fahrlässigkeit, Vorsatz) zu unterscheiden.

03.10 Zu beachten ist, dass nicht jede Verhaltenspflicht sämtliche Rechtsgüter schützt. Vielmehr besteht in allen Rechtsordnungen hinsichtlich der Rechtsgüter eine hierarchische Abstufung. Den grössten Schutz verdient danach die persönliche Integrität, gefolgt vom Eigentum; am schwächsten geschützt ist das Vermögen als solches. Entsprechend ist für die Haftung wegen Beeinträchtigung des Vermögens eine nähere Beziehung zwischen Schädiger und Geschädigtem notwendig, und auch die Verhaltensanforderungen sind spezifischer formuliert als bei der Verletzung einer Person. Es ist bei den jeweiligen Verhaltenspflichten eine Frage der Auslegung, welchen Personenkreis sie vor welchen Verletzungen schützen.

3. Haftungsvoraussetzungen nach der herkömmlichen schweizerischen Lehre

03.11 In der Lehre ist umstritten, welches die massgeblichen Haftungsvoraussetzungen sein sollen. Die herkömmliche Ansicht erwähnt den «Schaden» als eine von vier Haftungsvoraussetzungen. Die anderen drei Voraussetzungen sind das Verschulden, die Rechtswidrigkeit und der adäquate Kausalzusammenhang (wobei, wie bereits erwähnt, die Begriffe nicht einheitlich verwendet werden).

03.12 Zum Teil beginnen die Erläuterungen in der Literatur sogar mit der «Haftungsvoraussetzung» des Schadens und der Schadensberechnung. Dabei wird jeweils betont, beim Schaden handele es sich nicht etwa um die Verletzung einer Person oder die Beschädigung oder Zerstörung von Eigentum. Gemeint sei vielmehr die finanzielle Auswirkung dieser Beeinträchtigungen.

03.13 Dieses Verständnis des Haftungstatbestandes ist Ursache verschiedener Missverständnisse. Darauf wird im Einzelnen zurückzukommen sein. Einstweilen genügt es darauf hinzuweisen, dass die **finanzielle Auswirkung** (der Schaden bzw. das Quantitativ) **nicht eine Voraussetzung der Haftung** sein kann. Vielmehr gehört dies zu den Haftungsfolgen. Damit wird auch verständlich, weshalb die Gerichte bei manchen Verfahren den Prozessgegenstand einstweilen auf die Frage der Haftung beschränken und den Schaden explizit aus dem Haftungsprozess ausklammern können. Auch in der rechtlichen Praxis wird dies in diesem Sinne gehandhabt: In einem ersten Schritt geht es um die Haftung und erst im zweiten Schritt um das Quantitativ. Abgesehen davon gibt es auch Haftungsfälle ohne Schaden (z.B. wenn bloss eine Genugtuung gefordert wird). Bestätigt wird diese Sicht der Dinge durch einen Blick auf die Unterteilung in den anderen massgeblichen Rechtsordnungen, welche allesamt zwischen dem Haftungstatbestand und den Haftungsfolgen (namentlich dem Schadenersatz) unterscheiden.

03.14 Die dogmatisch wenig glückliche Umschreibung der Haftungsvoraussetzungen bei verschiedenen Autoren ist einer der Gründe, weshalb das Haftpflichtrecht hierzulande immer noch als «schwierige Materie» charakterisiert wird. In der Praxis wirken sich diese Unsicherheiten dagegen weniger aus. Zwar werden auch in den Gerichtsentscheidungen zu Beginn jeweils in den «Urteils-Textbausteinen» die Haftungsvoraussetzungen der herkömmlichen Lehre wiederholt. In den relevanten Teilen der Urteilsbegründungen folgt man dagegen dem im vorliegenden Lehrbuch dargelegten Haftungsaufbau. Das zeigt sich etwa dann, wenn zunächst die Frage der Haftung behandelt wird und erst nach deren Bejahung Ausführungen zum Schaden bzw. zur Schadensberechnung erfolgen. Sodann wird bei der Verletzung absolut geschützter Rechtsgüter jeweils auch der Verstoss gegen eine Sorgfaltspflicht geprüft, um die Rechtswidrigkeit zu bejahen.

4. Haftungsvoraussetzungen in anderen Rechtsordnungen

Die unterschiedlichen Ansätze in Bezug auf den Haftungstatbestand lassen sich am besten anhand der ausländischen Haftungsmodelle illustrieren. 03.15

Das **französische Recht** hat eine Generalklausel, welche – unabhängig vom Rechtsgut – die Haftung unmittelbar an die «faute», d.h. das rechtswidrige Verhalten, knüpft. Das rechtswidrige Verhalten muss kausal eine Rechtsgutverletzung («dommage») verursacht haben; der Geschädigte kann vom Haftpflichtigen unter anderem Schadenersatz («dommages-intérêts») fordern. 03.16

Das **anglo-amerikanische Recht** kennt zahlreiche Einzeltatbestände (z.B. «battery», «assault» oder «trespass»; diese knüpfen regelmässig an eine vorsätzliche Handlung an); der weitaus wichtigste Haftungstatbestand bildet jedoch die «negligence», d.h. die sorgfaltswidrige Verletzung einer Verhaltensnorm, welche die betreffende Person vor bestimmten Schädigungen schützen will; Elemente der «negligence»-Haftung sind die Sorgfaltspflichtverletzung («breach of a duty of care»), die Rechtsgutverletzung («harm to a legally protected interest» bzw. «damage») und die Kausalität («causation»). 03.17

Die **Principles of European Tort Law** unterscheiden in Bezug auf die Haftungsvoraussetzungen – ebenso wie das französische Recht und die «negligence»-Haftung im angloamerikanischen Recht zwischen «damage», «causation» und «fault». Dabei darf «damage» nicht mit «damages» gleichgesetzt werden. Mit «damage» meint man (wie im angloamerikanischen Recht) die Verletzung eines rechtlich geschützten Interesses («harm to a legally protected interest»). Im Rahmen der Haftungsfolgen («remedies») werden dagegen die «damages» als Schadenersatz behandelt («money payment to compensate the victim»). 03.18

Ganz anders als die Haftung in den vorgehend genannten Regelungen präsentiert sich das **deutsche Recht**. In Deutschland beruht die Haftpflicht auf drei Pfeilern: die Verletzung der in BGB 823 I erwähnten Rechtsgüter (Leben, Körper, Gesundheit, Freiheit, Eigentum oder ein sonstiges Recht), die Verletzung einer Schutznorm (BGB 823 II) oder die vorsätzliche sittenwidrige Schädigung (BGB 826). 03.19

Der Haftungsaufbau im vorliegenden Lehrbuch entspricht den drei erstgenannten Haftungsregelungen. Da OR 41 I ebenfalls eine Generalklausel enthält, liegt es nahe, auch hierzulande den Haftungsaufbau wie in der französischen oder in der anglo-amerikanischen Rechtsordnung bzw. in den Principles of European Tort Law zu sehen. 03.20

Stattdessen lehnte sich die bislang vorherrschende Auffassung und (zumindest in den Textbausteinen) das Bundesgericht der Regelung im deutschen BGB an. Die Übernahme des deutschen Haftungskonzepts ist umso erstaunlicher, als man in Deutschland von Beginn an die Mängel der gesetzlichen Konstruktion erkannt hat, weshalb immer wieder Anläufe ge- 03.21

nommen wurden, um die Haftungsregelung den anderen Rechtsordnungen anzugleichen, und Lehre und Rechtsprechung verschiedene Hilfskonstruktionen «erfinden» mussten, um die Defizite des Haftungsregimes zu beheben.

§ 4 Rechtswidrigkeit

Literatur

BIERI, Sittenwidrige Schädigung nach Art. 41 Abs. 2 OR, AJP 2008, 549 ff.; BISTRITZKI, Voraussetzungen für die Qualifikation einer Norm als Schutzgesetz im Sinne des § 823 Abs. 2 BGB, Diss. München 1981; BOSSHARD, Neuere Tendenzen in der Lehre zum Begriff der Widerrechtlichkeit nach Art. 41 OR, Zürich 1988; CHAPPUIS, La distinction entre l'illicéité et la faute: n'est-il pas temps de renoncer?, FS Brehm, Bern 2012, 83 ff.; DAENIKER, Thesen zur Haftung für Ad-hoc-Publizität, GesKR 2006, 139 ff.; FELLMANN, Widerrechtlichkeit: drei Theorien für ein Problem – Versuch einer Zwischenbilanz, ZSR 2009 I, 473 ff.; KAROLLUS, Funktion und Dogmatik der Haftung aus Schutzgesetzverletzung, Wien 1992; KERNEN, Das Geldwäschereigesetz als Quelle von haftpflichtrechtlichen «Schutznormen», recht 26/2008, 133 ff.; KOCH, Ausservertragliche Dienstleistungshaftung in der Schweiz, Basel 2001; KOZIOL, Ein europäisches Schadenersatzrecht – Wirklichkeit und Traum, JBl 2001, 35 f.; KUHN, Arzt und Haftung aus Kunst- bzw. Behandlungsfehlern, in: Arztrecht in der Praxis, hrsg. von Kuhn/Poledna, Zürich 2007, 601 ff.; LANDOLT, Medizinalhaftung - Aktuelle Rechtsprechung zu ausgewählten Problembereichen der Arzthaftung, HAVE 2009, 329 ff.; LEHMANN, Ist Geldwäscherei nach Art. 305bis StGB eine haftpflichtrechtliche Schutznorm?, FS Honsell, Zürich 2007, 1 ff.; LOSER, Kritische Überlegungen zur Reform des privaten Haftpflichtrechts – Haftung aus Treu und Glauben, Verursachung und Verjährung, ZSR 2003 II, 127 ff.; MARBURGER, Die Regeln der Technik im Recht, Köln 1979; MERZ, Die Widerrechtlichkeit als Rechtsquellenproblem, ZBJV 1955, 301 ff.; MÜNZBERG, Verhalten und Erfolg als Grundlagen der Rechtswidrigkeit und Haftung, Frankfurt a.M. 1966; NIPPERDEY, Rechtswidrigkeit, Sozialadäquanz, Fahrlässigkeit, Schuld im Zivilrecht, NJW 1957, 1777 ff.; OSWALD, Analyse der Sorgfaltspflichtverletzung im vertraglichen wie ausservertraglichen Bereich, Zürich 1988; ROBERTO, Haftung für Dienstleistungen gegenüber vertragsfremden Dritten – Wie das Schielen auf das BGB den Blick auf das schweizerische Recht trüben kann, FS Juristentag, Zürich 2000, 137 ff.; ders., Verschulden statt Adäquanz – oder sollte es gar die Rechtswidrigkeit sein?, recht 2002, 145 ff.; ders., Antithesen zur Haftung für Ad-hoc-Publizität, GesKR 2006, 149 ff.; ders./GRECHENIG, Rückschaufehler («Hindsight Bias») bei Sorgfaltspflichtverletzungen, ZSR 2011, 5 ff.; ders./RICKENBACH, Was ist eine Schutznorm?, ZSR 2012, 185 ff.; SCHMID/SCHMID, Aspekte und Thesen der Arzthaftung, in: Aktuelle Entwicklungen im Haftungsrecht, hrsg. von Jung, Zürich 2007, 111 ff.; SCHÖNENBERGER, Die dritte Widerrechtlichkeitstheorie, HAVE 2004, 3 ff.; SCHWARZ, Zivilrechtliche Haftung für Geldwäscherei, HAVE 2009, 9 ff.; SPICKHOFF, Gesetzesverstoss und Haftung, Köln 1998; STIFFLER, Schweizerisches Schneesportrecht, 3. Aufl., Bern 2002; STOLL, Richterliche Fortbildung und gesetzliche Überarbeitung des Deliktsrechts, Heidelberg 1984; ders., Unrechtstypen bei Verletzung absoluter Rechte, AcP 1963, 203 ff.; THALER, Haftung zwischen Wettkampfsportlern – Insbesondere beim Sportunfall und Dopingmissbrauch, Zürich 2002; TOURNEAU/CADIET, Droit de la responsabilité, Paris 1996; WIDMER, Gefahren des Gefahrensatzes, ZBJV 1970, 289 ff.; WIETHÖLTER, Der Rechtfertigungsgrund des verkehrsrichtigen Verhaltens, Karlsruhe 1960.

1. Allgemeines und Überblick

1.1. Begriffliches

04.01 Rechtswidrigkeit und Widerrechtlichkeit sind gleichbedeutend. Das Gegenteil ist die Rechtmässigkeit. Die Rechtswidrigkeit wird in der Lehre unterschiedlich definiert:

04.02 «Objektive Rechtswidrigkeitstheorie»: Rechtswidrig ist die Verletzung eines absolut geschützten Rechtsgutes oder der Verstoss gegen ein Schutzgesetz (war in der zweiten Hälfte des letzten Jahrhunderts in Rechtsprechung und Lehre vorherrschend).

04.03 «Subjektive Rechtswidrigkeitstheorie»: Jede Verletzung eines rechtlich geschützten Interesses ist rechtswidrig (wird heute nicht mehr vertreten).

04.04 Die Begriffsverwendung ist wenig glücklich, da die sog. «objektive Rechtswidrigkeitstheorie» bei den absolut geschützten Rechtsgütern ebenso «subjektiv» wie die subjektive Rechtswidrigkeitstheorie ist. Ein Unterschied besteht lediglich hinsichtlich der reinen Vermögensschädigungen: Da solche keine absolut geschützten Rechtsgüter darstellen, sind sie bloss nach der subjektiven, nicht aber nach der objektiven Rechtswidrigkeitstheorie generell geschützt.

04.05 In dogmatischer Hinsicht steht bei der Rechtswidrigkeitsdiskussion die Frage im Vordergrund, ob man an das **Verhalten** oder an die **eingetretene Schädigung** (sog. «Erfolg») anknüpfen soll:

04.06 Beim Verhaltensunrecht ist der Verstoss gegen eine rechtliche Sorgfaltspflicht rechtswidrig.

04.07 Beim Erfolgsunrecht ist das beeinträchtigte Rechtsgut rechtswidrig.

1.2. Verhaltensunrecht oder Erfolgsunrecht

04.08 Die **neuere Lehre** geht mehrheitlich vom **Verhaltensunrecht** aus (s. zuletzt und mit ausführlicher Erläuterung des Meinungsstandes FELLMANN/KOTTMANN N 276 ff. und 334 f. sowie CHAPPUIS 84 ff.; CHK/MÜLLER OR 41 N 44; CR/WERRO OR 41 N 87 anerkennt zwar, dass das sorgfaltswidrige Verhalten des Schädigers für die Begründung einer Haftung ausschlaggebend ist, prüft diese Voraussetzung allerdings im Rahmen des Verschuldens). Das **Erfolgsunrecht** findet sich als Konzept im deutschen Recht (BGB 823 I) und wurde Mitte des letzten Jahrhunderts durch die schweizerische Literatur und später durch die Rechtsprechung in die hiesige Haftpflichtrechtsdogmatik übernommen. Zuvor war in der Schweiz, wie fast in allen Rechtsordnungen (ausser dem deutschen Recht), das Verhaltensunrecht anerkannt (vgl. BGE 64 II 259; 82 II 28).

04.09 Hingewiesen sei etwa auf die entsprechenden Ausführungen in der 2. Auflage des Berner Kommentars aus dem Jahre 1941: «Art. 41 Abs. 1 umschreibt die rechtlich geschützten Interessen nicht, sondern setzt sie voraus und ruft damit der Ergänzung durch die einschlägigen Rechtsnormen. Die ‹Normen›, die den Rechtsschutz gewährleisten, müssen nun nicht die Form eines Gesetzes aufweisen; neben das Gesetzesrecht treten das Gewohnheitsrecht und überhaupt die gesamte allgemeine Rechtsordnung, die von dieser verfolgten Zwecke und die daraus zu ziehenden Folgerungen, wie sie hauptsächlich aus der Gerichtspraxis erkennbar sind» (BK/BECKER OR 41 N 38).

Siehe auch die Formulierung in BGE 82 II 28: «Das Obergericht sieht die Widerrechtlichkeit des Verhaltens des Beklagten darin, dass er den Kläger in schwerwiegender Weise am Körper verletzt habe, ohne dass irgendwelche Rechtfertigungsgründe vorlägen. Damit stellt es auf die subjektive Theorie der Widerrechtlichkeit ab. Sie widerspricht indessen der bundesgerichtlichen Rechtsprechung, die, auf dem Boden der objektiven Theorie stehend, ein schädigendes Verhalten dann als widerrechtlich ansieht, wenn es gegen geschriebene oder ungeschriebene Gebote oder Verbote der Rechtsordnung verstösst, die dem Schutze des verletzten Rechtsgutes dienen.» 04.09a

In der zweiten Hälfte des letzten Jahrhunderts vertrat die schweizerische Lehre – wie erwähnt – die «**objektive Rechtswidrigkeitstheorie**». Die Tatsache, dass die Persönlichkeit verletzt wird oder dingliche Rechte beeinträchtigt sind, begründet die Rechtswidrigkeit. Bloss wenn sich die Schädigung weder bei persönlichen noch bei dinglichen Rechten auswirkt (also bei primären bzw. reinen Vermögensschäden), ist der Verstoss gegen eine Schutznorm zu prüfen. Bei der objektiven Rechtswidrigkeitstheorie handelt es sich somit um eine Kombination des Erfolgsunrechts (Verletzung eines absolut geschützten Rechtsgutes) mit dem Verhaltensunrecht (Verstoss gegen ein Schutzgesetz). 04.10

Das Bundesgericht verwendet für die Definition der Rechtswidrigkeit folgenden Textbaustein: «Nach der Rechtsprechung des Bundesgerichts ist die Schadenszufügung im Sinne von Art. 41 Abs. 1 OR widerrechtlich, wenn sie gegen eine allgemeine gesetzliche Pflicht verstösst, d.h. wenn entweder ein absolutes Recht des Geschädigten verletzt (Erfolgsunrecht) oder eine reine Vermögensschädigung durch Verstoss gegen eine einschlägige Schutznorm bewirkt wird (Verhaltensunrecht). Da das Vermögen kein absolutes subjektives Rechtsgut darstellt, ist eine reine Vermögensschädigung nur rechtswidrig, wenn sie auf einen Verstoss gegen eine Verhaltensnorm zurückgeht, die dem Schutz vor solchen Schädigungen dient. Solche Normen können sich aus der gesamten schweizerischen Rechtsordnung ergeben, einerlei, ob es sich um Privat-, Verwaltungs- oder Strafrecht handelt, ob sie geschriebenes oder ungeschriebenes Recht darstellen oder dem Bundes- oder kantonalen Recht entstammen» (BGE 141 III 534 m.w.N.). 04.11

Bei persönlichen oder dinglichen Rechtsgütern wird die Rechtswidrigkeit folglich mit der eingetretenen Schädigung gleichgesetzt. Diese Gleichsetzung macht schon deshalb wenig Sinn, weil sich die Frage, was rechtmässig und was rechtswidrig ist, nur in Bezug auf ein menschliches Verhalten oder Unterlassen beurteilen lässt. Ein Erfolg lässt sich nicht verbieten! 04.11a

Das **Bundesgericht** ist in seiner Rechtsprechung allerdings schwankend und tendiert in neueren Entscheidungen (wieder) vermehrt zum Verhaltensunrecht. So prüft das Gericht auch in Fällen, in denen eine Person verletzt oder eine Sache beschädigt wurde, im Rahmen der Rechtswidrigkeit oftmals, ob eine Sorgfaltspflicht verletzt wurde (z.B. BGE 137 III 544). 04.12

Würde das Gericht die in den Urteilen jeweils als Textbaustein eingefügte Definition der Rechtswidrigkeit (vgl. z.B. den in N 04.11 zitierten BGE 141 III 534) ernst nehmen, dürfte es bei einer Personenverletzung oder Sachbeschädigung das Rechtswidrigkeitsurteil beispielsweise nicht davon abhängig machen, ob eine Skipiste ausreichend gesichert wurde (BGE 121 III 358, s. hinten N 04.51) oder die Abschrankungen bei einer Pferdeweide den Anforderungen genügen (BGE 131 III 115, s. dazu hinten N 04.45 und 04.53). 04.13

04.14 Sodann hat das Bundesgericht bei **Haftungen infolge einer Unterlassung** das Erfolgsunrecht zu Recht als nicht anwendbar erklärt (BGE 116 Ib 374). Bei diesen muss jeweils zunächst die Rechtspflicht zu einem Tun festgestellt werden. Die Verletzung dieser Rechtspflicht begründet die Rechtswidrigkeit.

04.15 Das Erfolgsunrecht gerät auch in zahlreichen durch die Technisierung bedingten Gefahrensituationen in Schwierigkeiten. Wer Fahrzeuge, Haushaltsmaschinen, Feuerwerkskörper oder Messer herstellt und veräussert, begründet Gefahren sowohl für diejenigen, die diese Güter benutzen, als auch für die Allgemeinheit. Gleichwohl kann die Rechtsordnung nicht alle Handlungen als rechtswidrig erklären, die geeignet sind, zur adäquaten Ursache einer Personen- oder Eigentumsverletzung zu werden. «Ist aber eine solche Handlung im Zeitpunkt der Vornahme trotz ihrer Gefährlichkeit erlaubt, so kann sie sinnvollerweise nicht nachträglich noch als unerlaubt abgestempelt werden, wenn sie zu einem unerwünschten Verletzungserfolg geführt hat. Denn was erlaubt und was verboten ist, muss – wenn die Rechtsordnung die Aufgabe erfüllen soll, menschlichem Verhalten bestimmte Bahnen vorzuzeichnen – bereits im Zeitpunkt des jeweiligen Handelns feststehen» (Soergel/ZEUNER BGB 823 N 2).

04.16 Die Erfolgsunrechtslehre hat sich bei diesen gefahrerhöhenden Verhaltensweisen oftmals damit beholfen, dass sie die eingetretene Verletzung als «inadäquate Folge» bezeichnet hat. Diese Begründung leuchtet nicht ein, weiss doch etwa ein Autohersteller «mit hoher statistischer Genauigkeit, wie viel tödliche Unfälle sich im laufenden Jahr unter Beteiligung seiner Kraftfahrzeuge zutragen werden» (VON BAR II N 212). Die Herstellung dieser Güter ist für die Rechtsgutverletzung nicht nur adäquat; vielmehr könnte, da der Erfolg (d.h. die Todesfälle) in Kauf genommen wird, sogar Vorsatz vorliegen. Ein anderer Ausweg besteht darin, das «sozialadäquate» und «verkehrsrichtige» Verhalten als weiteren Rechtfertigungsgrund zu anerkennen, welche die Rechtswidrigkeit ausschliessen soll (siehe dazu NIPPERDEY und WIETHÖLTER).

1.3. Zentrale Bedeutung der Rechtswidrigkeit im Haftungsaufbau

04.17 Die **Rechtswidrigkeit ist der Schlüssel** zum Verständnis der Haftungsvoraussetzungen. Die Definition der Rechtswidrigkeit wirkt sich auch auf die Definition und Konkretisierung der anderen Haftungsvoraussetzungen aus.

04.18 Bsp.: Beim Erfolgsunrecht muss das Verhalten, d.h. die Einhaltung der rechtlich erforderlichen Sorgfaltspflichten, im Rahmen des Verschuldens geprüft werden. Beim Verhaltensunrecht bedarf es als weiterer Haftungsvoraussetzung einer Rechtsgutverletzung.

04.19 Die unterschiedlichen Definitionen der Rechtswidrigkeit führen nicht zu unterschiedlichen Ergebnissen hinsichtlich der Haftpflicht. Das Verhaltensunrecht vermeidet lediglich verschiedene Ungereimtheiten der früheren Rechtswidrigkeitsdefinition und vereinfacht das Verständnis des Haftungsaufbaus.

04.20 Bsp: Nach dem Erfolgsunrecht ist eine zerbrochene Fensterscheibe «rechtswidrig». Nach dem Verhaltensunrecht ist der Steinwurf, der die Fensterscheibe zerbrechen lässt, rechtswidrig (die Fensterscheibe könnte auch durch einen Windstoss zerbrochen worden sein – in einem solchen Fall die Rechtswidrigkeit zu bejahen, mutet seltsam an).

Nach dem Erfolgsunrecht ist der Tod eines Menschen rechtswidrig. Nach dem Verhaltensunrecht ist die Vergiftung, Erschiessung usw. eines Menschen rechtswidrig (der natürliche Tod ist nach dem Erfolgsunrecht, nicht aber nach dem Verhaltensunrecht rechtswidrig). 04.21

Das Verhalten des Haftpflichtigen (z.B. der Steinwurf oder die Vergiftung) wird nach der Erfolgsunrechtslehre statt bei der Rechtswidrigkeit beim Verschulden geprüft; in Schwierigkeiten gerät das Erfolgsunrecht bei verschuldensunabhängigen Haftungstatbeständen (z.B. bei der Staatshaftung, s. N 17.08 f.). 04.22

Das vorliegende Lehrbuch basiert – wie fast alle neueren Haftpflichtlehrbücher – auf dem Verhaltensunrecht (in anderen Lehrbüchern wird teilweise zwar eingesehen, dass das Erfolgsunrecht verfehlt ist; gleichwohl folgen die Autoren in der Regel dem traditionellen Haftungskonzept, da sich dieses hierzulande eingebürgert habe). Dies wirkt sich (wie erwähnt) nicht bloss auf die Darstellung der Rechtswidrigkeit, sondern auch auf die anderen Haftungsvoraussetzungen aus. 04.23

Bsp.: Anna schüttet versehentlich Kaffee über Beats Hose. Anna hat gegen ihre Sorgfaltspflicht verstossen (**Rechtswidrigkeit**) und dadurch (**Kausalität**) das Eigentum von Beat beschädigt (**Rechtsgutverletzung**). Sofern Anna urteilsfähig ist, liegt auch ein **Verschulden** vor. Anna haftet und muss den entstandenen Schaden ersetzen. 04.24

Nach der herkömmlichen Lehre wären dagegen folgende Voraussetzungen zu prüfen: Wegen der notwendigen Reinigung oder Neuanschaffung der Hose erleidet Beat einen **Schaden**. Durch die Beschädigung der Hose wurde ein absolut geschütztes Rechtsgut verletzt (**Rechtswidrigkeit**). Anna hat ihre Sorgfaltspflicht verletzt (**objektive Seite des Verschuldens**) und ist urteilsfähig (**subjektive Seite des Verschuldens**). Das Verschulden steht in einem **adäquaten Kausalzusammenhang** zum Schaden. 04.25

1.4. Überblick über den Verstoss gegen Verhaltenspflichten

Bei Zugrundelegung des Verhaltensunrechts ist ein Verstoss gegen **rechtlich anerkannte Verhaltenspflichten** grundsätzlich rechtswidrig. Solche Verhaltenspflichten finden sich gelegentlich in Gesetzen. Diese gesetzlich statuierten Verhaltenspflichten zum Schutze Dritter nennt man Schutzgesetze (nachfolgend N 04.30 ff.). Wichtiger und zahlenmässig ungleich bedeutsamer sind die durch Rechtsprechung und Lehre im Verlaufe der Zeit aus der allgemeinen Sorgfaltspflicht entwickelten Verhaltenspflichten (N 04.48 ff.). 04.26

Nicht jeder Verstoss gegen eine Verhaltenspflicht, der zu einer Schädigung führt, ist rechtswidrig. Vielmehr ist der Zweck der Verhaltenspflicht zu berücksichtigen. Der **«Schutzzweck der Verhaltensnorm»** stellt die wichtigste Einschränkung des Rechtswidrigkeitskriteriums dar (nachfolgend N 04.103 ff.). 04.27

So bezwecken z.B. die meisten Sorgfaltspflichten, Schädigungen von Personen und Sachen zu vermeiden; reine (primäre) Vermögensschädigungen liegen dagegen ausserhalb des Schutzzwecks (s. hierzu N 04.111 ff.). Bei jeder Verhaltenspflicht ist daher zu prüfen, ob sie den Schutz der geschädigten Person und des betroffenen Rechtsgutes vor der sich verwirklichten Gefahr bezweckte (so dienen z.B. Beleuchtungsvorschriften bei Treppen dem Schutz der Benutzer, nicht dem Umsatz der Elektrizitätsunternehmen; zahlreiche Bau- und Produktevorschriften beabsichtigen, Personenverletzungen zu vermeiden, nicht jedoch dem Besteller oder Käufer der Baute bzw. des Produktes bei Mängeln zu einem Anspruch zu verhelfen – dies ist Aufgabe des Vertragsrechts). 04.28

04.29 Die Rechtswidrigkeit entfällt überdies bei Vorliegen eines Rechtfertigungsgrundes (nachfolgend N 04.118 ff.). Die Rechtfertigungsgründe sind vor allem bei Zugrundelegung des Erfolgsunrechts bedeutsam, da die Rechtsgutverletzung bereits die Rechtswidrigkeit begründet (vgl. auch N 04.121 f.).

2. Verstoss gegen Schutzgesetze

2.1. Im Allgemeinen

04.30 Als Schutzgesetze kommen Normen in Betracht, die spezifische Verhaltenspflichten enthalten. Nicht dazu gehören allgemein gehaltene Gesetzesbestimmungen, welche ihrerseits lediglich auf die allgemeine Sorgfalt Bezug nehmen. Aus diesem Grund stellen z.B. die Straftatbestände der fahrlässigen Körperverletzung (StGB 125) bzw. Tötung (StGB 117) keine Schutzgesetze dar (VON BAR II N 221).

04.31 Anderes gilt in Bezug auf Vorsatzdelikte. So ist etwa die vorsätzliche Sachbeschädigung (StGB 144) rechtswidrig, obwohl der Tatbestand ebenfalls allgemein gehalten ist.

04.32 Einer Norm kommt Schutzgesetzqualität zu, wenn sie bestimmte Verhaltensweisen wegen ihrer Gefährlichkeit verbietet bzw. zur Gefahrenvermeidung gebietet (z.B. umlaufende Teile einer Maschine abzudecken). Ein Schutzgesetz kann somit bloss dann vorliegen, wenn es spezifisch bestimmte Rechtsgüter einzelner Personen oder Personengruppen vor bestimmten Gefahren schützen will.

04.33 Schutzgesetze können allgemeiner Auffassung nach nicht bloss strafrechtliche Gesetzesbestimmungen, sondern grundsätzlich alle Normen aus allen Rechtsgebieten sein. Bedeutsam sind insbesondere die zahlreichen Verbots- und Gebotsnormierungen im weiten Bereich der verwaltungsrechtlichen Gesetze und Verordnungen. Es kann sich um eidgenössisches, kantonales und (im Rahmen der den Gemeinden verliehenen Autonomie) um Gemeinderecht handeln (ausführlich ROBERTO/RICKENBACH, ZSR 2012, 185 ff.).

04.34 Infolgedessen wird die Schutznormeigenschaft weder auf Gesetze eingeschränkt, die an eine vorsätzliche Handlung anknüpfen, noch muss man im Hinblick auf die im Gesetz vorgesehenen Sanktionen differenzieren. Für die Qualifikation eines Gesetzes als Schutznorm ist auch keine Strafbewehrung vorausgesetzt. Das Aussprechen eines bestimmten Gebotes oder Verbotes genügt (so auch die allgemeine Auffassung im deutschen Recht, s. Staudinger/HAGER BGB 823 N G9 m.w.N.). Ebenfalls unbeachtlich ist es, dass die Norm in erster Linie öffentlichen Interessen dient, solange sie «darüber hinaus unter gewissen Umständen auch individuelle Rechtsgüter (mit)schützt» (BGE 129 IV 326).

04.35 Eine solche weite Definition der Schutznorm ist in Bezug auf den Schutz persönlicher und dinglicher Rechtsgüter unproblematisch. Bei Verletzung dieser absolut geschützten Rechtsgüter können Schutznormen zur Konkretisierung der Pflichtwidrigkeit herangezogen werden. Insofern ergänzen sie die im Vordergrund stehenden allgemeinen Sorgfaltspflichten.

04.36 Problematisch wird eine weite Definition der Schutznorm dagegen in Bezug auf reine (primäre) Vermögensschädigungen. Diese geniessen bloss punktuellen deliktischen Schutz. Die Definition der Schutznorm muss infolgedessen bei reinen Vermögensschädigungen deutlich enger ausfallen. Ansonsten drohen ausufernde Ersatzansprüche für fahrlässig verursachte primäre Vermögensschädigungen.

Insbesondere ist vom Verwaltungsrecht als Quelle von Schutzgesetzen für reine Vermögensschäden abzusehen. Zum einen ist es problematisch, aus öffentlich-rechtlichen Erlassen konkrete «Schutzstellungen» für individuelle Bürger herzuleiten (ROBERTO/RICKENBACH, ZSR 2012, 199). Zum anderen kann die Reichweite des deliktsrechtlichen Vermögensschutzes unmöglich entscheidend davon abhängen, ob sich in der Fülle verwaltungsrechtlicher Normierungen zufällig eine Norm findet, gegen welche verstossen wurde (LARENZ/CANARIS 436). 04.37

2.2. Überblick über die Schutzgesetze

Als Schutzgesetze kommen insbesondere Normen des Strafgesetzbuches in Betracht. 04.38
Zahlreiche Gebots- und Verbotsnormen, welche den Schutz des Einzelnen bezwecken, finden sich sodann im öffentlichen Verwaltungsrecht, etwa dem Recht der Produkt- und Gerätesicherheit, dem Lebensmittel-, Arzneimittel- oder Baurecht. Als Schutzgesetze kommen Gesetze und Verordnungen des Bundesrechts und des kantonalen Rechts in Betracht.

Bsp.: Lieferpapiere werden gefälscht (Verstoss gegen StGB 251, Urkundenfälschung), damit der Kaufpreis bezahlt wird; die Veröffentlichung intimer Bilder im Internet wird angedroht, wenn nicht eine bestimmte Summe bezahlt (Verstoss gegen StGB 156, Erpressung) bzw. nicht in eine Scheidung auf gemeinsames Begehren eingewilligt wird (Verstoss gegen StGB 181, Nötigung); Vermögenswerte werden weitergeleitet, von denen man weiss, dass sie von einem Verbrechen stammen (Verstoss gegen StGB 305bis, Geldwäscherei); der Grundeigentümer schneidet die gefährlich in die Strasse hineinragenden Äste eines Baumes nicht gemäss SVG 4 und den kantonalen Gesetzen zurück, wodurch ein Fahrzeug beschädigt wird. 04.39

Umstritten ist, ob die Einhaltung der verwaltungsrechtlichen Sicherheitsanforderungen oder Genehmigungsbedingungen (z.B. bei einer gefährlichen Anlage) den Zivilrichter in jedem Fall bindet; die Frage ist namentlich dann bedeutsam, wenn die gesetzlichen Vorschriften hinter dem Stand der Technik zurückbleiben. Richtiger Ansicht nach schliesst die Beachtung öffentlich-rechtlicher Bestimmungen eine Haftung nicht aus, da diese bloss einen Minimalstandard sicherstellen sollen (so auch SCHWENZER N 53.26 hinsichtlich Bauvorschriften). 04.40

Schutzgesetze finden sich sodann auch im Privatrecht oder im Prozessrecht. Die Verletzung von Normen des Strassenverkehrsrechts führt dagegen regelmässig zu einer Gefährdungshaftung (dazu hinten N 16.01 ff.), wobei die Haftung explizit auf Personen- und Sachschäden beschränkt ist (SVG 58 I). 04.41

2.3. Schutzgesetze und private Regelwerke

Keine Schutzgesetze bilden private Regelwerke. Dazu gehören insbesondere auch Normen, welche von privaten Verbänden aufgestellt werden (z.B. FIS-Regeln, Verhaltensregeln für Vermögensverwalter oder SIA-Normen). Solche privaten Regelwerke können dagegen bei der Ausbildung von allgemeinen (richterlichen) Sorgfaltspflichten bedeutsam sein (dazu sogleich unter N 04.100 ff.). 04.42

04.43 Umstritten ist, was in Bezug auf private Regelwerke gelten soll, die auf einer spezifischen hoheitlichen Regelungsermächtigung beruhen oder unter einem hoheitlichen Genehmigungsvorbehalt stehen. Bei Verletzung persönlicher oder dinglicher Rechtsgüter kommt dieser Fragestellung keine Bedeutung zu, da die Gerichte die Verbote und Gebote in diesen Regelwerken als Konkretisierung der zu beachtenden Sorgfaltspflichten bezeichnen können. Ein Verstoss gegen diese Pflichten begründet daher eine Haftung.

04.44 Bei Zugrundelegung des Verhaltensunrechts ist ein solcher Verstoss rechtswidrig. Nach dem Erfolgsunrecht führt er dazu, dass das Verschulden bejaht wird oder bei einfachen Kausalhaftungen der Sorgfaltsbeweis als nicht erbracht gilt.

04.45 Bsp.: Eine Pferdeweide neben einem Gehweg ist mit einem elektrisch geladenen Plastikband, das auf einer Höhe von 124 cm über dem Boden angebracht ist, gesichert. Ein fünfjähriges 110 cm grosses Kind läuft auf die Pferdeweide und wird durch ein ausschlagendes Pferd am Kopf getroffen. Die Beratungsstelle für Unfallverhütung in der Landwirtschaft, eine selbständige Stiftung, hat gestützt auf Art. 51 der Verordnung über die Unfallverhütung in Verbindung mit UVG 85 III Empfehlungen für die Haltung von Pferden herausgegeben. Diese sehen für Pferdeweiden Umzäunungen mit einer Mindesthöhe von 150 cm sowie mit mehreren gut sichtbaren Bändern oder Holzlatten vor, die in einem vertikalen Abstand von je ca. 40 cm zu befestigen sind. Diesen Anforderungen hat die Einzäunung mit lediglich einem einzigen dünnen, elektrisch geladenen Plastikband auf einer Höhe von durchschnittlich 124 cm nicht entsprochen. Das Bundesgericht ging nicht darauf ein, ob es sich bei diesen Empfehlungen um Schutzgesetze handelt; vielmehr erblickte es darin die Konkretisierung der Sorgfaltspflichten, denen ein Pferdehalter (im Sinne von OR 56) zu genügen hat (BGE 131 III 118).

04.46 Bedeutsam kann die Fragestellung dagegen bei reinen (primären) Vermögensschädigungen sein. Diese sind im Allgemeinen bloss bei Verletzung eines Schutzgesetzes, nicht dagegen aufgrund der allgemeinen Sorgfaltspflicht deliktsrechtlich geschützt (s. hinten N 04.111 ff.).

04.47 Bsp.: Das Kotierungsreglement der schweizerischen Börse SIX vollzieht den Regelungsauftrag in FinfraG 35; überdies muss das Reglement durch die FINMA genehmigt werden. Genügt der Regelungsauftrag bzw. der Genehmigungsvorbehalt nicht für die Qualifikation des Kotierungsreglements als Rechtsnorm, kommt die Qualifikation als Schutzgesetz nicht in Betracht. Anderenfalls wäre zu prüfen, ob ein Verstoss gegen Art. 53 des Kotierungsreglements über die Ad hoc-Publizität die Haftung der hierfür verantwortlichen Manager begründen kann (s. zum Meinungsstand DAENIKER, GesKR 2006, 139 ff.; ROBERTO, GesKR 2006, 149 ff.). Zu beachten ist, dass bei vorsätzlichen Falschinformationen (z.B. die Veröffentlichung einer verfälschten Jahresrechnung) die Haftung wegen unwahrer Angaben über kaufmännische Gewerbe im Sinne von StGB 152 zu bejahen ist.

3. Verstoss gegen die allgemeine Sorgfaltspflicht im Allgemeinen

3.1. Allgemeine Sorgfaltspflicht ergänzt den Schutzgesetzverstoss

Bei den gesetzlichen Schutznormen handelt es sich um gesetzlich fixierte Sorgfaltspflichten. Der Gesetzgeber kann aber bloss punktuell Normen erlassen, welche Verhaltenspflichten zur Vermeidung von Schädigungen enthalten. Dieser eher zufällige Schutz wird ergänzt durch die allgemeine Sorgfaltspflicht. 04.48

Aus der allgemeinen Sorgfaltspflicht entwickelten Lehre und Rechtsprechung im Laufe der Zeit vielfältige und ausdifferenzierte Verhaltenspflichten. So hat etwa die Rechtsprechung in einer Vielzahl von Urteilen konkretisiert, welche Sicherheitsanforderungen an Schwimmbäder, Skipisten, Abschrankungen usw. zu stellen sind. Ein Verstoss gegen diese Anforderungen und damit eine Rechtswidrigkeit wurde etwa in folgenden Sachverhalten bejaht: 04.49

Das Betreiben eines Plauschbades, wo die Anlage und das Betriebskonzept jugendliche Badegäste dazu verleitet, auch dort in das Wasser zu springen, wo die Wassertiefe zu gering ist, und die Badbetreiberin trotz erkannter Gefahr keine Absperrungen oder sonstige Schutzvorkehrungen trifft (BGE 116 II 424). 04.50

Ein Baum an einer exponierten Stelle am Rand einer an dieser Stelle engen Skipiste ist nicht mit einer Polsterung gesichert, wodurch sich ein Skifahrer, der in den Baum prallt, verletzt (BGE 121 III 358). 04.51

Die Teilnahme oder Organisation eines Eishockeyspiels, ohne angemessene Schutzmassnahmen vorzukehren, wodurch ein Zuschauer durch einen Puck verletzt wird (BGE 79 II 69). 04.52

Eine Pferdeweide neben einem Gehweg ist mit einem elektrisch geladenen Plastikband, das auf einer Höhe von 124 cm über dem Boden angebracht ist, gesichert. Ein fünfjähriges 110 cm grosses Kind läuft auf die Pferdeweide und wird durch ein ausschlagendes Pferd am Kopf getroffen (BGE 131 III 115, s. dazu schon vorne N 04.45). 04.53

Zu beachten ist, dass sich in zahlreichen Fällen die Haftung nicht bloss auf OR 41 I, sondern auch auf die Geschäftsherrenhaftung (OR 55 I), die Werkeigentümerhaftung (OR 58 I), die Tierhalterhaftung (OR 56 I), die Haftung des Familienhauptes (ZGB 333 I) oder die Vertragshaftung (vor allem OR 97 I) stützen lässt. 04.54

Bsp.: Verletzt sich ein Skifahrer wegen eines nicht gepolsterten Skiliftmasts mitten in der Skipiste, kommt eine vertragliche Nebenpflichtverletzung des Bergbahnunternehmens, eine Werkeigentümerhaftung, eine Geschäftsherrenhaftung und eine Verschuldenshaftung in Betracht (s. hinten N 07.15). 04.55

Hetzt ein Kind einen Hund gegen ein anderes Kind auf, das in der Folge gebissen wird, kommt eine Verschuldenshaftung, eine Haftung des Familienhauptes und eine Tierhalterhaftung in Betracht. 04.56

3.2. Im Verkehr erforderliche Sorgfalt

04.57 Sorgfaltswidrig und damit rechtswidrig handelt, wer die im Verkehr erforderliche Sorgfalt ausser Acht lässt. Das Sorgfaltsgebot entspricht der «duty of care» im anglo-amerikanischen Deliktsrecht bzw. der «faute» im französischen Recht.

04.58 Vgl. die ähnliche Definition der «duty of care» als «obligation, recognized by the law, requiring the person to conform to a certain standard of conduct» bei PROSSER/KEETON 164; ebenso versteht man die «faute» im französischen Recht als «un comportement illicite, qui contrevient à une obligation ou à un devoir imposé par la loi ou par la coutume» (TOURNEAU/CADIET N 3065), also als Verstoss gegen «une règle de conduite» (TOURNEAU/CADIET N 3079; s. auch vorne N 03.16).

04.59 Nach Auffassung von WERRO ist die «faute» dagegen mit dem Verschulden gleichzusetzen (N 287). Darin liegt der Hauptunterschied zum Haftungsaufbau in diesem Lehrbuch. Während sich dieser Unterschied im Rahmen der Verschuldenshaftung kaum auswirkt, fehlt bei den einfachen Kausalhaftungen die Haftungsvoraussetzung der «faute». Infolgedessen müssen für diese Haftungen verschiedene zusätzliche Tatbestandselemente definiert werden.

04.60 Rechtswidrig verhält sich, wer sich nicht so verhält, wie man es von einem umsichtigen und vernünftigen Menschen («reasonable man» bzw. «personne normalement soigneuse et prudente») unter den gegebenen Umständen erwarten darf. Die Festlegung des massgeblichen Verhaltensstandards ist nicht primär eine empirische Aufgabenstellung (d.h., es geht nicht bloss darum, wie sich die Durchschnittsperson in der jeweiligen Situation zu verhalten pflegt). Vielmehr ist zu fragen, welche Verhaltensweise von Rechts wegen erforderlich sein soll. Es handelt sich somit um eine **normative Frage**, bei welcher empirische Feststellungen des Gebräuchlichen (der Verkehrssitten) berücksichtigt werden können.

04.61 Die Sorgfaltspflichten lassen sich sodann nicht generell-abstrakt, sondern nur für die konkrete Fallsituation bestimmen. Entscheidend sind die spezifischen Umstände des Falles. Die Gerichte sind eben «keine Regulierungsbehörden, die allgemeine Standards festlegen. Sie entscheiden konkrete Fälle» (BRÜGGEMEIER 63). Welcher Konkretisierungsgrad in Bezug auf die jeweiligen Verhaltenspflichten möglich und sachgerecht ist, hängt von der Verallgemeinerungsfähigkeit der jeweiligen Sachverhaltskonstellation und den jeweiligen Lebensbereichen ab.

3.3. Allgemeine Sorgfaltspflicht als «Normengenerator»

04.62 Die reiche Rechtsprechung und umfangreiche Literatur zu Haftpflichtfällen haben zahlreiche in Gesetzesnormen nicht festgelegte Sorgfaltspflichten entwickelt. Durch die fortlaufende Rechtsprechung werden die **Verhaltenspflichten zunehmend ausdifferenziert** und verfeinert. Die allgemeine Sorgfaltspflicht stellt somit einen «deliktsrechtlich autonomen Normengenerator» dar (VON BAR II N 224).

04.63 Die Zusammenstellung der rechtlich anerkannten Sorgfaltspflichten kann durch Bezugnahme sowohl auf den **Handelnden** als auch auf das **betroffene Rechtsgut** erfolgen. Man kann also fragen, welche Pflichten der Bauunternehmer, der Sportveranstalter, der Warenhersteller usw. hat, um Schädigungen Dritter zu vermeiden; oder man prüft, welche Pflichten jedermann in Bezug auf den Schutz des Lebens, der Persönlichkeit, des Eigentums usw. hat.

Letzteres drängt sich insbesondere bei Schädigungen durch individuelle Unachtsamkeiten auf, die unabhängig von einer sozialen oder beruflichen Funktion erfolgen.

Welche Kriterien bei der Ausbildung der konkreten Sorgfaltspflichten massgebend sind, kann nicht präzise angegeben werden. Neben dem zentralen Kriterium der Vorhersehbarkeit (s. sogleich N 04.65) können zahlreiche weitere Aspekte bedeutsam sein. Letztlich handelt es sich bei der Bejahung einer Sorgfaltspflicht immer um eine **Wertungsfrage**. 04.64

Kriterien, die bei der Konkretisierung der Sorgfaltspflichten neben der Vorhersehbarkeit hineinspielen können, sind etwa die Art des durch eine Handlung gefährdeten Rechtsgutes, die Zumutbarkeit der Gefahrabwendung, die Wahrscheinlichkeit einer Schädigung (s. zu diesen drei Kriterien sogleich N 04.74), die mit der Handlung verfolgten Interessen, die berechtigten Verkehrserwartungen, die Nahbeziehung zwischen den Beteiligten und die Versicherbarkeit des Risikos (in diesem Sinne die Ansicht der «European Group on Tort Law», vgl. KOZIOL, JBl 2001, 35 f.). Entsprechend ist auch im anglo-amerikanischen Recht seit jeher unbestritten, dass es im Grunde um die Frage geht, ob es «just and reasonable» ist, eine bestimmte Verhaltenspflicht zu verlangen (vgl. etwa die Entscheidung des House of Lords in Caparo Industries vs. Dickmann, Appeal Cases 1990/2, 605). 04.65

Die richterrechtliche Ausbildung von Verhaltensnormen zum Schutze der Person und des Eigentums ist nicht kontrovers. Es ist eine Frage der (sachlich stringenten) Dogmatik, ob man die Sorgfaltskonkretisierung wie im vorliegenden Werk bei der Rechtswidrigkeit oder aber beim Verschulden oder gar bei der Adäquanz lokalisiert (s. hierzu ROBERTO, recht 2002, 145 ff.). 04.66

Bsp.: Heidi sitzt in einer Cafeteria auf einem Barhocker. Neben ihr sitzt Susanne. Als sich Susanne vom Barhocker erheben will, stürzt sie und hält sich im Sturz an Heidi fest. Dadurch wird Heidi zu Boden gerissen und zieht sich Hand-, Rücken- und Beckenverletzungen zu. Für den von den Versicherungen nicht gedeckten Schaden klagt Heidi nach OR 41 I gegen Susanne. Das Zivilgericht in Basel-Stadt weist die Klage ab, da sowohl der natürliche als auch der adäquate **Kausalzusammenhang** zwischen dem Unfall und den Verletzungen zu verneinen sei. 04.67

Heidi zieht die Sache an die obere Gerichtsinstanz weiter. Das Appellationsgericht Basel-Stadt stimmt der Vorinstanz im Ergebnis zu, führt aber eine andere Begründung an: Abzuweisen sei die Klage wegen fehlenden **Verschuldens**; das Vorliegen des adäquaten Kausalzusammenhangs könne somit offen gelassen werden. 04.68

Es dürfte nicht zweifelhaft sein, dass die Handlung von Susanne (das Festhalten im Sturz) adäquat kausale Ursache für die Verletzung war. Insofern hat das Appellationsgericht zu Recht nach einer anderen Begründung für die Klageabweisung gesucht. Allerdings sollte nach der hier vertretenen Meinung auf die fehlende **Rechtswidrigkeit** abgestellt werden. Susanne hat mit ihrem Verhalten gegen keine Sorgfaltspflicht verstossen und somit nicht rechtswidrig gehandelt. 04.69

Im Gegensatz zu den persönlichen und dinglichen Rechtsgütern bildet die Anerkennung von Verhaltenspflichten zum **Schutze des Vermögens** eine ausserordentlich schwierige Materie. Der Grund liegt vor allem in der Gefahr einer ausufernden Haftung. Bei Haftungen für blosse Vermögensschädigungen (sog. «reine Vermögensschäden») besteht in besonderem Masse die Möglichkeit, dass man gegenüber einer Vielzahl von Personen und für exorbitante Summen ersatzpflichtig werden könnte. Die Schwierigkeiten in diesem Bereich wird durch den Umstand belegt, dass selbst die dogmatische Einordnung dieser Verhaltenspflichten (aus- 04.70

servertragliche Haftung, Vertragshaftung, Vertrauenshaftung usw.) zu den umstrittensten Fragen der Haftpflichtrechtsdiskussion gehört (vgl. hinten N 04.111 ff.).

3.4. Vorhersehbarkeit und Rückschaufehler («Hindsight Bias»)

04.71 Bei der Ausbildung von Verhaltenspflichten spielt die **Vorhersehbarkeit** eine herausragende Rolle. Denn im Vordergrund steht die Frage, ob die im Verkehr erforderliche Sorgfalt beachtet wurde, um Schädigungen Dritter zu vermeiden. In welchen Konstellationen ein Verhalten Dritte gefährden kann, lässt sich ohne Prüfung der Vorhersehbarkeit künftiger Entwicklungen nicht beantworten.

04.72 In der Lehre wird die Vorhersehbarkeit regelmässig auch im Rahmen des adäquaten Kausalzusammenhanges sowie beim Verschulden geprüft. Hierzu ist festzuhalten, dass es unergiebig ist, die Vorhersehbarkeit sowohl beim Verschulden bzw. bei der Rechtswidrigkeit als auch bei der Adäquanz zu prüfen. Dagegen lässt sich nicht einwenden, die Vorhersehbarkeit müsse beim einen Kriterium (z.B. beim Verschulden) strenger als bei einem anderen Kriterium (der Adäquanz) geprüft werden. Ist das Verschulden bzw. die Rechtswidrigkeit mangels Vorhersehbarkeit zu verneinen, wird die Prüfung der Adäquanz obsolet.

04.73 Wir alle neigen zum Glauben, dass man singuläre Ereignisse wie dramatische Begebenheiten «schon immer hat kommen sehen». Die aus nachträglicher Sicht verzerrte Einschätzung der Prognostizierbarkeit von Ereignissen wird als «Rückschaufehler» bzw. im angloamerikanischen Raum als «Hindsight Bias» bezeichnet. In der Gerichtspraxis spielt diese Verzerrung eine grosse Rolle, wenn Prognosen (der handelnden Person) und nachträgliche Beurteilungen (durch die Gerichte) aufeinandertreffen. Dieselbe Entscheidung, z.B. in Bezug auf das Treffen von Sicherheitsmassnahmen, kann vor einem Zwischenfall als vernünftig erscheinen, nach Eintritt des Schadensfalls jedoch als vorhersehbar gefährlich und damit fahrlässig eingestuft werden (vgl. ROBERTO/GRECHENIG, ZSR 2011, 5 ff.).

3.5. «Learned Hand-Formel»

04.74 Die Frage nach dem Vorliegen einer Sorgfaltspflichtverletzung lässt sich aus einer ökonomischen Warte angehen. Zu berücksichtigende Gesichtspunkte sind dabei die **Schwere der möglichen Konsequenzen, die Wahrscheinlichkeit deren Eintritts** und die **Kosten der Gefahrvermeidung**. Diese drei Umstände sind (ausgesprochen oder unausgesprochen) durch folgende ökonomische Gedanken verbunden: Eine Sorgfaltswidrigkeit (N) ist dann zu bejahen, wenn die Kosten für die Sicherungsmassnahmen (B) insgesamt tiefer sind als der Umfang des Schädigungspotentials (L) multipliziert mit der Wahrscheinlichkeit des Schadenseintritts (P), d.h. N ist gegeben, falls $B < P \times L$ (sog. «Learned Hand-Formel»).

04.75 Dieser Ansatz lässt sich insbesondere auf die Unternehmenshaftung etwa im Bereich der Warenherstellung oder der Sicherung von Verkehrsflächen und Bauten anwenden.

04.76 Die Verabsolutierung dieses namentlich für die Unternehmenshaftung heuristischen Gedankenansatzes durch Vertreter der **Ökonomischen Analyse des Rechts**, welche die Formel wörtlich nehmen und das ganze Haftungsrecht darauf reduzieren wollen, musste zwangsläufig in Missverständnissen enden. Denn bei Schädigungen durch individuelle Unachtsamkeiten (die sich ohne Kosten vermeiden lassen), passt die Formel nicht. Überdies liegen die notwendigen Daten für die Handhabung der Formel regelmässig nicht vor.

Bsp. (aus der amerikanischen Rechtsprechung): Eine in einem Motelzimmer vergewaltigte Frau klagte gegen das Motel. Dieses hätte es unterlassen, seine Gäste vor möglichen Gefahren zu warnen. Zudem hätte die Schädigung durch Einstellung eines Nachtwächters für ca. USD 20'000 jährlich vermieden werden können. Das Gericht sprach der Klägerin einen reduzierten Ersatz zu. Da die Geschädigte mitten in der Nacht einen Fremden in ihr Zimmer gelassen hatte, wurde ihr ein Mitverschuldensanteil von 97% angerechnet. Aus ökonomischen Gründen wäre eine Klageabweisung plausibler gewesen. Die Geschädigte hätte die Schädigung nämlich ohne jeglichen Kostenaufwand – indem sie die Türe nicht öffnet – vermeiden können (s. hierzu ROBERTO 317 ff.). 04.77

4. Einzelfragen zur Rechtswidrigkeit aufgrund der allgemeinen Sorgfaltspflicht

4.1. Rechtswidrigkeit durch Unterlassung

Rechtswidrig ist nicht bloss eine pflichtwidrige Handlung, sondern auch eine pflichtwidrige Unterlassung. Eine Unterlassung ist nur dann rechtswidrig, wenn eine Pflicht zum Handeln besteht. 04.78

Grundsätzlich ist niemand verpflichtet, Schädigungen anderer abzuwenden. Anderes gilt vor allem dann, wenn sich jemand vertraglich verpflichtet hat, Schädigungen zu verhindern. 04.79

In der Lehre wird gelegentlich angeführt, dass die Unterlassung auch dann rechtswidrig ist, wenn eine gesetzliche Handlungspflicht besteht. Dabei wird übersehen, dass diese Fälle unter den Verstoss gegen ein Schutzgesetz fallen (s. vorne N 04.30 ff.). 04.80

In Lehre und Rechtsprechung hat im Zusammenhang mit Unterlassungen der sog. Gefahrensatz grosse Bedeutung erlangt (s. etwa BGE 126 III 113 = Pra 2000, Nr. 185). Auf ihn ist nachfolgend näher einzugehen. 04.81

4.2. Verhältnis zum Gefahrensatz

Unter dem Begriff **«Gefahrensatz»** versteht man Folgendes: «Wer einen gefährlichen Zustand schafft oder unterhält, muss Massnahmen vorkehren, um Schädigungen Dritter zu vermeiden.» 04.82

Bsp.: Wer in der Nähe eines Gehweges Bäume fällt, ein Gebäude (um)baut oder Schächte aushebt, muss für entsprechende Absperrungen, Sicherungswände und/oder Beschilderungen sorgen. 04.83

Die ältere Lehre und die Rechtsprechung bekunden erhebliche Mühe, diesen (im Grunde selbstverständlichen) Satz einzuordnen. Drei Auffassungen lassen sich unterscheiden: 04.84

04.85 (1) Einordnung bei der Unterlassung (so OFTINGER I 129; GUHL/KOLLER § 24 N 14; HONSELL/ISENRING/KESSLER § 4 N 35 f.).

04.86 (2) Einordnung beim Verschulden (OFTINGER/STARK I § 3 N 55; BK/BREHM OR 41 N 45 f.).

04.87 (3) Einordnung bei der Rechtswidrigkeit (SCHWENZER N 50.33; BSK/KESSLER OR 41 N 38).

04.88 Der bundesgerichtlichen Rechtsprechung lässt sich keine klare Zuordnung entnehmen. In BGE 95 II 96 und 116 Ia 169 wurde der Gefahrensatz bei der Rechtswidrigkeit verortet, in BGE 124 III 300 beim Verschulden. Schliesslich ordnete das BGer den Gefahrensatz in seinem Entscheid BGE 123 III 313 sowohl bei der Rechtswidrigkeit als auch beim Verschulden ein («En laissant subsister un état de choses dangereux [...] les organes de la défenderesse ont commis un acte illicite par négligence»; ebenso BGer 4A_520/2007, E. 2.1) und nahm in BGer 4A_206/2014 und 4A_236/2014 gar keine Einordnung vor.

04.89 Geht man (wie in diesem Lehrbuch) vom Verhaltensunrecht aus, **gehört der Gefahrensatz zur Rechtswidrigkeit**. Da (zumindest unmittelbar) vor jeder Schädigung ein gefährlicher Zustand bestanden haben muss, kann der Gefahrensatz für die Begründung beliebig vieler Verhaltenspflichten herangezogen werden. Es ist deshalb unerheblich, ob man aus der allgemeinen Sorgfaltspflicht die Ausbildung von Verhaltenspflichten bejaht (so vorne N 04.48 ff.) oder man diese Pflichten als Ausfluss des Gefahrensatzes qualifiziert.

04.90 Geht man vom Erfolgsunrecht aus, müsste der Gefahrensatz konsequenterweise beim Verschulden geprüft werden. Die Lehre steht diesfalls vor folgendem Problem: Dieselbe Begründung, die für die Bejahung des Verschuldens auf der Grundlage des Gefahrensatzes herangezogen wird, wiederholt sich bei der Bejahung der Geschäftsherrenhaftung, der vertraglichen Nebenpflicht oder der (angeblich verschuldensunabhängigen) Werkeigentümerhaftung.

04.91 Bsp.: Gemäss BGE 123 III 306 trifft die Betreiberin eines Seebades ein Verschulden auf der Grundlage des Gefahrensatzes, wenn die Wassertiefe unter einem Sprungturm zu wenig tief ist, so dass sich jemand bei einem Kopfsprung in den See verletzt. Ebenso haftet der Werkeigentümer, weil der Sprungturm einen Mangel hat.

04.92 Etwas schwieriger zu beantworten ist die Frage, ob der Gefahrensatz im Zusammenhang mit Unterlassungen notwendig ist. Wie hinten erläutert wird, kann im Grunde nicht zwischen Unterlassungen und fahrlässigen Handlungen unterschieden werden (s. N 06.09 ff.). Insofern ist der Gefahrensatz entbehrlich.

4.3. Objektivierung der Sorgfaltspflichten und Erhöhung der Verhaltensstandards

04.93 Die Anforderungen an das pflichtgemässe, sorgfältige, rechtmässige Verhalten sind objektiv zu bestimmen, weshalb die jeweiligen **persönlichen Umstände** des Haftpflichtigen wie Ausbildungsstand, Kenntnisse oder individuelle Fähigkeiten **unbeachtlich** sind. Objektiver Verhaltensmassstab meint dabei nicht das Verhalten der Durchschnittsbevölkerung, sondern ein Verhaltensstandard, den man in dieser Situation von einem verständigen und umsichtigen Menschen erwartet.

Der Verhaltensstandard, den man vom vernünftigen Durchschnittsmenschen erwarten darf, genügt freilich nicht immer. Handelt der Betreffende in einer bestimmten Rolle, namentlich in Ausübung einer beruflichen Tätigkeit, so ist der Sorgfaltsmassstab der entsprechenden Gruppe bzw. Berufsgattung massgebend (vgl. CHK/MÜLLER OR 41 N 11, der von einem objektiven und konkreten Massstab spricht). Eine Ärztin, ein Elektriker, ein Bergführer, ein Sporttrainer, ein Bootsführer, eine Kinderbetreuerin, ein Jäger usw. muss sich am Verhaltensstandard, der von einem Angehörigen der entsprechenden Gruppe erwartet wird, messen lassen. Im Einzelfall kann auch eine stärkere Rollendifferenzierung notwendig sein, etwa zwischen den Anforderungen an einen allgemein-praktizierenden Arzt und einen Spezialisten in der Universitätsklinik. Zu demselben Ergebnis führt der Gedanke des **Übernahmeverschuldens:** Übernimmt jemand eine «Rolle» bzw. übt er eine bestimmte Tätigkeit aus, ohne die dafür erforderlichen Kenntnisse und Fähigkeiten zu besitzen, so handelt er sorgfaltswidrig. 04.94

Handlungen von Minderjährigen werden am Verhalten gemessen, das man von der betreffenden Altersgruppe erwarten darf. Selbst wenn einem Minderjährigen eine Handlung nicht vorgeworfen werden kann, ist OR 54 I zu beachten (s. hinten N 07.34 ff.). 04.95

Überdies lässt sich eine **Erhöhung der Verhaltensstandards** konstatieren. Verhaltensweisen, welche früher nicht zu einer Haftung geführt hätten, können heute eine Haftpflicht begründen. 04.96

So wurde es etwa lange Zeit als allgemeines Lebensrisiko angesehen, wenn jemand in einem Skigebiet in einen Skiliftmast fuhr und sich verletzte. Heute ist der Pistenbetreiber dafür haftbar, wenn er die betreffenden Masten nicht ausreichend mit Matten gesichert hat (BGE 121 III 361; 126 III 115). Zu erwähnen ist auch die im deutschen Recht anerkannte Pflicht des Veranstalters eines Rockkonzerts, Zuhörer vor Gehörschäden durch übermässige Lautstärke der Musik zu schützen (OLG Karlsruhe JZ 2000, 789). 04.97

Die Sicherheitserwartung der Allgemeinheit und damit die Anforderungen an die Gefahrvermeidungsvorkehrungen haben sich ganz allgemein in allen Bereichen erhöht, sei es bei Sport- und Freizeitveranstaltungen, bei der Warenproduktion (bereits vor Einführung des Produktehaftungsgesetzes) oder bei der Lagerung und Beseitigung von gefährlichen Gütern. Die heute wohl bedeutsamste Ausweitung der Sorgfaltspflichten betrifft die Dienstleistungsberufe im Allgemeinen (vgl. dazu ROBERTO, FS Juristentag, 137 ff.) und die Arzthaftung im Besonderen (s. dazu KUHN 601 ff.). 04.98

Während z.B. in BGE 113 II 431 ein ärztlicher Fehler bloss bei Grobfahrlässigkeit zur Haftung führte, genügt seit BGE 116 II 521; 120 II 250 auch leichte Fahrlässigkeit. Vorreiter in Bezug auf die Erweiterung der Sorgfaltspflichten ist die Rechtsprechung in den Vereinigten Staaten (wobei in Europa in erster Linie die Exzesse bekannt werden). 04.99

4.4. Einfluss privater Regelwerke

Es wurde bereits erwähnt, dass private Regelwerke keine Schutzgesetze darstellen. Sie sind jedoch für die Entwicklung der rechtlich anerkannten Verhaltenspflichten bedeutsam. Gerichte ziehen bei der Beurteilung einer Sorgfaltswidrigkeit oft privatrechtliche Normierungen wie Industriestandards, Verbandsrichtlinien und technische Normen heran. Es dürfte im 04.100

Regelfall schwierig sein, ein Gericht zu überzeugen, dass trotz Verstosses gegen ein privates Regelwerk die erforderlichen Verhaltensstandards eingehalten wurden.

04.101 Umgekehrt schliesst die Befolgung technischer Normen und Richtlinien betreffend bestimmte Tätigkeiten eine Haftung nicht aus. Diese dürfen (z.B. weil sie einseitig die Bedürfnisse und Interessen der Verfasser des entsprechenden Regelwerks reflektieren) nicht als verbindliche Vorgaben für den Inhalt der allgemeinen Sorgfaltspflichten verstanden werden. Die «betroffenen Verkehrskreise» können den **Sorgfaltsstandard** eben **nicht selbst bestimmen** (BRÜGGEMEIER 65).

04.102 Als Beispiel sei auf die Verhaltensregeln im Skisport, insbesondere die FIS-Regeln, hingewiesen (vgl. STIFFLER 11 f.). Es gehört heute zu den anerkannten Pflichten jedes Skifahrers, Geschwindigkeit und Fahrweise seinem Können, dem Gelände und den Sichtverhältnissen anzupassen, andere Skifahrer so zu überholen, dass diesen für ihre Bewegungen genügend Raum frei bleibt, auf unübersichtlichen Pistenabschnitten nicht ohne Not anzuhalten (um Kollisionen zu vermeiden) und beim Aufstieg den Rand der Piste zu benützen.

5. Schutzzweck der Verhaltenspflichten

Literatur

KRAMER, Schutzgesetze und adäquate Kausalität, JZ 1976, 338 ff.; LANG, Normzweck und Duty of Care, München 1983; SOURLAS, Adäquanztheorie und Normzwecklehre bei der Begründung der Haftung nach § 823 Abs. 1 BGB, Berlin 1974; WOLF, Der Normzweck im Deliktsrecht, Göttingen 1962.

5.1. Begriff und Inhalt

04.103 Verhaltensnormen schützen nicht zwingend jedermann gegen jede Schädigung. Daher ist bei jeder Verhaltensnorm durch **Auslegung** der Schutzbereich festzulegen. Man spricht diesbezüglich vom «Schutzzweck der Verhaltensnorm» oder von der «Normzwecklehre» (s. auch MÜLLER N 162). Es handelt sich dabei um eine teleologische Auslegung (genauer: eine teleologische Reduktion) der Verhaltenspflichten.

04.104 Die Konkretisierung der Verhaltenspflicht erfolgt in drei Richtungen: Zu prüfen ist, ob der Geschädigte zu dem geschützten Personenkreis gehört, ob die verletzte Verhaltensnorm das betroffene Rechtsgut schützen will und ob diejenige Gefahr sich verwirklicht hat, vor der die betreffende Verhaltenspflicht schützen soll. Die Fragestellungen lassen sich nicht eindeutig abgrenzen; es handelt sich vielmehr um die Aufgliederung eines einheitlichen Grundgedankens. Dieser lässt sich am besten anhand einiger Beispiele erschliessen.

5.2. Geschützte Personen und Rechtsgüter

04.105 Schutznormen beziehen sich in der Regel nicht auf Diebe oder Einbrecher. So müssen etwa Eigentümer von Grundstücken und Häusern dafür sorgen, dass Gäste und andere befugte Benutzer nicht verletzt werden; sie müssen daher entleerte und unbeleuchtete Swimmingpools oder vereiste Aussentreppen sichern. Diese Pflicht bezieht sich dagegen nicht auf Einbrecher (vgl. BGE 63 II 208; OFTINGER/STARK II/1 § 19 N 70 m.N.). Denn der Eigentümer kann die Gefahr bei den befugten Besuchern auch dadurch vermeiden, dass er diese warnt oder geleitet (LARENZ/CANARIS § 76 III 6 a). Es wäre freilich voreilig, den unberechtigten Benutzer bzw. Besucher stets aus dem geschützten Personenkreis auszunehmen; es kann durchaus gerade Zweck der Gesetzesbestimmung sein, auch den Täter zu schützen (Staudinger/HAGER BGB 823 N G24).

Hinsichtlich der geschützten Rechtsgüter ist etwa an eine Strasse zu denken, bei wel- 04.106
cher die Möglichkeit des Abflusses von Regenwasser fehlt, wodurch der Strassenverkehr bei Regen erheblich behindert wird. Erleiden nun die umliegenden Läden und Gastwirtschaften Umsatzeinbussen, so besteht gleichwohl keine Haftung, da die Haftung des Eigentümers fehlerhafter Werke nicht den Schutz vor Vermögensschädigungen, sondern bloss vor Verletzung der Person und des Eigentums bezweckt (vgl. hinten N 10.03). Entsprechendes gilt bei einem neu erstellten Gebäude, bei welchem die «Regeln der Baukunde» verletzt wurden (StGB 229), was eine Wertminderung des Gebäudes zur Folge hat. StGB 229 bezweckt nicht, eine Anspruchsgrundlage für Minderwert infolge von Baumängeln zu verschaffen. Dies ist Aufgabe des Vertragsrechts (insbesondere der kauf- und werkvertraglichen Gewährleistungsansprüche).

5.3. Zu vermeidende Gefahr

In der Rechtsprechung ist namentlich die Frage nach der zu vermeidenden Gefahr 04.107
bedeutsam. In einer bekannten, vor etwa einem Jahrhundert ergangenen Entscheidung lag dem Bundesgericht folgender Sachverhalt vor: Ein Holzfäller wurde durch einen umfallenden Baumstamm verletzt. Es stellte sich heraus, dass im betreffenden Gebiet gemäss den forstpolizeilichen Bestimmungen gar keine Bäume hätten gefällt werden dürfen. Das Bundesgericht lehnte eine Haftung ab, denn «die forstpolizeilichen Vorschriften bezwecken ja den Schutz des Waldes, nicht den Schutz des Lebens oder der Gesundheit Einzelner» (BGE 30 II 572).

Noch älter ist ein in England entschiedener Fall, in dem Schafe bei einem Transport 04.108
auf einem Schiffsdeck nicht durch Gatter getrennt waren, obwohl Bestimmungen zur Verhütung von Tierseuchen dies vorschrieben. Infolge Fehlens der Gatter wurden die Tiere bei einem Sturm über Bord gespült; gleichwohl besteht keine Haftung aufgrund der unterlassenen Trennung der Tiere durch Gatter. «The regulations which have been broken were not to prevent cattle from being washed overboard, but to protect them against contagious disease» (Gorris vs. Scott, Exchequer Cases 9 [1874], 130).

In der deutschen Rechtslehre findet sich regelmässig das Beispiel des Kegeljungen, 04.109
der entgegen den Kinderschutzbestimmungen zur Nachtzeit arbeitet. Durch undiszipliniertes Verhalten der Spieler wird er verletzt und verklagt den Wirt. Das Nachtarbeitsverbot für Kinder soll vor Gesundheitsschäden durch Überanstrengung schützen, nicht aber vor Verletzungen, die in keinem sachlichen Zusammenhang mit der nächtlichen Arbeit stehen (LG Hannover, Das Recht 1910, 36).

Als weiteres Beispiel lässt sich etwa anführen, dass in einem Konzertsaal mehr Per- 04.110
sonen eingelassen werden, als feuerpolizeilich erlaubt ist. Kommt es im Gedränge zu verschiedenen Taschendiebstählen, so besteht keine Haftung des Konzertveranstalters. Denn die feuerpolizeilichen Vorschriften betreffend die Höchstzahl von Personen in Veranstaltungen bezwecken nicht die Verhinderung des Taschendiebstahls.

5.4. Reine Vermögensschädigungen im Allgemeinen nicht geschützt

04.111 Aus der allgemeinen Sorgfaltspflicht (oder in der Terminologie eines Teils der Lehre: aus dem Gefahrensatz) hat die Rechtsprechung die Verhaltenspflichten zum Schutz der Person und des Eigentums fortwährend weiterentwickelt und konkretisiert. Anderes gilt in Bezug auf Verhaltenspflichten zum Schutze des Vermögens. Solche wurden bislang zu Recht nur punktuell anerkannt (s. hinten N 05.66 ff.).

04.112 In der rechtswissenschaftlichen Diskussion wird oft übersehen, dass die aus der allgemeinen Sorgfaltspflicht abgeleiteten Verhaltenspflichten reine Vermögensschädigungen nicht schützen. Gleiches gilt – wie noch darzulegen ist – bei verschiedenen einfachen Kausalhaftungen sowie kraft expliziter gesetzlicher Regelung z.B. bei der Haftung des Fahrzeughalters (SVG 58 I) oder bei der Produktehaftung (PrHG 1).

04.113 Dass das Haftpflichtrecht Vermögensinteressen bloss punktuell schützt und gegenüber den persönlichen und dinglichen Rechten schlechter stellt, ist keine ungerechtfertigte «Diskriminierung» der reinen Vermögensschäden. Vielmehr gehört der Schutz von primären Vermögensschädigungen in das genuine Aufgabengebiet des Vertragsrechts.

04.114 Bsp.: Bewirkt ein Maschinendefekt Produktionsausfälle, eine verdorbene Lebensmittellieferung Umsatzeinbussen bei einem Händler oder ein defekter Gasgrill einen Einnahmeausfall an einem Dorffest, so stehen lediglich vertragliche Ansprüche gegen den Hersteller bzw. Verkäufer zur Verfügung. Führen diese Mängel dagegen zu Personenverletzungen, können die Betroffenen haftpflichtrechtliche Ansprüche geltend machen.

5.5. Schutzzweck der Verhaltensnorm und Adäquanz

04.115 Sowohl in der Rechtsprechung als auch in der Lehre wird das Problem des **Schutzzwecks** der Verhaltensnorm **oftmals mit der Adäquanz** (dazu hinten N 06.36 ff. und 06.64 ff.) vermischt. Erwähnt sei etwa die durch das zuständige Bundesamt erteilte Einfuhrbewilligung für elektrische Geräte, obwohl diese den Sicherheitsvorschriften nicht genügten. Eine Schadenersatzklage der Konkurrenten des Importeurs gegen die Bewilligungsbehörde wies das Bundesgericht zu Recht ab. Als Begründung wurde angeführt: «Sind die verletzten Rechtssätze nicht zum Schutze des Geschädigten erlassen worden, so fehlt es am adäquaten Kausalzusammenhang» (BGE 94 I 643). Als inadäquat, d.h. nicht im «allgemeinen Lauf der Dinge und der Lebenserfahrung» liegend, kann die Umsatzeinbusse bei den Konkurrenten freilich nicht bezeichnet werden. Das Bundesgericht verwechselte die Adäquanz mit dem Schutzzweck der Sicherheitsvorschriften (zutreffend dagegen BGE 117 II 317 f.).

5.6. Kritik und Schwierigkeiten bei der Anwendung

04.116 Der Lehre vom Schutzzweck der Verhaltensnorm wird vorgeworfen, sie führe zu Zirkelschlüssen, da als Zweck jeweils das gelte, was man zuvor selbst in die Norm hineingelesen hat. Richtig an dieser Kritik ist, dass sich der Zweck einer Verhaltenspflicht oft nur vage bestimmen lässt. Die Schutzzwecklehre fordert den Richter aber immerhin zur Begründung bezüglich des persönlichen und sachlichen Schutzbereichs sowie der hintanzuhaltenden Gefahr heraus. Anstelle reiner Billigkeitserwägungen (wie etwa nach der Adäquanztheorie) treten im Regelfall plausible und rationale Begründungen. Zuzugeben ist freilich, dass gerade in den problematischen Fällen die Auffassungen bezüglich des Schutzbereichs auseinandergehen können.

Wie schwierig die Bestimmung des Schutzzwecks im Einzelfall sein kann, zeigt etwa die Haftung der Organe bei verspäteter Konkurseröffnung. Verwaltungsrat und Revisoren haben bei Überschuldung der Gesellschaft die Pflicht, den Konkursrichter zu benachrichtigen (OR 725 II und 729b II). Verstossen sie gegen diese Pflicht, müssen sie den zu diesem Zeitpunkt bereits bestehenden Gläubigern denjenigen Schaden ersetzen, der durch die verspätete Anmeldung entstanden ist. Unklar ist dagegen die Haftung hinsichtlich der erst später hinzugetretenen Gläubiger. Die Frage ist, ob diese ebenfalls bloss Ersatz im Umfang der verschlechterten Vermögenssituation verlangen können oder aber vollen Ersatz erhalten, weil die Pflicht, den Konkursrichter zu benachrichtigen, vor Kreditgewährungen an konkursreife Gesellschaften schützen soll. Sodann ist fraglich, ob ein Anspruch auch dann besteht, wenn das Zuwarten der Organe die Überschuldung reduziert hat (vgl. hinten N 29.90 f.). 04.117

6. Ausschluss der Rechtswidrigkeit

Literatur

DESAX, Haftung für erlaubte Eingriffe, Freiburg 1977; ESSER/WEYERS, Schuldrecht, Bd. II/2, 8. Aufl., Heidelberg 2000; HAAS, Notwehr und Nothilfe, Bern 1978; HONSELL, Entwicklungstendenzen in der Arzthaftung, in: Handbuch des Arztrechts, hrsg. von Honsell, Zürich 1994, 4 ff.; KÄNZIG, Die Widerrechtlichkeit nach Art. 41 Abs. 1 OR unter besonderer Berücksichtigung der Gründe für den Ausschluss der Rechtswidrigkeit, Bern 1939; KUHN, Arzt und Haftung aus Kunst- bzw. Behandlungsfehlern, in: Arztrecht in der Praxis, 2. Aufl., hrsg. von Kuhn/Poledna, Zürich 2007, 601 ff.; LANDMANN, Notwehr, Notstand und Selbsthilfe im Privatrecht, Diss. Zürich 1975; PAYLLIER, Rechtsprobleme der ärztlichen Aufklärung, Zürich 1999; WEISSENBERGER, Die Einwilligung des Verletzten bei den Delikten gegen Leib und Leben, Bern 1996; WIEGAND, Die Aufklärungspflicht und die Folgen ihrer Verletzung, in: Handbuch des Arztrechts, hrsg. von Honsell, Zürich 1994, 119 ff.

6.1. Begriff und Bedeutung

Der Verstoss gegen eine Verhaltensnorm ist dann nicht rechtswidrig, wenn ein Rechtfertigungsgrund vorliegt. Als Rechtfertigungsgründe gelten die Notwehr, der Notstand und die Selbsthilfe. Zu beachten ist, dass es in einem Rechtsstaat grundsätzlich nicht zulässig ist, sich selbst unter Einsatz von Gewalt gegen Personen oder Sachen zu seinem Recht zu verhelfen, d.h. Selbstjustiz zu üben. Das Gewaltmonopol liegt beim Staat. Eine Ausnahme davon besteht bloss dann, wenn staatliche Hilfe nicht rechtzeitig zu erlangen ist. 04.118

Bedeutsam ist sodann die Einwilligung des Geschädigten. Diesem Rechtfertigungsgrund kommt nach der herrschenden Dogmatik vor allem im Arzthaftungsrecht eine zentrale Rolle zu. In der Literatur werden überdies auch die rechtmässige Ausübung öffentlicher Gewalt sowie besondere privatrechtliche Befugnisse erwähnt (vgl. REY/WILDHABER N 906 ff.; BK/BREHM OR 41 N 61 f.; MÜLLER N 174 f.). 04.119

04.120 Obwohl im Gesetz explizit geregelt, sind Notwehr, Notstand und Selbsthilfe im Haftpflichtrecht wenig bedeutsam. Grössere Bedeutung kommt der Einwilligung durch den Geschädigten, namentlich im Rahmen des Arzthaftungsrechts, sowie der rechtmässigen Ausübung öffentlicher Gewalt im Rahmen der Staatshaftung zu.

04.121 Der Grund liegt darin, dass nach dem Erfolgsunrecht jeder Eingriff in die persönlichen oder dinglichen Rechte als rechtswidrig qualifiziert wird. Das beeinträchtigte Rechtsgut begründet bereits die Rechtswidrigkeit, ohne dass es einer pflichtwidrigen Handlung bedarf. Infolgedessen muss durch Heranziehen der Rechtfertigungsgründe der zu weite Kreis der Rechtswidrigkeit eingeschränkt werden.

04.122 Geht man entsprechend der hier vertretenen Auffassung davon aus, dass Rechtswidrigkeit an die Verletzung einer Verhaltenspflicht anknüpfen muss, dann reduziert sich der Anwendungsbereich der beiden Rechtfertigungsgründe «Einwilligung» und «rechtmässige Ausübung öffentlicher Gewalt» erheblich.

04.123 Ist etwa eine Körperverletzung oder eine Freiheitsbeschränkung unabhängig von der Handlung rechtswidrig, muss für medizinische Heileingriffe, die mit aller Sorgfalt vorgenommen werden, oder für rechtmässige polizeiliche Festnahmen im Rahmen der Rechtfertigung eine Haftung wieder ausgeschlossen werden (zur Kritik an der geltenden Rechtswidrigkeitstheorie vorne N 04.08 ff.). Bei Zugrundelegung des Verhaltensunrechts wären weder ein medizinisch einwandfrei ausgeführter Eingriff noch eine pflichtgemässe polizeiliche Festnahme rechtswidrig.

6.2. Notwehr

04.124 Die Notwehr ist in OR 52 I geregelt; das Notwehrrecht des Besitzers ist speziell in ZGB 926 I erwähnt. Unter Notwehr versteht man diejenige Verteidigung, die erforderlich ist, um einen **gegenwärtigen**, rechtswidrigen **Angriff** von sich oder von einem anderen (Notwehrhilfe) **abzuwehren**, wobei die Abwehr einen **Eingriff in Rechtsgüter des Angreifers** bewirkt. Zu denken ist etwa an den durch den Halter aufgehetzten Hund; der Angegriffene kann sowohl gegen das Tier als auch gegen dessen Halter Notwehr ausüben (BK/BREHM OR 52 N 18).

04.125 Die Notwehr ist nur berechtigt, wenn der Angriff noch andauert. Gegen bereits abgeschlossene Angriffe übt man nicht Notwehr, sondern unerlaubte Rache. Entsprechendes gilt bei Präventivhandlungen gegen einen möglichen, aber noch unsicheren Angriff (im Sinne des «Angriffs als beste Verteidigung»); eine «präventive Notwehr» gibt es nicht. Sodann muss der Angriff rechtswidrig sein; infolgedessen ist Notwehr gegen eine berechtigte Notwehrhandlung nicht zulässig.

04.126 Keine Rechtfertigungsgründe sind der Notwehrexzess (d.h. die Verteidigung überschreitet das erforderliche Mass) und die Putativnotwehr (d.h. die Verteidigung gegen einen bloss vermeintlichen Angriff). Ein **Notwehrexzess** liegt bei unverhältnismässiger Verteidigung vor. Der Bauer darf also auf den Diebstahl von Obst nicht durch gezielte Schüsse auf die Diebe reagieren (vgl. zur Verhältnismässigkeit HaftpflichtKomm/FISCHER OR 52 N 24 ff.). Eine **Putativnotwehr** besteht z.B. dann, wenn der Angegriffene einen Polizisten für den Angreifer hält. Beide Fälle stellen keine gerechtfertigten Notwehrhandlungen dar; speziell zu prüfen bleibt in diesen Fällen indessen, ob die Handlung tatsächlich gegen die allgemeine Sorgfaltspflicht verstösst und damit rechtswidrig ist.

Über die erwähnten Grundsätze herrscht Einigkeit; hinsichtlich der Einzelheiten ist aber manches unklar. 04.127

Unsicherheiten bestehen etwa in Bezug auf die Verhältnismässigkeit der eingesetzten Mittel. 04.128
Nach der einen Auffassung braucht das Recht dem Unrecht nicht zu weichen, weshalb die Flucht nicht ergriffen werden muss (BK/BREHM OR 52 N 21; vgl. auch den nationalistischen Ehrenkodex in ZR 1946, 232: «Die Flucht ist dem Schweizer nicht zuzumuten»). Richtiger Auffassung nach ist auch die Flucht zumutbar, etwa um einer Schlägerei auszuweichen.

Fraglich ist ferner, welches die notwehrfähigen Güter sind, die der Einzelne durch Notwehr 04.129
verteidigen darf. Diese Frage stellt sich etwa, wenn die Ehre mittels einer Ohrfeige verteidigt wird oder der Ehemann seine Ehe dadurch zu schützen versucht, dass er den Ehebrecher gewaltsam aus dem Schlafzimmer wirft. Bei unerlaubtem Fotografieren darf man den Fotografen nicht verprügeln, aber den Fotoapparat soll man behändigen dürfen, möglicherweise auch den Film vernichten.

6.3. Notstand

Der Notstand ist in OR 52 II geregelt; spezielle Tatbestände sind überdies in 04.130
ZGB 701 und OR 57 vorgesehen. Notstand ist eine **unverschuldete Notlage**, in der jemand eine drohende Gefahr von sich oder einem anderen (sog. Notstandshilfe) durch einen **Eingriff in fremdes Vermögen** abwendet. Im Gegensatz zur Notwehr wird nicht in das Rechtsgut eines Angreifers, sondern einer Drittperson eingegriffen, von der die Gefahr nicht ausgeht.

Voraussetzung für den Notstand ist neben der drohenden Gefahr, dass das gefährdete 04.131
Rechtsgut den Wert des geopferten Rechtsguts übersteigt (Grundsatz der Proportionalität) und kein anderer Ausweg möglich ist (Grundsatz der Subsidiarität). Als Rechtsfolge sieht das Gesetz eine Ersatzpflicht nach Ermessen des Richters (ZGB 4) vor.

Die Bedeutung des Notstandes ist gering. Soweit eine Gefährdungshaftung eingreift, dürfte 04.132
das Vorliegen eines Notstandes ohnehin nicht relevant sein: Weicht etwa jemand im Strassenverkehr aus und beschädigt er dabei ein anderes Fahrzeug, dann haftet er unabhängig davon, ob er ausweichen musste, weil er ein Strassenhindernis aus Unaufmerksamkeit zu spät bemerkte oder weil er einem Kind auswich (VON BAR II N 501).

Aber auch im Bereich der Verschuldenshaftung ist der Notstand bloss ausnahmsweise zu be- 04.133
rücksichtigen. Zu denken ist etwa an denjenigen, der unverschuldet im Haus oder Geschäftshaus eines Dritten eingesperrt wird und die Fensterscheibe einschlägt. Kein Anwendungsfall wäre dagegen gegeben, wenn die Trägerin eines Modellkleides einem anderen einfach den Regenschirm entwendet, um das wertvolle Kleid vor einem Platzregen zu schützen (VON BAR II N 502), selbst wenn in diesem Beispiel die drohende Gefahr vorliegt und die Grundsätze der Proportionalität und Subsidiarität beachtet werden (vgl. auch BGE 100 II 129 ff. betreffend künstliche Auslösung von Lawinen).

6.4. Selbsthilfe

Die Selbsthilfe ist in OR 52 III geregelt; eine Sonderregelung enthält ZGB 926 II für 04.134
das Selbsthilferecht des Besitzers (z.B. darf dem auf frischer Tat ertappten Dieb das Diebesgut abgenommen werden). Selbsthilfe dient der Sicherung eines berechtigten privatrechtlichen Anspruchs mittels privater Gewalt. Sie stellt eine Ausnahme des Verbots der Eigen-

macht dar (BK/Brehm OR 52 N 58). Die Selbsthilfe ist nur zulässig, wenn amtliche Hilfe nicht rechtzeitig zu erlangen ist und der Anspruch ohne die Selbsthilfe vereitelt oder zumindest in seiner Durchsetzung erschwert würde.

04.135 Die praktische Bedeutung der Selbsthilfe gemäss OR 52 III ist ebenfalls gering. Zu beachten ist insbesondere, dass die Selbsthilfe nur der Sicherung eines Anspruchs dient; nicht zulässig ist dagegen die Erzwingung einer Leistung, etwa indem man sich eigenmächtig eine gekaufte oder gemietete Sache verschafft.

6.5. Einwilligung des Geschädigten im Allgemeinen

04.136 Die Rechtswidrigkeit kann schliesslich auch durch die Einwilligung des Verletzten ausgeschlossen sein. Die Einwilligung des Geschädigten rechtfertigt die schädigende Handlung freilich nur, wenn sie nicht gegen Gesetz oder gute Sitten verstösst und daher nicht gemäss OR 20 I nichtig ist; nichtig wäre z.B. die Einwilligung in die Tötung oder in eine unsinnige schwere Körperverletzung.

04.137 Eine Einwilligung kommt im Grunde bloss hinsichtlich **vorsätzlicher** Verletzungen in Betracht. Bei fahrlässigen Schädigungen geht es um ungewisse zukünftige Ereignisse; diese sollten unter dem Gesichtspunkt des Handelns auf eigene Gefahr (dazu hinten N 33.06 f.), d.h. also im Rahmen des Mitverschuldens, berücksichtigt werden. Wird etwa ein «Stuntman» beim Drehen einer gefährlichen Szene tödlich verletzt, dann ist ein vertraglicher Haftungsausschluss unwirksam, da man nicht rechtswirksam in die eigene Tötung einwilligen kann; Gleiches gilt für zahlreiche gefährliche Freizeitbeschäftigungen, wie Canyoning, Bungee Jumping, River Rafting oder Selbstfindungsveranstaltungen (mit Kohlenlaufen usw.). In all diesen Fällen kann die Inkaufnahme des Risikos dagegen bei der Frage des Mitverschuldens gewürdigt werden.

04.138 Häufiger noch stellt sich die Frage der Einwilligung bei **Sportverletzungen**. Grundsätzlich willigt ein Sportler auch bei Sportarten mit harter körperlicher Konfrontation (Fussball, Handball, Hockey, Rugby) nicht in eine eigene Verletzung ein (BGE 109 IV 105; 117 II 548; BK/Brehm OR 44 N 10); eine Ausnahme gilt für Kampfsportarten (insbesondere Boxen), bei welchen die Beeinträchtigung der körperlichen Integrität des Gegners das Ziel des Wettkampfes ist. Verletzungen im Rahmen des üblichen Spielgeschehens sind nicht rechtswidrig. Es bedarf hier nicht des Rechtfertigungsgrundes der Einwilligung, da kein Verstoss gegen eine Verhaltenspflicht vorliegt. Zum üblichen Spielgeschehen gehören auch normale Regelverletzungen, d.h. also das alltägliche «Foul». Die Lehre bejaht dagegen bereits bei leichten Regelverstössen die Rechtswidrigkeit und prüft diese Fälle unter dem Gesichtspunkt des Mitverschuldens. Richtiger Ansicht nach sollte dies aber bloss bei groben Regelverstössen gelten (im Ergebnis ebenso BK/Brehm OR 41 N 221).

6.6. Einwilligung im Arzthaftungsrecht

04.139 Eine zentrale Bedeutung hat die Einwilligung im Bereich des Arzthaftungsrechts erfahren. Nach der herkömmlichen Definition der Rechtswidrigkeit (objektive Rechtswidrigkeitstheorie, vgl. vorne N 04.10) stellen ärztliche Heileingriffe – wie bereits erwähnt – rechtswidrige Körperverletzungen dar, sofern keine «Rechtfertigung» aufgrund einer rechtswirksamen Einwilligung vorliegt. Eine solche Einwilligung ist bloss bei zureichender Aufklärung wirksam. Durch diese Konstruktion wird vor allem erreicht, dass der Arzt mit dem **Beweis der Aufklärung und der Einwilligung** belastet wird. Gelingt ihm dieser Beweis nicht, haftet er für den Misserfolg der Operation, «auch wenn ihm kein Kunstfehler vorgeworfen werden kann»; denn das «normalerweise vom Patienten getragene Risiko des medizinischen Eingriffs geht auf den Arzt über, wenn dieser ohne die Zustimmung des informierten Patienten, die er hätte einholen können und sollen, handelt» (Pra 1982, Nr. 122 = BGE 108 II 59).

Diese Ansicht hat dazu geführt, dass im Arzthaftungsrecht die Aufklärungspflicht 04.140
«weit grössere Bedeutung hat als der Behandlungsfehler, für den der Patient die Beweislast trägt» (HONSELL/ISENRING/KESSLER § 5 N 22; vgl. auch HAP/HAUSHEER/JAUN N 19.37). Eine Haftung entfällt bei verletzter Aufklärungspflicht nur dann, wenn der Arzt erfolgreich geltend machen kann, der Patient hätte auch bei ordnungsgemässer Aufklärung eingewilligt; für diesen Einwand des «rechtmässigen Alternativverhaltens» (dazu hinten N 06.24 ff.) ist freilich der Arzt beweispflichtig (BGE 117 Ib 208 f.).

Von der Sache her ist die **Entwicklung im Arztrecht verfehlt** und **systemwidrig**. 04.141
Bei ärztlichen Eingriffen sollte die Frage im Vordergrund stehen, ob der Arzt den Eingriff ordnungsgemäss durchgeführt hat. Dies ist bei zahlreichen aus den Medien bekannt gewordenen Operationen nicht der Fall, in welchen medizinische Werkzeuge im Körper des Patienten «vergessen» werden oder (ein besonders tragischer Fall aus dem Kanton Tessin) dem Patienten das falsche Bein amputiert wurde. Die Beachtung der Regeln der ärztlichen Kunst sollte bei Eingriffen im Vordergrund stehen, nicht die Beweisbarkeit der vollständigen Aufklärung und Einwilligung seitens des Patienten. Überdies stellt man den Arzt vor eine nicht lösbare Aufgabe, wenn er auch für die «Aufklärungsschädigung» haftet; darunter versteht man eine zu umfassende Aufklärung (insbesondere negative Prognosen), die bei empfindlichen Patienten zu Gesundheitsstörungen führen kann (vgl. WIEGAND 188).

Die Körperverletzung kann selbst bei sprachlich sehr weitem Verständnis den Heil- 04.142
eingriff nicht mitumfassen: Das Verhalten des Arztes zielt nicht auf «Verletzung», sondern auf «Heilung» ab. Die Überdehnung des Wortsinnes der Körperverletzung findet auch keine Entsprechung bei anderen Rechtsgutverletzungen. Während der ärztliche Heileingriff erst durch die Einwilligung des Patienten zu einer «gerechtfertigten Körperverletzung» werden soll, kommt es nämlich beim Geschlechtsverkehr unter Liebenden niemandem in den Sinn, dies als durch Einwilligung «gerechtfertigtes Sexualdelikt» zu bezeichnen; beim Transport in einem Zug, Flugzeug oder Luftseilbahn spricht man nicht von einer durch Einwilligung «gerechtfertigten Freiheitsberaubung», bei der Aufzeichnung eines Fernsehinterviews nicht von einer «gerechtfertigten Persönlichkeitsverletzung», beim Aushub für ein Bauprojekt nicht von einer «gerechtfertigten Sachbeschädigung», bei der Überlassung einer Sache durch den Eigentümer nicht von einem «gerechtfertigten Diebstahl» usw. (vgl. VON BAR II N 505). Weshalb dies beim ärztlichen Heileingriff anders sein soll, ist nicht auszumachen.

Im Grunde geht es bei der Gleichsetzung des Heileingriffs mit einer Körperverlet- 04.143
zung um die **Verteilung der Beweislast**. Bei dieser Sicht der Dinge muss der Arzt den Rechtfertigungsgrund, d.h. die Einwilligung in voller Kenntnis der massgeblichen Umstände nachweisen. Richter fühlen sich weit eher berufen, über den Umfang der Aufklärung zu entscheiden, als über die **Verletzung der ärztlichen Berufspflichten**. Letzteres kann ohnehin bloss durch Beizug medizinischer Gutachter erfolgen, die aber – wie der deutsche BGH formuliert – aufgrund «einer unterschwelligen Standessolidarität» versucht sein können, «Ermes-

sensspielräume im Sinne einer vorfixierten Tendenz auszunutzen» (BGH NJW 1971, 243; ferner NJW 1975, 1464). Die deutsche Lehre ist sich mittlerweile weitgehend einig, dass mit der Qualifikation des Heileingriffs als Körperverletzung «der Sack der Aufklärungspflichtverletzung geschlagen wird, wo der Esel des oft kaum zu beweisenden, aber naheliegenden Kunstfehlers getroffen werden soll» (ESSER/WEYERS 154). Die Frage der Beweislastverteilung sollte aber nicht aufgrund solcher systemwidriger Differenzierungen, sondern anhand sachlicher, auf die konkrete Situation abstellender Erwägungen vorgenommen werden.

7. Sittenwidrige, absichtliche Schädigung

Literatur

BIERI, Sittenwidrige Schädigung nach Art. 41 Abs. 2 OR, AJP 2008, 549 ff.; EULAU, Verleitung zum Vertragsbruch und Ausnützung fremden Vertragsbruchs, Zürich 1976; SCHLUEP, Schuldrechtliche Aspekte der Verleitung zum Vertragsbruch, FS Keller, Zürich 1989, 261 ff.

04.144 Wer einen anderen gegen die guten Sitten absichtlich schädigt, ist gemäss OR 41 II haftbar. Diese Bestimmung setzt daher die sittenwidrige Schädigung, sofern sie absichtlich begangen wird, der rechtswidrigen Schädigung gleich (REY/WILDHABER N 948). Nach h.L. ist die sittenwidrige Schädigung gemäss OR 41 II subsidiär gegenüber der widerrechtlichen Schädigung in OR 41 I (vgl. BK/BREHM OR 41 N 236). Entsprechend **klein ist der Anwendungsbereich** dieser Bestimmung.

04.145 Eine Sittenwidrigkeit, die absichtlich begangen wird, kommt in der Praxis nicht oft vor. In Betracht kommt vor allem die Schikane und damit ein Verhalten, das nicht der Wahrnehmung eigener Interessen dient, sondern ausschliesslich oder primär darauf abzielt, andere zu schädigen. Im Hinblick darauf, dass die Sittenwidrigkeit nicht dazu dienen darf, das Erfordernis der Rechtswidrigkeit auszuhöhlen und bei einer solchen Schädigung OR 41 I ohnehin vorgeht, ist der Anwendungsbereich von OR 41 II, wie erwähnt, gering.

04.146 Was unter die sittenwidrige, absichtliche Schädigung fällt, ist unklar. In der Schweiz werden vor allem folgende Anwendungsfälle genannt (s. REY/WILDHABER N 955 ff.; FELLMANN/KOTTMANN N 398): die Verleitung zum Vertragsbruch (wobei besonders gravierende Umstände vorliegen müssen), die unberechtigte Verfahrenseinleitung (z.B. Betreibung, Klage oder Baueinsprache, ohne dass ein sachlicher Grund hierfür vorliegt), die grundlose Verweigerung des Vertragsschlusses über eine lebenswichtige Leistung sowie Abreden im Zusammenhang mit Versteigerungen (Verzicht auf das Mitbieten gegen Leistung einer Entschädigung oder Scheingebote eines Bietenden aufgrund einer Abmachung mit dem Versteigerer, wonach jener den Kaufpreis nicht zahlen müsse). Darüber hinaus werden Fälle der falschen Auskunft, der fehlerhaften Gutachten, der unrichtigen Ratschläge oder der unterlassenen Warnung erwähnt. Auf diese Verhaltenspflichten zum Schutze des Vermögens ist hinten näher einzugehen (s. N 05.67 ff.). Nicht unter OR 41 II fällt die Verletzung des Grundsatzes von Treu und Glauben (so die h.L. und Rechtsprechung); dies auch dann nicht, wenn es sich um einen groben Verstoss gegen ZGB 2 II handelt (s. im Einzelnen FELLMANN/KOTTMANN N 399).

§ 5 *Rechtsgutverletzung*

Literatur

BÖCKLI, Schweizer Aktienrecht, 4. Aufl., Zürich 2009; ESSER/WEYERS, Schuldrecht Bd. II/2, 8. Aufl., Heidelberg 2000; HABERSACK, Die Mitgliedschaft – subjektives und «sonstiges» Recht, Tübingen 1996; HAUSHEER/AEBI-MÜLLER, Das Personenrecht des Schweizerischen Zivilgesetzbuches, 4. Aufl., Bern 2016; KAISER/RÜETSCHI, Immaterialgüterrecht, 2. Aufl., Zürich 2014; LANDOLT, Baby Boy und der kategorische Imperativ: Ein Beitrag zur haftpflichtrechtlichen Problematik des pränatalen Schadens und der Familienhaftung, ZSR, 2003 I, 185 ff.; ders., Angehörigenschaden: Reflex- oder Direktschaden – oder sogar beides?, HAVE 2010, 3 ff.; LOSER, Die Vertrauenshaftung in der Praxis, in: Aktuelle Entwicklungen im Haftungsrecht, hrsg. von Jung, Zürich 2007, 23 ff.; MANNSDORFER, Pränatale Schädigung, Freiburg 2000; ders., Haftung für perinatale Schädigung im medizinischen Bereich, HAVE 2003, 101 ff.; MATTMANN, Die Verantwortlichkeit bei der fürsorgerischen Freiheitsentziehung, Diss. Freiburg 1988; PEDRAZZINI/OBERHOLZER, Grundriss des Personenrechts, 4. Aufl., Bern 1993; ROBERTO, Deliktsrechtlicher Schutz des Vermögens, AJP 1999, 520 f.; ders., Produktehaftpflicht und Software, in: JKR, Bern 2000, 55 ff.; ders./REICHLE, Haftung für «Phantom-Beschwerden»?, HAVE 2013, 3 ff.; VON BÜREN/STOFFEL/WEBER, Grundriss des Aktienrechts, 3. Aufl., Zürich 2011; WERRO, La définition des biens de la personnalité: une prérogative du juge, FS Tercier, Freiburg 1993, 15 ff.

1. Die Rechtsgutverletzung im Allgemeinen

Eine Haftpflicht setzt die Beeinträchtigung eines Rechtsgutes bzw. des Integritätsinteresses voraus. Der Begriff «Rechtsgut» oder «Integritätsinteresse» ist gesetzlich nicht definiert. Die Konkretisierung dessen, was alles als Rechtsgut gelten soll, obliegt der Lehre und Rechtsprechung. Dies hat den Vorteil, dass der Inhalt flexibel an die sich wandelnden Anschauungen und Wertungen in der Gesellschaft angepasst werden kann. 05.01

Im deutschen BGB sind dagegen bestimmte, als besonders wichtig erachtete Rechtspositionen in BGB 823 I aufgezählt. Lehre und Rechtsprechung waren infolgedessen im Laufe der Zeit gezwungen, diesen Katalog um das allgemeine Persönlichkeitsrecht und das Recht am «eingerichteten und ausgeübten Gewerbebetrieb» zu ergänzen. 05.02

Was alles unter den Begriff der Rechtsgutverletzung (bzw. Integritätsinteresse) fällt, wird in der Regel nicht generell abstrakt definiert. Vielmehr unterscheidet man zahlreiche Rechtsgüter. Hierzu gehören vor allem: 05.03

- Leben
- physische und psychische Gesundheit
- Freiheit
- Ehre, Ruf, eigenes Bild und andere Persönlichkeitsrechte
- Eigentum, beschränkte dingliche Rechte, Besitz (umstritten)

- Vermögenspositionen
- Mitgliedschaftsrecht an einer Gesellschaft oder einem Verein
- Urheber-, Marken-, Patent- und andere Immaterialgüterrechte

05.04 Die Unterteilung in verschiedene Rechtsgüter dient bloss der besseren Erläuterung ihres Inhalts. Wie die nachfolgenden Ausführungen zeigen, verschwimmt die Unterscheidung der Rechtsgüter im Grenzbereich (namentlich zwischen Eigentum und Vermögen), was dann praktisch bedeutsam ist, wenn sich der Schutzbereich der Verhaltensnorm nur auf einzelne Rechtsgüter bezieht.

05.05 Auf den Schutz der Mitgliedschafts- und Immaterialgüterrechte wird hier nicht näher eingegangen. Diese Themenbereiche sind Gegenstand des Gesellschafts- und des Immaterialgüterrechts (s. etwa BÖCKLI § 16 N 1 ff., § 18 N 1 ff.; VON BÜREN/STOFFEL/WEBER 1 ff.; KAISER/RÜETSCHI 169 ff.).

05.06 Die für das Haftpflichtrecht weitaus bedeutendsten Rechtsgüter sind die persönlichen Güter, d.h. die persönliche Unversehrtheit, sowie das Eigentum. Das Vermögen als solches (d.h. die finanziellen Verhältnisse einer Person) stellt zwar eine rechtlich geschützte Rechtsposition dar; in der Regel beziehen sich ausservertragliche Verhaltensnormen nicht auf den Schutz des Vermögens. Der Schutz des Vermögens gehört im Grunde zum genuinen Aufgabengebiet der Vertragshaftung.

05.07 Beachte: Die **Person** und das **Eigentum** – als sog. absolut geschützte Rechtsgüter – sind **durch die meisten Verhaltenspflichten geschützt**. Das **Vermögen** als solches ist dagegen **nur ausnahmsweise** und nur dann **geschützt**, wenn sich der Schutzbereich der verletzten Verhaltenspflicht auf solche Rechtsgutverletzungen erstreckt, d.h. die betreffende Verhaltenspflicht (auch) das Vermögen vor Beeinträchtigungen schützt. Aus diesem Grunde ist die Unterscheidung zwischen persönlichen und dinglichen Rechtsgütern einerseits und den Vermögensinteressen andererseits bedeutsam.

05.08 Die Rechtsgutverletzung ist von der finanziellen Einbusse, die der Betroffene erleidet, zu unterscheiden. Wer in seinen Rechtsgütern verletzt wird, kann (sofern eine schuldhafte rechtswidrige kausale Handlung zu dieser Verletzung führte) Haftungsansprüche geltend machen. Welche Haftungsansprüche zur Verfügung stehen, ist nicht eine Frage des Haftungstatbestandes, sondern der Haftungsfolgen.

05.09 Dies ist meistens, aber nicht immer, ein Schadenersatzanspruch. In Betracht kommen auch ein Genugtuungsanspruch, allenfalls eine Naturalrestitution, ein Unterlassungs- oder Beseitigungsanspruch oder ein Anspruch auf ein Feststellungsurteil (s. hinten N 20.01 ff.). Die herkömmliche Lehre bezeichnet den Schaden als Haftungsvoraussetzung. In der Regel bleibt freilich unklar, ob tatsächlich die finanzielle Einbusse oder die Rechtsgutverletzung gemeint ist. Denn oftmals gliedern diese Autoren den «Schaden» in «Personen-, Sach- und Vermögensschäden». Diese Aufgliederung bezieht sich jedoch auf die Rechtsgutverletzung. Für den Begriff des «Schadens» als rechnerische Grösse macht diese Unterscheidung keinen Sinn.

05.10 Verwirrung stiftend ist sodann der Umstand, dass unter dem Titel «Schaden» als Haftungsvoraussetzung Ausführungen sowohl zu den einzelnen Ausprägungen der Personenschäden (Körperverletzung, Tötung) und Sachschäden (Zerstörung, Beschädigung, Verlust von Nutzungsvorteilen usw.) als auch zur Schadensberechnung als Folge dieser Verletzungen gemacht werden.

Das Verständnis des Haftpflichtrechts wird erhöht, wenn man die Verletzungen der Rechtsgüter nicht mit der Schadensberechnung vermischt. Aus diesem Grund verwendet das vorliegende Lehrbuch für Ersteres die Begriffe Rechtsgutverletzung oder Schädigung; diese gehören zum Haftungstatbestand. Die Begriffe Schaden, Schadenersatz, Schadensberechnung usw. beziehen sich dagegen auf die Haftungsfolgen und werden in Teil 2 behandelt. 05.11

2. Verletzung der persönlichen Rechtsgüter

2.1. Die persönlichen Rechtsgüter im Allgemeinen

Zu den persönlichen Rechtsgütern zählen sowohl körperliche (Leben, Gesundheit, körperliche und psychische Integrität und Freiheit) als auch unkörperliche Persönlichkeitsrechte (Ehre, Privatsphäre usw.). Die unkörperlichen Persönlichkeitsverletzungen sind in der Schweiz nicht im OR, sondern in ZGB 28–281 geregelt und werden regelmässig in der Literatur zum Personenrecht behandelt; materiell gehört die Verletzung der unkörperlichen Persönlichkeit (dazu hinten N 15.01 ff.) aber ebenso zum Haftpflichtrecht wie die ebenfalls im ZGB geregelte Haftung des Familienhauptes (ZGB 333, vgl. hinten N 14.01 ff.) oder des Grundstückeigentümers (ZGB 679, vgl. hinten N 12.01 ff.). 05.12

Anstelle der hier vorgenommenen Einteilung zwischen körperlichen und unkörperlichen Persönlichkeitsverletzungen (ebenso PEDRAZZINI/OBERHOLZER 133 ff.) finden sich im Schrifttum auch verschiedene andere Kategorisierungen (hinten N 15.14 f.); das Schrifttum zum Personenrecht behandelt im Rahmen der Ausführungen zu ZGB 28 ff. regelmässig summarisch auch die Verletzung körperlicher Persönlichkeitsgüter. 05.13

2.2. Körperverletzung und physische Gesundheitsbeeinträchtigung

Die körperliche Integrität bzw. Gesundheit ist bei Körperverletzungen und bei Ansteckungen (Geschlechtskrankheiten, AIDS usw.) betroffen. Als Gesundheitsbeeinträchtigung gilt jede Störung der physischen Befindlichkeit mit **Krankheitscharakter** (vgl. ZK/LANDOLT OR 46 N 20). Darunter fällt jede Beeinträchtigung, die eine ärztliche Behandlung notwendig macht. Die Beiziehung eines Arztes ist aber nicht zwingend notwendig: Eine Gesundheitsstörung liegt etwa auch vor, wenn eine Darminfektion aufgrund verdorbener Lebensmittel ohne ärztliche Behandlung kuriert wird (LARENZ/CANARIS § 76 II 1 a). 05.14

Sofern keine ärztliche Behandlung notwendig ist, kann im Einzelfall durchaus unklar sein, ob eine Körperverletzung bzw. Gesundheitsbeeinträchtigung vorliegt. Streitig ist etwa das Abschneiden oder Verfärben der Körperhaare (OGH SZ 1974, 679: Körperverletzung bejaht), die fehlerhafte Dauerwelle (OLG Innsbruck ZVR [118] 1997, 307: Körperverletzung bejaht), die Vernichtung tiefgekühlten Spermas eines kranken Mannes (BGHZ 124, 52: Körperverletzung bejaht) oder Eingriffe in gespendete Organe oder gespendetes Blut (BGHZ 124, 52). Diesen Fällen wird man besser gerecht, wenn man sie nicht als Körperverletzung, sondern als **Persönlichkeitsrechtsverletzung** qualifiziert (ebenso HONSELL/ISENRING/KESSLER § 4 N 10). 05.15

2.3. Behindert geborene Kinder

05.16 Schwierige Fragen stellen sich im Zusammenhang mit Ansprüchen von Kindern, die mit Behinderungen geboren werden. Es sind verschiedene Fälle zu unterscheiden: Es kann sich einmal darum handeln, dass die Behinderung durch einen Fehler bei der Geburtshilfe oder durch Einwirkung auf die Mutter **während der Schwangerschaft** verursacht wurde («pränatale Schädigung»). In diesem Fall liesse sich theoretisch einwenden, dass zum einen nie ein gesundes Kind existiert hat, das verletzt worden wäre, und zum anderen keine Verhaltenspflichten gegenüber nicht existierenden Personen bestehen können (aus diesem Grunde wurde etwa in der älteren amerikanischen Rechtsprechung ein Anspruch abgelehnt, PROSSER/KEETON 367). Solche logischen Einwendungen vermögen aber nicht zu überzeugen, zumal sich auch bei Personenverletzungen der Schutz darauf bezieht, in Zukunft ohne Behinderungen leben zu können (ESSER/WEYERS 151). Fraglich ist, ob dies auch gelten soll, wenn die Ursache für die Behinderung **vor der Zeugung** gesetzt wurde, z.B. durch Medikamente, Ansteckung, Strahlung oder fehlerhafte Gebärmuttereingriffe («präkonzeptionelle Schädigung»).

05.17 Befürwortet man einen Anspruch bei pränataler oder präkonzeptioneller Schädigung, so ist zu fragen, ob ein solcher Anspruch auch **gegen die eigene Mutter** geltend gemacht werden kann (z.B. wegen Drogenkonsums oder eines durch sie verschuldeten Unfalls). Dies wird selbst in jenen Rechtsordnungen abgelehnt, die einen Anspruch gegen Drittpersonen anerkennen (vgl. MANNSDORFER N 969 ff. m.N.).

05.18 Strittig ist schliesslich der Anspruch des behinderten Kindes **gegen den Arzt**, der infolge einer fehlerhaften Diagnose unzureichend über eine Schädigung des ungeborenen Kindes informierte, weshalb **eine Abtreibung unterblieb** («wrongful life»). Ein Anspruch lässt sich nicht damit begründen, dass das behinderte Kind im Vergleich zu einem gesunden Kind einen Rechtsnachteil hat. Der Arzt hat nicht die Behinderung verursacht, sondern durch sein Fehlverhalten die behinderte Existenz ermöglicht. Dem Anspruch des Kindes kann daher entgegengehalten werden, dass das behinderte Leben im Vergleich zur Nichtexistenz keine Rechtsgutverletzung darstelle. Überdies könne es keine Rechtspflicht gegenüber einem Menschen geben, dessen eigene Entstehung zu verhindern (ESSER/WEYERS 153). Trotz dogmatischer Bedenken lässt sich aus rechtspolitischen Gründen ein Anspruch, zumindest für die behinderungsbedingten Mehrkosten, nicht leichthin von der Hand weisen: Damit verhindert man, dass ärztliche Pflichtverletzungen in diesem Bereich sanktionslos bleiben und anstelle des Haftpflichtigen die Eltern oder die Allgemeinheit für die Kosten aufkommen müssen (so auch SCHWENZER N 14.04). Die Voraussetzungen eines solchen Anspruchs sind freilich noch herauszuarbeiten (vgl. hierzu MANNSDORFER N 944 ff.). Ein entsprechender Anspruch ist auch den Eltern zuzugestehen («wrongful birth», dazu hinten N 15.98 und 29.85 ff.; zur Ersatzfähigkeit der Unterhaltskosten unerwünschter Kinder hinten N 29.64 ff.).

2.4. Psychische Gesundheitsstörungen

05.19 Eine Gesundheitsstörung liegt auch bei psychischen Leiden vor. Diese können organisch oder psychisch vermittelt sein:

Organisch vermittelte psychische Leiden treten als Folge einer Körperverletzung oder physischen Gesundheitsstörung auf (vgl. BGE 117 II 609: Hirnverletzung infolge eines Verkehrsunfalles; BGE 116 II 519: Demenz infolge eines Behandlungsfehlers; BGE 108 II 422: Demenz und körperliche Invalidität infolge eines Fehlers des Anästhesisten). 05.20

Psychisch vermittelt sind solche Leiden, wenn sie nicht Folge einer organischen Schädigung, sondern einer psychischen Reaktion wie Angst, Schrecken, Ärger usw. sind. Ein intensiv diskutierter Fall einer psychisch vermittelten Gesundheitsstörung ist der sog. Schockschaden (dazu sogleich unter N 05.36 ff.). 05.21

Eine besondere Problematik bildet der «eingebildete Kranke». Man bezeichnet dieses Krankheitsbild als Neurosen. Dabei bildet sich der Betroffene ein, krank zu sein. Zu unterscheiden sind die bewusste Simulation, die echte Neurose und der Sonderfall der Begehrensneurose: 05.22

Bewusste Simulation: Sofern der Betroffene die Leiden bewusst vortäuscht, liegt keine Gesundheitsstörung vor. 05.23

(Echte) Neurosen: Eine Gesundheitsstörung liegt vor, wenn der Betroffene aufgrund einer unbewussten psychischen Fehlverarbeitung eines Unfalles oder sonstigen Geschehens eine Neurose mit Krankheitswert entwickelt. Man spricht in diesen Fällen von «traumatischen», «zweckfreien», «echten» Neurosen. 05.24

Begehrensneurosen: Die Einordnung und haftungsrechtliche Berücksichtigung der sog. Begehrensneurose ist umstritten. Der Verletzte übertreibt dabei die Unfallfolgen und die dadurch bewirkte Arbeitsunfähigkeit, um eine Rente durch den Haftpflichtigen zu erhalten. Das Problem liegt darin, dass er sich seiner bloss auf die Rente ausgerichteten Fixierung nicht bewusst ist. Anders als bei der Simulation handelt er nicht in betrügerischer Absicht, sondern weil er selbst daran glaubt. Die schweizerischen Gerichte gewähren in der Regel einen Anspruch (vgl. BGE 102 II 41 f.; 115 V 141). In Deutschland wird eine Haftung für Begehrensneurosen dagegen abgelehnt, da die Anerkennung einer Entschädigung das Krankheitsbild eher verschlechtert (Nachweise bei Staudinger/HAGER BGB 823 N B29). Es fragt sich, ob ein solcher Anspruch nicht bloss bis zum Zeitpunkt des ablehnenden Urteils gewährt werden sollte (so die österreichische Lösung, vgl. KOZIOL II 117). Damit hilft man dem Betroffenen, seine Neurose zu überwinden, ohne ihn für die Zeit bis zur rechtskräftigen Ablehnung des Anspruchs durch die Gerichte die nachteiligen Folgen seiner Fixierung tragen zu lassen. Das Beschwerdebild «Begehrensneurose» ist seit längerer Zeit aus der Rechtsprechung verschwunden (vgl. ROBERTO/REICHLE 7 f.). 05.25

2.5. Tötung

Das Leben ist das bedeutsamste Rechtsgut. In Kontrast dazu steht der Umstand, dass zivilrechtlich (anders als im Strafrecht) die Folgen für den Haftpflichtigen bei einer Tötung meist weniger schwer wiegen als bei einer schweren Körperverletzung. Der Schadenersatzbetrag für Behandlungskosten, Erwerbseinbussen, Haushaltsschaden usw. eines Verletzten, insbesondere bei bleibender Invalidität, ist oftmals höher als der Ersatzbetrag bei einer Tötung. 05.26

Das Leben beginnt gemäss ZGB 31 mit der Zeugung und endet mit dem Tod (Kreislauf- oder Hirntod). In Bezug auf den Beginn des Lebens ist ZGB 31 II zu beachten: Danach setzt der Erwerb der Rechtsfähigkeit voraus, dass der Nasciturus lebendig geboren wird. Bei 05.27

einer Todgeburt erlöschen die Schutzrechte des Kindes rückwirkend (vgl. HAUSHEER/AEBI-MÜLLER N 03.14).

05.28 Die gesetzliche Regelung, welche für die allgemeine Rechtsfähigkeit eine Lebendgeburt voraussetzt, hat zur Folge, dass die vorgeburtliche Schädigung zwar in ein Rechtsgut eingreift; stirbt der Nasciturus aber vor der Geburt, hat er in eigener Person mangels Rechtsfähigkeit keinen Schadenersatzanspruch. Infolgedessen kann auch kein Anspruch auf die Eltern übergehen (vgl. ZGB 544). Die Verursachung einer Fehl- oder Totgeburt stellt dagegen eine an der Mutter begangene, ihr gegenüber haftbar machende Körperverletzung dar.

05.29 Im Zusammenhang mit der Tötung eines Menschen ist zu beachten, dass der Verstorbene (bzw. sein Vertreter) keine Ansprüche geltend machen kann. Denn mit dem Tod endet auch die Rechtsfähigkeit. Sofern der Verstorbene zuvor vermögensrechtliche Ansprüche erworben hat, gehen diese kraft Universalsukzession auf seine Erben über. Persönlichkeitsrechte hingegen sind grundsätzlich unvererblich. Strittig ist die Übertragbarkeit bei Genugtuungsansprüchen (HAUSHEER/AEBI-MÜLLER N 03.31 und 10.23).

05.30 Hiervon zu unterscheiden sind eigene Ansprüche Angehöriger und Lebenspartner aufgrund von Einbussen, die sie infolge des Versterbens einer Person erleiden (dazu sogleich).

2.6. Reflexgeschädigte

05.31 Infolge des Todes einer Person können zahlreiche andere natürliche und juristische Personen geschädigt sein: Neben den Angehörigen und dem Lebenspartner können dies z.B. der Arbeitgeber, der Geschäftspartner, die Kunden, die Lieferanten, der Wohnungsvermieter, der Sportverein usw. sein. Die Besonderheit liegt darin, dass der Haftpflichtige nicht unmittelbar in die Rechtsgüter dieser Personen eingegriffen hat. Sie sind reflexartig durch den Eingriff in die Rechtsgüter bei einem anderen (des Verstorbenen) betroffen. Man spricht diesbezüglich vom «Reflexschaden».

05.32 Reflexschäden, d.h. Rechtsgutverletzungen, welche sich bloss mittelbar bei Dritten auswirken, führen **grundsätzlich nicht zu deliktsrechtlichen Ansprüchen** (Haftpflicht-Komm/FISCHER Vor OR 41–61 N 51).

05.33 Eine **Ausnahme** sieht ausdrücklich **OR 45 III** vor. Danach können Personen, die durch die Tötung ihren Versorger (meist Ehemann bzw. Vater) verloren haben, Schadenersatzansprüche gegen den Haftpflichtigen geltend machen.

05.34 Ein Anspruch steht nicht bloss jenen Personen zu, die einen gesetzlichen oder vertraglichen Anspruch auf Unterstützung durch den Verstorbenen hatten, also namentlich die Ehefrau und die Kinder, sondern auch jenen Personen, die regelmässig freiwillige Unterhaltszahlungen erhielten, namentlich der Lebenspartner (BGE 114 II 147).

05.35 Eine Tötung kann auch direkt in die Rechtsgüter von Drittpersonen eingreifen: Dies trifft namentlich auf die sog. Schockschäden zu (dazu sogleich N 05.36 ff.). Zu denken ist auch an herabsetzende Äusserungen gegen Verstorbene, welche die Persönlichkeitsrechte der engsten Angehörigen verletzen können («postmortaler Persönlichkeitsschutz», dazu hinten N 15.103).

2.7. Schockschaden

Mit dem Begriff Schockschaden meint man in der rechtswissenschaftlichen Diskussion im Allgemeinen nicht den Schock, der sich aufgrund einer direkten Einwirkung manifestiert (etwa bei hohem Blutverlust oder bei einem äusserlich unverletzt gebliebenen Beifahrer). Es geht vielmehr um jene Fälle, in denen jemand einen **«seelischen Schock»** erleidet, weil ein anderer verletzt oder getötet worden ist. Damit der Schock haftungsrechtlich bedeutsam ist, muss er Krankheitswert erreichen (ähnlich ZK/LANDOLT OR 47 N 121). 05.36

Keinen Krankheitswert weist die tief empfundene Trauer infolge des Todes einer nahestehenden Person auf. Dies gilt selbst dann, wenn die Trauer das gesundheitliche Allgemeinbefinden verschlechtert. Solche Auswirkungen, die erfahrungsgemäss mit Todesfällen verbunden sind, bilden in der Regel keine selbständige Grundlage für einen Haftungsanspruch. 05.37

Damit der Krankheitswert bejaht werden kann, ist es erforderlich, dass das Ereignis beim Betroffenen über die im Bereich des Normalen liegende Erscheinungen von Schmerz, Trauer und Niedergeschlagenheit, d.h. eine traumatische Schädigung der physischen und psychischen Gesundheit bewirkt (BGHZ 56, 166 f.). Fraglich ist, ob sich die Haftung auch darauf bezieht, dass der Schockgeschädigte wegen des Verlustes eines Angehörigen dem Alkoholismus oder sonstigen Sucht verfällt (ablehnend BGH NJW 1984, 1405). 05.38

Unklar ist, welche persönliche und sachliche Beziehung zwischen demjenigen, der den Schock erlitten hat, und dem unmittelbar betroffenen Opfer bzw. den Umständen der Schädigung bestehen muss. 05.39

Als Anspruchsberechtigte kommen einmal die dem Opfer nahestehenden Familienangehörigen in Betracht. In Frage kommen auch entferntere Verwandte (z.B. Grosseltern) und Lebenspartner (auch bei gleichgeschlechtlichen Beziehungen), sofern eine enge seelische Beziehung zum Opfer bestand. Es können auch mehrere Anspruchsberechtigte bestehen, z.B. die Eltern sowie die Geschwister. Grundsätzlich kann auch ein ausserehelicher Partner neben der Ehefrau einen Anspruch haben – «bei zwei Freundinnen ist allerdings Schluss» (VON BAR II N 64 Fn. 388). 05.40

Ob auch Personen, die zum Opfer nicht in einer persönlich nahen Beziehung standen, in Frage kommen, ist unsicher. Am ehesten ist dies für jene zu bejahen, die als Retter einzugreifen versuchten. Ob auch die anderen am Unfallort anwesenden Augenzeugen einen Anspruch haben, ist im Regelfall eher zu bezweifeln. Diese Bedenken richten sich auch gegen einen Schock, welcher durch die Verletzung eines (Haus-)Tieres oder Beschädigung einer Sache hervorgerufen wird. 05.41

Nicht erforderlich ist eine zeitliche und räumliche Nähe zum Unfallgeschehen. Nahestehende Personen können etwa auch dadurch einen Schock erleiden, dass sie den Tod am Fernsehen mitverfolgen. Es genügt auch, wenn sie bloss von der Tötung erfahren. Bei nicht nahestehenden Personen dürfte ohne zeitliche und räumliche Nähe zum Unfallgeschehen ein Anspruch dagegen nicht in Betracht kommen. 05.42

Bsp.: Einem Vater wird die Nachricht überbracht, dass seine beiden Söhne durch den Absturz eines Militärflugzeugs getötet wurden. Er erleidet daraufhin einen Nervenschock (vgl. BGE 112 II 124 f.). 05.43

05.44 Die Eltern eines siebzehnjährigen Unfallopfers verlangen vom Unfallverursacher Schadenersatz und Genugtuung. Als Begründung führen sie an, dass der Verlust ihres Sohnes und die aufwühlenden Begleitumstände bei ihnen einen Schock mit bleibenden Folgen (Depression, Arbeitsunfähigkeit) verursachten (vgl. BGE 138 III 276).

05.45 Im Jahre 1989 wurden im überfüllten englischen Fussballstadion Hillsborough hunderte von Zuschauern verletzt, über neunzig Personen starben. Aufgrund der Live-Übertragung im Fernsehen konnten zahlreiche Zuschauer die Katastrophe und Tötungen mitverfolgen, was bei einigen einen Schock bewirkte. Die Klage verschiedener Schockgeschädigter musste letztinstanzlich durch das House of Lords entschieden werden. Das Gericht führte aus, dass die den Unfallopfern nicht nahestehenden Augenzeugen unmittelbar dem schockierenden Ereignis ausgesetzt sein müssen. Eine Fernsehübertragung genügt diesem Erfordernis nicht (Alcock v Chief Constable of South Yorkshire Police [1992] 1 A.C. 310). Dieser Entscheidung ist im Hinblick auf die heutigen Möglichkeiten, weltweit unmittelbar schockierende Ereignisse mitzuverfolgen, zuzustimmen. Immerhin besteht ein Spannungsverhältnis zum Grundsatz, dass der Beklagte den Geschädigten so zu akzeptieren hat, wie dieser ist (s. zum Problem der konstitutionellen Prädisposition hinten N 06.20 ff.; für weitere Beispiele ZK/LANDOLT OR 46 N 105 f.).

2.8. Freiheitsentziehung

05.46 Der Begriff «Freiheit» kann als allgemeine Handlungsfreiheit verstanden werden (so im Verfassungsrecht). Im Bereich des Haftpflichtrechts versteht man aber unter Freiheit die **körperliche Fortbewegungsfreiheit**. Freiheitsverletzend ist vor allem die Einsperrung, nicht aber die Aussperrung, d.h. die Verweigerung des Zutritts.

05.47 Zivilrechtlich unproblematisch sind Freiheitsentziehungen durch Entführung, Einschliessung des Laden- oder Bankpersonals bei einem Raubüberfall und ähnlichen strafrechtlichen Delikten. Schwieriger gestalten sich jene Fälle, in denen jemand aufgrund eines Fehlers des Gutachters unberechtigterweise in einer psychiatrischen Anstalt untergebracht wird (vgl. etwa BGE 118 II 254; umfassend MATTMANN). Gleiches gilt bei Inhaftierungen, weil ein Zeuge falsche Angaben tätigt oder ein Gutachter sich irrt (BGE 113 IV 98: unbegründetes Auslieferungsgesuch). Häufiger wird der Fall sein, dass jemand der Polizei gegenüber falsche Aussagen macht, so dass ein Unschuldiger verhaftet wird (vgl. KOZIOL II 18). Die Haftung für Fehler von Strafverfolgungsbehörden richtet sich nach öffentlichem Recht (hinten N 17.01 ff.).

05.48 Die körperliche Fortbewegungsfreiheit kann grundsätzlich auch verletzt werden, wenn der Ausgang eines Raumes oder Gebäudes sich während einer längeren Zeitspanne nicht öffnen lässt oder der Aufzug steckenbleibt. Dagegen ist die Freiheit nicht verletzt, wenn das Auto «zugeparkt» wird (evtl. ist aber die allgemeine Entscheidungsfreiheit oder das Eigentum beeinträchtigt) oder man im Stau steckenbleibt.

2.9. Persönlichkeitsrecht

Der Begriff der Persönlichkeitsverletzung im Sinne von ZGB 28 I wird in der Literatur zum Personenrecht bzw. zum Persönlichkeitsschutz umfassend verstanden. Dieser umfasst neben Verletzungen der Ehre, der Geheim- und Privatsphäre usw. auch Eingriffe in die physische und psychische Integrität sowie Freiheitsentziehungen (vgl. vorne N 05.12 ff.). Grundsätzlich ist nichts dagegen einzuwenden, die Persönlichkeit in einem weiten Sinne zu definieren. Zu beachten ist jedoch, dass die Bestimmungen in ZGB 28a ff. nicht recht zu Verletzungen der körperlichen Persönlichkeitsgüter passen; bei einer Tötung oder Körperverletzung sind weder der Unterlassungsanspruch (ZGB 28a I Ziff. 1) oder eine vorsorgliche Massnahme (ZGB 28c ff.) noch das Gegendarstellungsrecht (ZGB 28g ff.) in Betracht kommende Rechtsbehelfe. Hinsichtlich des Beseitigungsanspruchs würden sich ohnehin heikle Abgrenzungsprobleme zur Naturalrestitution ergeben, da es in beiden Fällen darum geht, den schadensfreien Zustand wieder herzustellen (dazu hinten N 20.01 ff.). 05.49

Zuzugeben ist, dass sich im Grenzbereich die körperlichen und unkörperlichen Persönlichkeitsgüter überschneiden. Letztere sollten gleichwohl als eigenständige Kategorie verstanden werden, um diesen ohnehin schillernden und sich in Bewegung befindenden Bereich nicht zusätzlich zu belasten (vgl. auch die Kategorisierung bei PEDRAZZINI/OBERHOLZER 133 ff.). Diese Grundeinteilung ist auch die in den anderen europäischen Rechtsordnungen geläufigste (VON BAR II N 81 Fn. 500). 05.50

Der Begriff des **unkörperlichen Persönlichkeitsrechts** lässt sich am besten durch seine verschiedenen Ausprägungen umschreiben. Dazu gehören vor allem die Intim- und Privatsphäre, die Ehre (auch die berufliche Ehre, BGE 119 II 100 ff.), der Name, das Familienleben, das Recht am eigenen Bild und an der eigenen Stimme, die informationelle Selbstbestimmung, die Entscheidungsfreiheit in seinen verschiedenen Formen wie etwa Freiheit der Familienplanung oder sexuelle Entscheidungsfreiheit, die persönlichen Daten, das Andenken der Verstorbenen usw. 05.51

Das Persönlichkeitsrecht steht oftmals in «Konflikt mit dem allgemeinen Persönlichkeitsrecht anderer Menschen, da soziales Zusammenleben als Interaktion und Kommunikation gar nicht anders möglich ist als durch Einwirkung auf fremde Persönlichkeitssphären; die Verwirklichung der eigenen Persönlichkeit bedingt daher geradezu die permanente Beeinträchtigung anderer Menschen in ihrer Persönlichkeit» (LARENZ/CANARIS § 80 I 1). Infolgedessen steht beim Persönlichkeitsschutz die Verletzung, d.h. der rechtswidrige Eingriff in das Rechtsgut, im Vordergrund. Es ist jeweils abzuwägen, ob die in Frage stehende Handlung im Hinblick auf die Umstände und die möglichen Auswirkungen noch als zulässig zu gelten hat oder nicht. 05.52

Die Anschauungen über die **Grenze der zulässigen Beeinträchtigung** anderer Menschen verändern sich im Laufe der Zeit. So dürfte etwa die Anstiftung zum Ehebruch durch eine Drittperson heute nicht mehr als rechtswidrige Persönlichkeitsverletzung gelten (anders aber BGE 109 II 6 f.; BK/BREHM OR 49 N 69 f.; wie hier SCHWENZER N 17.11 und 50.14). Entsprechendes gilt für die Weitergabe eines Gerüchts, wonach eine junge Frau Geschlechtsverkehr mit einem französischen Soldaten gehabt habe (anders OGer Bern, ZBJV 1918, 244) oder der Nachbar ein Spion sei (anders BGE 44 II 321). Heikle Abwägungsprobleme bestehen insbesondere hinsichtlich Presseäusserungen: Hier steht die Pressefreiheit und das Interesse der Allgemeinheit etwa an Information über in der Öffentlichkeit stehende Personen dem In- 05.53

teresse des Einzelnen am Schutz seiner Privatsphäre gegenüber; dass die Regeln einer ordnungsgemässen Berichterstattung sich ebenfalls im Laufe der Zeit stark gewandelt haben, belegt etwa das immer weitergehende Eindringen der Medien in die persönliche Sphäre von Politikern (vgl. auch hinten N 15.61 ff.).

3. Verletzung des Eigentums

3.1. Einwirkung auf die Sache

05.54 Das Eigentumsrecht ist verletzt bei Zerstörung oder Beschädigung einer Sache, bei Veränderungen des Aggregatzustandes (Eis in Wasser oder flüssiges in festes Metall) sowie bei Wegnahme, Vorenthaltung oder Störung des Besitzes. Eine Einwirkung liegt sodann vor, wenn eine Bibliothek, ein Archiv oder eine Kartei durcheinandergebracht wird. Bei Computerprogrammen handelt es sich ebenfalls um Sachen; die Beschädigung durch «Viren» stellt daher eine Eigentumsverletzung dar (vgl. ROBERTO, JKR, 58 ff.; a.M. HONSELL/ISENRING/KESSLER § 21 N 31). In einer deutschen Entscheidung wurde eine Eigentumsverletzung auch in einem Fall bejaht, in welchem einige Tiere mit einem mit Antibiotika kontaminierten Futter gefüttert und in der Folge unverkäuflich wurden. Dies gilt selbst gegenüber jenen Tieren, die das betreffende Futter nicht gefressen hatten, da der blosse Verdacht genüge (BGHZ 105, 350).

05.55 Bei Lieferung oder Herstellung einer **mangelhaften Sache** liegt dagegen **keine Eigentumsverletzung** vor (BGer 4A_261/2015 = Pra 2017, Nr. 30; ROBERTO, JKR, 69 f.). Kauft jemand also eine defekte Waschmaschine, welche einen Wasserschaden in der Wohnung verursacht, liegt hinsichtlich der entstandenen Schäden in der Wohnung eine Eigentumsverletzung vor, nicht aber hinsichtlich der (von Anfang an mangelhaften) Waschmaschine selbst, da in Bezug auf diese kein Eigentum an einer intakten Sache erworben wurde. Die Qualifikation als Eigentumsverletzung würde im Übrigen bei Vorliegen der Rechtswidrigkeit das vertragliche Gewährleistungsrecht unterlaufen.

05.56 Im deutschen Recht geht man bei der Definition der Eigentumsverletzung sehr weit. Diese soll etwa auch dann vorliegen, wenn ein Schloss fotografiert wird (BGH NJW 1975, 778) oder jemand sich längere Zeit nackt im gemeinschaftlichen Hausflur bewegt (LG Bonn VersR 1991, 1244). Der Grund dafür liegt im Bedürfnis, den im Gesetz unzureichend geregelten Schutz des Vermögens durch einen extensiven Eigentumsschutz teilweise zu beheben.

3.2. Nutzungsstörung

05.57 Die Behandlung von reinen Nutzungsstörungen (also ohne Einwirkung auf die Sache als solche) ist **umstritten** und schwierig. Zu denken ist etwa an das in einem Stau oder in einer Garage blockierte Auto, das Stillstehen einer Maschine wegen eines Stromausfalls, die Unbenutzbarkeit eines Grundstücks oder eines Hauses wegen einer Explosionsgefahr usw. (vgl. Staudinger/HAGER BGB 823 N B90; LARENZ/CANARIS § 76 II 3 c). Bei der Nutzungsstörung geht es letztlich um die **Abgrenzung** der Eigentumsverletzung **vom Vermögensschaden**. Von dieser Unterscheidung hängt oftmals die Haftung ab; wie vorne erläutert, bezieht sich der Schutzbereich zahlreicher Verhaltenspflichten bloss auf Eigentumsverletzungen, nicht aber auf (reine) Vermögensbeeinträchtigungen.

Von der Frage, ob eine Nutzungsstörung eine Eigentumsverletzung oder einen reinen Vermögensschaden darstellt, zu unterscheiden ist die ebenfalls streitige Frage, ob Schadenersatz für den Nutzungsentgang gefordert werden kann (dazu hinten N 24.13 ff. und 29.25 ff.). 05.58

Die Problematik der Nutzungsstörung lässt sich am ehesten anhand einiger Beispiele aus der deutschen Gerichtspraxis illustrieren. 05.59

Der in Deutschland berühmteste Fall betraf eine Wasserstrasse, welche wegen der mangelhaft unterhaltenen Ufermauer und den dadurch notwendigen Sicherungsmassnahmen unpassierbar wurde. Ein Schiff blieb infolgedessen während neun Monate im Kanal eingesperrt. Der deutsche BGH bejahte eine Eigentumsverletzung, obwohl das Schiff unbeschädigt war, da es seine Eigenschaft als Transportmittel verloren habe. Hinsichtlich der «ausgesperrten» Schiffe, welche nicht mehr in den Kanal einfahren konnten, lag dagegen nach Ansicht des Gerichts keine Beeinträchtigung des Eigentums vor (BGHZ 55, 153). Wer dieser Unterscheidung zustimmt, sieht sich mit der Frage konfrontiert, ob eine Eigentumsverletzung auch bei einem Lastwagen, der in einem unfallbedingten Verkehrsstau blockiert ist (vgl. dazu BGH NJW 1977, 2265), oder bei einem Auto, das zeitweilig wegen der blockierten Garagenausfahrt nicht benutzt werden kann oder das in einem Parkplatz «zugeparkt» wurde, zu bejahen ist. Die deutsche Lehre verneint mehrheitlich die Eigentumsverletzung bei im Verkehr blockierten Fahrzeugen, bejaht die Frage dagegen beim «Zuparken» (vgl. LARENZ/CANARIS § 76 II 3 c). 05.60

Entsprechende Abgrenzungsschwierigkeiten stellen sich auch in Bezug auf Grundstücke. Zu denken ist etwa an die Brandgefahr in einem Tanklager, aufgrund derer die Polizei die Nachbargrundstücke während mehrerer Stunden aus Sicherheitsgründen räumen lässt und auch später die Zufahrtsstrassen durch die Polizei- und Feuerwehrfahrzeuge blockiert werden. Der deutsche BGH hat eine Eigentumsverletzung für die Zeitspanne der Räumung bejaht, für die zusätzliche Zeit, in der die Strassen blockiert waren, dagegen verneint (BGH NJW 1977, 2264). Erwähnt seien ferner Betriebsblockaden durch Demonstranten, z.B. um die Inbetriebnahme eines Kernkraftwerkes oder die Auslieferung einer Zeitung zu verhindern. In diesen Fällen bejaht der BGH eine Eigentumsverletzung (BGHZ 59, 35; BGH NJW 1972, 1572; nicht aber bei reinen Sitzblockaden, die auf die Ausübung jeglicher Gewalt verzichten, Staudinger/HAGER BGB 823 N D45 m.N.). Anders sollen die Dinge wiederum dann liegen, wenn die Stromzufuhr unterbrochen wird und die Maschinen stillstehen; obwohl die Nutzung des Eigentums hier ebenfalls beeinträchtigt wird, soll bloss ein Vermögensschaden vorliegen (BGHZ 29, 65). 05.61

3.3. Weitere «dinglich verfestigte» Rechtspositionen

Bei jenen Verhaltenspflichten, die das Eigentumsrecht schützen, bezieht sich der Schutzumfang auch auf beschränkte dingliche Rechte wie Dienstbarkeiten und Pfandrechte sowie Anwartschaften (etwa wenn eine Sache unter Eigentumsvorbehalt erworben wird). Gleiches gilt richtiger Ansicht nach auch für den **Besitz** (ebenso SCHWENZER N 50.05). Anders liegen die Dinge dagegen hinsichtlich der **obligatorischen Rechte**. Hat jemand beispielsweise eine Sache erworben, dann ist er erst nach Übergang des Besitzes als Eigentümer geschützt; vor Besitzübergang ist er dagegen (bloss) in seinem Vermögen geschädigt. 05.62

05.63 Weniger Schwierigkeiten bestehen bezüglich der **Immaterialgüterrechte** wie Urheber-, Marken- oder Patentrechte. Der Schutz dieser Rechtsgüter ist in den jeweiligen Spezialgesetzen geregelt, weshalb der deliktsrechtlichen Einordnung keine Bedeutung zukommt. Da diese Gesetze einen Schutz gegen Eingriffe in die betreffenden Rechtsgüter vorsehen, ist – anders als etwa beim Besitz – der Schutz der Immaterialgüterrechte nicht davon abhängig, dass sich der Schutzbereich der verletzten allgemeinen Sorgfaltspflicht auch auf Immaterialgüterrechte erstreckt.

05.64 Problematisch ist die Einordnung der **Mitgliedschaftsrechte**. Anders als in der Schweiz hat dieser Bereich im deutschen Recht grosse Beachtung gefunden (ausführlich HABERSACK). Danach wird die Mitgliedschaft verletzt, wenn sie entzogen wird, nicht aber bei blosser Minderung des Werts oder der Ertragsfähigkeit der Gesellschaft (Staudinger/HAGER BGB 823 N B142 f. m.N.). In letzterem Fall ist der Gesellschafter lediglich in seinem Vermögen geschädigt.

4. Beeinträchtigung des Vermögens

4.1. Begriff und Eigenheiten

05.65 Mit Beeinträchtigung des Vermögens meint man den Eingriff in die wirtschaftliche Integrität des Einzelnen, d.h. die Beeinträchtigung der Vermögensverhältnisse, ohne dass ein persönliches Rechtsgut oder das Eigentum (bzw. ein sonstiges «dinglich verfestigtes» Rechtsgut) betroffen ist. Die Verletzung wirkt sich **unmittelbar auf das Vermögen** als wertmässige Zusammenfassung der Aktiven und Passiven aus (auch «primäre bzw. reine Vermögensschädigungen» oder im anglo-amerikanischen Recht «pure economic loss» genannt). Eine Vermögensbeeinträchtigung liegt etwa vor, wenn Geld abhandenkommt, Einkünfte bzw. Erträge geringer oder Kosten höher ausfallen, Gewinnmöglichkeiten entgehen, vertragliche Verhältnisse gestört werden und dergleichen mehr.

05.66 Hinsichtlich der Beeinträchtigung des Vermögens bestehen in folgender Hinsicht Eigenheiten. Einmal ist bei dieser Haftung die Unterscheidung zwischen Rechtsgutverletzung einerseits und dem Schaden andererseits oft schwierig: In den meisten Fällen stellt die Beeinträchtigung des Vermögens **zugleich den Schaden** dar; ein Unterschied zwischen Rechtsgutverletzung und dadurch bewirktem Schaden besteht in diesen Fällen nicht. Sodann steht beim Vermögen – anders als bei der Person und dem Eigentum – die **Verletzung einer Schutznorm** im Vordergrund. Dagegen sind bislang erst vergleichsweise wenige, aus der allgemeinen Sorgfaltspflicht folgende **Verhaltenspflichten zum Schutz des Vermögens** anerkannt. Beeinträchtigt jemand das Vermögen eines anderen, ist er daher im Regelfall hierfür nicht haftbar, selbst wenn er vorsätzlich handelte. Schliesslich macht beim Vermögen die Umschreibung des Rechtsgutes wenig Sinn; es umfasst sämtliche vermögenswerte Beeinträchtigungen, welche nicht durch eine Personenverletzung oder Sachbeschädigung verursacht werden. Die haftungsrechtliche Relevanz des Rechtsgutes «Vermögen» kann im Grunde nur anhand der Verhaltenspflichten, welche das Vermögen schützen, veranschaulicht werden.

4.2. Verhaltenspflichten zum Schutz des Vermögens

Das Vermögen wird, wie erwähnt, in erster Linie durch **Schutznormen** geschützt. Zu denken ist etwa an strafrechtliche Normen betreffend Vermögensdelikte wie Betrug, Diebstahl, Veruntreuung, ungetreue Geschäftsführung usw. Bestimmungen, die das Vermögen schützen, sind sodann im UWG (Verbot unlauterer Wettbewerbspraktiken) und im KG (Verbot kartellrechtswidriger Absprachen) enthalten. Gesellschaftsrechtliche Normen im OR bezwecken sodann den Schutz der Aktionäre, Gesellschaftsgläubiger und Anleger; die Verletzung dieser Pflichten durch Verwaltungsräte oder Revisionsstellen führt zur Haftung gegenüber Drittgeschädigten (OR 752 ff.). 05.67

Das Vermögen kann freilich durch zahlreiche weitere Handlungen verändert werden, die nicht gegen eine Schutznorm verstossen. Zu denken ist etwa an folgende Fälle: Ein Konkurrent eröffnet in der Nachbarschaft einen Laden und bewirkt damit beim bestehenden Laden einen Umsatzrückgang; eine Ladenkette nimmt bestimmte Produkte aus dem Sortiment und bewirkt dadurch bei den Herstellern des Produktes, den Rohstofflieferanten, den Transporteuren usw. einen Verlust; der Verzicht, eine alljährlich stattfindende kulturelle oder sportliche Veranstaltung weiterzuführen, verursacht bei den umliegenden Gastwirtschaften, Hotels und Geschäften sowie bei den Taxiunternehmen usw. einen Gewinnrückgang; das direkte Anbieten von Flügen und Ferienreisen im Internet gefährdet die Existenz der Reisebüros (Gleiches gilt für sämtliche direkt angebotenen Güter in Bezug auf die betroffenen Zwischenhändler); ein Stau auf der Autobahn an einem Morgen hat zahlreiche Verspätungen von Berufsleuten und damit Einkommensverluste zur Folge; die negative Schilderung eines Unternehmens in der Zeitung bewirkt einen Aktienkurseinbruch und führt damit zu einem Schaden bei den Aktionären. 05.68

Verkehrspflichten schützen im Allgemeinen bloss absolut geschützte Rechtsgüter (vor allem die Person und das Eigentum), nicht aber das Vermögen als solches. Bedeutendste Ausnahme ist die Haftung für **falsche Auskünfte**, sofern der Angefragte aufgrund seines Fachwissens in Anspruch genommen wird, er leichtfertig unrichtige Angaben macht und für ihn die Bedeutung der Auskunft für den Adressaten erkennbar ist; darüber hinaus ist zu fordern, dass der Angefragte aufgrund seiner Stellung oder seines Fachwissens die Verantwortung für die gemachten Angaben übernommen hat (was etwa dann nicht der Fall ist, wenn die Auskunft unter einem entsprechenden ausdrücklichen Vorbehalt gegeben wird), der Adressat berechtigterweise auf die Angaben hat vertrauen dürfen und die vorgekehrten Dispositionen sich in einem vernünftigen und gerechtfertigten Rahmen bewegen (ROBERTO, AJP 1999, 520 f.). 05.69

So hat das Bundesgericht eine Haftung für eine falsche Auskunft in folgendem Fall aus dem Jahre 1931 bejaht: Ein Verwaltungsratspräsident gab einem Aktionär auf Anfrage hin die Auskunft, er sehe keinen Grund, «warum Alpina-Aktien in absehbarer Zeit gewaltige Einbussen erleiden» sollten. Kurz darauf fiel der Aktienkurs deutlich. Das Bundesgericht führte aus, der Verwaltungsratspräsident habe von schwerwiegenden Missständen in der Gesellschaft Kenntnis gehabt. Wer «über Verhältnisse befragt wird, in die er Kraft seiner Stellung besonderen Einblick besitzt [...], [hat] wahrheitsgetreue Auskunft zu geben, sofern für ihn erkennbar ist, dass diese für den Fragesteller voraussichtlich folgenschwere Bedeutung hat» (BGE 57 II 86). 05.70

05.70a Diese Rechtsprechung wurde ein halbes Jahrhundert später in einer ähnlichen Sachverhaltskonstellation bestätigt: Ein Lieferant hatte von der Hausbank des Bestellers eine positive Kreditauskunft erhalten. Nachdem der Lieferant dem Besteller Waren im Wert von mehreren hunderttausend Franken geliefert hatte, fiel der Besteller in Konkurs, worauf der Lieferant gegen die Bank auf Schadenersatz klagte (BGE 111 II 474; in diesem Sinne auch BGE 116 II 695, 699; in BGE 112 II 347, 350 f. hat das Bundesgericht den Parteien dagegen einen konkludent abgeschlossenen Auskunftsvertrag unterstellt, sog. «Emile Gallé-Fall»).

05.71 Ähnlich sind die Fälle, in denen die unrichtige Auskunft in einer **Urkunde** weitergegeben wird: So hat ein Anwalt etwa schriftlich eine unrichtige Bestätigung über Vermögenswerte eines liechtensteinischen Trusts gegeben (BGE 124 III 364 ff.). In einem anderen Fall hatte ein Arbeitgeber ein Zeugnis ausgestellt, welches gravierende Verfehlungen des Arbeitnehmers verschwieg. Der Arbeitnehmer liess sich beim neuen Arbeitgeber wieder schwere Verfehlungen zuschulden kommen, worauf dieser gegen den früheren Arbeitgeber klagte (BGE 101 II 69; s. auch BGE 93 II 339 f. betreffend ein unrichtig ausgestelltes Akkreditiv).

4.3. Haftungsfiguren zwischen Vertrag und Delikt

Literatur

BERGER, Verhaltenspflichten und Vertrauenshaftung, Bern 2000; CANARIS, Die Vertrauenshaftung im deutschen Privatrecht, München 1971; ders., Schutzwirkungen zugunsten Dritter bei «Gegenläufigkeit» der Interessen, JZ 1995, 441 ff.; CHAPPUIS, La responsabilité fondée sur la confiance, SJ 1997, 165 ff.; DELCÒ, Die Bedeutung des Grundsatzes von Treu und Glauben beim Ersatz reiner Vermögensschäden, Zürich 2000; HONSELL, Die Haftung für Gutachten und Auskunft unter besonderer Berücksichtigung von Drittinteressen, FS Medicus, Köln 1999, 211 ff.; KRAMER, Der Einfluss des BGB auf das schweizerische und österreichische Privatrecht, AcP 2000, 365 ff.; KUZMIC, Haftung aus «Konzernvertrauen», Zürich 1998; LOSER, Konkretisierung der Vertrauenshaftung, recht 1999, 73 ff.; ders., Vertrauenshaftung und Schutzpflicht – Vor dem Hintergrund europäischer Rechtsvereinheitlichung, FS Juristentag, Zürich 2000, 113 ff.; MISTELI, La responsabilité pour le dommage purement économique, Zürich 1999; MOSER, Die Haftung gegenüber vertragsfremden Dritten, Bern 1998; ROBERTO, Deliktsrechtlicher Schutz des Vermögens, AJP 1999, 511 ff.; ders., Haftung für Dienstleistungen gegenüber vertragsfremden Dritten – Wie das Schielen auf das BGB den Blick auf das schweizerische Recht trüben kann, FS Juristentag, Zürich 2000, 137 ff.; SCHÖNENBERGER, Haftung für Rat und Auskunft gegenüber Dritten, Basel 1999; SIEGRIST, Der Vertrag mit Schutzwirkung zugunsten Dritter nach schweizerischem Recht, Diss. Zürich 1997; SYZ, Faktisches Vertragsverhältnis, Zürich 1991; VON DER CRONE/WALTER, Konzernerklärung und Konzernverantwortung, SZW 2001, 53 ff.; WALTER, Vertrauenshaftung im Umfeld des Vertrages, ZBJV 1996, 273 ff.; ders., Die Vertrauenshaftung: Unkraut oder Blume im Garten des Rechts?, ZSR 2001 I, 79; WICK, Die Vertrauenshaftung im schweizerischen Recht, AJP 1995, 1270 ff.; WIDMER, Vertrauenshaftung – Von der Gefährlichkeit des Überflüssigen, ZSR 2001 I, 101 ff.; WIEGAND, Von der Obligation zum Schuldverhältnis, recht 1997, 85 ff.

05.72 Die deliktsrechtliche Haftung für Auskünfte, seien diese mündlich, schriftlich oder auf einer Urkunde erteilt, ist in engen Grenzen sowohl in der Schweiz als auch in anderen Rechtsordnungen anerkannt (s. ROBERTO, AJP 1999, 511 ff.). Höchst umstritten ist dagegen, ob darüber hinaus weitere Sachverhalte bestehen, bei denen eine ausservertragliche Einstandspflicht für reine Vermögensschädigungen zu bejahen ist.

Die Diskussion wird dadurch erschwert, dass sich eine Einstandspflicht bei solchen Sachverhalten entweder durch Anerkennung deliktischer Pflichten zum Schutz des Vermögens oder durch eine Ausweitung der vertraglichen Haftung («Vertragshaftung ohne Vertrag») begründen lässt. 05.73

Eine Vertragshaftung trotz Fehlens eines Vertrages liegt etwa dann vor, wenn man den Parteien **konkludent abgeschlossene Verträge** unterstellt. Dies betrifft insbesondere unentgeltliche Auskünfte, die als stillschweigend eingegangene Verträge qualifiziert werden (vgl. BGE 112 II 350 f.). Da ein gemeinsamer Bindungswille fehlt, handelt es sich hierbei um Vertragsfiktionen. 05.74

Eine ähnliche Möglichkeit besteht darin, die Rechtsfigur des **«Vertrages mit Schutzwirkung zugunsten Dritter»** extensiv zu interpretieren. Mit diesem Gedanken beabsichtigte man ursprünglich, den geschädigten Angehörigen des Vertragsschliessenden ebenfalls Vertragsansprüche gegen den Schädiger zu eröffnen; zu denken ist etwa an eine Miet- oder Kaufsache, welche aufgrund eines Mangels die Familienmitglieder verletzt. Der Schutzbereich war früher auf den Personenkreis begrenzt, für deren «Wohl und Wehe» der Schuldner verantwortlich ist (BGHZ 51, 96), wurde dann aber im Verlaufe der Zeit immer weiter ausgedehnt. Heute können in der deutschen Rechtsprechung selbst jene Personen in den Schutzbereich eines Vertrages fallen, deren Interessen jenen des Vertragspartners gegenlaufen; holt der Verkäufer z.B. ein Gutachten über die Kaufsache ein, fällt auch der Käufer in den Schutzbereich dieses Gutachtervertrages und kann daraus Ansprüche gegen den Gutachter erheben (vgl. zum Ganzen HONSELL, FS Medicus, 211 ff.; CANARIS, JZ 1995, 441 ff.). 05.75

Dogmatisch interessante Fälle stellen Fehler bei der Erstellung eines Testaments dar. In der deutschen und anglo-amerikanischen Rechtsprechung liegen mehrere Entscheidungen vor, in denen infolge eines Fehlers der Urkundsperson ein Testament nicht oder nicht gültig aufgesetzt wurde, wodurch eine im Testament begünstigte Person leer ausging (vgl. ROBERTO, AJP 1999, Fn. 81 m.N.). Die unrichtige Aufsetzung des Testaments stellt zwar eine Vertragsverletzung gegenüber dem Erblasser dar. Doch der Nachlass erleidet zum einen keinen Schaden, und zum anderen dürfte den durch das Missgeschick des Anwaltes begünstigten gesetzlichen Erben nichts ferner liegen, als eine Klage gegen den Anwalt anzustrengen. Während man in den anglo-amerikanischen Entscheidungen zu Recht eine Haftung auf der Grundlage des Deliktsrechts begründet (d.h. eine entsprechende allgemeine Sorgfaltspflicht befürwortet), erstreckt die deutsche Rechtsprechung den Schutzbereich des Vertragsverhältnisses auf den Begünstigten (BGH NJW 1965, 1955). 05.76

Obwohl der Vertrag mit Schutzwirkung zugunsten Dritter in der schweizerischen Lehre überwiegend anerkannt wird (vgl. etwa BK/KRAMER Allgemeine Einleitung N 145 f.; GAUCH/SCHLUEP/SCHMID/EMMENEGGER N 3915 m.w.N.), hat sich die Rechtsprechung bislang noch nicht festgelegt. Zwar prüfte das Bundesgericht in einem Fall auf der einen Seite die Anwendungsvoraussetzung der Haftung gegenüber vertragsfremden Dritten, andererseits betonte es jedoch, eine solche Haftung noch nie grundsätzlich bejaht zu haben (BGE 130 III 347 f.). Überdies darf selbst bei Übernahme dieses Gedankens erwartet werden, dass sich – anders als in Deutschland – die Ausdehnung des Schutzbereichs auf einen kaum mehr eingegrenzten Kreis von Personen in der Schweiz nicht durchzusetzen vermag. 05.77

05.78 Im Bereich des Haftpflichtrechts betreffen die umstrittensten Entscheidungen die sog. **«Kabelbruchfälle»**. Es geht dabei um Sachverhalte, in denen ein Bagger ein Stromkabel beschädigt, was bei verschiedenen Unternehmen zu Betriebsunterbrechungen führt. Der Baggerführer handelt damit rechtswidrig gegen den Eigentümer des Kabels (in der Regel das Elektrizitätswerk). Fraglich ist dagegen die Haftung gegenüber den Unternehmen. Das Bundesgericht bejahte die Rechtswidrigkeit aufgrund eines Normverstosses (StGB 239; BGE 102 II 85; vgl. auch BGE 101 Ib 252; anders aber BGE 106 II 75 und 114 II 376).

05.79 In Bezug auf eine Einstandspflicht bei Kabelbruchfällen sind in doppelter Hinsicht Bedenken anzumelden: Zum einen vermag die Uminterpretation von StGB 239 in eine Schutznorm für Betriebe, denen die Stromzufuhr abgeschnitten wird, dogmatisch nicht zu überzeugen. Zum anderen sollte eine Haftung in solchen Fällen generell abgelehnt werden. Entsprechende Konstellationen pflegt man als «Reflexschäden» zu bezeichnen. Es geht jeweils um die Frage, ob C einen Ersatzanspruch gegen A haben soll, wenn A den B widerrechtlich geschädigt hat und diese Schädigung Ursache für den bei C eingetretenen Vermögensschaden ist. Die Haftung sollte nicht nur bei den «Kabelbruchfällen», sondern grundsätzlich bei allen reflektorischen Vermögensschädigungen abgelehnt werden (OR 45 III sieht eine Ausnahme vor).

05.80 Vor etwa zwei Jahrzehnten übernahm das Bundesgericht sodann das Konzept der **Vertrauenshaftung** als «dritte Spur» zwischen deliktischer und vertraglicher Haftung. Dieses neue Gebilde wurde in Deutschland von CANARIS begründet und tauchte unvermittelt in der bundesgerichtlichen Rechtsprechung (Swissair-Entscheidung und kurz danach Ringer-Entscheidung) auf.

05.81 In der Swissair-Entscheidung (BGE 120 II 331) lag folgender Sachverhalt vor: Die Swissair als Muttergesellschaft eines Unternehmens, welches langjährige Nutzungsrechte für Ferienunterkünfte anbietet, wirbt für ihre Tochtergesellschaft. Dadurch erweckt sie den Anschein, hinter dem Projekt zu stehen. Als die Tochter in Konkurs geriet, stellte sich die Frage nach der Haftung der Muttergesellschaft. Das Bundesgericht hat eine Haftung bejaht, weil die werbemässig herausgestrichene Einbindung der Tochter in den Swissair-Konzern ein berechtigtes Vertrauen begründet habe, die Swissair als Muttergesellschaft verbürge sich für ein zuverlässiges und korrektes Geschäftsgebaren der Tochter.

05.82 In der Ringer-Entscheidung (BGE 121 III 350) weckte der schweizerische Amateurringerverband gegenüber einem Sportler berechtigte Hoffnung auf die Teilnahme an den Weltmeisterschaften. Der Sportler bereitete sich deshalb gewissenhaft auf diesen Anlass vor, durfte aber aufgrund der nachträglich geänderten Auswahlkriterien des Verbandes dann doch nicht an die Weltmeisterschaften. Der Sportler klagte gegen den Verband auf Schadenersatz. Das Bundesgericht bejahte den Anspruch, da der Verband das Vertrauen des Sportlers auf treuwidrige Weise verletzt habe.

05.83 Im Anschluss an diese Entscheidungen fand die Rechtsfigur der **«Vertrauenshaftung»** in der haftpflichtrechtlichen Literatur grosse Beachtung. Die Rechtsprechung realisierte jedoch rasch, dass dieser Ansatz zu konturlos ist und keinen zusätzlichen Erkenntnisgewinn bei der Lösung der Ersatzfähigkeit reiner Vermögensschädigungen bringt. In den letzten Jahren wurde die Vertrauenshaftung zwar noch vereinzelt als Haftungsgrundlage erwähnt, eine darauf gestützte Haftung vom Bundesgericht allerdings jeweils verneint (BGE 133 III 452; 142 III 90; BGer 4A_565/2012. E. 2.3 f.).

Die Befürworter der Vertrauenshaftung führen die Haftung auf die vorvertragliche Haftung (culpa in contrahendo) oder auf den Grundsatz von Treu und Glauben zurück (vgl. etwa ZK/DÜRR ZGB 2 N 106 ff. m.w.N.). Anders als im Vertragsrecht stehen sich aber im Deliktsrecht Schädiger und Geschädigter regelmässig als weder durch Treuepflichten noch durch Glauben verbundene Fremde gegenüber. 05.84

Mit der Vertrauenshaftung versuchte man eine Rechtsfigur zu rezipieren, die sich in Deutschland weder in der Literatur noch in der Rechtsprechung durchzusetzen vermochte. Die erwähnten bundesgerichtlichen Entscheidungen hätten sich hierzulande ohne weiteres durch Herausarbeiten entsprechender allgemeiner Sorgfaltspflichten im Rahmen von OR 41 I, beim Ringer-Fall möglicherweise auch aufgrund der Haftung für sittenwidrige Schädigungen in OR 41 II lösen lassen (SCHWENZER N 52.03; ablehnend auch HONSELL/ISENRING/KESSLER § 4 N 22, die allerdings auch die Haftung für falsche Auskünfte unter die Vertrauenshaftung subsumieren; WIDMER 114 ff.). 05.85

4.4. Abschliessende Bemerkungen

Die Beeinträchtigung des Vermögens führt, wie bereits erwähnt, nur dann zu einer Haftung, wenn ein Verstoss gegen eine Verhaltenspflicht vorliegt, welche das Vermögen als solches schützt. Sowohl bei den gesetzlichen als auch bei den aus der allgemeinen Sorgfaltspflicht fliessenden Verhaltenspflichten ist infolgedessen jeweils zu prüfen, ob diese auch das Vermögen schützen. Es ist nochmals zu wiederholen, dass sich der Schutzbereich der Pflichten, die aus der allgemeinen Sorgfaltspflicht folgen, in aller Regel bloss auf **absolut geschützte Rechtsgüter** erstreckt. Anders als die herrschende Auffassung gilt dies aber nicht immer; einige der Fälle, in denen Verhaltenspflichten zum Schutz des Vermögens anerkannt sind, wurden vorne erwähnt. 05.86

In Bezug auf die gesetzlichen Verhaltenspflichten legt teilweise die Gesetzesbestimmung selbst den Schutzbereich fest; ansonsten ist es eine Auslegungsfrage, ob die jeweiligen Normen auch das Vermögen schützen. So bestimmen etwa das Produkthaftpflichtgesetz und das Strassenverkehrsgesetz den Kreis der geschützten Rechtsgüter ausdrücklich, nämlich Personen und Sachen (vgl. hinten N 09.05 und 16.22). Bei der Werkeigentümer- und Tierhalterhaftung (vgl. hinten N 10.01 ff. und 13.01 ff.) bezieht sich der Schutzbereich ebenfalls bloss auf Verletzungen dieser absolut geschützten Rechtsgüter (ebenso SCHWENZER N 53.05 und 53.17). Einige Normen, welche dagegen ausdrücklich das Vermögen schützen, finden sich im Strafrecht (z.B. Betrug, Veruntreuung, Unterschlagung, Erschleichen einer Leistung) sowie im Wettbewerbsrecht (etwa im Kartellgesetz oder im Gesetz gegen den unlauteren Wettbewerb) und im Aktienrecht (vgl. OR 754 f. betreffend die Haftung des Verwaltungsrates und der Revisionsstelle gegenüber der Gesellschaft, den Aktionären und den Gesellschaftsgläubigern). Generell geschützt ist das Vermögen auch bei der absichtlichen, sittenwidrigen Schädigung (OR 41 II). 05.87

Beachte: Bei Verhaltenspflichten, die bloss absolut geschützte Rechtsgüter schützen, erstreckt sich die Haftung auch auf Vermögensschädigungen, die Folge der Verletzung eines absolut geschützten Rechtsgutes sind. Die Beschränkung wirkt sich bloss dann aus, wenn ausschliesslich das Vermögen betroffen ist. 05.88

05.89 Bsp.: Verursacht jemand einen Auffahrunfall und verletzt er dadurch einen anderen Fahrzeuglenker, dann können sowohl der Verletzte als auch (aufgrund der blockierten Strasse) andere Fahrzeuglenker nicht weiterfahren und einen Erwerbsausfall erleiden. Während dem verletzten Fahrzeuglenker sowohl die Heilungskosten als auch der Erwerbsausfall zu ersetzen sind, gehen die anderen leer aus.

§ 6 *Kausalität*

1. Funktion und Arten

Die Haftung für eine Schädigung setzt voraus, dass die nachteiligen Folgen durch die rechtswidrige Handlung verursacht wurden. Die Kausalität hat daher zum einen die Funktion, die Haftung zu begründen – sie ist eine Haftungsvoraussetzung. Zum anderen soll der Kausalzusammenhang auch die Haftung begrenzen; dies erfolgt dadurch, dass die durch ein rechtswidriges Verhalten in Gang gesetzte Kausalkette aufgrund eines juristischen Wertungskriteriums eingeschränkt wird (nachfolgend N 06.36 ff.). 06.01

Zu unterscheiden ist der Kausalzusammenhang einerseits zwischen der Handlung und der ersten Rechtsgutverletzung (sog. haftungsbegründende Kausalität) und andererseits zwischen der Erstverletzung und den Folgeverletzungen (sog. haftungsausfüllende Kausalität). Die **haftungsbegründende Kausalität**, welche die erste Rechtsgutverletzung (z.B. den Beinbruch) umfasst, ist regelmässig wenig problematisch. Schwierigere Fragen wirft hingegen die haftungsausfüllende Kausalität auf, also die Zurechnung von Folgeverletzungen (z.B. die Infektion während des Spitalaufenthalts). Schliesslich stellt sich die Frage, welche finanziellen Schäden zurechenbar sind. Die herrschende schweizerische Lehre trifft diese Unterscheidung nicht; vielmehr prüft sie den notwendigen Kausalzusammenhang zwischen der schuldhaften Handlung und dem Schaden (vgl. etwa BK/BREHM OR 41 N 72 und 120; GUHL/KOLLER § 10 N 18 und 21). 06.02

2. Natürlicher Kausalzusammenhang

Literatur

ABEGGLEN, Die Aufklärungspflichten in Dienstleistungsbeziehungen, insbesondere im Bankgeschäft, Bern 1995; GUILLOD, Le consentement éclairé du patient, Diss. Neuenburg 1986; HONORÉ, Causation and Remoteness of Damage, in: International Encyclopedia of Comparative Law: XI Torts, hrsg. von Tunc, Tübingen 1983; HONSELL, Bereicherungsanspruch und Schadensersatz bei arglistiger Täuschung, NJW 1973, 350 ff.; KOZIOL, Der Beweis des natürlichen Kausalzusammenhanges, in: Haftpflicht- und Versicherungstagung, hrsg. von Koller, St. Gallen 1999, 79 ff.; KRAMER, Die Kausalität im Haftpflichtrecht, ZBJV 1987, 289 ff.; KRÄUCHI, Die konstitutionelle Prädisposition, Bern 1997; LOREZ-WIEGAND, Haftung aus Gewässerverunreinigung, Diss. Zürich 1976; LOSER, Kausalitätsprobleme bei der Haftung für Umweltschäden, Bern 1994; OFTINGER, Haftpflicht wegen Verunreinigung eines Gewässers, SJZ 1972, 101 ff.; QUENDOZ, Modell einer Haftung bei alternativer Kausalität, Zürich 1991; ROBERTO/REICHLE, Haftung für «Phantom-Beschwerden»?, HAVE 2013, 3 ff.; RÖDIG, Die Denkform der Alternative in der Jurisprudenz, Berlin 1969; SCARTAZZINI, Les rapports de causalité dans le droit suisse de la sécurité sociale, Basel 1991; STUDHALTER, Die Berufung des präsumtiven Haftpflichtigen auf hypothetische Kausalverläufe, Zürich 1995; SUMMERMATTER, Zur Abgrenzung von Tun und Unterlassen, ZSR 2014 I, 289 ff.; VON CAEMMERER, Das Problem der überholenden Kausalität im Schadensersatzrecht, Karlsruhe 1962.

2.1. «condicio sine qua non-Formel»

06.03 Der Schädiger haftet nur dann, wenn sein Verhalten für die Schädigung ursächlich war; d.h. zwischen dem Verstoss gegen eine Verhaltenspflicht und der Rechtsgutverletzung muss ein Kausalzusammenhang bestehen. Massgebend ist dabei die «condicio sine qua non-Formel» (vgl. ZK/LANDOLT Vor OR 45/46 N 88), welche besagt, dass jeder Umstand ursächlich ist, der nicht hinweggedacht werden kann, ohne dass nicht auch der Erfolg entfiele (im englischen Sprachraum: «but for test»). Mit diesem «hypothetischen Eliminationsverfahren» werden sämtliche Umstände ermittelt, die das eingetretene Ergebnis herbeigeführt haben, die mithin notwendige Bedingung für die Schädigung waren.

06.04 Verbreiteter Auffassung nach sind für den natürlichen Kausalzusammenhang die naturwissenschaftlichen Kausalgesetze massgebend (vgl. etwa BGE 123 III 112; VON TUHR/PETER 88; KELLER I 79; HaftpflichtKomm/FISCHER OR 41 N 131; CHK/MÜLLER OR 41 N 36). Wertungskriterien würden dagegen erst bei der Einschränkung des Kausalzusammenhanges, d.h. bei der Prüfung der Adäquanz, relevant. Dabei wird übersehen, dass man auch beim natürlichen Kausalzusammenhang **nicht ohne Wertungen** auskommt. Bei einer Schädigung spielen meist mehrere Umstände eine Rolle, und es lässt sich oftmals nicht feststellen, ob der Erfolg bei Hinwegdenken der betreffenden Ursache entfiele. Fällt etwa jemand eine Treppe hinunter, ist (naturwissenschaftlich) nicht nachweisbar, dass die fehlende Beleuchtung eine Ursache des Sturzes war. Es kann bloss angenommen werden, dass der Sturz bei ausreichender Beleuchtung nicht geschehen wäre (so das Beispiel bei PROSSER/KEETON 270). Der Richter soll denn auch sein Kausalurteil nicht auf naturwissenschaftliche Erklärungsversuche abstützen; vielmehr genügen allgemeine Gesetzmässigkeiten oder Vernunftsgründe.

06.05 Bsp.: Wird eine bestimmte Operation unsachgemäss durchgeführt, so kommt es in 13% der Fälle zu einer dauerhaften gesundheitlichen Beeinträchtigung. Treten solche Beschwerden drei Tage nach der Operation auf und halten sie seither an, bejaht das Bundesgericht die natürliche Kausalität zwischen der fehlerhaften Operation und den Beschwerden (BGer 4A_329/2012; 4A_333/2012, E. 2.3).

06.06 Die «condicio sine qua non-Formel» darf ohnehin nicht zum Nennwert genommen werden. Es würde niemandem einfallen, bei einem Schadensfall (z.B. einem Verkehrsunfall) tatsächlich sämtliche möglichen Ursachen (Streit mit einem Arbeitskollegen, Ablenkung durch eine Radiosendung, Schlafmangel infolge der Nachtruhestörungen durch die Nachbarn usw.) dem Test des Hinwegdenkens zu unterziehen; schon die Auswahl der Umstände, die man einer Prüfung unterzieht, ist also ein wertender Vorgang. Sodann ist zu beachten, dass sich die Formel im Grunde gar nicht richtig anwenden lässt (RÖDIG 117). Denn wer etwas hinwegdenkt, muss an dessen Stelle etwas Neues denken. Ob der Erfolg entfällt, hängt davon ab, welche Alternative man hinzudenkt.

06.07 Illustrativ ist ein älteres Bundesgerichtsurteil, in welchem ein Automobilist mit überhöhter Geschwindigkeit über eine Landstrasse fuhr und mit einem einbiegenden Traktor zusammenprallte, woraufhin dessen Fahrer verstarb. Der Unfall hätte sich nicht ereignet, wenn der Autofahrer mit geringerer Geschwindigkeit unterwegs gewesen wäre und den Unfallort deshalb um Sekunden später erreicht hätte. Dieser Umstand wird vom Bundesgericht zu Recht als irrelevant bezeichnet. Das zeitliche Eintreffen eines Fahrzeuges an einem bestimmten Ort sei «wohl Vorbedingung, nicht aber kausal dafür [...], dass es nachher irgendwo zu einem Unfall kommt» (BGE 94 IV 23).

Anschaulich ist sodann der in Deutschland zu beurteilende Fall, in welchem ein Autoverkäufer vorsätzlich falsche Angaben über den Kilometerstand machte und der Käufer in der Folge einen Verkehrsunfall erlitt. Das OLG Karlsruhe hatte die Kausalität verneint, da der Käufer, wenn er nicht getäuscht worden wäre, zwar nicht diesen, wohl aber einen anderen unfallfreien Wagen derselben Art erworben und mit diesem den gleichen Unfall und somit den gleichen Schaden erlitten hätte. Der BGH vertrat die gegenteilige Ansicht: «Ein Autounfall hängt in seinem Geschehensablauf so weitgehend von den individuellen Eigenschaften des in den Unfall verwickelten Fahrzeugs ab, dass sich unmöglich feststellen lässt, mit einem anderen Fahrzeug wäre der gleiche Unfall mit dem gleichen Geschehensablauf und den gleichen Unfallfolgen eingetreten» (BGHZ 57, 141; zu Recht kritisch HONSELL 352 f.). 06.07a

Der Kausalzusammenhang basiert damit weniger auf Logik oder Naturgesetzen als vielmehr auf der **praktischen Erfahrung des Alltages** (ebenso PROSSER/KEETON 269 f.; KOZIOL I N 3.3). Wie insbesondere auch die nachfolgenden Kausalitätsprobleme zeigen, bedarf eben bereits der Kausalbegriff juristischer Präzisierung und normativer Wertung. Natürliche Kausalität bedeutet daher grundsätzliche Zurechenbarkeit einer Schädigung zu einem haftungsbegründenden Tatbestand. 06.08

2.2. Kausalität der Unterlassung

Eine Unterlassung kann im naturwissenschaftlichen Sinne nie Ursache eines Erfolges sein («ex nihilo nihil fit»). Nach allgemeiner Auffassung kann indessen die Unterlassung dem positiven Tun gleichgestellt, d.h. als mögliche Ursache eines Erfolges betrachtet werden. Die Gleichsetzung von Tun und Unterlassen darf nicht dazu führen, dass jeder generell verpflichtet ist, die Schädigung anderer abzuwenden. Eine Unterlassung ist nur dann ursächlich für die Rechtsgutverletzung, wenn eine **Pflicht zum Handeln** besteht. Zu prüfen ist daher, ob in den konkreten Umständen eine Verhaltenspflicht bestand. Dadurch geht die Kausalitätsfrage in der Rechtswidrigkeit auf. Das Nichtverhindern einer Schädigung ist eben erst mit Blick auf eine Rechtspflicht zum Handeln erfassbar (OFTINGER/STARK I § 3 N 52). 06.09

Im Grunde ist die Unterscheidung zwischen Tun und Unterlassen fragwürdig. Ein Geschehen kann oftmals sowohl als fehlerhaftes Tun als auch als Unterlassen des gebotenen Handelns betrachtet werden (SUMMERMATTER 316). So ist etwa nicht verständlich, weshalb der nachts ohne Beleuchtung fahrende Automobilist eine Unterlassung begehen soll (so OFTINGER/STARK I § 3 N 58), der Fussgänger, der die Strasse überquert, ohne auf den Verkehr zu achten, hingegen etwas tut (so KELLER/GABI/GABI 16). Es wurde daher auch vorgeschlagen, **fahrlässige Handlungen allgemein als Unterlassungen** zu qualifizieren, da die Fahrlässigkeit auf der Unterlassung der erforderlichen Sorgfalt beruht. 06.10

Entscheidend ist nicht, ob eine Verhaltensweise als Tun oder als Unterlassung zu qualifizieren ist, sondern ob eine Pflicht zu einer bestimmten Verhaltensweise bestand. Diese Pflicht kann sowohl durch ein Tun als auch durch eine Unterlassung verletzt werden (ebenso HONSELL/ISENRING/KESSLER § 3 N 35). 06.11

2.3. Haftung mehrerer

06.12 Schwierige Kausalitätsprobleme stellen sich in jenen Konstellationen, in denen mehrere für die Herbeiführung der Schädigung grundsätzlich geeignete Ursachen aufeinandertreffen. Begrifflich sind verschiedene Fälle auseinanderzuhalten: Die im Gesetz geregelte gemeinsame Schädigung (OR 50 I), die gemeinsame Kausalität sowie die kumulative Kausalität.

06.13 Die **gemeinsame Schädigung** (bzw. gemeinsames Verschulden) bezieht sich auf das planmässige Zusammenwirken mehrerer schuldhaft handelnder Personen. Bei der **gemeinsamen Kausalität** treffen mehrere voneinander unabhängige Ursachen aufeinander, die gemeinsam geeignet sind, den Erfolg herbeizuführen. Im Gegensatz zur gemeinsamen Schädigung ist das Zusammenwirken zufällig. Nach herrschender Auffassung tritt sowohl bei der gemeinsamen Schädigung als auch bei der gemeinsamen Kausalität Solidarhaftung für den ganzen Schaden ein (vgl. hinten N 06.29).

06.14 Bsp.: Spielen drei Kinder mit einem Pfeilbogen und erleidet einer der Beteiligten eine Augenverletzung, so gilt jeder von ihnen als Verursacher (auch wenn der Täter bekannt ist, BGE 104 II 187). Gleiches gilt bei einem Hausbrand infolge eines gemeinsamen Spieles dreier Kinder mit Streichhölzern (BGE 100 II 337) oder einem Eishockeyspiel, bei welchem eine Zuschauerin infolge ungenügender Schutzvorrichtungen verletzt wird (BGE 79 II 73).

06.15 In Schwierigkeiten gerät das Prinzip der Solidarhaftung bei Schadensverursachungen durch eine unbestimmte grosse Zahl von Handelnden (sog. **minimale Kausalität**). Zu denken ist etwa an die Haftung eines Einzelnen für Demonstrations- oder Streikschäden oder eine Gewässerverschmutzung durch zahlreiche Immittenten, wobei die einzelnen Verschmutzungsbeiträge für sich genommen verhältnismässig harmlos wären und erst die Summation zu einem Schaden führt (vgl. OFTINGER, SJZ 1972, 108). Obwohl sein Kausalbeitrag nur geringfügig ist, müsste der in Anspruch Genommene aufgrund der Solidarhaftung für den gesamten Schaden einstehen. Um diese Konsequenz zu vermeiden, wird gelegentlich vertreten, der einzelne Schädigungsbeitrag sei nicht kausal (so etwa LOREZ-WIEGAND 76 f.). Lehnt man aber hinsichtlich sämtlicher Mitverursachungshandlungen die Kausalität ab, hat man eine Schädigung ohne Ursache. Sachgerechter wäre eine nach der realen Beteiligung abgestufte Haftung, bei Beweisschwierigkeiten eine gleichmässige Haftungsaufteilung zwischen allen Beteiligten (so insbesondere die österreichische Lehre, vgl. KOZIOL I N 3.83).

06.16 Der gemeinsamen Kausalität steht die **kumulative Kausalität** nahe. Darunter versteht man den Tatbestand, bei dem mehrere Schädiger unabhängig voneinander Schadensursachen setzen, wobei jede Ursache für sich allein genügt, um den eingetretenen Schaden herbeizuführen. Als Beispiel sei die Verunreinigung eines Gewässers durch Abwässer zweier Fabriken genannt. Das Problem liegt in folgendem Paradox: Genügen die Abwässer einer Fabrik allein nicht für die Verunreinigung, entsteht diese vielmehr nur durch das Zusammenwirken beider Abwässer, so setzt jede Fabrik eine «condicio sine qua non» der eingetretenen Verunreinigung, und beide sind für den ganzen Schaden haftbar. Entsteht indessen die Verunreinigung bereits durch die von jeder Fabrik stammenden Abwässer, haftet nach der «condicio sine qua non-Formel» keine der beiden Fabriken; denn gegen einen Anspruch lässt sich einwenden, die Verunreinigung des Gewässers wäre ohnehin eingetreten. Nach einhelliger Auffassung haften aber auch bei alternativer Kausalität alle beteiligten Schädiger (MÜLLER N 228). Dies folgt aus dem «Erst-recht-Schluss» («argumentum a fortiori»; vgl. auch REY/WILDHABER N 734).

2.4. Hypothetische Kausalität und konstitutionelle Prädisposition

Die hypothetische Kausalität (auch überholende Kausalität genannt) liegt vor, wenn eine Rechtsgutverletzung später aus einem anderen Grunde (sog. Reserveursache) ohnehin eingetreten wäre. Bei der Reserveursache kann es sich um ein zufälliges Ereignis, um eine Handlung eines Dritten oder um eine Handlung des Geschädigten handeln. 06.17

Bei der Konkurrenz einer schädigenden Handlung mit einem **Zufallsereignis** (sog. casus mixtus) wird der Schädiger **nicht entlastet**. Als Beispiel sei die Beschädigung eines Fahrzeugs erwähnt, das in der folgenden Nacht aufgrund eines Garagenbrandes ohnehin zerstört worden wäre. Ansonsten würde jede Ersatzforderung auf unbestimmte Zeit hinaus von der künftigen Gestaltung der Dinge abhängen. Im Übrigen ist jedes Rechtsgut zeitlich beschränkt; insofern wäre es irgendwann einmal ohnehin untergegangen. Die Reserveursache ist immerhin insoweit zu berücksichtigen, als sie eine Gefährdung der Sache bewirkt. «Denn die Gefährdung bedeutet eine dem Grade der Gefahr entsprechende Wertminderung» (VON TUHR/PETER 93). 06.18

Handelt es sich bei der Reserveursache um eine **Handlung eines Dritten**, wird der Schädiger ebenfalls **nicht entlastet**. Der Erstschädiger bleibt also im angeführten Beispiel für die Fahrzeugbeschädigung auch dann haftbar, wenn die Garage wegen einer Brandstiftung brannte. Würde man anders entscheiden, bliebe der Geschädigte teilweise ungeschützt: Denn der Brandstifter ist bloss für den Untergang des **beschädigten** (und eben nicht des unbeschädigten) Fahrzeugs verantwortlich. 06.19

Unklar ist dagegen die Berücksichtigung einer hypothetischen Ursache, die im Risikobereich des Geschädigten liegt. Es handelt sich dabei namentlich um Fälle der sog. **konstitutionellen Prädisposition**. Als Beispiel sei die Verletzung eines Bluters oder das schuldhafte Umstossen einer Person, die infolge einer abnorm dünnen Schädeldecke verstirbt, genannt. Die schweizerische Lehre subsumiert die Prädisposition überwiegend unter die Umstände im Sinne von OR 43 f., welche eine Reduktion des Schadenersatzes bei der Schadensbemessung rechtfertigen (vgl. etwa OFTINGER/STARK I § 3 N 95; BK/BREHM OR 44 N 55; HONSELL/ISENRING/KESSLER § 9 N 8; CR/WERRO OR 41 N 40; CHK/MÜLLER OR 44 N 6). Das Bundesgericht lässt offen, ob die Prädisposition bei der Berechnung oder der Bemessung des Schadenersatzes zu berücksichtigen ist (BGE 113 II 90; 131 III 14; BGer 4C.416/1999 = Pra 2000, Nr. 154, E. 2c). Richtiger Ansicht nach hat aber derjenige, der rechtswidrig einen gesundheitlich geschwächten Menschen verletzt, grundsätzlich kein Recht darauf, so gestellt zu werden, als ob er einen gesunden geschädigt hätte. Eine Reduktion erfolgt nur in Ausnahmefällen; dies insbesondere dann, wenn es dem Geschädigten an einem Minimum an Widerstandskraft fehlt (ebenso SCHWENZER N 16.22). 06.20

Inwiefern die gesundheitlichen Umstände (oder sonstigen hypothetischen Ursachen) im Rahmen der Schadens**berechnung** (nicht der Schadensbemessung nach OR 43 f.) zu berücksichtigen sind, ist eine Wertungsfrage (vgl. BGE 115 II 445). Methodologisch handelt es sich bei der hypothetischen Kausalität ohnehin nicht um ein Problem der Kausalität, sondern der Schadensberechnung oder der wertenden Schadenszurechnung. 06.21

Sofern es dem Opfer an einem Minimum an physischer oder psychischer Widerstandskraft fehlt, ist der adäquate Kausalzusammenhang zu verneinen. Ein Beispiel findet sich in der deutschen Rechtsprechung (OLG Karlsruhe VersR 1966, 741): Ein Verkäufer tritt einem an schweren arteriellen Störungen leidenden Kunden auf den Fuss, woraufhin der Oberschenkel 06.22

amputiert werden muss. Das Gericht lehnte eine Haftung ab, denn dem Opfer wurde «nur einfach auf den Fuss getreten, wie es im Verkehrsgedränge, in der Strassenbahn, im Kino, auf dem Sportplatz usw. täglich hundertfach vorkommt» (a.a.O. 742).

06.23 In neuerer Zeit hat die Thematik der konstitutionellen Prädisposition vor allem bei Schleudertrauma-Fällen Bedeutung erlangt. Es handelte sich dabei regelmässig um langanhaltende und organisch nicht nachweisbare gesundheitliche Beeinträchtigungen, die infolge von geringfügigen Auffahrunfällen eintraten. Das Bundesgericht anerkannte erstmals 1991, dass ein Schleudertrauma auch ohne organische Nachweisbarkeit zu einer dauernden Arbeitsunfähigkeit führen könne (BGE 117 V 359). Bekannt geworden ist insbesondere BGer 4C.402/2006, bei welchem durch die Auffahrkollision das Fahrzeug der Klägerin mit einer Geschwindigkeitsänderung von vier bis sechs Stundenkilometern nach vorne bewegt wurde. Die Geringfügigkeit des Unfalls zeigt sich auch dadurch, dass beim Fahrzeug der Klägerin ein Schaden von CHF 461.– und beim Fahrzeug der Unfallverursacherin gar kein Schaden entstand. Gleichwohl bejahte das Bundesgericht die Kausalität. In den Jahren 2008 und 2010 änderte es mit den Entscheiden BGE 134 V 109 und BGE 136 V 279 seine Ansicht (zumindest im Bereich des Sozialversicherungsrechts) wieder. Wenige Jahre später relativierte das Gericht die restriktive sog. Überwindbarkeits- respektive Zumutbarkeitsrechtsprechung. Gleichwohl wird heutzutage im Sozialversicherungsrecht nach einem leichten Schleudertrauma in der Regel keine Invalidenrente gewährt.

06.23a Auch im Haftpflichtrecht wird die Frage der Zurechnung in Schleudertrauma-Fällen in den letzten Jahren deutlich restriktiver gehandhabt. Im Hinblick darauf, dass diese Beschwerden weitgehend von den Angaben der geschädigten Person abhängen und entsprechend ein Missbrauchspotential besteht (BGer 4A_658/2016 E. 3.2.1 m.w.N.), ist es in solchen Fällen sachgerecht, die Kausalität im Haftpflichtrecht restriktiver zu beurteilen als im Sozialversicherungsrecht (vgl. ROBERTO/REICHLE 11).

06.23b Im Zusammenhang mit Schleudertraumata fallen interessante Parallelen zu früheren «Phantom-Schädigungen», wie etwa der «Railway spine» oder der «Repetitive strain injury» auf. Wie bei diesen Beschwerdebildern führte auch beim Schleudertrauma-Phänomen erst die gerichtliche Anerkennung dauerhafter Arbeitsunfähigkeit zu einer raschen Ausbreitung eines zuvor weitgehend unbekannten Krankheitsbildes (s. zum Ganzen ROBERTO/REICHLE).

2.5. Rechtmässiges Alternativverhalten

06.24 Beim rechtmässigen Alternativverhalten führt der Schädiger durch ein rechtswidriges Verhalten eine Rechtsgutverletzung herbei, welche durch **entsprechendes rechtmässiges Verhalten** in gleicher Weise entstanden wäre (BGE 122 III 232 ff.). Zu denken ist etwa an Schädigungen durch ungenügend ausgebildete, unachtsame, mangelhaft instruierte Arbeitnehmer, wenn die Schädigung auch durch gut ausgebildete, aufmerksame, sorgfältig instruierte Arbeitnehmer nicht vermieden worden wäre. Bedeutsam ist der Einwand des rechtmässigen Alternativverhaltens im Arzthaftungsrecht: Wurde die kunstgerecht ausgeführte, aber gleichwohl missglückte Operation ohne hinreichende Aufklärung vorgenommen, kann sich der Arzt durch den Nachweis von der Haftung befreien, dass der Patient die Einwilligung auch bei vollständiger Aufklärung über die Operationsrisiken erteilt hätte. Auch bei der pflichtwidrigen Anlageberatung kann der Berater einwenden, der Kunde hätte bei ordnungsgemässer Aufklärung und Beratung andere Wertschriften erworben, bei welchen ein Verlust (zumindest teilweise) ebenfalls eingetreten wäre

Entscheidend für die Problematik des rechtmässigen Alternativverhaltens ist die **Beweislast**. Muss der Schädiger beweisen, dass die Schädigung auch bei pflichtgemässem Verhalten eingetreten wäre, dann wird ihn der Einwand im Regelfall nicht entlasten. Denn in zahlreichen Fällen steht keineswegs fest, ob bei rechtmässigem Verhalten tatsächlich ein identischer Schaden eingetreten wäre. 06.25

Im Arzthaftungsrecht trifft nach der Rechtsprechung die Beweislast den Schädiger (BGE 108 II 64; 117 Ib 208 f.); dies lässt sich mit dem Hinweis rechtfertigen, dass es sich bei den ärztlichen Aufklärungspflichten um wesentliche Verfahrensvorschriften handelt (s. dazu GUILLOD 100). Abzulehnen ist dagegen die Übertragung dieser Beweislastverteilung auf sämtliche Haftungsbereiche (offengelassen in BGE 124 III 166; zur Frage der Beweislastverteilung in Dienstleistungsberufen ABEGGLEN 103 ff.). 06.26

Auch wenn das rechtmässige Alternativverhalten Ähnlichkeiten mit der hypothetischen Kausalität aufweist, so handelt es sich dabei gleichwohl um zwei unterschiedliche Fragestellungen: Die hypothetische Schädigung wäre bei Ersterem aufgrund eines eigenen alternativen Verhaltens des Schädigers, bei Letzterem infolge eines dritten Ereignisses (Zufall, Verhalten eines Dritten oder des Geschädigten selbst) eingetreten (KRAMER 301). Dogmatisch ist das rechtmässige Alternativverhalten als ein Problem des Rechtswidrigkeitszusammenhanges zu qualifizieren (ausführlich VON CAEMMERER 30 ff.). 06.27

2.6. Alternative und unsichere Kausalität

Um einen Fall der **alternativen Kausalität** handelt es sich, wenn **zwei mögliche Ursachen** bekannt sind, aber nur eine kausal sein kann, ohne dass sich feststellen lässt, welche Ursache tatsächlich zur Rechtsgutverletzung führte. Zu denken ist etwa an den Diebstahl aus einem Raum, den nur zwei Personen betreten haben; den Wanderer, der von einer Gewehrkugel getroffen wird, wobei sich nicht feststellen lässt, welcher der beiden Jäger, die in seine Richtung geschossen hatten, die Verletzung verursachte (vgl. den kalifornischen Fall aus dem Jahre 1948 Summers vs. Tice, Pacific Reporter 2d 199 [1948], 1); oder an die beiden Personen, die je einen Steinbrocken einen Abhang hinunterrollen lassen und einer der Steine eine unter dem Abhang sich befindende Person tödlich verletzt, wobei sich nicht klären lässt, welcher Stein den Tod verursachte (vgl. BGE 113 IV 58). 06.28

Das Problem liegt darin, dass der Geschädigte, der nach ZGB 8 die Beweislast für die Verursachung trägt, leer ausgeht, wenn sich nicht mit hoher Wahrscheinlichkeit ermitteln lässt, wer von mehreren möglichen Personen der Schädiger war. Aus diesem Grunde interpretiert die herrschende Auffassung die gemeinsame Schädigung im Sinne von OR 50 I extensiv und lässt selbst eine entfernte Verbindung zwischen den möglichen Verursachern für eine Solidarhaftung genügen (BK/BREHM OR 50 N 19 f.; BGE 104 II 187, dazu vorne N 06.13 f.). Ungeregelt bleiben mithin nur die klassischen Fälle der alternativen Kausalität, bei denen unter den möglichen Haftpflichtigen keine psychische Mitverursachung besteht. Richtiger Ansicht nach sollte in den angeführten Beispielen, in denen lediglich die Kausalität der ansonsten haftpflichtbegründenden Handlungen unklar ist, eine Beweislastumkehr eintreten (so auch die Rechtslage in den USA, vgl. PROSSER/KEETON 271). 06.29

06.30 Die alternative Kausalität ist allerdings bloss ein Unterfall der **unsicheren Kausalität**. Diese führt beispielsweise im Bereich der Haftung für Umweltschäden (z.B. aus atomarer Verstrahlung) oder Schädigungen durch Arzneimittel zu noch ungeklärten Fragen. Ist etwa in der Umgebung eines Atomkraftwerkes aufgrund eines Reaktorunfalls eine erhöhte Krebserkrankung in der Bevölkerung feststellbar, lässt sich nicht bestimmen, wer wegen der Verstrahlung und wer ohnehin an Krebs erkrankt wäre. Ebenso ist bei einem Mitarbeiter einer asbestverarbeitenden Unternehmung, der regelmässiger Raucher ist, nicht klar, ob die Lungenkrebserkrankung auf die Asbestfaserbelastung am Arbeitsplatz oder auf die Zigaretten zurückzuführen ist. Um den Geschädigten nicht leer ausgehen zu lassen, waren einige Autoren bereit, die Voraussetzungen des Kausalitätsnachweises in solchen Fällen zugunsten einer sachgerechten Lösung zu opfern (vgl. etwa OFTINGER/STARK I § 3 N 131; CR/WERRO OR 41 N 55; QUENDOZ 75). Dabei knüpften die Autoren an die vor allem in den achtziger Jahren des letzten Jahrhunderts im amerikanischen Haftpflichtrecht geführte (heute aber bereits wieder überholte) Diskussion über die probabilistische Kausalität an.

06.31 Ausgangspunkt für die Durchbrechung des an sich für jede Haftung notwendigen Kausalitätsnachweises ist der Fall Sindell vs. Abbott Laboratories (Pacific Reporter 2d 607 [1980], 924). Dabei liess der Supreme Court of California bei einem fehlerhaften Arzneimittel eine Gruppe möglicher Hersteller entsprechend ihren Marktanteilen haften (z.B. muss ein Unternehmen mit einem Marktanteil von 25% einen Viertel des Schadens übernehmen; sog. «market share liability»).

06.32 Entsprechend wollte ein Teil der schweizerischen Lehre das Alles-oder-nichts-Prinzip im Bereich der Kausalität aufgeben und Unsicherheiten beim Kausalzusammenhang durch eine **Reduktion des Schadenersatzes** ausgleichen (vgl. OFTINGER/STARK I § 3 N 131; QUENDOZ 75).

06.33 Der Richter könnte nach dieser Auffassung den Beweis zulassen, dass der Beklagte die Schädigung möglicherweise verursacht hat, und den Schadenersatz in der Höhe dieser Möglichkeit zusprechen (in diesem Sinne auch das Zürcher OGer, SJZ 1989, 119 sowie die Studienkommission für die Gesamtrevision des Haftpflichtrechts, These 512-8).

06.34 Eine generelle Haftung für mögliche Kausalität führt jedoch zu untragbaren Ergebnissen. Wenn es auch unbillig erscheinen mag, einen Geschädigten wegen Beweisschwierigkeiten leer ausgehen zu lassen, so wäre es noch unbilliger, Unbeteiligte aufgrund einer Verdächtigung verantwortlich zu machen.

06.35 So würden etwa bei einer Sachbeschädigung in einer Unternehmung sämtliche Angestellte entsprechend der statistischen Wahrscheinlichkeit für den Schaden haften, in einem Schulhaus sämtliche Schüler und bei einem Verkehrsunfall auf einer wenig befahrenen Strasse in einem Wohnviertel die Anwohner. Die vorherrschende Auffassung lehnt eine Entschädigung bei unsicherer Verursachung zu Recht ab (BK/BREHM OR 42 N 52 m.N.). Auch in anderen Rechtsordnungen konnte sich eine Haftung für mögliche Kausalität nicht durchsetzen.

3. Adäquater Kausalzusammenhang

Literatur

ACKERMANN, Adäquanz und Vorhersehbarkeitsregel, Bern 2002; BERNERT, Die Leerformel von der «Adäquanz», AcP 1969, 421 ff.; BÜRGI, Die Lehre von der adäquaten Verursachung und ihre Bedeutung in der schweizerischen Rechtsprechung, Bern 1927; DEUTSCH, Das «allgemeine Lebensrisiko» als negativer Zurechnungsgrund, VersR 1993, 1041 ff.; ELSIG/DUC, Causalité adéquate ou inadéquate à la responsabilité civile?, HAVE 2007, 217 ff.; GALLI, Kausalität bei psychischen Störungen im Deliktsrecht, Basel 2007; GIGER, Analyse der Adäquanzproblematik im Haftpflichtrecht, FS Keller, Zürich 1989, 141 ff.; GIOVANNONI, La causalité dans la responsabilité civile extra-contractuelle, ZBJV 1962, 249 ff.; HONORÉ, Causation and Remoteness of Damage, in: International Encyclopedia of Comparative Law: XI Torts, hrsg. von Tunc, Tübingen 1983; LANZ, Alternativen zur Lehre vom adäquaten Kausalzusammenhang, Bern/Frankfurt a.M. 1974; LAURI, Kausalzusammenhang und Adäquanz im schweizerischen Haftpflicht- und Versicherungsrecht, Bern 1976; MAURER, Drittverschulden und Drittverursachung im Haftpflichtrecht, Bern 1974; RADBRUCH, Die Lehre von der adäquaten Verursachung, Berlin 1902; ROBERTO/GRECHENIG, Zurechnungsprobleme im Haftpflicht- und Sozialversicherungsrecht, in: HAVE. Personen-Schaden-Forum, hrsg. von Weber, Zürich 2009, 55 ff.; RÜMELIN, Die Verwendung der Causalbegriffe in Straf- und Civilrecht, AcP 1900, 171 ff.; SCHWARTZ, Adäquate Kausalität und Verschuldenshaftung, BJM 1970, 1 ff.; SIDLER, Betrachtungen nach einer Dekade der besonderen Adäquanzprüfung bei sog. Schleudertraumen, AJP 2002, 791 ff.; VERMOT, La causalité, HAVE 2006, 83 ff.; VON KRIES, Über den Begriff der objektiven Möglichkeit und einige Anwendungen desselben, Vierteljahresschrift für wissenschaftliche Philosophie 12 (1888), 179 ff.; WEITNAUER, Zur Lehre vom adäquaten Kausalzusammenhang: Versuch einer Ehrenrettung, FS Oftinger, Zürich 1969, 321 ff.

3.1. Begriff und Bedeutung

Die natürliche Kausalität kann die Verantwortlichkeit für Schädigungen nicht genü- 06.36
gend beschränken. Sie bedarf einer Begrenzung, da sich die einmal in Gang gesetzte Kausalkette unendlich fortsetzen kann. Im schweizerischen Recht erfolgt die **Einschränkung der natürlichen Kausalität** anhand der Adäquanztheorie. Danach sollen völlig unwahrscheinliche Geschehensabläufe für die Haftung unberücksichtigt bleiben. Als Begründer der Lehre der adäquaten Ursache gilt VON KRIES.

Die stereotype, in der Rechtsprechung und Literatur gleichermassen verwendete 06.37
Formel der Adäquanz lautet: Haftungsbegründend ist die Ursache, die nach dem gewöhnlichen Lauf der Dinge und der allgemeinen Lebenserfahrung geeignet ist, den eingetretenen Erfolg zu bewirken, so dass der Eintritt dieses Erfolges als durch die fragliche Ursache wesentlich begünstigt erscheint (vgl. etwa BGE 123 III 112; OFTINGER/STARK I § 3 N 15).

In Widerspruch zu dieser Definition steht, dass die Folge keineswegs typisch oder 06.38
regelmässig zu erwarten sein muss; vielmehr können auch «ausserordentliche», «ungewöhnliche», «singuläre» und sogar «seltene» Folgen adäquat sein (vgl. BGE 119 Ib 345 f.; BK/BREHM OR 41 N 124). Zu beachten ist sodann, dass nach herrschender Auffassung nicht die Voraussehbarkeit, sondern die objektive Eignung massgebend ist; die Beurteilung der Adäquanz erfolgt daher «ex post», d.h. mittels einer objektiven nachträglichen Prognose (OFTINGER/STARK I § 3 N 22).

3.2. Wegfall der Adäquanz

06.39 Die Adäquanz kann aus zwei Gründen entfallen: Einmal kann die Folge derart entfernt sein, dass man nicht mehr von einer adäquaten Verursachung sprechen kann. Die zeitliche Entfernung ist bloss ein Indiz für die **Inadäquanz**. Als Schulbeispiele für Inadäquanz finden sich jeweils folgende Fälle: Die falsche Wegauskunft an den Spaziergänger ist nicht adäquate Ursache für den auf diesem Weg erlittenen Verkehrsunfall. Desgleichen ist der Kausalzusammenhang zwischen dem Verkehrsunfall, welcher den Betroffenen zur Verschiebung einer geplanten Flugreise zwingt, und dem Absturz des von diesem benutzten Flugzeuges inadäquat.

06.39a In der Rechtsprechung wird bloss selten eine Inadäquanz festgestellt. Einer der wenigen Fälle betrifft BGE 67 II 119, in welchem es zwischen einer ausgerissenen Kuh und einer anderen Kuh zu einem Kampf kam, ein Nachbar auf die Tiere zurannte, um sie zu trennen und dabei stürzte, bevor er sie erreichte. Das Entweichen der Kuh ist für die erlittene Verletzung des Nachbarn, der sich, ohne die Kühe zu berühren, verletzt, eine zu entfernte Ursache, um im Rahmen der Kausalität noch Berücksichtigung zu finden.

06.40 Die zweite Fallgruppe der Inadäquanz ist die sog. **Unterbrechung des Kausalzusammenhanges**; genau genommen ist eine «Unterbrechung» der Kausalität «nicht möglich, da die Adäquanz des Kausalzusammenhanges entweder an sich schon fehlt, oder aber trotz anderen Mitursachen vorhanden ist und dann nicht mehr unterbrochen werden kann» (BGE 86 IV 156). Gemeint ist damit, dass die vom vermeintlich Haftpflichtigen gesetzte Ursachenkette durch eine neue Ursache in den Hintergrund gedrängt wird; die ursprüngliche, an sich adäquate Ursache erscheint infolgedessen als inadäquat. Als Unterbrechungsgründe kommen die höhere Gewalt, das Selbstverschulden des Geschädigten und das Verschulden eines Dritten in Betracht (vgl. SVG 59 I). Die Unterbrechung tritt allerdings nur ein, wenn der Unterbrechungsgrund eine gewisse Intensität aufweist, wobei der Grad der erforderlichen Intensität sich nach den Umständen bestimmt.

06.41 Als **höhere Gewalt** wird ein zu grosser Intensität gesteigerter Zufall verstanden. Es muss sich um ein unvorhersehbares und unvermeidliches Ereignis handeln, das mit unabwendbarer Gewalt von aussen hereinbricht (CR/WERRO OR 41 N 46; CHK/MÜLLER OR 41 N 41). Es wurde zu Recht bemerkt, dass die höhere Gewalt in der Literatur und in der Vorstellung der Leute einen weit grösseren Raum einnimmt als in der Wirklichkeit (KELLER I 95). Sie dürfte nur bei Erdbeben und nicht vorhersehbaren kriegerischen Ereignissen vorliegen, nicht dagegen bei den immer öfter auftretenden «Jahrhundertstürmen» oder «Jahrhundertüberschwemmungen».

06.42 Entsprechend gering ist die Bedeutung der höheren Gewalt in der Rechtsprechung (BGE 49 II 266: starker Wolkenbruch reisst Strassenbrücke weg – Entscheidung durch BGE 100 II 142 wohl überholt, vgl. auch BGE 122 III 236; BGE 51 II 197 f.: Krieg in Rumänien im Jahre 1916 zwar «nicht gänzlich überraschend», aber Ereignisse hatten gleichwohl «durchaus etwas Überraschendes, Unerwartetes an sich» – fragwürdig und durch BGE 88 II 291 wohl ebenfalls überholt; in BGE 80 II 216 handelt es sich bloss um eine beiläufige, nicht entscheidungsrelevante Bemerkung, d.h. ein «obiter dictum»).

Nicht viel bedeutsamer als die höhere Gewalt ist das **grobe Drittverschulden** als Unterbrechungsgrund. Dieses kam in der Rechtsprechung regelmässig nur bei Kausalhaftungen zur Anwendung (vgl. BGE 41 II 228; 96 II 359; 98 II 291). Die Adäquanz wird aber nicht bei jedem schweren Drittverschulden unterbrochen; vielmehr muss das Verhalten des Dritten auch ausserhalb jeder Wahrscheinlichkeit liegen (zutreffend OGH JBl 2001, 657). Beim groben Drittverschulden handelt es sich im Grunde oftmals nicht um ein Problem der Adäquanz, sondern des rechtmässigen Alternativverhaltens. Die Schädigung wäre auch bei rechtmässigem Verhalten eingetreten. 06.43

Eine gewisse praktische Bedeutung kommt daher nur dem **groben Selbstverschulden** zu (vgl. BGE 124 III 186; weitere Nachweise bei BK/BREHM OR 41 N 144b). In der Regel wird aber das Selbstverschulden erst im Rahmen der Schadenersatzreduktion wegen Mitverantwortlichkeit für das Schadensereignis berücksichtigt (s. hinten N 33.01 ff.; zur Frage, ob dies auch für die höhere Gewalt und Drittverschulden gilt, s. hinten N 32.10 ff., 32.15 f.). 06.44

Bsp.: Ein Motorradfahrer fuhr auf einem privaten Werkgelände über einen Kieshügel, der allerdings bereits wieder abgebaut wurde und deshalb auf der gegenüberliegenden Seite ein starkes Gefälle aufwies. Der Fahrer bemerkte dies zu spät, stürzte fünf Meter in die Tiefe und verletzte sich. Das Bundesgericht stützte den Entscheid der Vorinstanz, welche einen Unterbruch des Kausalzusammenhangs aufgrund des Selbstverschuldens angenommen hatte (BGer 4A_385/2013). Richtiger Ansicht nach fehlt es freilich bereits an einem Werkmangel (OR 58) bzw. einer Sorgfaltswidrigkeit (OR 41). 06.45

Anschaulich ist auch ein Beispiel aus der strafrechtlichen Rechtsprechung des Bundesgerichts: Drei Männer setzten in alkoholisiertem Zustand eine Gondel in Bewegung, um damit eine Skisprungschanze zu erreichen. Einer der Männer rutschte daraufhin auf der Schanze aus, glitt unkontrolliert über 100 Meter hinunter und verletzte sich dabei schwer. Das Bundesgericht bejahte wiederum eine Unterbrechung des adäquaten Kausalzusammenhangs durch Selbstverschulden (BGer 6B_360/2015, E. 2.4.3). 06.45a

Hingegen verneinte es eine Unterbrechung des adäquaten Kausalzusammenhangs durch Selbstverschulden zwischen einer aufgrund ungenügender Signalisation fehlerhaften Baustellensicherung und dem Unfall. Der Radfahrer hat die Signalisation nicht links umfahren, sondern auf der rechten Seite, wo sich eine Grube befand. Dort blieb er in der Erde stecken und stürzte tödlich (BGer 6B_83/2012). 06.45b

Ebenso wenig wird der adäquate Kausalzusammenhang zwischen der Betriebsgefahr eines Motorfahrzeugs und dem Tod eines Fussgängers dadurch unterbrochen, dass dieser mit 2.27 Promille Alkohol im Blut mitten auf der Fahrspur geht, wenn sich neben der Strasse ein Café und ein Campingplatz befinden. Diesfalls stellt ein Fussgänger auf der Strasse keinen Umstand dar, mit dem schlechterdings nicht gerechnet werden muss (BGer 6B_1023/2010). 06.46

3.3. Anwendungsfälle der (In-)Adäquanz

Um die Schwierigkeiten bei der Handhabung der Adäquanzformel zu illustrieren, seien nachfolgend einige Beispiele aus der (schweizerischen und ausländischen) Rechtsprechung und Lehre erwähnt. In der Lehre finden sich sodann ausführliche Zusammenstellungen der Rechtsprechung des Bundesgerichts (vgl. vor allem BK/BREHM OR 41 N 129 und 144; OFTINGER/STARK I § 3 N 29 f.). 06.47

06.48 Aus der bundesgerichtlichen Rechtsprechung sind namentlich zwei Fälle zu erwähnen, in welchen jeweils ein Hund eine Person angreift. Verfolgt ein nicht genügend beaufsichtigter Hund ein Mädchen und bricht sich der zu Hilfe eilende Vater ein Bein, ist fraglich, ob die mangelhafte Beaufsichtigung adäquat für den Beinbruch ist (BGE vom 10.2.1950 n.p. zit. nach BK/BREHM, 3. Aufl., OR 41 N 144: Adäquanz verneint). Die Frage stellt sich auch im ähnlichen Fall, in dem ein angeketteter Hund einen Spaziergänger angreift und dessen Begleiter in Richtung eines Silos flüchtet, um sich auf der an diesem angebrachten Leiter in Sicherheit zu bringen, dabei jedoch wegen eines Mäuerchens übersieht, dass der Silo in einer Grube steht, weshalb es ihm nicht gelingt, die Leitersprossen zu ergreifen, und er in die Grube stürzt (BGE 102 II 238 f.: Adäquanz bejaht).

06.49 Aus Kausalitätsüberlegungen lassen sich die Entscheidungen der Gerichte meist nicht herleiten; die Adäquanz scheint bloss als **nachträgliche Scheinbegründung** (für eine möglicherweise aufgrund der einzelnen Umstände berechtigte Beurteilung) zu dienen. Dies trifft, wie die nachfolgenden Beispiele zeigen, durchaus auch auf ausländische Rechtsordnungen zu.

06.50 Verletzt jemand einen anderen, stellt sich die Frage, ob der Schädiger auch für die Folgen eines Kunstfehlers während der Operation haftet (SEMJUD 1994, 283: Haftung bejaht); möglich ist auch, dass sich der Geschädigte während des Krankenhausaufenthaltes mit einer Krankheit infiziert (vgl. RGZ 105, 266: Ansteckung mit im Spital herrschender Grippe ist adäquat; BGH NJW 1963, 1671: Verletzter erhält prophylaktisch eine Tetanusspritze, die zu einer schweren Allergie führt; Adäquanz verneint). Es kommt gelegentlich auch vor, dass der Geschädigte wegen eines Verkehrsunfalles des Rettungsfahrzeugs eine weitere Verletzung erleidet (LARENZ 447); dies könnte natürlich auch während der Heimfahrt vom Spital geschehen.

06.51 Um Folgeverletzungen handelte es sich auch bei folgenden deutschen Entscheidungen, welche die Haftung des Erstschädigers (jeweils für eine früher erlittene Beinverletzung) betrafen: In dem einen Fall musste dem Geschädigten ein Bein abgenommen werden, weshalb er eine Beinprothese trug; Jahre später stürzte er und brach sich das rechte Schulterblatt, wodurch der rechte Arm steif blieb (RGZ 119, 204: Haftung bejaht). In einem ähnlich gelagerten Fall geriet der Prothesenträger im Krieg in ein Artilleriefeuer, aus dem sich die Begleiter durch rasches Weglaufen retten konnten, der Behinderte dagegen getötet wurde (BGH NJW 1952, 1010: Haftung verneint).

06.52 Eine besonders intensive Diskussion lösten in Deutschland zwei «Grünstreifen»-Urteile aus: Bei einem Verkehrsstau infolge eines Unfalles umfahren undisziplinierte Fahrer die Unfallstelle und verwüsten dadurch die Rasenflächen der Strassenanlieger. Obwohl es sich dabei um ein grobes Drittverschulden handelt, bejahte das LG Düsseldorf eine Haftung des Unfallverursachers: Denn «die Disziplin im Strassenverkehr» sei bekanntermassen mangelhaft, solche Verhaltensweisen mithin nicht völlig ungewöhnlich (NJW 1955, 1031). In einem ähnlich gelagerten Fall betrachtete der BGH eine entsprechende Schädigung dagegen als allgemeines Risiko, das jeden Strassenanlieger treffe und ihm auch nicht abgenommen werden könne (BGHZ 58, 169).

06.53 Aus dem englischen Recht sind vor allem folgende Fälle bekannt: Beim Entladen des Schiffes Polemis, das Petroleumfässer geladen hatte, liessen Hafenarbeiter eine Schiffsplanke in den Laderaum fallen. Beim Aufprall schlug diese Funken und entzündete die Petroleum-Luft-Mischung im Laderaum («Re Polemis»-Entscheidung, King's Bench Division 1921/3, 560: Haftung bejaht). In einer anderen Entscheidung gelangte infolge Fahrlässigkeit des Schiffspersonals Öl in das Hafenbecken von Sydney. Der Ölteppich trieb auf eine Schiffswerft zu. Dort wurden Schweissarbeiten ausgeführt. Ein Tropfen flüssigen Metalls fiel auf einen Baumwollresten, entzündete diesen und in der Folge auch das schwimmende Öl, wodurch die Werft und die darin sich befindenden Schiffe beschädigt wurden («The Wagon Mound»-Entscheidung, Weekly Law Reports 1961/2, 126: Haftung verneint). Der bekannteste Fall in der amerikanischen Rechtsprechung ist die «Palsgraf»-Entscheidung aus dem Jahre 1928 (North Eastern Reporter 162 [1928], 99). In New York wollte ein Fahrgast in die abfahrende U-Bahn einsteigen. Hilfsbereite Bahnangestellte versuchten ihn in den Wagen zu schieben; dadurch liess der Fahrgast ein in Zeitungspapier eingewickeltes Paket fallen, das leicht explosive Feuerwerkskörper enthielt. Durch den Druck der Explosion lösten sich Wandteile am anderen Ende des Bahnsteiges und verletzten die Klägerin Palsgraf (Haftung verneint). Eine kuriose Geschichte kennt auch das schottische Recht. Eine Kuh durchbrach während einer Viehauktion die Absperrungen, gelangte auf ihrer Flucht in die Stadt und erklomm dort den ersten Stock eines Hauses; da die Decke dem Gewicht nicht standhielt, landete sie im darunterliegenden Laden und beschädigte dort ein Wasserrohr, wodurch es zu einer Überschwemmung und der Schädigung der Waren kam (VON BAR II N 456: Haftung verneint).

3.4. Kritik der Adäquanztheorie

Der Adäquanzlehre wird vorgeworfen, «dass es ‹regelmässige› Folgen einer Handlung nicht gibt. Eine bestimmte Handlung kann nur die durch sie bedingten bestimmten Folgen haben, mögen diese wahrscheinlich oder unwahrscheinlich sein» (BERNERT 427). Sodann ist unklar, welches Mass an Wahrscheinlichkeit für die Bejahung der Adäquanz notwendig ist. Doch selbst wenn sich ein solcher Massstab formulieren liesse, könnte die Lehre nicht nutzbringend umgesetzt werden. Schon im Ansatz verfehlt sind daher Analysen des erforderlichen Wahrscheinlichkeitsgrades (vgl. etwa GIGER 157 f.: «hohe Wahrscheinlichkeit»). 06.54

Die eigentliche Schwierigkeit liegt in der Frage, nach welchen Massstäben die **Generalisierung** zu erfolgen hat, d.h., wie weit das Beobachtungsfeld zu ziehen ist (GIOVANNONI 258; WEITNAUER 336, wonach die «Problematik bereits VON KRIES in voller Deutlichkeit gesehen» habe). Je weiter man das Ausgangskollektiv bestimmt, umso unwahrscheinlicher wird der Erfolg; je enger man den Kreis der Vergleichsfälle zieht, desto näher stehen diese dem Schadensfall und umso «adäquater» erscheint die fragliche Ursache. So ist es z.B. unwahrscheinlich, dass die Benützung der Strassenbahn durch eine betagte Person zu einer Verletzung führt. Der Wahrscheinlichkeitsgrad erhöht sich, wenn man weiss, dass diese sich nicht festhielt. Erhält man als weitere Information, dass die Strassenbahn eine Vollbremsung einleiten musste, lässt sich gar von grosser Wahrscheinlichkeit sprechen. Gerade umgekehrt liegen die Dinge bezüglich des Erfolges. Der Eintritt des Erfolges ist umso wahrscheinlicher, je mehr (und umso unwahrscheinlicher, je weniger) der Erfolg generalisiert wird (so bereits RADBRUCH 15). 06.55

Die Bedeutung des massgeblichen Beobachtungsfeldes zeigt auch die Fragwürdigkeit der in der Schweiz vertretenen objektiv nachträglichen Prognose auf (vgl. für eine Übersicht über die Kritik FELLMANN/KOTTMANN N 443 ff.; MÜLLER N 217). Bei Zugrundelegung aller nach Eintritt des Erfolges erkennbaren Umstände entsprechen die Vergleichsfälle im Regelfall genau dem zu prüfenden Schadensfall. Der Erfolgseintritt ist nicht bloss wahrscheinlich, sondern in aller Regel sicher – Fälle, die inadäquat sind, sind folglich kaum noch denkbar. Volkstümlicher, in der Sache aber gleich, wurde dies in der erwähnten «The Wagon Mound»-Entscheidung (vorne N 06.53) ausgedrückt: «After the event even a fool is wise. But 06.56

it is not the hindsight of a fool; it is the foresight of the reasonable man which can determine responsibility» (a.a.O. 140).

06.57 Sodann ist auch unklar, wo die Adäquanztheorie überhaupt zur Anwendung kommen soll. Bei den Gefährdungshaftungen verbleibt für diese Haftungsbeschränkung wenig Raum. «Denn wenn einmal die Verwirklichung einer voraussehbaren Betriebsgefahr konstatiert ist, so ist der objektiv adäquate Kausalzusammenhang immer gegeben» (RÜMELIN 249). Entscheidend ist bei der Gefährdungshaftung die Konkretisierung der mit der jeweiligen Betriebsart zusammenhängenden Gefahren, nicht die statistische Wahrscheinlichkeit oder die Vorhersehbarkeit der Schädigung. Auf die Verschuldenshaftung will die Adäquanzlehre auch nicht recht passen, da die Definition der Fahrlässigkeit enger ist als diejenige der Adäquanz (vgl. etwa GUHL/KOLLER § 10 N 27). So gesehen hat die Adäquanz weder bei den Gefährdungshaftungen noch bei der Verschuldenshaftung eine eigene Funktion; dieser Umstand fand bislang kaum Beachtung.

3.5. Adäquanzlehre und Billigkeitserwägungen

06.58 Die Adäquanzlehre in ihrer ursprünglichen Definition vermag nicht zu befriedigen. Dies wird letztlich auch von ihren Anhängern erkannt, reichern sie die Theorie doch mit diffusen Billigkeitserwägungen an, um so sämtliche Einzelfallprobleme einer Lösung zuzuführen (vgl. z.B. VON TUHR/PETER 98). Die «Billigkeit» ist freilich ein zu abstrakter Grundsatz, als dass sich damit eine rationale Begründung von Entscheidungen herleiten liesse.

06.59 Problematisch ist die Vermischung der Adäquanztheorie mit Billigkeitserwägungen nicht etwa deshalb, weil sie damit nicht mehr zu eindeutigen Ergebnissen führt; dieser Einwand würde auf der längst überholten Vorstellung beruhen, dass jede rechtliche Entscheidung durch mechanische Deduktion gefunden werden sollte. Unbefriedigend ist vielmehr, dass die Adäquanztheorie als Deckmantel für Entscheidungen dient, während die **wirklichen Entscheidungsgründe** verdeckt bleiben. Indem die der Entscheidung zugrundeliegenden Wertungen und Interessenabwägungen nicht offengelegt werden, verliert die Begründung an Überzeugungskraft; vor allem aber wird eine rationale Kontrolle verunmöglicht.

4. Alternativen zur und Funktion der Adäquanz

Literatur

DUNZ, Gefährdungshaftung und Adäquanz in der neueren Rechtsprechung des BGH, VersR 1984, 600 ff.; MÄDRICH, Das allgemeine Lebensrisiko, Berlin 1980; STOLL, Kausalzusammenhang und Normzweck im Deliktsrecht, Tübingen 1968.

4.1. Haftungsbeschränkung in anderen Rechtsordnungen

06.60 Im schweizerischen Schrifttum finden sich nur selten eingehende Erörterungen der Alternativen zur Adäquanztheorie. Überblickt man den Meinungsstand in der Rechtslehre, könnte man gar den Eindruck gewinnen, die Adäquanzlehre habe sich auch international weitgehend durchgesetzt und könne kaum noch ernstlich in Frage gestellt werden (s. etwa OFTINGER/STARK I § 3 N 15).

Diese Einschätzung wäre freilich nicht zutreffend. Im anglo-amerikanischen Rechtsbereich spielte die Adäquanzlehre nie eine Rolle. Im französischen Recht vermochte sie sich ebenfalls nicht durchzusetzen. Bemerkenswert ist, dass das erst gegen Ende des letzten Jahrhunderts erlassene niederländische Schuldrecht nicht die Adäquanztheorie, sondern die Normzwecklehre kodifiziert hat. Letzterer kommt auch in Österreich eine Vorrangstellung zu (ROBERTO 81 m.N.). 06.61

In Deutschland schliesslich verlor die Adäquanzlehre zunehmend an Bedeutung. Ein Richter des BGH meinte gar, er könne sich «am Ende einer weitgehend bis ausschliesslich dem Haftpflichtrecht gewidmeten Richterlaufbahn **keines** Falles erinnern, in dem die Adäquanzformel [...] bei der Lösung eines schwierigen Zurechnungsproblems praktisch hilfreich gewesen wäre» (DUNZ 601). 06.62

In den kontinentaleuropäischen Rechtsordnungen dürfte die Lehre vom Schutzzweck der Norm weit grössere Bedeutung als die Adäquanztheorie haben. Auch im angloamerikanischen Recht wird festgestellt, dass «the ‹scope of the foreseeable risk› is on its way to ultimate victory as the criterion of what is ‹proximate›, if it has not already achieved it» (PROSSER/KEETON 297). 06.63

4.2. Normzwecklehre als Alternative zur Adäquanz

Die Lehre vom Schutzzweck der Norm bzw. «the scope of the foreseeable risk» unterscheidet sich von der Adäquanzlehre dadurch, dass nicht auf die Wahrscheinlichkeit abgestellt wird. Entscheidend ist vielmehr – wie vorne bereits ausgeführt wurde – die Einsicht, dass Normen nicht auf den Schutz vor allen überhaupt denkbaren Schäden zielen; anstelle von nicht nachvollziehbaren Kausalitätsüberlegungen tritt die Frage, ob die verletzten Verhaltenspflichten die eingetretenen Schadensfolgen verhüten wollten (vgl. dazu vorne N 04.103 ff.). 06.64

Einen festen Platz hat die Normzwecklehre in der **Gefährdungshaftung**. In diesem Bereich kann es weder darauf ankommen, mit welcher statistischen Wahrscheinlichkeit die Schädigung gerade in dieser Form eintritt, noch – mangels Verhaltensbezugs – auf die Voraussehbarkeit. Vielmehr sind nur jene Schadensfolgen zuzurechnen, die auf die Verwirklichung der spezifischen Gefahr des Betriebes oder der Sache zurückzuführen sind. Diese Einschränkung ist sachgerecht. So wurden etwa die verschiedenen Betriebshaftungen wegen der mit der jeweiligen Betriebsart zusammenhängenden Gefahren eingeführt. Die Haftung sollte folglich nur da bestehen, wo sich diese Gefahren verwirklicht haben (vgl. auch OFTINGER/STARK I § 3 N 69 f.). 06.65

Bei der allgemeinen Haftungsnorm in OR 41 I hängt die Anwendung der Normzwecklehre weitgehend vom massgeblichen Rechtswidrigkeitsbegriff ab. Erachtet man mit der veralteten Lehre bereits die Verletzung eines absoluten Rechts als rechtswidrig, so kommt dem Normzweck bei diesen Schädigungen keine eigenständige Bedeutung zu. Geht man dagegen nach der neueren Lehre konsequent von der objektiven Rechtswidrigkeit aus, die an die Verletzung einer Verhaltensnorm anknüpft, dann ist der Zweck der Verhaltensnorm fester **Bestandteil der Rechtswidrigkeitsprüfung** (s. vorne N 04.01 ff. und 04.103 ff.). 06.66

4.3. «Allgemeines Lebensrisiko» als Alternative zur Adäquanz

06.67 Eine weitere Theorie, welche die natürliche Kausalität beschränken soll, ist die Zurechnung nach Risikobereichen, d.h. die Lehre vom «allgemeinen Lebensrisiko». Diese Lehre geht vom Gedanken aus, dass das menschliche Zusammenleben in unserer hochtechnisierten Welt mit einer ganzen Reihe von Alltagsrisiken verbunden ist. Jeder ist diesen Risiken mehr oder weniger ausgesetzt, zieht davon aber auch einen Nutzen. Als typische Bereiche allgemeiner Lebensrisiken werden meist die Gefahrenkreise Verkehr, Arbeitsplatz, Sport und Haushalt erwähnt (vgl. MÄDRICH 26). Verwirklicht sich nun eine dieser Gefahren als adäquate Folge eines an sich zum Ersatz verpflichtenden Umstandes, so soll dies gleichwohl nicht zu einer Haftung führen, d.h., der Geschädigte muss die allgemeinen Risiken selber tragen.

06.68 Die Theorie des allgemeinen Lebensrisikos lässt sich anhand einiger der vorstehend genannten Beispielsfälle zur Adäquanz veranschaulichen. Erleidet etwa der Verletzte auf der Fahrt in das Krankenhaus einen weiteren Unfall, so ist nach dieser Lehre danach zu differenzieren, ob der Verletzte mit normaler Geschwindigkeit, d.h. ohne besondere Eile, oder aber in einem mit Blaulicht und überhöhter Geschwindigkeit fahrenden Krankenwagen transportiert wird (LARENZ 447). Bei Ersterem handelt es sich um ein Risiko, das in demselben Masse bei jeder Benutzung eines Fahrzeuges besteht; verwirklicht hat sich nur das allgemeine Risiko der Teilnahme am Strassenverkehr. Bei Letzterem stellt die Art des Transportes ein erhöhtes Risiko dar, wofür der Erstschädiger einzustehen hat.

06.69 Eine entsprechende Unterscheidung ist auch hinsichtlich der dem Verletzten verabreichten Spritze zu treffen, die eine schwere Allergie auslöst. War die Spritze aufgrund der Verletzung notwendig, stellt sie ein haftungsbegründendes erhöhtes Risiko dar. Wurde sie dagegen bloss anlässlich des Krankenhausaufenthaltes im Hinblick auf mögliche künftige Verletzungen vorgenommen, hat sich wiederum bloss das allgemeine Lebensrisiko verwirklicht. Gleiches gilt, wenn man im Krankenhaus eine bisher nicht bemerkte Krankheit des Verletzten entdeckt. Ein solcher Fall findet sich in der deutschen Rechtsprechung: Bei einem am Kopf verletzten Schrankenwärter entdeckte man anlässlich der Behandlung eine Hirnarteriosklerose, was in der Folge zu seiner Entlassung führte (BGH JZ 1969, 704).

06.70 Der Gedanke des allgemeinen Lebensrisikos war auch bei den erwähnten Grünstreifen-Entscheidungen massgebend (vorne N 06.52). Die Möglichkeit, dass Autofahrer eine Unfallstelle umfahren und dabei den Rasen beschädigen, sei ein Risiko, das jeden Strassenanlieger treffe und das ihm auch nicht abgenommen werden könne (BGH 58, 169).

06.71 Obwohl gelegentlich vorgeschlagen wird, das allgemeine Lebensrisiko bei der Adäquanztheorie oder bei der Schutzzwecklehre einzuordnen, sollte es als **eigene negative Zurechnungstheorie** betrachtet werden. Dies ist nicht dahingehend zu verstehen, dass derjenige Schadensbereich, der vom Adäquanzerfordernis oder vom Schutzbereich nicht mehr gedeckt ist, als allgemeines Lebensrisiko bezeichnet wird. Damit dem Gedanken eigenständige Bedeutung zukommt, muss es den dem Rechtsgutinhaber zugewiesenen Risikobereich bezeichnen, der auch bei einer Verursachung durch einen Dritten nicht verlagert wird. Es handelt sich mithin um Risiken, «die mit den Bedingungen des Menschseins verbunden sind und grundsätzlich anderen nicht im Wege der Haftung zur Last gelegt werden können» (DEUTSCH, VersR 1993, 1043).

Die Theorie des allgemeinen Lebensrisikos wurde bemerkenswerterweise bereits einem Entscheid vor 100 Jahren zugrundegelegt. Dabei wurde einem Geschädigten im Spital ein mit Alkohol getränkter Verband angelegt. Während eines Spaziergangs im Spitalgarten zündete ein anderer Patient eine Zigarre an. Ein Funke sprang auf die Bandage, welche Feuer fing und dem Geschädigten schwere Verbrennungen zufügte. Der für die Erstverletzung Haftpflichtige war auch für die Brandfolgen verantwortlich (BGE 43 II 241; ebenso BGE 66 II 165). 06.71a

5. Zuordnung der verschiedenen Theorien

Literatur

ROBERTO/GRECHENIG, Zurechnungsprobleme im Haftpflicht- und Sozialversicherungsrecht, in: HAVE. Personen-Schaden-Forum, hrsg. von Weber, Zürich 2009, 55 ff.; RÜMELIN, Die Verwendung der Causalbegriffe in Straf- und Civilrecht, AcP 1900, 171 ff.; STOLL, Kausalzusammenhang und Normzweck im Deliktsrecht, Tübingen 1968.

5.1. Erst-, Folgeverletzung und Schadenstatbestand

Nach herrschender schweizerischer Auffassung muss der adäquate Kausalzusammenhang zwischen dem schädigenden Verhalten und dem Schaden gegeben sein, d.h., die Adäquanz **begrenzt** nach dieser Ansicht auch den **Umfang des Schadenersatzes**. 06.72

Dies lässt sich an folgendem Beispiel verdeutlichen: Infolge eines nicht gesicherten Hindernisses auf der Skipiste verletzt sich ein Skifahrer am linken Bein. Weil er im Gebrauch der in der Folge notwendigen Krücken ungeübt ist, stürzt er eine Treppe hinunter und verletzt sich auch am rechten Bein. Da er beruflich auf das Auto angewiesen ist, stellt er für einige Wochen einen Fahrer ein. Der adäquate Kausalzusammenhang würde in diesem Sachverhalt zwischen der pflichtwidrigen Sicherung der Skipiste und den Kosten für den eingestellten Fahrer geprüft. 06.73

Eine differenzierte Betrachtung unterscheidet dagegen zunächst zwischen der haftungsbegründenden Ursache und der verursachten ersten Rechtsgutverletzung (sog. haftungsbegründende Kausalität). Sodann ist der Zusammenhang zwischen der Erstverletzung und den daraus entstehenden Folgeverletzungen zu prüfen (sog. haftungsausfüllende Kausalität). Und schliesslich ist noch der Zusammenhang zwischen den zurechenbaren Rechtsgutverletzungen (sowohl Erst- als auch Folgeverletzungen) und den dadurch bewirkten Vermögenseinbussen zu untersuchen (ROBERTO/GRECHENIG 59). 06.74

Im erwähnten Beispiel wäre also zunächst der Kausalzusammenhang zwischen der mangelhaften gesicherten Skipiste und der Verletzung des linken Beines zu prüfen. In einem zweiten Schritt ginge es um den Zusammenhang zwischen der Verletzung des linken Beines und der anschliessenden Verletzung des rechten Beines. Und zuletzt wäre nach der Zurechnung der finanziellen Folgen zu den verursachten Verletzungen zu fragen. Während Letzteres Gegenstand des Schadenstatbestands ist, gehören die beiden ersteren Kausalzusammenhänge zum Haftungstatbestand. 06.75

5.2. Zurechnung bei der Erstverletzung

06.76 Die haftungsbegründende Kausalität wird durch die **Normzwecklehre** eingeschränkt. Bei Zugrundelegung des Verhaltensunrechts findet dieser Ansatz in allen Verschuldenshaftungs- und einfachen Kausalhaftungstatbeständen Anwendung (s. vorne N 04.27 f.). Als teleologische Auslegung der Haftungsnorm bzw. der Sorgfaltspflicht kann sich der Schutzzweck nur auf den Zusammenhang zwischen dem Verhalten und der Erstverletzung beziehen.

06.77 Die Adäquanz ist bei der haftungsbegründenden Kausalität dagegen ohne Bedeutung. Der Grund liegt darin, dass Verschuldens- und einfache Kausalhaftungen auf einer Sorgfaltspflichtverletzung beruhen. Gegen die Sorgfaltspflichten verstösst, wer nicht vorhersieht, was eine umsichtige Person vorhersehen müsste. Die Adäquanz stellt dagegen darauf ab, ob der Eintritt der Rechtsgutverletzung aus objektiv nachträglicher Prognose ausserhalb aller Wahrscheinlichkeit liegt. Aufgrund dieser Definitionen kann es bei der Verschuldens- und einfachen Kausalhaftung keine Fälle geben, in denen die Sorgfaltspflichtverletzung bejaht und die Adäquanz verneint wird. Letztere ist eben weiter definiert als die Sorgfaltspflichtverletzung (so auch GUHL/KOLLER § 10 N 27).

06.78 Einen festen Platz hat die Normzwecklehre sodann bei den Gefährdungshaftungen. Diese bezwecken jeweils die Deckung von Schäden, welche infolge gewisser Gefahrenquellen bewirkt wurden. Hier kann es weder darauf ankommen, mit welcher statistischen Wahrscheinlichkeit die Schädigung gerade in dieser Form eintritt, noch – mangels Verhaltensbezugs – auf die Voraussehbarkeit. Zuzurechnen sind vielmehr bloss jene Schadensfolgen, die auf die Verwirklichung der spezifischen Gefahr des Betriebes oder der Sache zurückzuführen sind. Denn die Gefährdungshaftungen sind im Hinblick auf die Gefährlichkeit bestimmter Betriebsarten bzw. Sachen eingeführt worden, weshalb eine Haftung nur da besteht, wo sich diese Gefahren manifestiert haben (OFTINGER/STARK I § 3 N 69 f.). Gerade auch bei den Gefährdungshaftungen ist jeweils nach dem Schutzzweck der jeweiligen Haftungsnorm zu fragen.

06.79 Teilweise ergibt sich die Einschränkung des Anwendungsbereichs aus dem expliziten Wortlaut der Gefährdungshaftungsnormen. So schränkt z.B. SVG 58 die Gefährdungshaftung des Fahrzeughalters auf persönliche oder dingliche Rechtsverletzungen ein, die überdies infolge des Betriebs eines Motorfahrzeuges verursacht werden. Keine Gefährdungshaftung besteht infolgedessen bei reinen Vermögensschädigungen oder bei Schädigungen durch Fahrzeuge, die nicht in Betrieb sind.

06.80 Die Adäquanz ist somit auch bei den Gefährdungshaftungen ohne Bedeutung. Bei diesen ist die Realisierung einer konkreten Betriebsgefahr erforderlich. Ist eine solche Gefahr zu bejahen, dann muss fast notwendigerweise auch die Adäquanz gegeben sein. Schliesslich kann man nicht von einer inadäquaten Folge sprechen, wenn sich eine mit der jeweiligen Betriebsart in Zusammenhang stehende Gefahr konkretisiert hat (vgl. bereits RÜMELIN 249).

5.3. Zurechnung bei Folgeverletzungen

06.81 Keine Funktion kommt der Normzwecklehre im Rahmen der haftungsausfüllenden Kausalität zu. Die Auslegung der Schutz- bzw. Verhaltensnorm kann keine Antwort auf die Frage geben, ob eine Folgeverletzungen noch zurechenbar sein soll oder nicht.

Die Normzwecklehre beruht auf der Auslegung der jeweiligen Haftungsnormen. Es bereitet bereits bei der Erstverletzung erhebliche Schwierigkeiten, den Schutzbereich der Norm zu ermitteln. Bei Folgeverletzungen würde man bloss noch aus der Norm herauslesen, was man zuvor hineingelesen hat. So wird in der deutschen Literatur zutreffend gefragt: «Wie soll etwa ergründet werden, ob der Gesetzgeber bei Erlass der Strassenverkehrsordnung ausser der Unfallverhütung den Zweck verfolgt haben könnte, die Grippe-Infektion der Opfer im Krankenhaus zu verhindern?» (STOLL 27). 06.82

Auch der Adäquanzgedanke hilft bei Folgeverletzungen nicht weiter. Die Frage nach der Voraussehbarkeit von Folgeverletzungen führt in die Irre. Selbst vom Standpunkt einer nachträglichen Prognose sind Folgeverletzungen regelmässig nicht vorhersehbar – es sei denn, man erklärt sämtliche schädliche Folgen als vorhersehbar, womit aber das Kriterium jeglichen Wert verlieren würde. 06.83

Der sachgerechte Ansatz ist das **allgemeine Lebensrisiko.** Sind Folgeverletzungen auf eine Risikoerhöhung zurückzuführen, sind sie zuzurechnen. Verwirklicht sich dagegen bloss ein allgemeines Lebensrisiko, führt die Erstverletzung somit nicht zu einem erhöhten Schädigungsrisiko, haftet der für die Erstverletzung Haftpflichtige nicht auch für die Folgeverletzung. 06.84

Bsp.: A fährt mit dem Fahrzeug bzw. mit dem Fahrrad Fussgänger B an, der einen Beinbruch erleidet (Erstverletzung; haftungsbegründende Kausalität). Aufgrund der Risikoerhöhungstheorie haftet A auch dafür, dass sich beim mit Blaulicht und erhöhter Geschwindigkeit erfolgenden Transport durch die Ambulanz ins Spital ein Verkehrsunfall ereignet und B an der Wirbelsäule verletzt wird. Ebenso haftet A dafür, dass B im Krankenhaus an einer Infektion erkrankt oder er beim Verlassen des Spitals mit eingegipstem Bein die Treppen hinunterstürzt und sich weitere Verletzungen zuzieht. 06.85

Wer einen anderen verletzt, hat für diesen auch das Risiko erhöht, dass er bei der mit Blaulicht und erhöhter Geschwindigkeit erfolgenden Fahrt in der Ambulanz in einen Unfall verwickelt wird, im Krankenhaus an einer Infektion erkrankt oder aufgrund der verletzungsbedingten Behinderung (z.B. Gipsbein) eine weitere Verletzung erleidet. Dagegen haftet A nicht dafür, dass bei der Untersuchung im Spital eine andere Krankheit, an der B seit längerem unbemerkt leidet, diagnostiziert wird. 06.86

5.4. Zurechnung beim Schadenstatbestand

Beim Schadenstatbestand lassen sich verschiedene Konstellationen unterscheiden. Handelt es sich bei der Schädigung um eine Werteinbusse an einer Sache, so lässt sich kaum von Kausalität sprechen. Der Umstand, dass das betreffende Rechtsgut beschädigt bzw. zerstört wurde, schlägt sich gleichzeitig in der Wertminderung nieder. 06.87

Ein Kausalverhältnis besteht dagegen in Bezug auf die für die Behebung der Schädigung aufgewandten Kosten, in Bezug auf den entgangenen Gewinn usw. In diesem Bereich ist etwa (im Rahmen der hypothetischen Kausalität) zu prüfen, ob die Kosten für die Ersatzbeschaffung, Reparatur, Heilungsmassnahme usw. in naher Zukunft ohnehin hätten aufgewandt werden müssen bzw. der Gewinn aus anderweitigen Gründen nicht realisiert worden wäre. 06.88

06.89 Als Haftungsbegrenzung kommen indessen weder die Adäquanztheorie noch die Normzweck- oder Risikoerhöhungstheorie in Betracht. So entscheidet etwa bei Aufwendungen zur Schadensbeseitigung nicht eines dieser Kriterien, sondern die **Notwendigkeit** und sachliche **Angemessenheit** über die Ersatzfähigkeit.

06.90 Ob beispielsweise dem Verletzten die Kosten für ein Einzelzimmer oder ein Mehrbettzimmer zuzubilligen sind, ob und in welcher Höhe für den Haushaltsschaden ein Ersatz geschuldet ist, ob auch die Kosten eines Rehabilitationsaufwands in einer luxuriösen Klinik zu ersetzen sind, in welchem Umfang Besuchskosten naher Angehöriger ersatzfähig sind, ob und in welcher Kategorie ein Ersatzauto angemietet werden kann und dergleichen mehr, lässt sich nicht mit den genannten Theorien, sondern bloss aufgrund von Notwendigkeits- und Angemessenheitserwägungen entscheiden (im Einzelnen dazu hinten im zweiten Teil bei den jeweiligen Schadensfolgen).

06.91 Dies gilt namentlich auch in Bezug auf die in der Literatur bestehende Meinung, auch in diesem Bereich genüge die Adäquanztheorie. So können etwa unverhältnismässige Reparaturkosten durchaus noch adäquat sein, müssen aber gleichwohl nicht in vollem Umfange ersetzt werden. Umgekehrt kann selbst ein ausgefallener, inadäquater Gewinn zu ersetzen sein, sofern er mit Sicherheit gemacht worden wäre (STOLL 36).

§ 7 Verschulden

Literatur

DESCHENAUX/TERCIER, La responsabilité civile, 2. Aufl., Bern 1982; DEUTSCH, Fahrlässigkeit und erforderliche Sorgfalt, 2. Aufl., Köln 1995 («Fahrlässigkeit»); FELLMANN, Der Verschuldensbegriff im Deliktsrecht, ZSR 1987 I, 355 ff.; JAUN, Haftung für Sorgfaltspflichtverletzung, Bern 2007; OSWALD, Analyse der Sorgfaltspflichtverletzung im vertraglichen wie ausservertraglichen Bereich, Zürich 1988; PELLONI, Die Grobfahrlässigkeit – Bedeutung in der Schadenpraxis, HAVE 2002, 262 ff.; PORTMANN, Erfolgsunrecht oder Verhaltensunrecht? Zugleich ein Beitrag zur Abgrenzung von Widerrechtlichkeit und Verschulden im Haftpflichtrecht, SJZ 1997, 273 ff.; RÜETSCHI, Aurea mediocratis – Gedanken zum Begriff der mittleren Fahrlässigkeit, HAVE 2009, 137 ff.; SCHAER, Das Verschulden als Zurechnungskriterium, in: Das Verschulden im Wandel, hrsg. von Schaer/Duc/Keller, Basel 1992, 1 ff.; SCHMID, Grobes und leichtes Verschulden, in: Haftpflicht- und Versicherungsrechtstagung, hrsg. von Koller, St. Gallen 1995, 1 ff.; WALTER, Abgrenzung von Verschulden und Vertragsverletzung bei Dienstleistungsobligationen, in: Haftung aus Vertrag, hrsg. von Koller, St. Gallen 1998, 43 ff.; WERRO, La capacité de discernement et la faute dans le droit suisse de la responsabilité, Freiburg 1986; ders., Die Sorgfaltspflichtverletzung als Haftungsgrund nach Art. 41 OR, ZSR 1997 I, 343 ff.; ZIRLICK, Freizeichnung von der Deliktshaftung, Bern 2003.

1. Begriff und Bedeutung

Legt man der Deliktshaftung das Verhaltensunrecht zugrunde, hat das Verschulden als Haftungsvoraussetzung eine marginale Bedeutung. Die Frage, ob jemand sorgfaltswidrig gehandelt hat, wird im Rahmen der Rechtswidrigkeit geprüft. Das Verschulden als Haftungsvoraussetzung reduziert sich auf die **Urteilsfähigkeit**. 07.01

In der traditionellen Haftpflichtkonzeption kommt dem Verschulden dagegen eine zentrale Rolle zu. Da die Rechtswidrigkeit bereits bei Verletzung eines absolut geschützten Rechtsgutes bejaht wird, kann sie bei diesen Schädigungen keine Auswahl vornehmen zwischen den haftungsbegründenden Verhaltensweisen und solchen, welche nicht zur Haftung führen. Diese Aufgabe muss bei der Verschuldensprüfung (d.h. bei der Frage, ob die notwendige Sorgfalt beachtet wurde) nachgeholt werden. 07.02

Verschulden wird in der herkömmlichen Lehre deshalb definiert als «rechtlich negativ zu qualifizierende menschliche Verhaltensweise [...] Die negative Qualifikation besteht im Vorwurf an den Schädiger, sich nicht pflichtgemäss verhalten zu haben» (REY/WILDHABER N 962). Das unrichtige (d.h. rechtswidrige) Verhalten wird mithin dem Verschulden zugeschlagen. Dass dieser Haftungsaufbau nicht zu überzeugen vermag, wurde bereits ausgeführt (vgl. vorne N 04.08 ff.). 07.03

07.04 Hinsichtlich des Verschuldensbegriffs ist zu unterscheiden zwischen Vorsatz bzw. Fahrlässigkeit (objektive Seite des Verschuldens) und der Urteilsfähigkeit (subjektive Seite des Verschuldens). Welchen Inhalt der Fahrlässigkeitsbegriff neben der Sorgfaltswidrigkeit hat und inwiefern die Unterscheidung vom Vorsatz bedeutsam ist, ist umstritten.

2. Fahrlässigkeit

2.1. Begriff und dogmatische Einordnung

07.05 Fahrlässigkeit wird nach der herrschenden Auffassung als «Mangel an der unter den gegebenen Umständen erforderlichen Sorgfalt» definiert (REY/WILDHABER N 1002). Die Sorgfalts- bzw. Pflichtwidrigkeit gehört dagegen nach der hier vertretenen Auffassung nicht zum Verschulden, sondern begründet die Rechtswidrigkeit; sie wurde daher in dortigem Zusammenhang erläutert (vgl. vorne N 04.01 ff.).

07.06 Festzuhalten ist, dass es auch nach der herrschenden Auffassung nicht auf die individuelle Sorgfalt, also die persönliche Vorwerfbarkeit, ankommt; der Sorgfaltsbegriff richtet sich vielmehr nach einem **objektiven Massstab** (HAP/WIDMER/KRAUSKOPF § 2 N 2.119; MÜLLER N 242). Sorgfaltswidrig handelt, wer den objektiv festgelegten Verhaltensanforderungen nicht nachkommt, selbst wenn er diese aus in seiner Person liegenden Gründen gar nicht erfüllen kann.

07.07 Unerheblich ist also, ob jemand aus familiären Gründen unkonzentriert ist, geistige Entwicklungsdefizite aufweist oder eine mangelhafte Ausbildung hat (BSK/KESSLER OR 41 N 48a; HONSELL/ISENRING/KESSLER § 6 N 17 f.; OFTINGER/STARK I § 5 N 80 ff.; SCHWENZER N 22.20).

07.08 Die gelegentlich geforderte Resubjektivierung der Sorgfalt (vgl. vor allem FELLMANN, ZSR 1987 I, 355 ff.; so noch in der Vorauflage HAP/WIDMER § 2 N 2.70 ff.; ferner BK/WEBER OR 99 N 104; DESCHENAUX/TERCIER § 7 N 30; VON TUHR/PETER 430) konnte sich zu Recht nicht durchsetzen. Im Ergebnis dürften die Unterschiede zwischen der objektiven und subjektiven Bestimmung der Sorgfalt ohnehin nicht erheblich sein, da dem Beklagten bei fehlenden individuellen Fähigkeiten meist vorzuwerfen ist, er hätte die Handlung eben nicht vornehmen dürfen; ihn trifft ein sog. Übernahmeverschulden (RUMO-JUNGO N 657 f.; SCHWENZER N 22.19).

07.09 Umstritten und schwierig ist dagegen die Frage, ob sich die Fahrlässigkeit mit der Sorgfaltswidrigkeit deckt oder ob der Begriff noch weitere Elemente umfasst. Diskutiert wird insbesondere die «innere» Sorgfalt, die Erkennbarkeit der Sorgfaltspflichten (Verbotsirrtum) und die Vermeidbarkeit.

2.2. «Äussere» und «innere» Fahrlässigkeit

07.10 Im deutschen Recht ist heute anerkannt, dass die Differenzierung zwischen Sorgfaltswidrigkeit einerseits und Verletzung einer Schutznorm oder Verkehrspflichtverletzung andererseits nicht aufrechterhalten werden kann. Ein «sorgfältiger Verstoss gegen eine Schutznorm» bzw. eine «sorgfältige Pflichtwidrigkeit» ist eben schwer denkbar. Um gleichwohl nicht von der Unterscheidung zwischen Rechtswidrigkeit und Fahrlässigkeit abrücken zu müssen, differenziert man nunmehr zwischen «äusserer» und «innerer» Fahrlässigkeit (vgl. insbesondere DEUTSCH, Fahrlässigkeit, 468 ff.; in der Schweiz wird dies übernommen von BK/WEBER OR 99 N 86 ff.; OSWALD 46 ff.).

Die «äussere» Fahrlässigkeit gehört zur Rechtswidrigkeit und bezeichnet das nach aussen hin sichtbare (sorgfaltswidrige) Fehlverhalten; die «innere» Fahrlässigkeit gehört dagegen zum Verschulden und betrifft einen intellektuell-emotionalen Vorgang, etwa wenn man unkonzentriert ist, sich ablenken lässt oder die notwendigen Informationen nicht beschafft. «Man hat sich geistig-seelisch so einzurichten, dass man norm- bzw. sachgemäss handelt» (DEUTSCH, Allgemeines Haftungsrecht, N 388). 07.11

Die Unterscheidung wird dann aber im Ergebnis wieder zugeschüttet, indem bei Verletzung der «äusseren» Sorgfalt auf die Verletzung der «inneren» Sorgfalt geschlossen wird (die «innere» Fahrlässigkeit wird durch die «äussere» indiziert); und da es sich bei der «inneren» Sorgfalt um Aspekte handelt, die sich im Inneren des Beklagten ereignen, dürfte er den Gegenbeweis, die innere Sorgfalt eingehalten zu haben, kaum je erbringen können. Solche Unterscheidungen machen evident, dass hier etwas mit dem Haftungskonzept «nicht stimmt». 07.12

Sachgerechter wäre es, auf die **Unterscheidung ganz zu verzichten**. «Denn es ist bereits Inhalt der allgemeinen Sorgfaltspflicht, sich innerlich bereitzuhalten, sich die Gedanken zu machen, die äusserlich sorgfältiges Verhalten ermöglichen, und die bei diesem Denkvorgang gewonnenen Erkenntnisse in korrektes ‹äusseres› Verhalten umzusetzen» (VON BAR II N 229). Bezeichnend ist im Übrigen, dass die Notwendigkeit, zwischen «äusserer» und «innerer» Sorgfalt zu unterscheiden, jeweils mit Beispielen aus der Gefährdungshaftung begründet wird (s. sogleich N 07.14), einer Haftung also, in welcher es weder auf das Verschulden noch auf die Sorgfalt ankommt. 07.13

2.3. Erkennbarkeit der Sorgfaltspflicht und Vermeidbarkeit

Eine andere Frage ist, ob neben der Sorgfaltswidrigkeit die Erkennbarkeit der Verhaltenspflicht und die Vermeidbarkeit eine eigenständige Bedeutung haben. In der Literatur werden zur Illustration für die Notwendigkeit dieser Verschuldenselemente jeweils folgende Beispiele angeführt: Ein Automobilist fährt innerorts zu schnell, weil das Ortseingangsschild durch einen Baum verdeckt oder der Tachometer defekt ist; er fährt bei Rot über die Kreuzung, weil er durch die Reflektion meint, es sei Grün; oder er kann wegen eines Beinkrampfes nicht rechtzeitig bremsen (vgl. BK/WEBER OR 99 N 91). All diese Beispiele sind schon deshalb fragwürdig, weil es sich bei der Motorfahrzeughaftung um eine Gefährdungshaftung handelt, bei der das Verschulden keine Haftungsvoraussetzung bildet. 07.14

Hinsichtlich der **Erkennbarkeit** einer Verhaltenspflicht bildet dagegen einen interessanten Beispielsfall die Entscheidung des BGH zur Pflicht der Skiliftbetreiber, die Stützen ihres Liftes mit Strohballen oder Matten zu sichern. Das Gericht lehnte eine Haftung ab, da der Beklagte die verschärfte und erst durch diesen Entscheid begründete Sorgfaltsanforderung nicht kennen konnte (BGH NJW 1985, 620 f.; vgl. auch BGH NJW 1995, 2631). Die Bedeutung dieser Frage sollte jedoch nicht überschätzt werden. Generell gilt, dass der Verbotsirrtum unbeachtlich ist; es darf nicht zu einer Prämierung desjenigen kommen, der sich nicht um die Rechtslage kümmert. Gleiches muss dort gelten, wo sich der Handelnde in einem «Grenzbereich» des rechtlich Zulässigen bewegt. Denn bei unklarer Rechtslage darf der Einzelne nicht 07.15

mit einer ihm günstigen Klärung der Rechtslage durch die Gerichte rechnen. Im Bereich der allgemeinen Sorgfaltspflichten ist es ohnehin nicht möglich, einen ausdifferenzierten, sämtliche Gegebenheiten des Lebens berücksichtigenden Pflichtenkatalog zu bilden.

07.16 Die Problematik reduziert sich damit auf diejenigen Fälle, in denen die Gerichte ihre frühere Rechtsprechung ändern und die Sorgfaltsanforderungen verschärfen. Schon um die kaum zu bewerkstelligende Grenzziehung zwischen «Rechtsprechungsänderung» und «Präzisierung der Rechtsprechung» zu vermeiden, sollte man es auch in diesem Bereich (und entgegen der deutschen Rechtsprechung) beim objektiven Sorgfaltsmassstab bewenden lassen (ebenso VON BAR II N 233).

07.17 Ob dies auch in Bezug auf die **Vermeidbarkeit** gilt, ist unklar. So wird etwa das Verschulden verneint, «wenn dem Arzt aufgrund einer plötzlichen Herzattacke das Skalpell ausrutscht» (SCHWENZER N 22.21; ebenso WALTER 69 f. für nicht vorhersehbares Zittern während der Operation oder Erkrankung des Anwalts während laufender Rechtsmittelfrist). Richtiger Ansicht nach sollte auch dem Kriterium der Vermeidbarkeit neben der Sorgfaltspflicht keine eigenständige Bedeutung eingeräumt werden. Der objektivierte Sorgfaltsbegriff muss daher auch dort zur Anwendung kommen, wo jemand wegen einer zeitweiligen Unfähigkeit, pflichtgerecht zu handeln (z.B. Beinkrampf, Herzattacke, Schock, Panik), aus Krankheitsgründen oder wegen körperlicher Gebrechen (schwerhöriger Strassenarbeiter bemerkt einen Passanten, der ihm zuruft, nicht und verletzt diesen mit der Schaufel) seinen Pflichten nicht nachkommen kann. Eine Haftungsbefreiung wäre auch schwer in Einklang zu bringen mit der Haftung von Kindern und geistig Behinderten (OR 54 I), von denen ebenfalls nicht erwartet werden kann, dass sie sich pflichtgerecht verhalten.

07.18 Insgesamt sollte auf die **erwähnten Differenzierungen**, welche im Bereich der Fahrlässigkeit neben der Sorgfaltspflicht noch weitere Elemente unterscheiden wollen, **verzichtet werden**. Fahrlässigkeit ist gleichbedeutend mit Sorgfaltswidrigkeit und gehört damit zur Rechtswidrigkeit (s. vorne N 04.01 ff.). Die Prüfung der Fahrlässigkeit bzw. der Sorgfaltswidrigkeit im Rahmen des Verschuldens stellt damit eine unnötige (wenngleich unschädliche) Verdoppelung dar (ebenso HONSELL/ISENRING/KESSLER § 6 N 21).

3. Grade der Vorwerfbarkeit

3.1. Bedeutung

07.19 Im Bereich der Fahrlässigkeitshaftung ist der Grad der persönlichen Vorwerfbarkeit, d.h. die Schwere des (im engeren Sinn verstandenen) Verschuldens, unerheblich. Die Einstandspflicht folgt schon aus dem Fehlverhalten, und auf dieser Ebene gibt es nicht verschiedene Intensitätsgrade, also kein falsches und «falscheres», sondern nur ein richtiges oder falsches Verhalten (VON BAR II N 235). Gleichwohl ist die persönliche Vorwerfbarkeit in verschiedener Hinsicht bedeutsam.

07.20 So führen manche Handlungen erst dadurch zu einer Einstandspflicht, dass sie **vorsätzlich** begangen werden. Sodann ist die persönliche Vorwerfbarkeit im Rahmen der Schadensteilung wegen **Mitverschuldens** wesentlich. Der Abzug wegen eines Mitverschuldens des Geschädigten unterscheidet sich nämlich je nach dem Verschuldensgrad des Haftpflichtigen (s. für ein Beispiel N 32.12). Auf die Frage, ob sie generell für die Bemessung des Schadenersatzes und der Genugtuung eine Rolle spielt, wie dies von der herrschenden Auffassung vertreten wird, ist noch zurückzukommen (s. hinten N 32.01 ff.). Eine erhebliche Bedeutung hat der Grad der Vorwerfbarkeit sodann im Bereich des **Versicherungsrechts**, da vorsätzliche Handlungen im Regelfall nicht versichert sind und bei Grobfahrlässigkeit ein Leistungskürzungsrecht des Versicherers besteht, sowie im Bereich des **Regressrechts** (s. hinten N 18.16 f.).

3.2. Verschuldensarten

Das Gesetz unterscheidet in OR 41 I Vorsatz (in dieser Bestimmung als Absicht be- 07.21
zeichnet) und Fahrlässigkeit. Beide Verschuldensarten werden in Gesetz und Lehre noch weiter unterteilt (vgl. etwa OR 44 II, 100 I, 101 III, VVG 14).

Vorsatz bedeutet Wissen und Wollen des Erfolges. Bisweilen wird zwischen «einfa- 07.22
chem» **Vorsatz** und **Absicht** differenziert. Bei ersterem ist die Rechtsgutverletzung nicht Ziel der rechtswidrigen Handlung, sondern lediglich ein Mittel zum Zweck. Letztere bezweckt die Rechtsgutverletzung hingegen unmittelbar (s. BK/BREHM OR 41 N 192 ff.). Die Bedeutung dieser Unterscheidung dürfte sich auf OR 41 II beschränken, der eine Haftung für sittenwidrige Schädigung nur bei Absicht vorsieht (BK/BREHM OR 41 N 243).

Sodann handelt auch derjenige vorsätzlich, der das schädigende Ereignis bloss billi- 07.22a
gend in Kauf nimmt. In diesem Fall spricht man von bedingtem Vorsatz bzw. **Eventualvorsatz**. Schiesst jemand mit seinem Luftgewehr gezielt auf einen anderen, handelt er vorsätzlich; schiesst er dagegen aus dem Fenster in die Dunkelheit, handelt er eventualvorsätzlich, da er in Kauf nimmt, dass jemand verletzt wird.

Die Fahrlässigkeit ist unterteilt in **leichte** und **grobe** Fahrlässigkeit, gelegentlich wird 07.23
als Zwischenstufe noch die gewöhnliche, mittlere Fahrlässigkeit unterschieden (BK/BREHM OR 41 N 198; CHK/MÜLLER OR 41 N 15). Deliktsrechtlich relevanter als das Einfügen von Zwischenstufen ist die Abgrenzung der groben Fahrlässigkeit von der leichten Fahrlässigkeit einerseits und vom Eventualvorsatz andererseits. Ersteres ist unter anderem in Bezug auf die Haftungsfreizeichnung (OR 100 I, 101 III) und das Leistungskürzungsrecht des Versicherers (VVG 14 II, III) wesentlich. Die Unterscheidung der Grobfahrlässigkeit vom (Eventual-)Vorsatz ist sodann vor allem dort entscheidend, wo eine Handlung nur bei vorsätzlicher Begehung zur Haftung führt. Dies trifft einmal auf die sittenwidrige Schädigung gemäss OR 41 II, sodann auch auf manche Vermögensdelikte sowie auf Wettbewerbsverstösse zu. So ist etwa eine «fahrlässige» Liefer- oder Bezugssperre («Boykott») oder Unterbietung von Preisen («Dumping», vgl. KG 6 II) «kein Zeichen für ein Delikt, sondern nur ein Zeichen für ökonomische Unfähigkeit» (VON BAR II N 239).

Grobfahrlässig handelt, wer die Sorgfaltspflichten in ungewöhnlichem Masse ver- 07.24
nachlässigt, wer in missbilligender Weise wesentlich von der im Verkehr erforderlichen Sorgfalt abweicht, d.h. elementarste Vorsichtsgebote verletzt (HONSELL/ISENRING/KESSLER § 6 N 26; CHK/MÜLLER OR 41 N 15; HaftpflichtKomm/FISCHER OR 41 N 170), wer ausser Acht lässt, was jedem verständigen Menschen in der gleichen Lage und unter den gleichen Umständen hätte einleuchten müssen (BGE 115 II 287; 119 II 448; s. auch die Kasuistik bei BK/BREHM OR 41 N 202).

07.25 Um leichte Fahrlässigkeit handelt es sich dagegen, wenn diese qualifizierenden Merkmale nicht vorliegen, d.h. also bei einem alltäglichen Versehen. Zweifelhaft ist der Wert der in der Literatur gelegentlich verwendeten Formulierungen, wie «das darf nicht passieren» für grobe Fahrlässigkeit und «das kann passieren» für leichte Fahrlässigkeit (KELLER I 127; befürwortet auch von OFTINGER/STARK I § 5 Fn. 121). Die Formulierung zielt eher auf das verletzte Rechtsgut als auf die Handlung; so wird man auch bei einer leicht fahrlässigen schweren Körperverletzung oder gar Tötung nie sagen: «Das kann passieren».

07.26 Bsp. zur groben Fahrlässigkeit: Ein Verwaltungsrat einer Aktiengesellschaft überwacht die Bezahlung von Sozialversicherungsbeiträgen nicht (BGE 132 III 530); übersetzte Geschwindigkeit eines Karting-Fahrers (BGE 117 II 548); Eisensprengungen werden mit einer gefährlichen Methode durch einen Offizier durchgeführt, welcher keine Vorkehrungen zur Begrenzung der Splitterwirkung trifft und die arbeitenden Angestellten des benachbarten Betriebs, welche sich im Gefahrenbereich befinden, nicht informiert (BGE 111 Ib 197).

07.27 Bsp. zur leichten Fahrlässigkeit: Während des Arbeitsvorganges achtet der Führer einer Dampfwalze nicht genügend darauf, was in der Fahrbahn allenfalls auftauchen könnte (BGE 104 II 263); eine Alphütte wird durch eine durch den Geschäftsführer einer Bergbahn ausgelöste Lawine zerstört (BGE 96 II 176).

07.28 Wohl noch schwieriger ist die Abgrenzung der Grobfahrlässigkeit vom Eventualvorsatz. Im Allgemeinen erfolgt die Abgrenzung danach, dass der Täter beim Eventualvorsatz die Schädigung als wahrscheinlich voraussieht und akzeptiert, bei der groben Fahrlässigkeit dagegen die Schädigung zwar für möglich, aber unwahrscheinlich hält, und deshalb darauf vertraut, dass sie ausbleibt.

07.29 Der Wert dieser Unterscheidung zwischen «einem haftungsrechtlichen Pessimisten und einem Optimisten» (HONSELL/ISENRING/KESSLER § 6 N 31) darf nicht überschätzt werden. Überdies ist sie bei Unterlassungen nicht immer zutreffend, da bei fahrlässiger Unkenntnis einer Verhaltenspflicht kein Eventualvorsatz vorliegt, selbst wenn man die Schädigung voraussieht und billigend in Kauf nimmt (VON BAR II N 238 Fn. 376). Diese Abgrenzungsschwierigkeiten belassen der Rechtsprechung in jenen Fällen, in denen der Grad der Vorwerfbarkeit wesentlich ist, einen breiten Ermessensspielraum.

4. Urteilsfähigkeit

4.1. Begriff

07.30 Die Verschuldenshaftung in OR 41 setzt voraus, dass der Handelnde urteilsfähig ist. Denn der Urteilsunfähige vermag durch seine Handlungen keine rechtlichen Wirkungen herbeizuführen (ZGB 18). Nicht erforderlich ist dagegen Volljährigkeit (ZGB 19 III). Der Urteilsunfähige ist in zivilrechtlicher Hinsicht deliktsunfähig. Urteilsunfähig sind Kinder, Geisteskranke und Geistesschwache sowie all jene, denen infolge Trunkenheit oder ähnlichen Zuständen die Fähigkeit fehlt, vernunftgemäss zu handeln (ZGB 16).

07.31 Die Urteilsunfähigkeit besteht bei den genannten Personen darin, dass sie die Schädigungsmöglichkeit und das Unrecht ihres Verhaltens nicht erkennen und mithin nicht entsprechend dieser Einsicht handeln können. Dagegen gelten Personen, die ausnahmsweise (aus Kummer, Zorn oder Leidenschaft) nicht in der Lage sind, die Folgen ihres Tuns zu erkennen und einsichtig zu handeln, rechtlich nicht als urteilsunfähig (OFTINGER/STARK I § 5 N 114).

Die Urteilsfähigkeit ist insofern ein **relativer Begriff**, als sie jeweils im Hinblick auf die konkreten Umstände zu beurteilen ist. Abzustellen ist insbesondere auf die Art und Gefährlichkeit der Handlung und die persönlichen Eigenschaften des Handelnden. Es ist daher möglich, dass eine Person in Bezug auf eine offensichtlich gefährliche Handlung urteilsfähig ist, in Bezug auf eine andere Handlung, bei welcher das Schädigungspotential weniger evident ist, nicht (OFTINGER/STARK I § 5 N 118). 07.32

Besondere Bedeutung hat die Frage der Urteilsfähigkeit bei Handlungen durch Kinder. Das schweizerische Recht legt keine feste Altersgrenze für die Urteilsfähigkeit fest. Kinder unter sieben Jahren dürften in aller Regel nicht als urteilsfähig gelten, Jugendliche ab zwölf Jahren dagegen jeweils urteilsfähig sein. Entscheidend ist nicht bloss das Alter, sondern die Reife und die intellektuellen Fähigkeiten im Zusammenhang mit der in Frage stehenden Handlung. Es ist daher zu prüfen, ob das Kind entsprechend seiner Entwicklung bereits die erforderliche Urteilsfähigkeit hinsichtlich der schädigenden Handlung besitzt. 07.33

4.2. Haftung des Urteilsunfähigen

Ist die Urteilsunfähigkeit bloss **vorübergehend**, namentlich bei Trunkenheit oder Drogenkonsum, so ist der Betreffende für seine Handlungen in aller Regel gleichwohl haftbar (OR 54 II). Er ist dafür verantwortlich, dass er sich in diesen die Urteilsfähigkeit vorübergehend ausschliessenden Zustand versetzt hat. Sofern der Beklagte ausnahmsweise nachweisen kann, dass er für seinen Geisteszustand im Zeitpunkt der Tat nicht verantwortlich ist, gilt er als schuldloser Urteilsunfähiger und haftet gemäss der Billigkeitsnorm in OR 54 I (BGE 111 II 267). 07.34

Bei den **nicht bloss vorübergehend** Urteilsunfähigen kann der Richter den Schädiger aus Billigkeit gleichwohl zu teilweisem oder vollständigem Schadenersatz verurteilen (OR 54 I). Billigkeit ist freilich nicht gleichbedeutend mit einer Entscheidung nach «Lust und Laune», sondern nach objektiven und sachlichen Gründen (BK/MEIER-HAYOZ ZGB 4 N 14). 07.35

Die herkömmliche Auffassung bringt sich mit der Erfolgsunrechtslehre auch bei dieser Haftung in Schwierigkeiten. Da die pflichtwidrige Handlung zum Verschulden gehört und das Verschulden keine Voraussetzung der Billigkeitshaftung in OR 54 I darstellt, wäre der Urteilsunfähige auch dann für Rechtsgutverletzungen haftbar, wenn er pflichtgemäss gehandelt hat; er müsste also für Handlungen einstehen, für die ein Urteilsfähiger nicht haften würde. Nach dem hier vertretenen Rechtswidrigkeitsbegriff ist dies dagegen unproblematisch, da die Pflichtverletzung zur Rechtswidrigkeit gehört. Die herkömmliche Auffassung behilft sich (trotz des Lippenbekenntnisses, dass ein Urteilsunfähiger nicht schuldhaft handeln kann) damit, dass sie auch bei der Haftung der Urteilsunfähigen die objektive Seite des Verschuldens voraussetzt (BK/BREHM OR 54 N 17; REY/WILDHABER N 971). 07.36

Bei den Umständen, die im Rahmen der Billigkeitsentscheidung zu berücksichtigen sind, kommt den finanziellen Verhältnissen der Parteien entscheidende Bedeutung zu (BGE 122 III 266); gelegentlich werden noch weitere Umstände, etwa ein besonders schweres Abweichen vom Durchschnittsverhalten, angeführt, obwohl solche pönalen Elemente bei Urteilsunfähigen keinen Sinn machen können (zu Recht kritisch BK/BREHM OR 54 N 32 ff.). 07.37

07.38 Praktisch dürfte sich heutzutage die Haftung des Urteilsunfähigen ohnehin weitgehend nach dem Vorliegen von Versicherungen (sowohl auf Seiten des Schädigers als auch des Geschädigten) richten. Zu beachten ist sodann, dass in solchen Fällen auch die Haftung des Familienhauptes gemäss ZGB 333 in Betracht kommt (dazu hinten N 14.01 ff.). Überdies ist darauf hinzuweisen, dass der Urteilsunfähige auch als Motorfahrzeughalter (also aus Gefährdungshaftung, s. hinten N 16.21 ff.), haften kann, da diese Haftung kein Verschulden und damit auch keine Urteilsfähigkeit voraussetzt. Entsprechendes gilt für die Werk- und Grundeigentümerhaftung (s. hinten N 10.01 ff., 12.01 ff.). Diese gesetzlich geregelten Haftungstatbestände setzen ebenfalls kein Verschulden (das im vorliegenden Lehrbuch auf die Urteilsfähigkeit reduziert ist) voraus.

3. Kapitel: Gesetzlich geregelte Haftungstatbestände

§ 8 *Geschäftsherrenhaftung*

Literatur

EGLI, Der besondere Haftungsmassstab von Art. 321e OR, in: Aktuelle Entwicklungen im Haftungsrecht, hrsg. von Jung, Zürich 2007, 45 ff.; GIERKE, Die soziale Aufgabe des Privatrechts, Berlin 1889, zit. nach dem Nachdruck von 1943; NATER, Die Haftpflicht des Geschäftsherrn gemäss OR 55 angesichts der wirtschaftlich-technischen Entwicklung, Bern 1971; PETRIN, Fortentwicklung der Geschäftsherrenhaftung in der Schweiz, St. Gallen 2004; PORTMANN, Organ und Hilfsperson im Haftpflichtrecht, Bern 1958; SPIRO, Die Haftung für Erfüllungsgehilfen, Bern 1984; STREIFF/VON KAENEL/RUDOLPH, Arbeitsvertrag, Praxiskommentar zu Art. 319–362 OR, 7. Aufl., Zürich 2012; WAESPI, Organisationshaftung, Neuenburg 2004.

1. Im Allgemeinen

1.1. Wesen und Rechtsnatur

Bei der Geschäftsherrenhaftung nach OR 55 I handelt es sich um die ausservertrag- 08.01
liche Haftpflicht für das Verhalten von Hilfspersonen. Zwischen dem Geschäftsherrn und der Hilfsperson muss ein Unterordnungsverhältnis bestehen; dies ist in aller Regel ein Arbeitsverhältnis. Der Grundgedanke dieser Haftung liegt darin, dass die Beschäftigung von Arbeitnehmern ein Risiko setzt; dieses Risiko verwirklicht sich dann, wenn der Arbeitnehmer in Ausübung seiner Arbeitstätigkeit einen anderen rechtswidrig schädigt. Da der Arbeitgeber den Einsatz von Arbeitnehmern im eigenen Interesse veranlasst, soll er auch für dieses Risiko einstehen (HONSELL/ISENRING/KESSLER § 13 N 1).

Die Regelung stellt nach herrschender Auffassung eine gewöhnliche Kausalhaftung 08.02
dar (HaftpflichtKomm/FISCHER Vor OR 41–61 N 30 ff.; CR/WERRO OR 55 N 1; vgl. für eine umfassende Auseinandersetzung mit der Thematik OFTINGER/STARK II/1 § 20 N 2 ff.); anderer und richtiger Ansicht nach sollte wegen der Möglichkeit des Sorgfaltsbeweises nicht von einer Kausalhaftung, sondern von einer **Verschuldenshaftung** mit vermuteter Verletzung einer Verhaltenspflicht gesprochen werden (HONSELL/ISENRING/KESSLER § 1 N 23; SCHWENZER N 49.09; ebenso die frühere Rechtsprechung, vgl. die Nachweise bei OFTINGER/STARK II/1 § 20 N 2). Wie vorne ausgeführt (N 02.22 ff.), sind indes diese klassifikatorischen Einordnungsversuche heuristisch von geringem Wert (immerhin ist die dogmatische Einordnung im Rahmen des Regresses bedeutsam, s. hinten N 18.17 ff.). Wichtiger sind die konkreten Haftungsvoraussetzungen.

1.2. Überblick über die Haftungsvoraussetzungen

08.03 Im Rahmen der Geschäftsherrenhaftung hat der Geschädigte zu beweisen, dass ihm eine **Hilfsperson** des beklagten Geschäftsherrn (N 08.07 ff.) in Ausführung ihrer **geschäftlichen Verrichtung** (N 08.11 ff.) **rechtswidrig**, **adäquat kausal** eine **Rechtsgutverletzung** zugefügt hat; der Geschäftsherr kann sich durch den **Sorgfaltsbeweis** (N 08.15 ff.) von der Haftung befreien.

08.04 Ein **Verschulden** ist herrschender Ansicht nach weder beim Geschäftsherrn noch bei der Hilfsperson erforderlich. Diese Auffassung ist in doppelter Hinsicht problematisch: Zum einen ist sie insofern widersprüchlich, als dem Geschäftsherrn der Sorgfaltsbeweis offenstehen soll. Da die Sorgfalt nach herrschender Konzeption Bestandteil des Verschuldens bildet, ist beim Geschäftsherrn das Verschuldenserfordernis gleichwohl (wenn auch in eingeschränktem Umfang) vorausgesetzt. Zum anderen gerät die herrschende Ansicht hinsichtlich der haftungsbegründenden Handlungen der Hilfspersonen in Schwierigkeiten (s. auch das analoge Problem bei der Haftung des Urteilsunfähigen, vorne N 07.36). Setzt man die Verletzung eines absolut geschützten Rechtsgutes mit der Rechtswidrigkeit gleich, müsste der Geschäftsherr auch für die mit aller Sorgfalt vorgenommenen Handlungen der Hilfsperson haften (so in der Tat BK/BREHM OR 55 N 40a; BSK/KESSLER OR 55 N 14). Diese Auffassung vermag nicht zu überzeugen. Dagegen lässt sich auch nicht einwenden, dass sich der Geschäftsherr meistens befreien kann, wenn die Hilfsperson sorgfältig handelt.

08.05 Trifft den Geschäftsherrn ein Auswahlverschulden, kann er sich eben gerade nicht befreien; überzeugender ist der Einwand des rechtmässigen Alternativverhaltens (vorne N 06.24 ff.), denn die Schädigung wäre auch bei richtiger Auswahl der Hilfsperson eingetreten.

08.06 Qualifiziert man die Geschäftsherrenhaftung als Verschuldenshaftung mit vermuteter Verletzung einer Verhaltenspflicht und geht man vom Verhaltensunrecht aus, stellen sich die erwähnten Schwierigkeiten nicht. Da sich das Verschulden auf die Urteilsfähigkeit beschränkt, ist tatsächlich weder (was selten eintreten dürfte) beim Geschäftsherrn noch bei der Hilfsperson ein Verschulden notwendig. Der Geschäftsherr haftet somit auch für Urteilsunfähige (BGE 77 II 45). Im Übrigen gelten bei der Geschäftsherrenhaftung die allgemeinen Haftungsvoraussetzungen: einmal die Rechtswidrigkeit, welche darin besteht, dass die Hilfsperson pflichtwidrig handelt; ferner eine Rechtsgutverletzung; und schliesslich muss zwischen dem Verhalten und der Rechtsgutverletzung ein adäquater Kausalzusammenhang bestehen. Sodann müssen die nachfolgenden speziellen Haftungsvoraussetzungen vorliegen.

2. Spezielle Haftungsvoraussetzungen

2.1. Geschäftsherr und Hilfsperson

08.07 Geschäftsherr ist jedermann, der Arbeiten durch andere Personen, welche zu ihm in einem **Subordinationsverhältnis** stehen (in den meisten Fällen durch Arbeitnehmer), ausführen lässt. Dabei ist nicht die rechtliche Natur dieses Unterordnungsverhältnisses massgebend, sondern lediglich die tatsächliche; die betreffende Person muss also unter Aufsicht des Geschäftsherrn stehen (MÜLLER N 279). Dies ist etwa bei Temporärarbeitsverhältnissen bedeutsam: Rechtlich besteht der Arbeitsvertrag mit der Temporärunternehmung. Tatsächlich ist der Arbeitnehmer dagegen regelmässig im Betrieb des «mietenden» Geschäftsherrn eingegliedert;

dieser hat die Weisungs- und Überwachungsbefugnis und ist demzufolge auch gemäss OR 55 I haftbar (BK/BREHM OR 55 N 16 ff. m.N. auf abweichende Auffassungen).

Das Subordinationsverhältnis gründet in der Regel auf einem Arbeitsvertrag. Ausnahmsweise kommt auch ein Auftrag oder ein familienrechtliches Grundverhältnis in Frage (s. die möglichen Unterordnungsverhältnisse bei BK/BREHM OR 55 N 7 ff.). Des Weiteren ist zu beachten, dass auch die nur vorübergehende Inanspruchnahme einer Hilfsperson die Haftung des Geschäftsherrn nach sich zieht. 08.08

Der Begriff der Hilfsperson umschreibt, für wessen schädigendes Verhalten der Geschäftsherr gemäss OR 55 I gegenüber Dritten einstehen muss. Massgebend ist auch hier das Subordinationsverhältnis. Selbständig Erwerbstätige gelten nicht als Hilfspersonen im Sinne von OR 55 I (anders bei der vertraglichen Hilfspersonenhaftung nach OR 101). Sodann sind Organe von juristischen Personen selbst Träger von Befehls- und Entscheidungsgewalt und daher keine Hilfspersonen. Ihre Handlungen werden der juristischen Person unmittelbar zugerechnet (dazu hinten N 08.52 ff.; vgl. BK/BREHM OR 55 N 14 für eine Übersicht über die Rechtsprechung zur Abgrenzung zwischen Hilfsperson und Organ). 08.09

Bsp.: Entscheidet die Geschäftsleitung einer Bauunternehmung, in Zukunft aus Kostengründen auf die Absicherung von Baustellen durch Bretterwände zu verzichten, stattdessen bloss noch Warnschilder anzubringen, und verletzt sich daraufhin bei einer ihrer Baustellen in der Nähe eines Schulhauses ein Kind beim Spielen, dann haftet das Unternehmen aus eigenem Fehlverhalten (OR 41 i.V.m. ZGB 55). Vergisst dagegen der Vorarbeiter des Unternehmens, am Abend vor dem Nachhausegehen die Baustelle zu sichern, worauf sich ein Kind beim Spielen verletzt, dann haftet das Unternehmen nach OR 55 I, sofern es den Sorgfaltsbeweis nicht erbringen kann. Nochmals anders liegen die Dinge, wenn das Bauunternehmen eine andere Gesellschaft mit dem Aushub beauftragt. Vergessen nun die Arbeiter des Aushubunternehmens, am Abend die Baustelle zu sichern, haftet das Bauunternehmen nicht, da weder das Aushubunternehmen noch der dort angestellte Arbeiter ihre Hilfsperson ist. Subunternehmer gelten nicht als Hilfspersonen im Sinne von OR 55. In Betracht kommt dagegen wiederum eine Haftung des Aushubunternehmens für die Handlungen ihres Arbeiters. 08.10

2.2. Geschäftliche Verrichtung

Der Geschäftsherr haftet für die Hilfspersonen nur, wenn Schädigungen in Ausübung der dienstlichen oder geschäftlichen Verrichtungen herbeigeführt werden. Zwischen der auszuführenden Verrichtung und der schädigenden Handlung muss ein sog. innerer bzw. **funktioneller Zusammenhang** vorliegen. Für Schädigungen, die durch private Verrichtungen verursacht werden (etwa in der Freizeit des Arbeitnehmers), haftet nicht der Geschäftsherr, sondern bloss die Hilfsperson (meist aus OR 41 I; vgl. FELLMANN/KOTTMANN N 762). Oftmals ist die Abgrenzung schwierig. Unsicher ist etwa, ob und unter welchen Voraussetzungen bei Schädigungen durch unerlaubtes Rauchen am Arbeitsort (BK/BREHM OR 55 N 30 m.w.N.), sexuellen Belästigungen (BGE 126 III 398), oder Diebstahl ein funktioneller Zusammenhang zur geschäftlichen Verrichtung besteht. 08.11

Kein funktioneller Zusammenhang liegt vor, wenn Schäden nur **bei Gelegenheit** dienstlicher Arbeiten verursacht werden. Lässt etwa ein Arbeitnehmer einen Hammer fallen und verletzt er dadurch einen Passanten, ist der Geschäftsherr gemäss OR 55 I haftbar; be- 08.12

ginnt dagegen der Arbeitnehmer einen Streit mit einem Passanten und verletzt er diesen mit seinem Hammer, haftet der Geschäftsherr nicht.

08.12a Illustrativ ist der Fall eines Reinigungsangestellten, der während der Reinigung ein Gewehr fand, welches er einem Mitarbeiter zeigen wollte. Aus der Waffe löste sich ein Schuss, der jenen Mitarbeiter am Ellbogen verletzte. Das Bundesgericht verneinte den funktionellen Zusammenhang (BGer 4A_209/2017, E. 2.4 ff.).

08.13 Die Frage nach dem Zusammenhang wird regelmässig mit der Frage nach einem Fehlverhalten des Geschäftsherrn gekoppelt. So wird etwa ausgeführt: «Es wäre wohl stossend, wenn der Geschäftsherr beispielsweise unbekümmert einen Monteur zur Kundschaft schicken könnte, der bereits Diebstähle zu verantworten hatte und dann diese Sorgfaltspflichtverletzung deshalb nicht geahndet würde, weil OR 55 nicht anwendbar wäre mangels Schadens ‹in Ausübung dienstlicher Verrichtung›» (BK/BREHM OR 55 N 28).

08.14 Einigkeit besteht dahingehend, dass der notwendige funktionelle Zusammenhang auch bei Schädigungen in den Arbeitspausen bestehen kann (CR/WERRO OR 55 N 16; FELLMANN/KOTTMANN N 765 f. m.w.N.). Sodann verliert eine Tätigkeit nicht schon allein dadurch ihren geschäftlichen Charakter, dass die Hilfsperson von den Weisungen des Geschäftsherrn abweicht. Auch wenn eine Hilfsperson aus eigener Initiative ihren Tätigkeitsbereich erweitert und der Geschäftsherr davon weiss, ist der funktionelle Zusammenhang zu bejahen, solange ein Zusammenhang mit der eigentlichen Arbeit der Hilfsperson besteht (BGer 4A_326/2008, E. 5.1).

2.3. Sorgfaltsbeweis im Allgemeinen

08.15 Der Geschäftsherr haftet nicht, wenn er nachweisen kann, dass er alle nach den Umständen gebotene Sorgfalt aufgewendet hat, um eine Schädigung zu verhüten; d.h., ihm steht der Sorgfalts- bzw. Befreiungsbeweis offen. Das Gesetz erwähnt als zweite Möglichkeit der Haftungsbefreiung den Nachweis des Geschäftsherrn, dass die Schädigung auch bei Anwendung dieser Sorgfalt eingetreten wäre. Dabei handelt es sich um die Berufung auf das rechtmässige Alternativverhalten (s. dazu vorne N 06.24 ff.). Dieser Einwand ist ohnehin bei jeder Haftung zulässig; das Gesetz regelt aber die wesentliche Frage der Beweislastverteilung.

08.16 Die dem Geschäftsherrn obliegende Sorgfalt lässt sich in verschiedene Schwerpunkte aufteilen: Traditionell standen drei Sorgfaltspflichten im Vordergrund, nämlich die Sorgfalt in der **Auswahl** (cura in eligendo), in der **Instruktion** (cura in instruendo) und in der **Überwachung** (cura in custodiendo) der Hilfsperson. Sodann hat der Geschäftsherr die Pflicht, für eine Ausrüstung der Hilfspersonen mit geeignetem Werkzeug und Material zu sorgen (BGE 64 II 262; BK/BREHM OR 55 N 89 f.). Die wohl bedeutendste Pflicht ist freilich die **zweckmässige Organisation** des Betriebes und die (End-)Kontrolle der hergestellten Ware (Produzentenhaftung, dazu sogleich N 08.25 ff.).

08.17 Bei der sorgfältigen Auswahl der Hilfsperson sind als Umstände vor allem das Gefährdungspotential der Tätigkeit sowie die Fähigkeiten des Arbeitnehmers zu berücksichtigen. Je grösser das Risiko der Schädigung Dritter durch die entsprechende Tätigkeit, desto höhere Sorgfalt muss bei der Auswahl der Hilfsperson angewendet werden. Die Hilfsperson muss aufgrund ihrer Kenntnisse und Erfahrung in der Lage sein, die vorgesehene Tätigkeit ohne Schädigung Dritter auszuführen. Diese Kriterien sind auch bei der Instruktions- und Überwachungspflicht massgebend. Erfahrene Mitarbeiter bedürfen bei Routinearbeiten weder spezieller Anweisungen noch müssen sie dauernd überwacht werden. Dies gilt noch verstärkt bei als Hilfspersonen eingesetzten Spezialisten. Nach der Lehre muss hingegen der Geschäftsherr mangels Fachkenntnisse gar einen anderen Spezialisten zur Überwachung der eigenen Spezialisten beiziehen (BK/BREHM OR 55 N 72; OFTINGER/STARK II/1 § 20 N 137). Im Übrigen genügt es nicht, dass der Geschäftsherr die nötigen Weisungen an das Personal erteilt; er muss auch deren Befolgung durchsetzen.

Bei Grossbetrieben kann der Geschäftsherr (bzw. die für die Unternehmung handelnden Organe, dazu hinten N 08.52 ff.) die Sorgfaltspflicht nicht persönlich hinsichtlich aller Mitarbeiter übernehmen. Er muss diese Aufgaben an Personalverantwortliche, Bauführer, Abteilungsleiter usw. übertragen. Es stellt sich die Frage, ob sich der Geschäftsherr damit entlasten kann, dass er seine Sorgfaltspflichten an Mitarbeiter delegiert hat; er würde diesfalls bloss noch für die sorgfältige Auswahl, Instruktion und Überwachung dieser Mitarbeiter haften. Obwohl der Wortlaut von OR 55 I für diese Lösung spricht und auch der deutsche BGH den «dezentralisierten» Entlastungsbeweis anerkennt (BGHZ 4, 1; s. bereits RGZ 78, 107), delegiert der Geschäftsherr die Sorgfaltspflichten auf sein eigenes Risiko hin. Da er den wirtschaftlichen Nutzen aus der Tätigkeit zieht, soll er auch das damit verbundene Risiko tragen. Er haftet deshalb dafür, dass die notwendige Sorgfalt durch ihn persönlich oder durch die verantwortlichen Mitarbeiter aufgewendet wird (BK/BREHM OR 55 N 52 ff.; FELLMANN/KOTTMANN N 787 ff.; HONSELL/ISENRING/KESSLER § 13 N 22). 08.18

2.4. Der Sorgfaltsbeweis in der Rechtsprechung

Die Anforderungen an die anzuwendende Sorgfalt sind zuweilen äusserst hoch, wie die nachfolgenden Beispiele aus der bundesgerichtlichen Rechtsprechung zeigen: So wurde etwa eine ungenügende Instruktion und Beaufsichtigung bejaht, als ein Arbeiter in einer Sattlerwerkstatt einen Steiggurt mangelhaft reparierte (BGE 64 II 262); der Sorgfaltsbeweis hätte ohnehin nicht erbracht werden können, da der Sattler seiner Hilfsperson bloss zweitklassiges Leder (und damit ungeeignetes Material) für die Reparatur der Steiggurte zur Verfügung gestellt hatte. Sodann hätte der Geschäftsherr einen jungen Bauleiter «darüber unterrichten sollen, dass und auf welche Weise offene Stellen an Schächten, Treppen und dergleichen in Neubauten abzuschranken seien» (BGE 95 II 100). Im selben Fall hatte der Kläger den Arbeitern geholfen, einen Schrank in ein Haus zu tragen und sich dabei verletzt; der Geschäftsherr hätte seine Hilfspersonen ausdrücklich belehren sollen, «sie dürfen beim Hineintragen der Gegenstände keinen Dritten, insbesondere nicht den Kläger, mitwirken lassen, oder sie müssten sich vorsehen, dass ein mitwirkender Dritte nicht verunfallen könne» (BGE 95 II 108). Weiter noch geht die Forderung an den Geschäftsherrn, jeweils zu bedenken, dass die Arbeiter einer mitwirkenden Unternehmung möglicherweise Fehler begehen, er daher seinen eigenen Kranmonteur darauf aufmerksam machen müsse (BGE 96 II 33). 08.19

Die wohl bekannteste Entscheidung im Bereich der Geschäftsherrenhaftung ist der **«Schachtrahmen-Fall»** (BGE 110 II 456). Es ging dabei um einen Bauarbeiter, der verletzt wurde, weil eine in einem Schachtrahmen einbetonierte Aufhängeschlaufe sich löste und der Rahmen auf seinen Fuss fiel. Der Geschäftsherr hätte die vorne erwähnten traditionellen Sorgfaltsbeweise wohl erbringen können. Nach Auffassung des Bundesgerichtes lag indessen ein **Organisationsverschulden** vor. Ein Produzent, der Waren durch Hilfspersonen her- 08.20

stellen lässt, müsse für eine zweckmässige Arbeitsorganisation und nötigenfalls für eine Endkontrolle der hergestellten Sachen sorgen. Ist eine solche Qualitätssicherung nicht möglich, habe er «eine sicherere Konstruktion zu wählen» (a.a.O. 465; damit wurde die zurückhaltende Rechtsprechung in BGE 90 II 90 aufgegeben).

08.21 Die zweite wesentliche Entscheidung zum Organisationsverschulden ist der **«Klappstuhl-Fall»** (JdT 1986 I, 571). Aufgrund zu schwacher Nieten bricht ein Klappstuhl zusammen, wodurch sich der Kläger an der Wirbelsäule verletzt. Da der Stuhl in Italien hergestellt wurde, richtete sich die Klage gegen den schweizerischen Importeur. Das Bundesgericht bejahte wiederum ein Organisationsverschulden; die Kontrollpflicht der Waren treffe nicht bloss den Hersteller, sondern auch denjenigen, der ein fremdes Produkt vertreibt, insbesondere wenn es sich um ein neues Produkt handelt (a.a.O. 573). Der «Klappstuhl-Fall» würde allerdings heute, nach Inkrafttreten des PrHG, wohl nicht mehr mithilfe des – vergleichsweise weit gefassten – Organisationsverschuldens gelöst. Vielmehr würde die Haftung für «Ausreisser» greifen (s. hinten N 08.32, 09.03 f.).

08.22 Bezüglich einer Anwaltskanzlei wurde auf eine mangelhafte Organisation geschlossen, weil ein Praktikant eine Rechtsschrift erst nach Fristablauf zur Post gebracht hatte. Der Kanzlei wurde vorgeworfen, dass ihre Organisation «Merkmale aufweise, welche generell geeignet seien, den fristgerechten Postversand zu gefährden» (BGer 4A_36/2008, E. 3).

08.23 Einer Bank wurde mangelhafte Überwachung vorgeworfen, da die Schädigung eines Kunden durch einen Mitarbeiter nicht verhindert wurde. Der Mitarbeiter hatte im Rahmen seiner eigentlichen Tätigkeit keinen Kundenkontakt. Obwohl die Vorgesetzten wahrnahmen, dass dieser regelmässige Kundentermine durchführte, wurde nicht eingegriffen. Damit war die Bank für den Schaden haftbar, welcher aufgrund einer solchen Kundenbeziehung entstand (BGer 4A_544/2008).

08.24 Auf einer Baustelle ereignete sich ein kurzer, aber äusserst lauter und hochfrequenter Lärm, welcher bei einem Passanten zu einem Gehörschaden führte. Das Bundesgericht entschied in BGer 4A_321/2011, dass dies ein unvorhersehbares, ausserordentliches Ereignis war, mit welchem der Bauunternehmer nicht rechnen musste und gegen welches er somit keine Vorsorge treffen konnte. Da das Ereignis nicht vorhersehbar war, fehlte es am pflichtwidrigen Handeln. Der Bauunternehmer konnte den Sorgfaltsbeweis erbringen und haftete nicht für den Gehörschaden des Passanten.

3. Produzentenhaftung

Literatur

BECKERS, Die Aussenhaftung des Arbeitnehmers, Diss. Konstanz 1995; FELLMANN, Produzentenhaftung in der Schweiz, ZSR 1988 I, 275 ff.; HESS, Kommentar zum Produktehaftpflichtgesetz, 2. Aufl., Bern 1996; ROBERTO, Produktehaftpflicht und Software, in: JKR, Bern 2000, 55 ff.; ROBERTO/SCHISTER, Eingeschränkte Arbeitnehmerhaftung, FS Geiser, Zürich 2017, 381 ff.; WIDMER, Grundlagen und Entwicklung der schweizerischen Produktehaftung(-en), ZSR 1995 I, 23 ff.

3.1. Sorgfaltspflichten des Produzenten im Allgemeinen

08.25 Die zweckmässige Organisation der Arbeit und des Betriebes wird aufgrund ihrer Wichtigkeit regelmässig als separate Sorgfaltspflicht neben den drei traditionellen Auswahl-,

Instruktions- und Überwachungspflichten genannt (BSK/KESSLER OR 55 N 21; BK/BREHM OR 55 N 77 f. mit Hinweisen zur Rechtsprechung in N 79 f.) Die Produzentenhaftung basiert auf den durch die Rechtsprechung entwickelten Organisationspflichten des Geschäftsherrn (insbesondere dem Schachtrahmen-Fall und dem Klappstuhl-Fall, vgl. vorne N 08.20 f.); der Sache nach geht es um **Sorgfaltspflichten des Warenherstellers**. Danach hat der Produzent dafür zu sorgen, dass seine Produkte bei Dritten keine Schädigung bewirken. Er muss entweder durch eine (End-)Kontrolle der Ware oder, wenn dies nicht möglich ist, durch eine sichere Konstruktionsart gewährleisten, dass Produkte keine Schädigungen verursachen.

Aspekte einer zweckmässigen Organisation der Arbeitsabläufe sind die gebotene Sorgfalt bei Konstruktion und Herstellung der Produkte sowie die Informationspflicht; hinzu kommt die Produktebeobachtungspflicht. Infolgedessen unterscheidet man üblicherweise zwischen Konstruktions-, Fabrikations-, Instruktions- und Produktebeobachtungsfehlern (ausführlich hierzu FELLMANN 281 ff.; HESS PrHG 4 N 22 ff.). 08.26

3.2. Konstruktionsfehler

Die Sorgfaltspflichten des Herstellers beginnen bereits bei der Konzeption und Entwicklung eines Produktes. Genügt er diesen Pflichten nicht, spricht man von einem Konstruktionsfehler. Beispiele kennt man vor allem aus der Fahrzeugproduktion. Zu denken ist etwa an den amerikanischen «Ford Pinto-Fall» (California Reporter 174 [1981], 348; s. vorne N 02.80). Bei diesem Fahrzeugtyp befand sich der Benzintank gleich hinter der Stossstange, was bei Auffahrunfällen immer wieder zu Explosionen führte (dieser Fall ist zugleich einer der «leading cases» im Bereich der «punitive damages»). Bekannt geworden sind auch Konstruktionsfehler bei europäischen Fahrzeugtypen, welche sich in Kurven überschlagen (Mercedes A-Klasse) oder beim Abbremsen aus grösseren Geschwindigkeiten seitlich «ausbrechen» (Audi TT). 08.27

Kein Konstruktionsfehler besteht bei Mängeln, welche nach dem Stand der Technik und Wissenschaft im Zeitpunkt des Inverkehrbringens des Produktes nicht erkennbar waren. Als Beispiel seien die tragischen Fälle der AIDS-verseuchten Blutkonserven angeführt. In den ersten Jahren nach Auftreten dieser Krankheit standen keine geeigneten Testverfahren zur Verfügung. Gleichwohl wurden die Vertreiber der Blutkonserven gelegentlich aufgrund der Produzentenhaftung verurteilt (vgl. OLG Hamburg NJW 1990, 2322). Damit ist die Produzentenhaftung nicht mehr eine Haftung für vermutete Sorgfaltspflichtverletzung des Herstellers, sondern eine strikte Haftung. «Es mag nichts dagegen einzuwenden sein, Produzenten strikt haften zu lassen, aber es ist nicht korrekt, ihnen um des Ergebnisses willen ein Fehlverhalten zu bescheinigen, wenn man nicht zu konkretisieren weiss, was sie denn hätten besser machen sollen» (VON BAR II N 278). 08.28

Beachtung hat sodann ein Entscheid des deutschen BGH gefunden, in welchem es darum ging, dass in einem medizinischen Handbuch der Autor bei der Druckfahnenkorrektur ein «verrutschtes Komma» (25% statt 2.5%) übersehen hatte; aufgrund dieses Fehlers wurde das Leben eines Patienten gefährdet. Das Gericht lehnte eine Haftung sowohl des Verlegers als auch des Autors ab, bejahte dagegen die Einstandspflicht des behandelnden Arztes (BGH NJW 1970, 1963; vgl. auch HONSELL/ISENRING/KESSLER § 21 N 31). 08.29

3.3. Fabrikationsfehler

08.30 Ein Fabrikationsfehler liegt vor, wenn das Konzept des Produktes selbst fehlerfrei, ein Produkt aber gleichwohl fehlerhaft ist, was mangels genügender Warenendkontrolle nicht bemerkt wird. Im Fahrzeugbereich spricht man diesbezüglich von einem «Montagsauto», womit der Umstand angesprochen wird, dass anfangs und am Ende einer Arbeitswoche die Fehlerquote bei der Herstellung über dem Durchschnitt liegt.

08.31 Berühmt ist der englische «Ginger Beer-Fall» (The Law Reports 1932, 562): Die Klägerin bestellte in einem Gasthaus ein Ginger Beer, und nachdem sie die Flasche zum Teil ausgetrunken hatte, entdeckte sie am Flaschenboden die verwesenden Reste einer Schnecke, worauf sie einen Schock erlitt. Immer wieder kommt es auch im Zusammenhang mit explodierenden Mineralwasserflaschen zu Schädigungen, so etwa bei einer Flasche mit einem feinen Haarriss (BGHZ 104, 323; 129, 353) oder bei einer über zwanzig Jahre alten Mehrwegflasche, die aufgrund zahlreicher abnützungsbedingter Oberflächenschäden eine geringere Festigkeit aufweist (OLG Innsbruck ZVR 1997, 376).

08.32 Die entscheidende Frage ist, ob auch eine Haftung für sog. **«Ausreisser»** besteht. Es geht dabei um in sehr grossen Mengen hergestellte Güter, bei denen zwangsläufig nur Stichproben möglich sind, weshalb einmal ein «Ausreisser», d.h. ein fehlerhaftes Produkt, unbemerkt bleiben kann. Im Schachtrahmen-Fall hat das Bundesgericht noch vorsichtig formuliert, dass die Entscheidung «nicht ohne weiteres» auf grosse Produktionsbetriebe übertragen werden könne (BGE 110 II 465); «Ausreisser» dürften daher nicht unter die Produzentenhaftung fallen, wohl aber unter das PrHG (s. hinten N 09.03).

3.4. Produkteinformation

08.33 Zu den Sorgfaltspflichten des Herstellers gehört ferner die Produkteinformation. Dem Endabnehmer sind die Eigenschaften des Produktes zu erläutern, damit eine Gefährdung durch fehlerhaften Gebrauch verhindert werden kann, insbesondere muss er vor nicht offensichtlichen Gefahren gewarnt werden. Die Anforderungen an die Hinweis- und Warnpflichten richten sich nach der von einem Produkt ausgehenden Gefahr. Bei Arzneimitteln, giftigen oder explosiven Substanzen usw. ist daher an auffälliger Stelle deutlich auf die Gefahr hinzuweisen.

08.34 Die Kritik an den Auswüchsen der Produktehaftung («Anspruchsmentalität», vgl. etwa HONSELL/ISENRING/KESSLER § 1 N 84 ff.) richtet sich vor allem gegen die Informationspflicht. Hier besteht in der Tat die Gefahr, dass die Rechtsprechung das Fehlen eines Konstruktionsfehlers durch überspannte Anforderungen an die sachgerechte Information überspielt. Beispiele gibt es in der ausländischen Rechtsprechung zuhauf.

08.35 So hat etwa in Deutschland ein Gericht einen Informationsfehler darin erblickt, dass bei der Bedienungsanleitung einer Schusswaffe nicht auf das Risiko der Schussauslösung beim Fallenlassen der ungesicherten Waffe hingewiesen wurde (VON BAR II N 284 m.N.). Grosse Aufmerksamkeit wurde auch den «Kindertee-Fällen I–III» zuteil: Der für Säuglinge und Kleinkinder gedachte gesüsste Tee verursachte bei langandauernder Verabreichung erhebliche Kariesschäden. Die Haftung des Herstellers wurde bejaht, weil dieser nicht genügend auffällig gestaltete Warnhinweise gegeben hatte, dass süsser Tee in Plastiktrinkflaschen, aus denen die Säuglinge täglich stundenlang trinken und dies während eines langen Zeitraumes (konkret waren es über drei Jahre), für die Zähne schädlich ist (grundlegend BGHZ 116, 60; BGH NJW 1994, 932; BGH NJW 1995, 1286).

Sehr weit gegangen ist gelegentlich auch die amerikanische Rechtsprechung; jedem europäischen Besucher dürfte die Anhäufung von Warnhinweisen auffallen (etwa bei den Kunststoffeinkaufstaschen, die man nicht über den Kopf stülpen soll, da ansonsten die Sauerstoffzufuhr unterbrochen werden kann). Die Fehlentwicklungen der amerikanischen Produzentenhaftung werden hierzulande oftmals überzeichnet. So handelt es sich etwa bei dem oft erwähnten Fall, wonach der Hersteller für den fehlenden Hinweis, dass Haustiere nicht im Mikrowellenherd getrocknet werden dürfen, haftbar sei, um ein modernes Märchen (vgl. dazu und zu weiteren Legenden www.snopes.com). Die Funktion solcher Geschichten, welche die Anforderungen der italienischen Redewendung «se non è vero è ben trovato» erfüllen, kann lediglich darin liegen, den Unterhaltungswert des Rechtsgebietes Haftpflichtrecht zu erhöhen. 08.36

3.5. Produktebeobachtungspflicht im Besonderen

Anders als beim Produktehaftpflichtgesetz (dazu hinten N 09.01 ff.) erschöpfen sich die Sorgfaltspflichten gemäss der Produzentenhaftung nicht schon mit dem Inverkehrbringen eines einwandfreien Produkts. Vielmehr hat der Hersteller auch nach der Markteinführung des Produkts zu beobachten, ob sich Risiken offenbaren, die zum Zeitpunkt des Inverkehrbringens des Produkts nach dem Stand von Wissenschaft und Technik nicht erkennbar waren (BJM 1961, 189 ff.; HESS PrHG 4 N 43; HONSELL/ISENRING/KESSLER § 21 N 44 m.H. auf die Rechtsprechung; SCHWENZER N 53.36). 08.37

Zu den Pflichten des Herstellers gehört nicht nur die Beobachtung der Bewährung seiner eigenen Produkte auf dem Markt, sondern auch die Beobachtung und Prüfung ergriffener Gefahrenabwendungsmassnahmen konkurrierender Anbieter. Des Weiteren erstreckt sich die Produktebeobachtungspflicht auch auf das Produktverhalten in Kombination mit der Verwendung eines Fremdproduktes (sog. Schnittstellenproblematik, dazu HESS PrHG 4 N 44). Zur Produktebeobachtungspflicht des Herstellers sind beispielsweise der regelmässige Besuch von Fachveranstaltungen sowie die interne Auswertung von publizierten Testberichten zur Verwendung seiner Produkte zu zählen (HESS PrHG 4 N 45). 08.38

Treffen Schadensmeldungen ein, hat der Hersteller zu prüfen, ob das Ereignis auf einen eigentlichen Produktefehler oder auf bewusste Fehlanwendungen zurückzuführen ist; gegebenenfalls hat er mit geeigneten Abwehrmassnahmen zu reagieren (HESS PrHG 4 N 46). Zu denken ist etwa an die öffentliche Bekanntmachung entsprechender Gebrauchs- oder Warnhinweise sowie «Rückrufaktionen». Zu beachten ist, dass wirtschaftliche Erwägungen bei der Gefahrenabwendungspflicht des Herstellers in den Hintergrund zu treten haben, wenn eine Gefährdung des Lebens und der Gesundheit der Benutzer oder der Allgemeinheit zu befürchten ist (HESS PrHG 4 N 53). 08.39

Mit dem Inkrafttreten des PrSG am 1. Juli 2010 wurde die Produktbeobachtungspflicht von Hersteller und Importeur gesetzlich statuiert und deren Anwendungsbereich ausgeweitet (vgl. hierzu FELLMANN/KOTTMANN N 1227 ff.; zum PrSG s. N 09.35 ff.). Hersteller und Importeure von Produkten sind gemäss PrSG 8 II nun auch nach Inverkehrbringen ihrer Produkte dazu verpflichtet, angemessene Massnahmen zwecks Gefahrerkennung und gegebenenfalls -abwendung zu ergreifen. 08.40

3.6. Dogmatische Einordnung und Bedeutung

08.41 Bei der Produzentenhaftung geht es – wie erwähnt – um die Sorgfaltspflicht des Warenherstellers. Die Einstandspflicht für pflichtwidrige Handlungen der Hilfspersonen will nicht so recht auf anonyme Produktionsprozesse passen. Im Vordergrund steht eben nicht die Haftung für Mitarbeiter, sondern für **eigenes Fehlverhalten**; dies wird besonders augenfällig bei Entscheidungen der Geschäftsleitung, auf eine sicherere Konstruktion, eine verschärfte Endkontrolle oder eine Rückrufaktion aus Kostengründen zu verzichten. Die Produzentenhaftung sollte infolgedessen unter OR 41 subsumiert werden (so werden die Dinge auch im deutschen Recht gesehen, vgl. DEUTSCH N 73 und 885). Die Belassung bei OR 55 I lässt sich immerhin wegen der Beweislastverteilung rechtfertigen. Da es für den geschädigten Endabnehmer selten möglich ist, die internen Abläufe hinreichend aufzuklären, ist er kaum je in der Lage, die Verletzung der dem Produzenten obliegenden Sorgfaltspflichten nachzuweisen. Bei der Einordnung der Produzentenhaftung unter OR 55 I wird die Sorgfaltspflichtverletzung des Produzenten vermutet, und es obliegt dem Produzenten, die Einhaltung der Sorgfaltspflichten nachzuweisen.

08.42 Sodann ist zu erwähnen, dass die Entwicklung der Produzentenhaftung die Bedeutung des PrHG erheblich eingeschränkt hat. Die Sorgfaltspflichten im Rahmen der Produzentenhaftung hinsichtlich der auszuliefernden Produkte entsprechen eben weitgehend den Pflichten des Herstellers gemäss dem PrHG. Hinzu kommt, dass der Anwendungsbereich des PrHG in verschiedener Hinsicht enger ist als bei der Produzentenhaftung (zu den Unterschieden im Einzelnen hinten N 09.32 ff.). Es ist daher nicht erstaunlich, dass sowohl die schweizerische Rechtsprechung als auch die Gerichte in den anderen europäischen Rechtsordnungen (bis auf wenige Ausnahmen) Schädigungen durch fehlerhafte Produkte aufgrund der Produzentenhaftung gelöst haben.

4. Rückgriff des Geschäftsherrn

4.1. Allgemeine Regressregel

08.43 Sind die Voraussetzungen der Geschäftsherrenhaftung gegeben, so ist der Geschäftsherr im externen Verhältnis, d.h. gegenüber dem Geschädigten, haftbar. Im internen Verhältnis kann er aber die Entschädigungslast gemäss OR 55 II grundsätzlich auf die Hilfsperson abwälzen. Der Rückgriff soll immer dann möglich sein, wenn die Hilfsperson, die den Schaden verursacht hat, «selber schadenersatzpflichtig ist», d.h. also bei jeglicher Sorgfaltspflichtverletzung der Hilfsperson.

08.44 In der Lehre wird auf den Konflikt dieser Regressregel mit der allgemeinen Regressbestimmung in OR 51 II hingewiesen (vgl. BK/BREHM OR 55 N 104 ff.). Nach der letzteren (und neueren) Bestimmung soll eine «anteilsmässige (im Normalfall: hälftige) Beteiligung der Hilfsperson an dem vom Geschäftsherrn geleisteten Schadenersatz» zum Zuge kommen, wenn sowohl der Geschäftsherr als auch die Hilfsperson ihre Sorgfaltspflicht verletzt haben (BK/BREHM OR 55 N 107a). Diese Auffassung übersieht, dass zwischen der Hilfsperson und dem Geschäftsherrn in aller Regel ein Arbeitsvertrag besteht, welcher den Regressbestimmungen im Haftpflichtrecht vorgeht.

4.2. Arbeitsvertragliche Haftung

Bei Vorliegen eines Arbeitsvertrages richtet sich der Regress nach dem Arbeitsvertragsrecht. Die haftpflichtrechtliche Lehre verweist diesbezüglich auf OR 321e I (BK/BREHM OR 55 N 109; REY/WILDHABER N 1132); danach ist der Arbeitnehmer «für den Schaden verantwortlich, den er absichtlich oder fahrlässig dem Arbeitgeber zufügt». 08.45

Nun ist aber zu beachten, dass der Arbeitnehmer bei «besonderem Berufsrisiko» bzw. «gefahrgeneigten Arbeitsverhältnissen» für leichte Fahrlässigkeit nicht haftet (BK/REHBINDER OR 321e N 26). Richtiger wäre es, auf den Begriff der **gefahrgeneigten Arbeit** ganz zu verzichten (so nunmehr auch die deutsche Rechtsprechung, vgl. die Nachweise bei Staudinger/RICHARDI/FISCHINGER BGB 619a N 40 ff; BECKERS 45). Überdies sollte die Haftung nicht bloss für leichtfahrlässige Handlungen des Arbeitnehmers entfallen, sondern auch für grobe Fahrlässigkeit. Der Arbeitgeber kann in solchen Fällen ohnehin meist auf eine Betriebshaftpflichtversicherung zurückgreifen. Der Verzicht auf den Abschluss einer Versicherung sollte zu seinen Lasten, nicht zu Lasten des Arbeitnehmers gehen. Die eingesparten Prämien erhöhen den Gewinn des Arbeitgebers, weshalb er auch die Kosten dieser Entscheidung zu tragen hat (vgl. ROBERTO/SCHISTER 398). Der Regress würde damit auf die vorsätzlichen Handlungen des Arbeitnehmers eingeschränkt. 08.46

Folgt man dieser Auffassung, dann steht dem Arbeitgeber, der wegen einer fahrlässigen Handlung des Arbeitnehmers einem Dritten gegenüber aufgrund der Geschäftsherrenhaftung haftbar wird, kein Regressrecht zu. Dieses Ergebnis könnte unterlaufen werden, wenn der Geschädigte direkt gegen den Arbeitnehmer klagt (aufgrund von OR 41; zwischen der Klage gegen den Geschäftsherrn und gegen die Hilfsperson besteht Anspruchskonkurrenz). Aus diesem Grunde ist dem Arbeitnehmer ein arbeitsvertraglicher **Freistellungsanspruch** gegen den Arbeitgeber zu gewähren; d.h., der Arbeitgeber muss den Arbeitnehmer schadlos halten, wenn der Geschädigte aufgrund einer fahrlässigen Schädigung unmittelbar gegen den Arbeitnehmer vorgeht (BK/REHBINDER OR 321e N 27; weiterführend STREIFF/VON KAENEL/RUDOLPH OR 321e N 5). 08.47

5. Abgrenzung zu anderen Haftungen

Literatur

BÄRTSCHI, Verantwortlichkeit im Aktienrecht, Zürich 2001; KOLLER, Grundzüge der Haftung für positive Vertragsverletzungen, AJP 1992, 1483 ff.; MEIER-HAYOZ/FORSTMOSER, Schweizerisches Gesellschaftsrecht, 11. Aufl., Bern 2012; WIDMER, Vertrauenshaftung – Von der Gefährlichkeit des Überflüssigen, ZSR 2001 I, 101 ff.

5.1. Haftung für Hilfspersonen gemäss OR 101

Nach OR 101 hat der Vertragsschuldner für Schädigungen einzustehen, die seine Hilfspersonen beim Vertragspartner verursacht haben. Als Hilfspersonen gelten alle zur Erfüllung der Vertragspflichten beigezogenen Personen; ein Subordinationsverhältnis ist nicht vorausgesetzt (also auch Subunternehmer). Die vertragliche Hilfspersonenhaftung kommt immer dann zum Zuge, wenn die Handlung der Hilfsperson die vertraglichen Pflichten des Schuld- 08.48

ners verletzt. Ist die Handlung zugleich rechtswidrig, so kann sich der Geschädigte sowohl auf OR 101 als auch auf OR 55 berufen.

08.49 Beschädigt etwa der Malerlehrling den Teppich des Auftraggebers, so stellt dies einerseits eine Verletzung der vertraglichen Schutzpflichten und gleichzeitig eine rechtswidrige Handlung dar. Solche Konkurrenzfragen stellen sich insbesondere bei der Verletzung vertraglicher Nebenpflichten, den sog. positiven Vertragsverletzungen (vgl. dazu KOLLER 1489 ff.; s. auch vorne N 02.42 ff.).

08.50 Die Unterscheidung zwischen der vertraglichen und der deliktischen Hilfspersonenhaftung ist deshalb wesentlich, weil die beiden Haftungsgrundlagen unterschiedlich ausgestaltet sind (eingehend WIDMER 107 ff.). So wird etwa bei der Hilfspersonenhaftung nach OR 101 im Unterschied zur Geschäftsherrenhaftung kein Subordinationsverhältnis verlangt. Ferner besteht auch nicht die Möglichkeit des Sorgfaltsbeweises; immerhin ist darauf hinzuweisen, dass dem Sorgfaltsbeweis wegen der erwähnten strengen Anforderungen und des Organisationsverschuldens keine grosse Bedeutung zukommt. Sodann ist die Verjährungsfrist für die vertragliche Hilfspersonenhaftung in der Regel günstiger (vgl. OR 127 f. und OR 60; s. aber OR 210 I und 371 I). Schliesslich soll nach der Lehre auch ein Unterschied im Hinblick auf den funktionellen Zusammenhang (vgl. dazu GAUCH/SCHLUEP/SCHMID/EMMENEGGER N 3034 f.) sowie auf das Verschulden der Hilfsperson bestehen (nach h.L. kein Verschulden erforderlich, s. aber vorne N 08.04 ff.; zur geforderten hypothetischen Vorwerfbarkeit vgl. weiterführend GAUCH/SCHLUEP/SCHMID/EMMENEGGER N 3039 ff.; WAESPI 65 f.).

08.51 Praktisch bedeutsam ist die Frage, ob eine nach OR 101 II zulässige **Haftungsbeschränkung** für Hilfspersonen auch hinsichtlich einer konkurrierenden Haftung nach OR 55 I bzw. nach OR 41 (unmittelbar gegen die Hilfsperson selbst) wirksam ist (bejahend HONSELL/ISENRING/KESSLER § 13 N 39; REY/WILDHABER N 1139; ablehnend BSK/WIEGAND OR 101 N 16). Im Regelfall dürfte es den Vertragsschliessenden tatsächlich darauf ankommen, eine Haftung unabhängig von der Haftungsbegründung auszuschliessen; ein Haftungsausschluss erfasst regelmässig auch die unmittelbare Einstandspflicht der Hilfsperson aus OR 41 (SCHWENZER N 86.03). Letztlich handelt es sich dabei aber um eine Frage der Auslegung des jeweiligen Vertrages (LARENZ/CANARIS § 83 VI 2).

5.2. Organhaftung gemäss ZGB 55

08.52 Juristische Personen haften für deliktisches Verhalten ihrer Organe gemäss ZGB 55 II. Mit Organ im Sinne von ZGB 55 I sind jene Personen gemeint, «die für eine Gesellschaft nach aussen handelnd auftreten, wie etwa das Verwaltungsratsmitglied, die Direktorin oder der Prokurist» (MEIER-HAYOZ/FORSTMOSER § 2 N 30). Als Organ gelten nicht bloss jene Personen, die nach Gesetz und Statuten dazu berufen sind, sondern auch jene, die aus tatsächlicher Sicht in entscheidender Weise dem Willen der juristischen Person Ausdruck verleihen, indem sie in wesentlichen Aufgabenbereichen selbständige Entscheidungsbefugnisse besitzen (BGE 114 V 213; 122 III 227; 128 III 30 f.; 128 III 93 f.; 132 III 528 f.; sog. «faktisches Organ»).

08.53 Mitarbeiter, die keine Organfunktion wahrnehmen, sind Hilfspersonen im Sinne von OR 55. Organstellung und Hilfspersoneneigenschaft schliessen sich gegenseitig aus, können also nicht konkurrierend vorliegen (REY/WILDHABER N 1140). Zu beachten ist auch, dass nur die juristische Person selbst, nicht aber das Organ als Geschäftsherr für schädigende Handlungen der Hilfspersonen haftet.

Die Organhaftung ist nicht eine «Haftung für andere»; vielmehr gilt die Handlung des Organs als **eigenes Handeln** der juristischen Person (diese kann bloss durch die Organe handeln). Nicht alle Handlungen der Organe werden aber der juristischen Person zugerechnet. Voraussetzung hierfür ist jeweils, dass das Organ in seiner Eigenschaft als Organ, und nicht als Privatperson tätig geworden ist (BGE 96 I 479; 105 II 292; 112 II 190; 121 III 176). 08.54

Für das Handeln der Organe kann – anders als bei der Geschäftsherrenhaftung – kein Sorgfaltsbeweis geführt werden. Der Geschädigte seinerseits hat gemäss OR 41 i.V.m. ZGB 55 II den Verschuldensnachweis zu führen (REY/WILDHABER N 1144). Wie die Hilfsperson bei der Geschäftsherrenhaftung, haftet auch im Falle der Organhaftung das Organ persönlich und solidarisch neben der juristischen Person (ZGB 55 III). Die juristische Person kann auf das Organ Rückgriff nehmen, wobei sich der Rückgriff regelmässig nach der vertraglichen Vereinbarung zwischen der Gesellschaft und dem Organ richtet (vgl. BÄRTSCHI 195 ff.). 08.55

Bei einigen Gesellschaften ist die Haftung für Handlungen der Organe speziell geregelt (Aktiengesellschaft: OR 722; GmbH: OR 814 IV; Genossenschaft: OR 899 III). Diese Bestimmungen erwähnen ausdrücklich, dass die Gesellschaft nur für Handlungen in Ausübung der geschäftlichen Verrichtung haftet. Materiell gehen sie freilich nicht über die Organhaftung in ZGB 55 II hinaus (BK/RIEMER, Systematischer Teil vor ZGB 52 ff., N 107 f.). 08.56

5.3. Verhältnis zur Produktehaftpflicht

Das Produktehaftpflichtgesetz (dazu hinten N 09.01 ff.) trat anfangs 1994 in Kraft. Seither besteht für Schädigungen, welche Produkte an Dritten verursachen, eine spezialgesetzliche Regelung. Wie aber bereits ausgeführt wurde (vorne N 08.25 ff.), bejahte die Rechtsprechung schon vor Erlass dieses Gesetzes eine Haftung wegen Schädigungen durch Produkte. Grundlage dafür war die Verletzung der Organisationspflicht des Geschäftsherrn. Damit hat die Rechtsprechung im Ergebnis bereits vor Inkrafttreten des PrHG die Produktehaftung eingeführt (s. zum Verhältnis der Produzentenhaftung zur Produktehaftung N 09.32 ff.). 08.57

6. Kritik der herrschenden Konzeption

6.1. Rückgriff und Sorgfaltsbeweis als gesetzgeberische Fehlleistungen

Die gesetzliche Regelung der Geschäftsherrenhaftung ist in verschiedener Hinsicht missglückt. So ist – wie bereits geschildert (vorne N 08.43 ff.) – das Rückgriffsrecht des Geschäftsherrn auf den Arbeitnehmer für jede fahrlässige Schädigung (OR 55 II) eine gesetzgeberische Fehlleistung. Sie wirkt sich in praktischer Hinsicht freilich kaum aus, da sich der Rückgriff in den meisten Fällen nach den arbeitsvertraglichen Verhältnissen richtet. 08.58

Verfehlt ist sodann (und vor allem) die Möglichkeit der Entlastung des Geschäftsherrn aufgrund des **Sorgfaltsbeweises**. Diese (weder im französischen noch im angloamerikanischen Recht vorgesehene) Haftungserleichterung hat dazu geführt, dass die Anforderungen an die aufzuwendende Sorgfalt immer höher angesetzt wurden. 08.59

08.60 In der Literatur wurde zutreffend bemerkt, dass die Anforderungen namentlich dann hochgeschraubt werden, wenn eine Haftungslücke aufzufüllen ist (wie namentlich vor Erlass des Produktehaftpflichtgesetzes); dagegen lasse sich eine mildere Praxis beobachten, wenn für die Schädigung bereits ein Dritter einzustehen hat (BK/BREHM OR 55 N 51). Durch übersteigerte Anforderungen an die Sorgfaltspflichten des Geschäftsherrn, insbesondere an dessen Organisationsleistung, mittels nachträglicher Festlegung der notwendigen Vorkehrungen kommt man letztlich zu einer unbedingten Einstandspflicht des Geschäftsherrn für fahrlässige Handlungen seiner Hilfspersonen. Es ist aber von der Sache her nicht in Ordnung, dem objektiv richtig handelnden Geschäftsherrn nachträglich ein Fehlverhalten vorzuwerfen, um eine Haftung begründen zu können. Sachgerechter wäre es, auf den Sorgfaltsbeweis ganz zu verzichten (so bereits GIERKE, 25 f.).

6.2. Geschäftsherrenhaftung und verschuldensunabhängige Organisationshaftung

08.61 Sodann ist zu beachten, dass die Geschäftsherrenhaftung ein persönliches Fehlverhalten eines individualisierbaren Arbeitnehmers voraussetzt. Der relevante Bereich umfasst daher vor allem Vorsatzdelikte sowie die Haftung für Angestellte in verschiedenen Dienstleistungsberufen (etwa Anwälte, Apotheker, Architekten, Steuerberater usw.). Bei der Warenproduktion fehlt es dagegen oftmals an einem individualisierbaren Fehlverhalten; vielmehr geht es um schädigende Folgen fehlerhafter industrieller Produktionsprozesse (BRÜGGEMEIER 116).

08.62 Lässt sich ein konkretes schadensverursachendes Verhalten eines Arbeitnehmers nicht feststellen, macht das Prüfen der Sorgfalt des Arbeitgebers keinen Sinn mehr. Zu Recht wurde deshalb aus der Organisationspflicht die Produzentenhaftung entwickelt. Je nachdem, wie streng die Sorgfaltspflichten des Produzenten definiert werden, insbesondere hinsichtlich der Haftung für «Ausreisser» und für Fehler, die nach dem Stand der Technik und Wissenschaft nicht erkennbar waren (Entwicklungsrisiken), ist es bloss noch ein kleiner Schritt zur verschuldensunabhängigen Organisationshaftung für typische Unternehmensrisiken («enterprise liability»; dazu BRÜGGEMEIER 115 f. und 126 ff.).

6.3. Haftung für selbständige Hilfspersonen bei nicht haftungsbefreiend delegierbaren Sorgfaltspflichten

08.63 Eine Voraussetzung der Geschäftsherrenhaftung ist das Subordinationsverhältnis zwischen Geschäftsherr und Hilfsperson. Anders als bei der vertraglichen Hilfspersonenhaftung nach OR 101 haftet der Geschäftsherr nicht für selbständige Hilfspersonen (z.B. Subunternehmer), obwohl sich aus dem Wortlaut der beiden Gesetzesbestimmungen eine unterschiedliche Definition der Hilfsperson an sich nicht herleiten lässt (OR 55: «Arbeitnehmer oder andere Hilfspersonen»; OR 101: «Hilfsperson, wie Hausgenossen oder Arbeitnehmer»).

08.64 Der Ausschluss der Haftung für selbständige Hilfspersonen ist dann unproblematisch, wenn der Anspruch gegen die Hilfsperson geltend gemacht und durchgesetzt werden kann. So kann etwa die Bauunternehmung ein anderes Unternehmen mit der Sicherung des Bauplatzes beauftragen; erfüllen die Arbeitnehmer des Letzteren diese Aufgabe unzureichend, haftet dieses als Geschäftsherr (s. auch BGB 831 II). Schwierigkeiten ergeben sich dann, wenn die (juristische oder natürliche) Person, welcher die Sicherungspflichten übertragen wurden, zahlungsunfähig ist oder im Ausland belangt werden muss. Mit Blick auf solche Konstellationen wäre zu prüfen, ob – entsprechend der Rechtslage in Holland, Österreich, Deutschland und den USA – den delegierenden Geschäftsherrn bei wesentlichen Schutzpflichten eine Pflicht zur **sorgfältigen Auswahl und Aufsicht** der selbständigen Hilfspersonen trifft (s. die Nachweise bei PETRIN 98 f. und VON BAR I N 200 f.; ferner DEUTSCH N 548; PROSSER/KEETON 510 f.; DOBBS 895).

Weiter noch geht der Gedanke der nicht haftungsbefreiend delegierbaren Pflichten («non-delegable duty»), wonach bestimmte **wesentliche Schutzpflichten** durch den Geschäftsherrn selbst erfüllt werden müssen und nur auf seine Gefahr hin auf Dritte übertragen werden können (PETRIN 100 f.; PROSSER/KEETON 511 f.; DOBBS 479, 892). Es ist freilich darauf hinzuweisen, dass zahlreiche der mit dieser Haftungsausweitung anvisierten Haftungslücken im schweizerischen Recht von der Werkeigentümerhaftung, der Verantwortlichkeit des Grundstückeigentümers oder eine der Gefährdungshaftungen gedeckt sind. 08.65

§ 9 Produktehaftung

Literatur

BOLLIGER, Die Haftung des Importeurs für fehlerhafte Produkte in rechtsvergleichender Sicht, Zürich 1995; BORSARI, Schadensabwälzung nach dem schweizerischen Produktehaftpflichtgesetz, Zürich 1998; BRÜLHART, Gentechnik und Haftpflicht, Bern 2003; BÜHLER, Auswirkungen des Produktsicherheitsgesetzes auf das Privatrecht, SJZ 2012, 45 ff.; FELLMANN/FURRER (Hrsg.), Produktesicherheit und Produktehaftung – Die Schonzeit für Hersteller, Importeur und Händler ist vorbei!, Bern 2012; FELLMANN/VON BÜREN-VON MOOS, Grundriss der Produktehaftpflicht, Bern 1993; FREIBURGHAUS, Produktehaftung des Warenimporteurs nach deutschem und schweizerischem Recht, Bern 1994; FUCHS, Haftung für unerwünschte Arzneimittelwirkungen, Jusletter vom 26. Januar 2015; GLESS, Strafrechtliche Produkthaftung, recht 2013, 54 ff.; GNOS, Anspruchskonkurrenz im schweizerischen Produktehaftpflichtgesetz, Diss. Zürich 1997; HAHN, Produktsicherheit und Produkthaftung im internationalen Kontext, AJP 2008, 1007 ff.; HEDIGER, Die Haftungsbestimmungen des Gentechnikgesetzes (Art. 30–34 GTG), Zürich 2009; HESS, Kommentar zum Produktehaftpflichtgesetz, 2. Aufl., Bern 1996; HILTY, Produktehaftpflicht und Lizenzverträge, in: JKR, Bern 2000, 73 ff.; HOFSTETTER, Gutachterhaftung gegenüber Dritten im schweizerischen Recht, AJP 1998, 261 ff.; PLUTSCHOW-WILLI, Präsentation des Produktes, Zürich 1999; ROBERTO, Produktehaftpflicht und Software, in: JKR, Bern 2000, 55 ff.; SCHRUPKOWSKI, Die Haftung für Entwicklungsrisiken in Wissenschaft und Technik, Basel 1995; STRAUB, Produktehaftung für Informationstechnologiefehler, Zürich 2002; VON WESTPHALEN, in: Produkthaftungshandbuch, hrsg. von Foerste/von Westphalen, 3. Aufl., München 2012, § 47; WIDMER, Grundlagen und Entwicklung der schweizerischen Produktehaftung(-en), ZSR 1995 I, 23 ff.; WILDHABER, Produkthaftung im Gentechnikrecht, Zürich 2000; ZIRLICK, Freizeichnung von der Deliktshaftung, Bern 2003.

1. Überblick

1.1. Wesen und Rechtsnatur

Unter dem Begriff der Produktehaftpflicht versteht man die Verantwortlichkeit des Herstellers für Rechtsgutverletzungen, die durch ein fehlerhaftes Produkt verursacht werden. Wie im Rahmen der Geschäftsherrenhaftung dargestellt, fallen solche Schädigungen grundsätzlich auch unter die Produzentenhaftung (zu den Unterschieden N 08.57). Das 1994 in Kraft getretene PrHG stellt die schweizerische Umsetzung der europäischen Produktehaftungsrichtlinie (Richtlinie 85/374/EWG) dar und entspricht infolgedessen den Produktehaftungsgesetzen in den anderen europäischen Staaten, welche die Richtlinie ebenfalls umgesetzt haben (weiterführend FELLMANN/KOTTMANN N 1080 ff.; HAHN, AJP 2008, 1007 ff.). 09.01

Bei der Produktehaftpflicht handelt es sich nach allgemeiner Auffassung um eine Kausalhaftung, wobei die Meinungen im Einzelnen auseinandergehen. Nach der einen Ansicht stellt 09.02

das PrHG eine Gefährdungshaftung dar (HONSELL/ISENRING/KESSLER § 1 N 21 und § 21 N 3; HESS PrHG 1 N 23); anderer Ansicht nach ist die Haftung als milde (gewöhnliche) Kausalhaftung zu qualifizieren (REY/WILDHABER N 1410; SCHWENZER N 53.01). Eine vermittelnde Auffassung bezeichnet die Haftung als milde Kausalhaftung mit Elementen der Gefährdungshaftung (FELLMANN/VON BÜREN-VON MOOS N 23 f.).

09.03 Der Produktefehler ist regelmässig auf eine **Sorgfaltspflichtverletzung des Herstellers** zurückzuführen: Entweder ist die Entwicklung, Konstruktion oder Fabrikation des Produktes fehlerhaft oder die Produkteinformation ungenügend. Insofern liegt nichts anderes als eine gesetzlich besonders geregelte Haftung für die Verletzung einer Sorgfaltspflicht vor. Eine Ausnahme ist bloss für den sog. «Ausreisser» zu machen. Bei der Massenproduktion von Gütern lässt es sich nicht vermeiden, dass vereinzelt Produkte fehlerhaft sind. Gleichwohl haftet der Hersteller auch in diesen Fällen nach dem PrHG, was mit der Haftung für Sorgfaltspflichtverletzungen nicht zu vereinbaren ist.

09.04 Aufgrund des Ausgeführten stellt das PrHG eine gesetzliche Ausprägung der Haftung für Sorgfaltspflichtverletzungen dar, welche in Bezug auf die Haftung für Ausreisser ein Element der Gefährdungshaftung innehat. Zu beachten ist freilich, dass solche Einordnungsversuche von geringem Erkenntniswert sind (vorne N 02.22 ff.). Wesentlicher ist der dieser Haftung zugrundeliegende Gedanke, dass derjenige, der aus der Güterproduktion einen Nutzen zieht, auch für die davon ausgehenden Risiken einstehen soll. Überdies ist der Hersteller in der Regel auch am ehesten in der Lage, die Gefahren eines Produktes zu entdecken und abzuwenden.

1.2. Überblick über die Haftungsvoraussetzungen

09.05 Ein Anspruch aufgrund des PrHG setzt den Nachweis voraus, dass ein **Produkt** (N 09.08 ff.) **fehlerhaft** (N 09.11 f.) ist und infolgedessen in **adäquat kausaler** Weise eine **Rechtsgutverletzung** verursacht hat. In PrHG 1 I ist ausdrücklich festgehalten, dass ein Anspruch nur bei Personenverletzungen oder Sachbeschädigungen gegeben ist. Für primäre («reine») Vermögensschädigungen sieht das Gesetz dagegen keine Haftung vor.

09.06 Sodann ist zu beachten, dass das PrHG bei Sachbeschädigungen (nicht aber bei Personenverletzungen) nur Anwendung findet, wenn die beschädigten Sachen für den privaten Gebrauch oder Verbrauch bestimmt und hauptsächlich zu diesem Zweck verwendet worden sind (PrHG 1 I b). Verletzt also etwa der Eigentümer einer Drohne wegen eines Produktefehlers sich selber oder einen Dritten, so ist das PrHG anwendbar; bewirkt die fehlerhafte Drohne aber bloss einen Sachschaden (indem sie etwa gegen ein Fenster oder die Windschutzscheibe eines Fahrzeugs fliegt), kommt das PrHG nur zum Zuge, wenn es sich um ein Wohnhaus bzw. ein Privatfahrzeug handelt, nicht dagegen, wenn eine Geschäftsliegenschaft bzw. ein Geschäftsfahrzeug beschädigt wird.

09.07 Die Haftung bezieht sich ferner nur auf die durch das fehlerhafte Produkt verursachten weiteren Sachbeschädigungen, nicht aber auf das mangelhafte Produkt selbst (im angeführten Beispiel also nicht auf die Beschädigung der Drohne selbst); die Entschädigung für Mängel am Produkt selbst gehört in den Aufgabenbereich des Vertragsrechts. Im Übrigen besteht für Sachschäden ein Selbstbehalt von CHF 900.– (PrHG 6).

2. Spezielle Haftungsvoraussetzungen

2.1. Produkt

Ein Produkt im Sinne von PrHG 3 ist «jede bewegliche Sache, auch wenn sie einen Teil einer anderen beweglichen Sache oder einer unbeweglichen Sache bildet». Zu beachten ist, dass in letzterem Fall (z.B. bei eingebauten Baumaterialien) nach sachenrechtlichen Prinzipien an sich keine bewegliche Sache vorliegen würde; im Einzelfall kann Anspruchskonkurrenz zu der Haftung des Werkeigentümers (OR 58) bestehen. Produkte im Sinne des Gesetzes sind etwa Blut und Organe (wobei nicht der Spender, sondern die Blut- bzw. Organbank als Hersteller gilt) sowie Gas und Wasser, soweit sie «hergestellt», d.h. in der Regel in Behälter abgefüllt werden (HONSELL/ISENRING/KESSLER § 21 N 28a und 29; REY/WILDHABER N 1423 f.). 09.08

Als Produkt gilt nach dem ausdrücklichen Wortlaut des PrHG auch Elektrizität; zweifelhaft ist, ob damit tatsächlich eine Haftung für Stromschwankungen und Stromausfälle begründet werden sollte (bejahend etwa BSK/FELLMANN PrHG 4 N 29 m.w.N.; zu Recht kritisch HONSELL/ISENRING/KESSLER § 21 N 27; für Stromschwankungen ablehnend der österreichische OGH ÖJZ 1997, 826). Auch landwirtschaftliche Bodenerzeugnisse sowie Tierzucht-, Fischerei- und Jagderzeugnisse gelten seit Inkrafttreten des PrSG am 1. Juli 2010 als Produkte (zum PrSG vgl. N 09.35 ff.). Gentechnisch veränderte Organismen gelten als Produkt i.S.d. PrHG, wenn man die gentechnische Veränderung als «Verarbeitung» qualifiziert, so WILDHABER 316 ff., BRÜLHART 149). Sofern Schäden «wegen der Veränderung des gentechnischen Materials» entstehen (GTG 30 I und II), sind allerdings ohnehin die Haftungsbestimmungen des GTG anwendbar (GTG 30–34, vgl. N 16.12 f.). Nicht als Produkte gelten Dienstleistungen (Gutachten, schriftliche Auskünfte, Schätzungen usw.; vgl. HOFSTETTER, AJP 1998, 265) und Rechte (z.B. Patente; vgl. aber HILTY 80 ff.). 09.09

Umstritten ist, ob Software ein Produkt im Sinne des Gesetzes darstellt oder aber als immaterielles Rechtsgut nicht unter das PrHG fällt (so etwa HONSELL/ISENRING/KESSLER § 21 N 31). Mehrheitlich wird danach unterschieden, ob es sich um Individual-, Standard-, isolierte oder integrierte Software handelt und ob die Software auf einem Datenträger (z.B. Diskette) übergeben oder über Datenfernleitung (Online-Übertragung) überspielt wird. Nach der vorherrschenden Auffassung stellt jedenfalls Standardsoftware, die auf einem Datenträger überlassen wird, eine bewegliche Sache und damit ein Produkt im Sinne des PrHG dar (vgl. etwa BSK/FELLMANN PrHG 3 N 10; FELLMANN/KOTTMANN N 1134; HESS PrHG 3 N 45; für Deutschland vgl. etwa Staudinger/OECHSLER ProdHaftG 2 N 64; weitergehend MüKo/WAGNER ProdHaftG § 2 N 17 f., der Standardsoftware unabhängig von einer Speicherung auf einem Datenträger als Produkt ansieht). Stärker umstritten ist hingegen die Qualifikation von Individualsoftware. Während ein Teil der Lehre lediglich dann ein Produkt in ihr erblickt, wenn sie auf einem Datenträger gespeichert ist (so etwa für Deutschland Staudinger/OECHSLER ProdHaftG 2 N 69), spricht ihr ein anderer die Produkteigenschaft in jedem Fall ab (laut FELLMANN/KOTTMANN N 1134 überwiegt bei Individualsoftware der «Dienstleistungscharakter»; für Deutschland VON WESTPHALEN § 47 N 43). Gemäss einer dritten Lehrmeinung fällt Individualsoftware in jeder Form und unabhängig von der Art der Überlassung unter den Produktbegriff des PrHG (ausführlich ROBERTO, JKR, 58 ff. m.N.; für Deutschland MüKo/WAGNER ProdHaftG § 2 N 19). 09.10

2.2. Produktefehler im Allgemeinen

09.11 Das PrHG knüpft die Schadenersatzpflicht des Herstellers an das Vorliegen eines Produktefehlers. Ein Produkt ist gemäss PrHG 4 dann fehlerhaft, wenn es nicht die Sicherheit bietet, die man unter Berücksichtigung aller Umstände zu erwarten berechtigt ist. Damit unterscheidet sich der objektivierte Fehlerbegriff des PrHG vom Fehlerbegriff des vertraglichen Gewährleistungsrechts (welches auf zugesicherte Eigenschaften und auf die zum vorausgesetzten Gebrauch der Sache notwendigen Eigenschaften abstellt, vgl. OR 197 I). Ziel der Produktehaftung ist es, die Allgemeinheit vor Gesundheits- bzw. Sachschäden zu schützen. Bei der Definition der Fehlerhaftigkeit von Produkten ist daher auf die Sicherheitserwartungen eines durchschnittlichen Benutzers abzustellen; gegebenenfalls sind auch besondere Gefahren für einen bestimmten Benutzerkreis (z.B. Jugendliche oder Schwangere) zu berücksichtigen.

09.12 Das Gesetz bestimmt ausdrücklich, dass hinsichtlich des Fehlerbegriffs sowohl der voraussehbare Gebrauch, d.h. die berechtigte Sicherheitserwartung, als auch die Produktpräsentation zu berücksichtigen seien (PrHG 4 I a und b). Dagegen wird nicht zwischen den im Rahmen der Produzentenhaftung entwickelten Fehlerkategorien unterschieden. Konstruktions-, Fabrikations- und Instruktionsfehler lassen sich aber ohne Weiteres durch den Fehlerbegriff des PrHG erfassen (ebenso SCHWENZER N 53.38).

2.3. Berechtigte Sicherheitserwartung

09.13 Weist ein Produkt durch seine Konstruktion eine Eigenschaft auf, die es, gemessen am bestimmungsgemässen Gebrauch, für den Benutzer untauglich oder gefährlich macht, so ist es fehlerhaft. Bei der Konkretisierung des haftungsrechtlichen Sicherheitsniveaus ist das Gefährdungspotential des einzelnen Produktes zu berücksichtigen. In Fällen, in denen Leben und Gesundheit der Konsumenten beeinträchtigt werden können, sind höhere Anforderungen an die berechtigten Sicherheitserwartungen bzw. Konstruktionsverfahren zu stellen. So dürften z.B. die Sicherheitsanforderungen an ein Möbelstück geringer sein als an elektrische Schneidmaschinen. Neben des vom Hersteller vorgesehenen Gebrauchs muss das Produkt die Sicherheitserwartungen auch für «einen vorhersehbaren und üblichen, jedenfalls nicht ganz fernliegenden Fehlgebrauch» erfüllen (FELLMANN/KOTTMANN N 1159).

09.14 Hinsichtlich der berechtigten Sicherheitserwartung ist von der Person des durchschnittlichen Benutzers auszugehen; gegebenenfalls ist auch das über- bzw. unterdurchschnittliche Erkenntnis- und Erfahrungswissen einer bestimmten Zielgruppe mit zu berücksichtigen (FELLMANN/VON BÜREN-VON MOOS N 183 f.; HESS PrHG 4 N 7). So ist etwa zu unterscheiden, ob es sich um ein Produkt handelt, das nur von Fachpersonen bedient werden kann, oder ob das Produkt für den Laien oder gar für Kinder bestimmt ist.

09.14a Bei rezeptpflichtigen Medikamenten kommt es gemäss dem Bundesgericht nicht nur auf die individuellen Sicherheitserwartungen des Patienten an, da ihm in der Regel das nötige Fachwissen fehlt, um die mit dem fraglichen Arzneimittel einhergehenden Gefahren richtig einschätzen zu können. Es ist daher auch das Wissen des Arztes einzubeziehen, der das Medikament verschreibt (BGer 4A_365/2014 und 4A_371/2014, E. 9.2).

09.14b Sodann ist zu beachten, dass im Zusammenhang mit der rasanten Entwicklung der Technologie auch die Sicherheitserwartungen der Benutzer gegenüber dem Hersteller ständig wachsen. Die offene Gestaltung des Tatbestandsmerkmals «Sicherheitserwartung» ermöglicht insofern eine an die technischen Entwicklungen angepasste Anwendung des Gesetzes.

Welche Anforderungen an Sicherheitsmassnahmen zu stellen sind, ist eine **Rechtsfrage** und bestimmt sich folglich nicht ausschliesslich nach dem durch Wissenschaft und Technik definierten Standard (FELLMANN/VON BÜREN-VON MOOS N 185; HESS PrHG 5 N 57; BGer 4A_255/2010, E. 3 und 4). So vermag etwa der Umstand, dass die Entwicklung und Erstellung von Sicherheitsvorkehrungen nur mit erheblichem Aufwand bzw. Kosten bewerkstelligt werden kann, den Hersteller grundsätzlich nicht zu entlasten. 09.15

Gegen den Fehlerbegriff des PrHG wird gelegentlich eingewendet, er sei nicht in allen Fällen sachgerecht, weil gewisse Produkte nicht absolut fehlerfrei hergestellt werden könnten; als Beispiel wird etwa die Entwicklung von Computerprogrammen erwähnt (HONSELL/ISENRING/KESSLER § 21 N 31). Dieser Auffassung kann nicht gefolgt werden. An Software, insbesondere wenn ihre Fehlerhaftigkeit das Leben oder die Gesundheit von Menschen gefährdet, können keine geringeren Anforderungen gestellt werden als an andere Produkte. Im Übrigen ist darauf hinzuweisen, dass selbst Fahrzeuge nicht fehlerfrei produziert werden können; es ist aber noch niemandem eingefallen zu fordern, dass die Fahrzeugindustrie infolgedessen nicht für Schädigungen aufgrund fehlerhafter Fahrzeuge einzustehen hätte. 09.16

2.4. Produktpräsentation

Die Darbietung oder Produktpräsentation gemäss PrHG 4 I a umfasst jede Art der Vorstellung des Produkts gegenüber dem potentiellen Nutzer. Neben Informationen zum Produkt selbst können auch Hinweise bezüglich vorhandener und nicht vorhandener Eigenschaften oder Funktionsweisen mitgeteilt werden. Nicht nur das Produkt an sich, sondern auch die Produktinformation wirkt sich massgeblich auf die Sicherheitserwartungen aus, die beim Erwerber erweckt werden. 09.17

Die Produktpräsentation kann in Form einer Produktbeschreibung, einer Werbeaussage oder einer Verkaufsberatung erfolgen (HESS PrHG 4 N 63 ff.; PLUTSCHOW-WILLI 54 ff.). Denkbar ist es, dass dem Hersteller auch Beratungen durch autorisierte Verkaufsstellen zugerechnet werden, falls aus der Perspektive des Konsumenten die Aussagen dem Hersteller zuzurechnen sind (FELLMANN/VON BÜREN-VON MOOS N 223 ff.). Grundsätzlich macht es keinen Unterschied, ob die Präsentation in Form eines Einzelgesprächs (z.B. Beratungsgespräch beim Erwerb des Produktes) oder durch Gebrauchshinweise im Handbuch oder in sonstigen schriftlichen Produktinformationen erfolgt. 09.18

Inhaltlich soll die Produktbeschreibung den Benutzer über den sachgerechten Gebrauch informieren sowie auf mögliche Gefahrenquellen und einen naheliegenden Fehlgebrauch hinweisen. Der Hersteller haftet auch dann, wenn das Produkt entsprechend der Anweisung zum Einsatz kommt und es gerade dadurch zu einer Schädigung kommt, da diesfalls die Sicherheitserwartungen, hervorgerufen durch entsprechende Darbietung, enttäuscht wurden (PrHG 4 I a). Zu den Aufgaben der Informationspflichten gehört eben auch, den Benutzer des Produkts auf Risiken hinzuweisen, die selbst bei korrekter Konstruktion und Produktion nicht zu vermeiden sind. Der Hinweis in der Gebrauchsanweisung auf Gefahren des Produkts bei gewöhnlichem Gebrauch entbindet den Hersteller aber nicht davon, sichere Produkte herzustellen (vgl. BGE 133 III 81 = Pra 2007, Nr. 93; FELLMANN/KOTTMANN N 1157). 09.19

09.20 Der Hersteller seinerseits kann davon ausgehen, dass der Benutzer vor der Verwendung des Produktes die Instruktion zur Kenntnis nimmt oder sich zumindest um ein Verstehen der Anleitung bemüht. Auch hier hat der Hersteller die Informationen dem Verständnishorizont des Anwenders anzupassen. Bei Produkten für Fachleute sind infolgedessen Angaben in der üblichen Fachterminologie ausreichend; zumindest bei Produkten der Hochtechnologie können diese wohl auch in englischer Sprache sein. Anderes gilt dann, wenn die Produkte für das allgemeine Publikum bestimmt sind.

2.5. Zeitpunkt des Inverkehrbringens

09.21 Da die Sicherheitserwartungen der Allgemeinheit keine konstante Referenz bilden, muss ein zeitlicher Bezugspunkt für deren Beurteilung fixiert werden. Gemäss PrHG 4 I c ist auf diejenigen Sicherheitserwartungen abzustellen, die im Zeitpunkt des Inverkehrbringens des Produktes vorherrschten. Hat also der Hersteller die im Zeitraum vor der Inverkehrbringung gebotenen Sicherheitsmassnahmen und Informationspflichten beachtet, so ist er nicht haftbar, auch wenn sich in der Zwischenzeit die rechtlichen Anforderungen erhöht haben. Allein die Tatsache, dass ein neues, verbessertes Produkt erhältlich ist, lässt das vorangegangene Modell nicht als fehlerhaft im Sinne des PrHG erscheinen (PrHG 4 II). Werden hingegen Produkte serienmässig über längere Zeit unverändert hergestellt, so muss der Hersteller darauf achten, die dem jeweiligen Zeitpunkt des Inverkehrbringens entsprechenden Sicherheitserwartungen zu erfüllen, was unter Umständen eine Anpassung des Produktes erfordern kann.

09.22 In PrHG 5 sind verschiedene Entlastungsmöglichkeiten des Herstellers aufgeführt; so kann sich dieser etwa dadurch von der Haftung befreien, indem er nachweist, dass das Produkt im Zeitpunkt des Inverkehrbringens fehlerfrei war (PrHG 5 I b). Eine Sonderstellung kommt den sog. **Entwicklungsrisiken** zu (PrHG 5 I e): Technische Fehler, die im Zeitpunkt des Inverkehrbringens noch nicht erkennbar waren, sind keine haftungsbegründenden Konstruktionsfehler (HESS PrHG 4 N 54). Die Erkennbarkeit eines solchen Fehlers bestimmt sich nach dem Stand der Wissenschaft und Technik, wobei alle Erkenntnisse zu berücksichtigen sind, welche objektiv anerkannt sind. Weist das betreffende Produkt hingegen Gefahren für Mensch oder Umwelt auf, so sind auch abweichende Meinungen für den Stand der Wissenschaft und Technik zu berücksichtigen (BGE 137 III 233). Die Anforderungen an den Entlastungsbeweis des Herstellers sind hoch (BSK/FELLMANN PrHG 5 N 19; HESS PrHG 5 N 58). Bedeutsam ist die Entlastungsmöglichkeit aufgrund eines Entwicklungsrisikos bei Medikamenten (HONSELL/ISENRING/KESSLER § 21 N 43).

3. Einzelfragen

3.1. Passivlegitimation

09.23 Haftpflichtig ist der **Hersteller** des fehlerhaften Produktes. Der Herstellerbegriff ist weit gefasst: Darunter fällt zunächst einmal der tatsächliche Hersteller, wobei unerheblich ist, ob er Hersteller des Endproduktes, eines Grundstoffes oder eines Teilproduktes ist (PrHG 2 I a). Dem Hersteller gleichgestellt ist der sog. **Quasihersteller**, der als Hersteller auftritt, indem er seinen Namen, sein Warenzeichen oder dergleichen auf dem Produkt anbringt (PrHG 2 I b). Gleiches gilt für den **Importeur**, der das Produkt in die Schweiz einführt (PrHG 2 I c).

Ist der Hersteller nicht feststellbar, so gilt ersatzweise auch der **Lieferant** als Hersteller, sofern dieser dem Geschädigten auf Aufforderung hin nicht innerhalb angemessener Frist den Hersteller oder seinen Vorlieferanten nennt (PrHG 2 II; vgl. auch die Präzisierung in PrHG 2 III). Bezeichnet der Lieferant den Hersteller bzw. den Vorlieferanten verspätet, so hat er dem Geschädigten die daraus entstehenden Kosten und Nachteile zu ersetzen (HONSELL/ISENRING/KESSLER § 21 N 49; a.M. hingegen FELLMANN/KOTTMANN N 1103, wonach der Lieferant so behandelt wird, als hätte er das Produkt selbst hergestellt, selbst wenn er nach Fristablauf den Hersteller noch nennt). 09.24

Sind mehrere Personen haftpflichtig, so haften sie gemäss PrHG 7 solidarisch (FELLMANN/KOTTMANN N 1204 ff.). Das Innenverhältnis der Ersatzpflichtigen richtet sich nach den allgemeinen Bestimmungen in OR 50 f. (hinten N 18.13 ff.). 09.25

3.2. Haftungsausschluss

Die Haftung des Herstellers gegenüber dem Geschädigten kann **nicht** durch vertragliche Vereinbarung **ausgeschlossen** oder **begrenzt** werden (PrHG 8). Ein solcher Ausschluss kommt ohnehin bloss dann in Betracht, wenn der Hersteller zugleich der Vertragspartner des Geschädigten ist. Ein Hinweis auf die Haftungsbeschränkung, der auf dem Produkt aufgedruckt oder diesem beigelegt ist, genügt regelmässig den vertragsrechtlichen Erfordernissen einer rechtsgültigen Einbeziehung solcher Klauseln nicht. Im Übrigen wäre ein solcher Hinweis wegen PrHG 8 nichtig. Unwirksam ist bloss die vor der Schädigung vereinbarte Haftungsbeschränkung; nach der Schädigung ist es den Parteien unbenommen, Vereinbarungen über die Schadensfolgen zu treffen (HONSELL/ISENRING/KESSLER § 21 N 52a; REY/WILDHABER N 1484). 09.26

Eine Einstandspflicht kann auch nicht dadurch vermieden werden, dass der Hersteller pauschal darauf hinweist, das Produkt könne nicht fehlerfrei hergestellt werden. Da für Schädigungen aufgrund fehlerhafter Herstellung oder Information die Haftung gemäss PrHG nicht durch Freizeichnungsklauseln beschränkt werden kann, muss dies auch für Umgehungsversuche, wie etwa Hinweise bezüglich der zu erwartenden Produktesicherheit oder Warnhinweise, gelten (FELLMANN/VON BÜREN-VON MOOS N 247 ff.). In Erwägung zu ziehen wäre lediglich, dass die Nichtbeachtung eines Warnhinweises ein Mitverschulden (OR 44 I; dazu hinten N 33.01 ff.) darstellen kann, was zu einer Reduktion des Schadenersatzanspruches führt (HESS PrHG 4 N 41). 09.27

3.3. Verjährung

Der Ersatzanspruch des Geschädigten verjährt nach Ablauf einer Frist von **drei** Jahren ab dem Tage, an dem der Geschädigte vom Schaden, vom Fehler und von der Identität des Herstellers Kenntnis erlangt hat oder hätte erlangen müssen (PrHG 9; sog. relative Verjährungsfrist). Die relative Verjährungsfrist in OR 60 I beträgt dagegen bloss ein Jahr. Hinsichtlich des Fristenlaufs (Stillstand, Unterbrechung usw.) gelten die allgemeinen Bestimmungen des OR (PrHG 11 I; s. OR 134 ff.). 09.28

09.29 Unabhängig davon, ob der Geschädigte Kenntnis von den genannten Umständen erhält, geht der Anspruch **zehn** Jahre nach Inverkehrbringen des Produktes unter. Die sog. absolute Frist von zehn Jahren ist nicht eine Verjährungs-, sondern eine Verwirkungsfrist. Als Folge kann die Frist weder gehemmt noch unterbrochen und muss von Amtes wegen beachtet werden (REY/WILDHABER N 1488). Die Frist gilt gemäss PrHG 10 II als gewahrt, wenn innerhalb der Frist geklagt wird. Die absolute Frist in OR 60 I beträgt ebenfalls zehn Jahre, ist aber eine Verjährungsfrist und beginnt im Zeitpunkt des schädigenden Ereignisses zu laufen (hinten N 19.09).

3.4. Konkurrierende Ansprüche

09.30 Nach PrHG 11 II kann der Geschädigte neben den Regeln des PrHG auch Ansprüche aufgrund anderer Gesetzesgrundlagen, insbesondere des OR, geltend machen; es besteht Anspruchskonkurrenz. Bedeutsam sind konkurrierende Ansprüche aus Vertrag (Kauf- oder Werkvertrag) einerseits und aus der Produzentenhaftung gemäss OR 55 andererseits (N 08.25 ff.).

09.31 Eine vertragliche Haftung kommt bloss in Betracht, wenn der Hersteller (bzw. Importeur) zugleich Endvertreiber ist oder bei der subsidiären Händlerhaftung (HONSELL/ISENRING/KESSLER § 21 N 55). Bei der Gewährleistungshaftung aus Kauf- oder Werkvertrag beträgt die Verjährungsfrist (für bewegliche Produkte) zwei Jahre (OR 210 I bzw. 371 I).

09.32 Ein konkurrierender Anspruch aufgrund der **Produzentenhaftung** ist dagegen in den meisten Fällen möglich; ausgenommen sind lediglich Produktefehler, die als «Ausreisser» zu bezeichnen sind, sowie Ansprüche gegen den Importeur oder Händler. In verschiedener Hinsicht geht die Produzentenhaftung weiter als das PrHG. Während das PrHG Sachschäden nur erfasst, wenn die beschädigte Sache gewöhnlich zum privaten Gebrauch oder Verbrauch bestimmt ist und vom Geschädigten hauptsächlich privat verwendet wird, kennt die Produzentenhaftung diesbezüglich keine Einschränkung (vgl. BGer 4C.307/2005, E. 2). Das PrHG sieht sodann im Gegensatz zu der Produzentenhaftung einen Selbstbehalt bei Sachschäden in der Höhe von CHF 900.– vor (PrHG 6). Kein Unterschied besteht bezüglich der Genugtuung (BSK/FELLMANN PrHG 1 N 6; HESS PrHG 1 N 57 ff.; SCHWENZER N 53.40). Auf die unterschiedlichen Verjährungs- bzw. Verwirkungsfristen wurde bereits hingewiesen.

09.33 Die Sorgfaltspflichten im Rahmen der Produzentenhaftung hinsichtlich der auszuliefernden Produkte entsprechen (mit Ausnahme der Haftung für «Ausreisser») weitgehend den Pflichten des Herstellers nach PrHG. Im Gegensatz zum PrHG erschöpfen sich die Sorgfaltspflichten gemäss der allgemeinen Produzentenhaftung aber nicht schon mit dem Inverkehrbringen eines einwandfreien Produktes. Vielmehr hat der Produzent auch nach der Markteinführung des Produkts zu beobachten, ob sich Risiken offenbaren, die zum Zeitpunkt des Inverkehrbringens des Produktes nach dem Stand von Wissenschaft und Technik nicht erkennbar waren, und gegebenenfalls geeignete Abwehrmassnahmen vorzukehren (öffentliche Bekanntmachung der Gefahren oder Rückrufaktionen; vorne N 08.37 ff.). Mit dem Inkrafttreten des PrSG am 1. Juli 2010 wurden die erwähnten Produktbeobachtungspflichten als Nachmarktpflichten von Hersteller und Importeuren gesetzlich statuiert (vgl. hierzu FELLMANN/KOTTMANN N 1227 ff.; zum PrSG s. N 09.35 ff.). Hersteller und Importeure sind gemäss PrSG 8 II auch nach dem Inverkehrbringen von Produkten dazu verpflichtet, angemessene Massnahmen zur Erkennung und gegebenenfalls zur Abwendung von Gefahren zu ergreifen.

09.34 Aus den genannten Gründen, insbesondere den geringen Vorteilen des PrHG gegenüber der Produzentenhaftung, werden Ansprüche aufgrund fehlerhafter Produkte nach wie vor primär aufgrund des Obligationenrechts geprüft bzw. gutgeheissen. Dieser Befund trifft auch für die Verhältnisse in den anderen europäischen Ländern, in denen die Produktehaftungsrichtlinie umgesetzt wurde, zu. Es wurde denn auch bemerkt, dass die Bestimmung, wonach die anderen (nationalen) Anspruchsgrundlagen weiterhin anwendbar bleiben, «wahrscheinlich die praktisch wichtigste Vorschrift der gesamten Richtlinie ist» (VON BAR I N 393).

4. Das Produktesicherheitsgesetz (PrSG)

Am 1. Juli 2010 trat das Produktesicherheitsgesetz (PrSG) in Kraft. Es bezweckt, die Sicherheit von Produkten zu gewährleisten und den grenzüberschreitenden freien Warenverkehr zu erleichtern (PrSG 1 I). Gemäss PrSG 3 I dürfen Produkte nur in den Verkehr gebracht werden, wenn sie bei normaler oder bei vernünftigerweise vorhersehbarer Verwendung die Sicherheit und die Gesundheit der Verwender und Dritter nicht oder nur geringfügig gefährden. Mit diesem Erlass hat die Schweiz die Produktesicherheitsregeln weitgehend an das europäische Recht (Richtlinie 2001/95/EG) angeglichen. 09.35

Als Produkte im Sinne des PrSG gelten alle verwendungsbereiten beweglichen Sachen und damit **praktisch alle im Markt erhältlichen Güter**. Das PrSG erfasst also Gegenstände, die sofort in Gebrauch genommen werden können. Zusätzlich gilt das PrSG für Produkte, die vor der Inbetriebnahme noch vom Konsumenten zusammengebaut oder sonstwie konfiguriert werden müssen, also etwa Möbel, Sportgeräte oder Computer. Der Gesetzgeber schliesst jedoch Gegenstände aus, die im Entstehen begriffen sind, wie ein sich im Zusammenbau befindliches Fahrzeug auf dem Förderband in einer Fabrik oder Zwischenprodukte, die an einen Dritten zur Endproduktion weitergereicht werden. Hingegen fallen auch Rohstoffe unter den Produktbegriff. Unerheblich ist das **Alter** des Produkts. Erfasst sind nicht nur neue, sondern auch schon gebrauchte oder wiederaufbereitete Produkte. Ausnahmen sieht das Gesetz vor für Produkte, die «als Antiquitäten überlassen werden» (PrSG 1 IV a). **Offensichtliche Reparaturbedürftigkeit** schliesst die Anwendung des PrSG aus. Muss das Produkt vor seiner Verwendung instand gesetzt («repariert») oder wiederaufbereitet werden, so gilt das PrSG nicht, sofern dieser Umstand ausreichend kundgetan wird (PrSG 1 IV b). Eine mündliche Unterrichtung des Konsumenten ist an sich ausreichend, kann aber im Streitfall kaum mehr bewiesen werden. 09.35a

Das PrSG entfaltet vor allem präventive Wirkung, indem es von Herstellern und Importeuren, die Produkte in Verkehr bringen, die Einhaltung mehrerer Nachmarktpflichten verlangt. So wird eine aktive Produktbeobachtung (PrSG 8 II a), das Ergreifen von angemessenen Massnahmen zwecks Gefahrerkennung, Gefahrabwehr (PrSG 8 II a und b) und Rückverfolgbarkeit gewisser Produktlieferungen (PrSG 8 II c) gefordert. Selbst der Umgang mit Reklamationen, die sich auf die Sicherheit des Produkts beziehen, ist gesetzlich geregelt (PrSG 8 III). Geht von einem Produkt eine Gefahr für die Sicherheit oder Gesundheit der Verwender oder Dritter aus oder ist zumindest mit grosser Wahrscheinlichkeit damit zu rechnen, so besteht eine umfassende Meldepflicht gegenüber der zuständigen Behörde (PrSG 8 V; vgl. FELLMANN/KOTTMANN N 1282 ff.). 09.36

Die **Regelung der Sicherheitsanforderungen** für jedes auf dem Markt befindliche Produkt und der Vollzug dieser Regeln würden staatliche Behörden überfordern. Die Dynamik des Marktgeschehens würde solche Regeln auch schnell veralten lassen, was unter dem Gesichtspunkt der Sicherheit kontraproduktiv wäre. Einem modernen Regulierungsansatz 09.36a folgend verzichtet der Gesetzgeber im Produktebereich deshalb darauf, konkrete Sicherheitsanforderungen festzulegen. Er beschränkt sich auf allgemeine Vorgaben, die vom Hersteller oder Importeur näher zu konkretisieren sind. Je nach Sachlage dürften Warnungen, Rücknahme- oder Rückrufpflichten angemessen erscheinen (vgl. FELLMANN/KOTTMANN N 1298 ff.).

09.37 Das PrSG ist ein verwaltungsrechtlicher Erlass. Vollzugsorgane werden zur Überwachung, zu Kontrollen und zu Massnahmen wie Verkaufsverboten ermächtigt (PrSG 9 ff.; s. zu den Voraussetzungen eines Verkaufsverbots von Produkten, die grundlegende Sicherheits- und Gesundheitsanforderungen nicht erfüllen BGer 2C_75/2016 und 2C_76/2016, E. 7.4 und 8). Das PrSG sieht zudem Strafbestimmungen vor (PrSG 16 f.). Aus zivilrechtlicher Sicht stellen die Sicherheitsvorschriften des PrSG Schutznormen dar (FELLMANN/KOTTMANN N 1222; zur Begründung der Rechtswidrigkeit durch Schutznormen vgl. vorne N 04.30 ff.). Das Gesetz ist dabei als Auffangerlass konzipiert. Es kommt immer dann zur Anwendung, wenn keine anderen Bestimmungen mit gleicher Zielsetzung anwendbar sind. Vor allem das Lebensmittelrecht enthält Bestimmungen, die über die Anforderungen des PrSG hinausgehen.

§ 10 Haftung des Werkeigentümers

Literatur

BÜTLER/SUTTER, Verkehrssicherungspflichten gegen Steinschlag auf Strassen, ZBl 2007, 469 ff.; MÜNCH, Grenzen der Haftung des Strasseneigentümers, ZBJV 1996, 406 f.; NEF, Die Werkeigentümerhaftung gemäss Art. 58 OR – Anmerkungen zur haftungsbegründenden Ursache, FS Kramer, Basel 2004, 853 ff.; ders./ROBERTO, Das Recht der ausservertraglichen Schädigung beim Bauen, in: Das private Baurecht der Schweiz, hrsg. von Lendi/Nef/Trümpy, Zürich 1994, 291 ff.; NIGG, OR 58 und die öffentlichen Strassen, FS Brehm, Bern 2012, 281 ff.; PFAU, Ausgewählte Fragen aus dem Gebiete der Haftung für Wege und Strassen nach Art. 58 OR, Diss. Zürich 1978; PROBST, Die Haftung des Strasseneigentümers, Strassenverkehrsrechts-Tagung 2006, hrsg. von Stöckli/Werro, Bern 2006, 35 ff.; WIDMER, Bodenhaftung, FS Rey, Zürich 2003, 343 ff.; WYSS, Technische Normen und Vorschriften im Spannungsfeld zwischen Haftpflicht- und Produktesicherheit, AJP 2006, 53 ff.

1. Überblick

1.1. Wesen und Rechtsnatur

Bei der Werkeigentümerhaftung nach OR 58 handelt es sich um die ausservertragli- 10.01
che Haftpflicht des Eigentümers eines Gebäudes oder eines anderen Werkes für Schädigungen, welche dieses infolge eines Mangels bei einem Dritten verursacht. Herrschender Ansicht nach handelt es sich hierbei um eine (gewöhnliche) Kausalhaftung, da der Eigentümer nicht für ein Fehlverhalten, sondern für den mangelhaften Zustand haftet (BK/BREHM OR 58 N 90; OFTINGER/STARK II/1 § 19 N 4; GUHL/KOLLER § 25 N 2; FELLMANN/KOTTMANN N 896). Anders als bei der Geschäftsherren- oder Tierhalterhaftung steht dem Werkeigentümer auch nicht der Sorgfaltsbeweis offen; teilweise wird daher vertreten, es handle sich um eine Gefährdungshaftung (VON TUHR/PETER 456; s. auch HONSELL/ISENRING/KESSLER § 18 N 2; vorsichtiger formuliert nunmehr das Bundesgericht, wonach «die Kausalhaftung zumindest mit einem Verschuldenselement kombiniert» sei [BGE 130 III 196]).

Dass solche Einordnungsversuche von geringem Erkenntniswert sind, wurde bereits ausge- 10.02
führt (vorne N 02.22 ff.). Wesentlicher ist der dieser Haftung zugrundeliegende Gedanke, dass derjenige, der aus dem Werk einen Nutzen zieht, auch für die davon ausgehenden Risiken einstehen soll. Überdies ist der Eigentümer in der Regel auch am ehesten in der Lage, die Gefahren eines Werkes zu entdecken und abzuwenden (PROSSER/KEETON 386).

1.2. Überblick über die Haftungsvoraussetzungen

Bei der Werkeigentümerhaftung hat der Geschädigte zu beweisen, dass er infolge ei- 10.03
nes **Werkes** (N 10.05 ff.), das einen **Mangel** hat (N 10.10 ff.), in **adäquat kausaler** Weise eine **Rechtsgutverletzung** erlitten hat. Der Schutzbereich dieser Haftung erstreckt sich bloss

auf die persönlichen Rechtsgüter und das Eigentum, nicht dagegen auf reine Vermögensschäden (SCHWENZER N 53.17). Bewirkt etwa eine mangelhafte Kanalisation eine Überschwemmung der anliegenden Strassen und Grundstücke, dann haftet der Werkeigentümer für die bewirkten Personen- und Sachschäden (BGE 100 II 139), nicht aber z.B. für die Einbusse eines Geschäfts, das zeitweilig nicht mehr oder nur auf Umwegen erreicht werden kann.

10.04 Der Anspruch des Geschädigten richtet sich gegen den Werkeigentümer (N 10.21). Die Werkeigentümerhaftung ist auch auf öffentliche Sachen anwendbar; eine grössere Bedeutung hat dabei die Haftung der Gemeinwesen als Strasseneigentümer erlangt (vgl. hierzu NIGG 281 ff.).

2. Spezielle Haftungsvoraussetzungen

2.1. Werkbegriff

10.05 Der Begriff des Werkes in OR 58 entspricht nicht demjenigen des Werkvertragsrechts (OR 363 ff.). Während ein Werkvertrag auch hinsichtlich beweglicher oder unkörperlicher Sachen vorliegen kann, sind Werke gemäss OR 58 **körperliche** und grundsätzlich **fest mit dem Boden verbundene** Gegenstände. Die Werkeigentümerhaftung bezieht sich nach dem Gesetzeswortlaut auf Gebäude und «andere Werke». Lehre und Rechtsprechung haben den Tatbestand indessen erheblich erweitert. Danach gilt als Werk alles, was einerseits **stabil**, d.h. (direkt oder indirekt) mit dem Erdboden verbunden, und andererseits **künstlich hergestellt**, d.h. von Menschenhand geschaffen oder angeordnet worden ist.

10.06 Im Einzelnen ist zu bemerken, dass eine relative Stabilität für den Werksbegriff genügt: Neben Gebäuden (insbesondere deren Fussboden, Hauseingänge, Kellertreppen usw.) gelten daher als Werke auch Gegenstände, die fest mit dem Gebäude verbunden sind, wie angeschraubte Maschinen (BGE 90 II 229), Liftanlagen (BGE 91 II 206; BGer 4C.386/2004) oder eine dauerhaft befestigte Leiter (BGE 63 II 98), aber auch Baugerüste (BGE 96 II 359; BGer 4C.103/2002, E. 4), Balkongeländer (BGer 4A_382/2012), elektrische Freileitungen (BGE 94 II 153), Baubaracken, Passarellen (BGE 63 II 208; 74 II 157), Seilbahnen (BGE 60 II 221), Autowaschanlagen (SJZ 1981, 96) oder Dampfkessel (BGE 63 II 146). Zu denken ist ferner an Strassen (BGE 111 II 56; 116 II 648; 129 III 65 = Pra 2003, Nr. 121; 130 III 738), Gehsteige, Trabrennbahnen (BGer 4A_612/2010), Plätze (BGE 44 II 189), künstlich angelegte Fusswege (BGE 91 II 283), Brücken (BGE 100 II 137), Tunnel (BGE 96 II 341), Stadttore (BGE 103 II 242; 108 II 53), Schienen (BGE 59 II 168 f.), Gräben (BGE 46 II 257; 61 II 255), korrigierte Bachbette (BGE 49 II 260; 91 II 488), Wasserleitungsnetze (BGE 121 III 452; BGer 4A_235/2009, E 3.1), Schwimmbäder (BGE 64 II 198; 116 II 423), Sprungbretter (BGE 123 III 306), Bobbahnen (ZR 1957, 206), Skiliftmasten (BGE 126 III 115), Eishockeystadien, Zäune (BGE 96 II 36) usw.

10.07 Keinen Werkcharakter haben Tiere, Bäume, Fahrzeuge oder ein lediglich ausgetretener Fusspfad (BGE 91 II 283). Umstritten ist die Einordnung bei Skipisten, Bäumen, die künstlich angepflanzt und versetzt, speziell angeordnet oder zurückgeschnitten wurden, Fussballplätzen, Golfplätzen usw. Richtiger Ansicht nach sollten diese Grenzfälle nicht unter den Werkbegriff subsumiert werden (a.M. FELLMANN/KOTTMANN N 929 m.N.; differenzierend MÜLLER N 357; HaftpflichtKomm/FISCHER/ITEN OR 58 N 23).

Diese sehr weite Auslegung des Werkbegriffs ist durch den Gesetzeswortlaut nicht gedeckt. So ist eine Strasse oder ein Graben in Bezug auf die körperliche Erscheinung einem (im Gesetz als Hauptanwendungsfall erwähnten) Gebäude nicht ähnlich, sondern eher dessen Gegenteil (zutreffend REY/WILDHABER N 1221). Da sich die Haftung bei Werkmängeln regelmässig auch aufgrund von OR 41 bzw. 55 begründen lässt, ist eine weite Interpretation des Werkbegriffes nicht zwingend. Bedeutsam kann diese Auslegung aber hinsichtlich des Kreises der Passivlegitimierten sein. Subsumiert man etwa eine Skipiste unter den Werkbegriff, so haftet neben dem Betreiber der Piste (Bergbahn-, Skiliftunternehmen) auch der Grundeigentümer (etwa die Bergbauern). 10.08

Die Trennung der Verantwortlichkeitsbereiche ist auch der Grund dafür, dass die herrschende Auffassung nicht vollendete Werke vom Anwendungsbereich der Werkeigentümerhaftung ausklammert (BGE 108 II 186; OFTINGER/STARK II/1 § 19 N 82; BK/BREHM OR 58 N 48 ff. m.N.; FELLMANN/KOTTMANN N 932; a.M. SCHWENZER N 53.22). Ist OR 58 nicht anwendbar, können Ansprüche während des Baus oder der Unterhaltsarbeiten nur aufgrund von OR 41 und 55 gegen den Unternehmer geltend gemacht werden. Der Werkeigentümer als Bauherr wäre aus OR 55 bloss haftbar, wenn eine Haftung für selbständige Hilfspersonen (hier: der Unternehmer) bei nicht haftungsbefreiend delegierbaren Schutzpflichten anerkannt wird (dazu vorne N 08.63 f.; in diese Richtung bereits BGE 41 II 698 f.). 10.09

2.2. Werkmangel

Eine Haftung nach OR 58 setzt voraus, dass das Werk mangelhaft ist. Als mangelhaft gilt ein Werk, wenn es falsch **angelegt**, falsch **hergestellt** oder mangelhaft **unterhalten** wurde; es muss mithin eine **Sorgfaltspflicht verletzt** worden sein. Obwohl der Werkmangel auf die Verletzung einer Verhaltenspflicht abstellt, spricht die herrschende Auffassung auch hier von einer Kausalhaftung (BK/BREHM OR 58 N 90; OFTINGER/STARK II/1 § 19 N 4; FELLMANN/KOTTMANN N 896; CHK/MÜLLER OR 41 N 17). 10.10

Ob ein Werkmangel vorliegt, ist im Hinblick auf den Zweck zu beurteilen, den das Werk zu erfüllen hat. Es hat bei bestimmungsgemässem Gebrauch genügende Sicherheit zu bieten. Der Werkeigentümer muss daher nicht jeder denkbaren Gefahr vorbeugen, sondern darf Risiken ausser Acht lassen, die von den Benützern des Werks mit einem Mindestmass an Vorsicht vermieden werden können (BGE 118 II 38; 123 III 310 f.). Die Selbstverantwortung bildet eine Schranke der Werkeigentümerhaftung (BGer 4C.45/2007, E. 2.1). Bei der Frage, welche baulichen und technischen Schutzvorrichtungen notwendig sind, müssen die Verhältnisse des Einzelfalls berücksichtigt werden: Die Sicherheitsanforderungen bei einem Fussweg auf einem Schulgelände können eben nicht mit denjenigen bei einem Zugang zu einer Alphütte gleichgesetzt werden. Entsprechendes gilt bei öffentlich zugänglichen Gebäuden einerseits und ausschliesslich privat genutzten Häusern andererseits (BGE 117 II 400). 10.11

Bsp.: Ein 19 Monate altes Kind entfernt sich von seiner Mutter, fällt in einen Gartenteich auf dem Nachbarsgrundstück und trägt eine schwere Hirnschädigung davon. Der Teich war lediglich über die von der Strasse abgewandte Seite des Hauses erreichbar. Das Bundesgericht verneinte einen Werkmangel. Der Werkeigentümer hätte darauf vertrauen dürfen, dass ein Kind in jenem Alter im Freien überwacht wird und nicht unbegleitet bis zu einem Teich gelangen kann (BGer 4A_377/2016, E 2.3.4). 10.11a

10.12 Die Beseitigung des Mangels bzw. das Anbringen von Schutzvorrichtungen muss **technisch möglich** und **wirtschaftlich zumutbar** sein. Es ist im Einzelfall zu prüfen, ob der Werkeigentümer «nach den zeitlichen, technischen und finanziellen Gegebenheiten überhaupt in der Lage war, seine Aufgabe zu erfüllen» (BGE 98 II 43; s. auch BGE 130 III 742. Die Kosten für die erforderlichen Schutzmassnahmen haben in einem vernünftigen Verhältnis zum Schutzinteresse der Benutzer zu stehen (BGer 4A_562/2012, E. 5.4; vgl. CR/WERRO OR 58 N 38). Ein Mangel liegt daher dann nicht vor, wenn die Benutzer des Werkes bei vernünftigem Verhalten eine Schädigung vermeiden können (BGE 123 III 311); ein «ausgefallenes, unwahrscheinliches Verhalten muss nicht einberechnet werden» (BGE 130 III 742). So können etwa nicht alle Bäume und sonstigen Hindernisse im Umfeld einer Skipiste mit Schutzmatten versehen werden (BGE 121 III 361; 126 III 116). Im Übrigen ist zu beachten, dass es weder möglich noch zumutbar ist, bei allen Strassen und Wegen jederzeit sämtlichen witterungsbedingten Gefährdungen (insbesondere Eisglätte) vorzubeugen (vgl. BGer 4A_114/2014, E. 5.1 ff.). Eine Haftung des Gemeinwesens ist als Ausnahmefall zu sehen (vgl. BGE 129 III 68 = Pra 2003, Nr. 121, wo eine Haftung des Kantons Tessin bejaht wurde, da in diesem Fall sowohl die Vorhersehbarkeit als auch die Vermeidbarkeit gegeben waren). Bei der Konkretisierung der Sorgfaltspflichten des Werkeigentümers ist wiederum der in der sog. «Learned Hand-Formel» zugrundeliegende Gedanke massgebend: Ein Werkmangel liegt mithin dann vor, wenn die Kosten für die Sicherungsmassnahmen insgesamt tiefer sind als der Umfang des Schädigungspotentials multipliziert mit der Wahrscheinlichkeit des Schadenseintritts (N 04.74 ff.).

10.13 Ein Werkmangel liegt etwa vor bei einer Schalterhalle einer Bank mit einem Bodenbelag aus schlüpfrigen Steinplatten (BGE 88 II 417), bei einem fehlenden Geländer im Treppenhaus (BGE 69 II 394), bei einer Strasse, deren Fahrbahn zum Teil durch einen nachts nicht beleuchteten Kieshaufen verengt wird (BGE 84 II 265), bei einer einzelnen Stufe im Vorraum der Toiletten eines Hotels, sofern die Stufe optisch nicht genügend hervorgehoben und kein Warnschild angebracht ist (BGE 117 II 399), bei einer ins Freie führenden Türe, die so angelegt ist, dass die Benützer beim Schritt ins Freie einer Gefahr ausgesetzt sind, z.B. weil sie ohne Vorwarnung auf eine Durchgangsstrasse oder auf eine vereiste Stelle gelangen (BGE 118 II 36), bei einer ungenügenden Wassertiefe (1.85 Meter) unter einem drei Meter hohen Sprungturm (BGE 123 III 310 f.), bei einer ungenügenden Absperrung in einer Badeanlage, welche die Besucher vor dem Springen ins untiefe Wasser abhalten soll (BGE 116 II 426), bei einem Flachdach mit einem Rasen auf einem neunstöckigen Gebäude mit niedrigen (0.25 Meter) seitlichen Mäuerchen (BGE 106 II 207) oder bei einer Galerie, welche nur durch eine mobile, wegrutschende Leiter erreichbar ist (BGer 4C.45/2007, E 2.2).

10.14 Fraglich ist, ob ein Werkmangel zu verneinen ist, wenn öffentlich-rechtliche Vorschriften eingehalten werden bzw. eine behördliche Genehmigung des Werkes vorliegt. Richtiger Ansicht nach schliesst die Beachtung öffentlich-rechtlicher Bestimmungen eine Haftung nicht aus, da diese bloss einen Minimalstandard sicherstellen sollen (SCHWENZER N 53.26; vgl. auch FELLMANN/KOTTMANN N 942; REY/WILDHABER N 1276; BGer 4C.45/2005, E 2.3; vorne N 04.40).

10.15 Schliesslich ist unklar, inwiefern der Werkeigentümer für Handlungen Dritter einzustehen hat. Im Schrifttum wird vertreten, dass «Drittverschulden» von der Haftung befreie (GUHL/KOLLER § 25 N 32), aber auch, dass für die Haftung unerheblich sei, auf wen der Mangel zurückzuführen ist (SCHWENZER N 53.23). Beide Ansichten sind abzulehnen. Zutreffender Auffassung nach ist die Verantwortlichkeit des Werkeigentümers für Drittpersonen differenziert zu beurteilen (ebenso BK/BREHM OR 58 N 107 ff.): Er haftet für die mangelhafte Erstellung des Werkes durch Dritte; d.h., er muss für Fehler des seinerzeitigen Erstellers einstehen, ohne dass ihm ein Befreiungsbeweis offensteht (z.B. wenn die beauftragte Bauunternehmung das Treppenhausgeländer mangelhaft befestigt oder die Dachziegel nicht sachgerecht verankert). Überträgt der Werkeigentümer den Unterhalt an einen Dritten, so haftet er für dessen Handlungen ebenfalls wie für eigene (z.B. wenn der Hauswart der Streupflicht nicht nachkommt). Schafft ein anderer Dritter eine Gefahr (z.B. indem er die Schutzvorrichtungen entfernt), so haftet der Eigentümer, wenn die Entdeckung und Beseitigung der Gefahr möglich und zumutbar war (BK/BREHM OR 58 N 111). Ist die Schädigung sowohl auf ein Verhalten eines Dritten als auch auf einen (durch den Werkeigentümer zu vertretenden) Werkmangel zurückzuführen (der Dritte stösst jemanden absichtlich gegen ein Geländer, welches mangelhaft verankert ist), was der Werkeigentümer hätte bemerken und beheben müssen, haften der Dritte und der Werkeigentümer solidarisch (BK/BREHM OR 58 N 111a.).

3. Einzelfragen

3.1. Werkeigentümerhaftung und Haftung für Sorgfaltspflichtverletzung

Bei der dogmatischen Einordnung der Werkeigentümerhaftung ist zu beachten, dass der haftungsbegründende Tatbestand am Werkmangel, d.h. an der mangelhaften Erstellung oder am mangelhaften Unterhalt, anknüpft. Der Werkeigentümer muss mithin seine Sorgfaltspflichten hinsichtlich der vom Werk ausgehenden Gefahren verletzt haben. 10.16

Entgegen der herrschenden Ansicht knüpft auch die Werkeigentümerhaftung an ein Fehlverhalten, und nicht bloss an die Mangelhaftigkeit des Werkes, an. Anderenfalls wäre nicht verständlich, weshalb etwa bei Glatteis auf Strassen und Gehsteigen danach unterschieden wird, ob der Eigentümer davon Kenntnis hätte haben müssen bzw. ob er infolge Zeitmangels die Gefahr nicht beseitigen konnte (BGE 98 II 45; 129 III 68). Gerade bei der Werkeigentümerhaftung ist die Frage nach den Grenzen der Sorgfaltspflichten, d.h. nach der Angemessenheit und Zumutbarkeit von Massnahmen zur Gefahrabwendung, besonders wesentlich. 10.17

Im Grunde geht es bei der Werkeigentümerhaftung darum, dass es der Eigentümer unterliess, einen gefährlichen Zustand zu beheben oder das Werk zu sichern, obwohl solche Massnahmen zumutbar waren. Es handelt sich somit um eine **Haftung für Sorgfaltspflichtverletzungen**. In diesem Sinne hat sich auch das Bundesgericht ausgesprochen: Das Gericht prüfte die Haftung des Skiliftbetreibers für Verletzungen aufgrund ungepolsterter Skiliftmasten unter dem Gesichtspunkt der ausservertraglichen Haftung gemäss OR 41, der Verletzung einer vertraglichen Nebenpflicht gemäss OR 97 («positive Vertragsverletzung») und der Werkeigentümerhaftung gemäss OR 58. Es kam zum Schluss, dass es nicht auf die Haftungsgrundlage ankomme; «la question décisive est de savoir si le pylône auquel s'est heurté le recourant était dans un état conforme aux devoirs de la prudence» (BGE 126 III 116). 10.18

Letztlich wird die Qualifikation der Werkeigentümerhaftung als Haftung für Sorgfaltspflichtverletzungen auch von der herrschenden Auffassung anerkannt, wenn sie das Vorliegen eines Mangels von der Zumutbarkeit des Unterhalts oder der gefahrvermeidenden Massnahmen (mithin einem Fehlverhalten) abhängig macht (vgl. auch die widersprüchlichen Aus- 10.19

führungen bei GUHL/KOLLER § 25 N 2, wonach es sich bei OR 58 um eine Kausalhaftung ohne Möglichkeit des Sorgfaltsbeweises handle, um dann wenig später auszuführen, dass eine Haftung entfallen könne, «wenn der Werkeigentümer alle zumutbaren Vorkehrungen zur Gefahrenabwehr vorgenommen hat und ihn in diesem Sinne kein Verschulden trifft», a.a.O. § 25 N 32).

10.20 Die Werkeigentümerhaftung ist infolgedessen lediglich eine (und gleichzeitig mit OR 55 die wichtigste) **gesetzliche Ausprägung** der Haftung wegen Verletzung der **allgemeinen Sorgfaltspflicht** bzw. nach deutscher Terminologie der Verletzung einer Verkehrssicherungspflicht (vgl. auch LARENZ/CANARIS § 79 VI 1 a). Diese in der Schweiz auch als **Gefahrensatz** bezeichnete Pflicht besagt, dass jemand, der eine Gefahrenquelle schafft oder andauern lässt, die erforderlichen Schutzmassnahmen zu treffen hat (OFTINGER/STARK I § 4 N 44; vorne N 04.82 ff.). Mangelhafte Gebäude sind bloss ein Beispiel für eine solche Gefahrenquelle. Es ist daher vom Ergebnis her unerheblich, ob ein Anspruch auf der Grundlage der Werkeigentümerhaftung oder der allgemeinen Haftungsnorm in OR 41 I begründet wird. In beiden Fällen muss der Werkeigentümer seine Pflichten verletzt haben, sei es, dass er das Werk mangelhaft unterhalten oder fehlerhaft erstellt hat. Die Unterhaltungs- und Erstellungshandlungen von Dritten werden ihm zugerechnet, ohne dass dem Werkeigentümer ein Befreiungsbeweis zusteht (man kann dies auch als Ausprägung der nicht haftungsbefreiend delegierbaren Sorgfaltspflichten verstehen, dazu vorne N 08.63 f.).

3.2. Passivlegitimation und Rückgriff

10.21 Passivlegitimiert ist der Eigentümer des Werkes. Der Begriff des **Werkeigentümers** ist in einem weiten Sinne zu verstehen: Haftbar ist nicht bloss der formelle, im Grundbuch eingetragene Eigentümer, sondern auch der tatsächliche Benützer des Werks, der auch für die Instandhaltung zuständig ist (BGE 91 II 286; 121 III 452; 123 III 309 f.).

10.22 So haftet etwa das Gemeinwesen für Strassen und Gehsteige, für deren Anlage und Unterhalt es verantwortlich ist, auch dann, wenn die entsprechenden Werke in Privateigentum stehen (BGE 89 II 333). Bei einer Mehrheit von Eigentümern (Gesamt- oder Miteigentum) haften alle Eigentümer solidarisch (BGE 117 II 63; FELLMANN/KOTTMANN N 904; a.M. hinsichtlich des Miteigentums BK/BREHM OR 58 N 17a m.w.N.). Gleiches gilt in der Regel, wenn der Mangel auf mehrere Werke zurückzuführen ist (z.B. Strasse und Bahntrassee; s. MÜNCH 406 f.).

10.23 Keine eigenständige Bedeutung kommt dem Vorbehalt des **Rückgriffs** in OR 58 II zu, da diese Bestimmung nicht über die allgemeine Regressordnung in OR 51 hinausgeht (BK/BREHM OR 58 N 231). Der Rückgriff gegen Personen, die dem Werkeigentümer gegenüber verantwortlich sind (Bauunternehmer, Architekt, Hauswart usw.), richtet sich nach den jeweils zwischen diesen Personen und dem Eigentümer bestehenden Rechtsbeziehungen (Werkvertrag, Auftrag, Arbeitsvertrag usw.).

§ 11 Haftung des Inhabers eines kryptografischen Schlüssels

Literatur

Botschaft des Bundesrates zur Totalrevision des Bundesgesetzes über die elektronische Signatur (ZertES), BBl 2014, 1001 ff.; BLÖCHLINGER, ZertES-konforme Signaturen als Hemmschuh für den elektronischen Rechtsverkehr? Elektronischer Rechtsverkehr mit Verwaltungsstellen, Jusletter vom 11. Dezember 2006; SCHÖBI, Das Bundesgesetz vom 19. Dezember 2003 über Zertifizierungsdienste im Bereich der elektronischen Signatur (ZertES), in: Internet-Recht und Digitale Signaturen, 6. Tagungsband, hrsg. von Schlauri/Jörg/Arter, Bern 2005, 17 ff.

1. Überblick

1.1. Wesen und Rechtsnatur

Gemäss OR 14 IIbis ist die qualifizierte elektronische Signatur der eigenhändigen Un- 11.01
terschrift gleichgestellt. Eine solche Signatur kann mithilfe eines sog. kryptografischen Schlüssels zweifelsfrei einer bestimmten Person zugeordnet werden. Dabei handelt es sich um einen einmalig vorkommenden Code, der zur Erzeugung elektronischer Signaturen oder Siegel eingesetzt wird. Nach der (in der Praxis ohne Bedeutung gebliebenen) seit 1. Januar 2005 geltenden und am 18. März 2016 angepassten Bestimmung in OR 59a haftet der Inhaber eines kryptografischen Schlüssels Drittpersonen für Schäden, die diese erleiden, weil sie sich auf ein gültiges geregeltes Zertifikat einer anerkannten Anbieterin von Zertifizierungsdiensten verlassen haben. Demgegenüber ist die Haftung des Anbieters von Zertifizierungsdiensten für Schäden an Drittpersonen im ZertES geregelt.

Bis zum 18. März 2016 wurde sowohl im ZertES als auch im OR die Bezeichnung «Signa- 11.01a
turschlüssel» verwendet. Mit der Totalrevision des ZertES wurde dieser Begriff durch denjenigen des «kryptografischen Schlüssels» ersetzt (Botschaft ZertES 1032).

In der Lehre ist umstritten, ob die Haftung des Inhabers eines kryptografischen 11.02
Schlüssels aufgrund von OR 59a als gewöhnliche Kausalhaftung (BK/BREHM OR 59a N 5; wohl auch HaftpflichtKomm/LEUPI OR 59a N 6) oder als Verschuldenshaftung mit umgekehrter Beweislast zu qualifizieren sei (BSK/HEIERLI/SCHNYDER OR 59a N 1a; FELLMANN/KOTTMANN N 971 ff.; SCHÖBI 29).

1.2. Überblick über die Haftungsvoraussetzungen

Der Inhaber des kryptografischen Schlüssels haftet aus OR 59a I für die Schädigung 11.03
einer Drittperson, wenn diese adäquat kausal durch einen Missbrauch des kryptografischen Schlüssels verursacht wurde, wobei dem Haftpflichtigen der Sorgfaltsbeweis offensteht (N 11.05).

2. Spezielle Haftungsvoraussetzungen

2.1. Missbrauch des kryptografischen Schlüssels

11.04 Ein Missbrauch des kryptografischen Schlüssels liegt dann vor, wenn ein unbefugter Dritter anstelle des Inhabers den Schlüssel verwendet. Damit erweckt der Dritte beim Empfänger den Eindruck, mit dem Inhaber des kryptografischen Schlüssels zu kommunizieren. Der Empfänger verlässt sich folglich zu Unrecht auf die elektronische Erklärung (FELLMANN/KOTTMANN N 982), weshalb ihm der daraus entstandene Schaden zu ersetzen ist (FELLMANN/KOTTMANN N 983).

2.2. Sorgfaltsbeweis

11.05 Die Haftung des Inhabers des kryptografischen Schlüssels entfällt, wenn dieser glaubhaft darlegen kann, dass er die nach den Umständen notwendigen und zumutbaren Sicherheitsvorkehrungen getroffen hat, um den Missbrauch des Schlüssels zu verhindern (OR 59a II). Diese Sicherheitsvorkehrungen werden in der Verordnung über Zertifizierungsdienste im Bereich der elektronischen Signatur detailliert aufgeführt (OR 59a III i.V.m. VZertES 13.). Die Notwendigkeit und Zumutbarkeit der Sicherheitsvorkehrungen werden nach objektiven Kriterien beurteilt (BSK/KESSLER OR 59a N 5). Ob die notwendigen Vorkehrungen getroffen wurden, bestimmt sich nach objektiven Kriterien, die individuelle Situation des Schadensverursachers ist nicht zu berücksichtigen (BK/BREHM OR 59a N 10).

2.3. Bedeutung

11.06 Die praktische Bedeutung von OR 59a ist und bleibt gering. Dies vor allem, weil die qualifizierte elektronische Signatur, die eine eigenhändige Unterschrift ersetzen kann, auch nach der Totalrevision des ZertES im Jahr 2016 weiterhin nur natürlichen Personen offensteht (Botschaft ZertES 1013 f.). Für diese ist eine per Post übermittelte physische Unterschrift allerdings in den meisten Fällen günstiger und weniger aufwendig (vgl. BLÖCHLINGER N 6 f.).

§ 12 Haftung des Grundeigentümers

Literatur
AUER, Neuere Entwicklungen im privatrechtlichen Immissionsschutz, Zürich 1997; ENDER, Die Verantwortlichkeit des Bauherrn für unvermeidbare, übermässige Bauimmissionen, Freiburg 1995; HRUBESCH-MILLAUER/GRAHAM-SIEGENTHALER/ROBERTO, Sachenrecht, 5. Aufl., Bern 2017; JAAG, Die Enteignung nachbarrechtlicher Abwehransprüche bei Immissionen aus öffentlichen Werken, recht 1992, 104 ff.; PIOTET, Urteilsanmerkung, AJP 2001, 594 ff.; RYFFEL, Privatrechtlicher Immissionsschutz gemäss Art. 684/679 ZGB gegen Geräuschimmissionen von Sportanlagen, Zürich 2001; SCHMID/HÜRLIMANN-KAUP, Sachenrecht, 5. Aufl., Zürich 2017; SCHMID-TSCHIRREN, Die negativen Immissionen im schweizerischen Privatrecht, Bern 1997; SCHÖBI, Privilegierung des bauenden Grundeigentümers, recht 1989, 138 ff.; STARK, Das Wesen der Haftpflicht des Grundeigentümers nach Art. 679 ZGB, Zürich 1952; VON JHERING, Zur Lehre von den Beschränkungen des Grundeigentümers, in: Jherings Jahrbücher 1862 («Beschränkungen des Grundeigentümers»).

1. Überblick

1.1. Wesen und Rechtsnatur

Zwischen der Nutzungsfreiheit des Grundstückeigentümers einerseits und dem Schutz des Eigentums von Dritten andererseits besteht ein Spannungsverhältnis. Die Benutzung eines Grundstücks ist notwendigerweise mit gewissen Einwirkungen (Immissionen) auf andere Grundstücke verbunden. Das absolute Verbot von Immissionen würde ebenso wie die völlige Immissionsfreiheit die Nutzung des Grundeigentums erheblich beeinträchtigen oder sogar verunmöglichen (BK/MEIER-HAYOZ ZGB 684 N 1). 12.01

Das Gesetz sieht daher in ZGB 679 eine Haftung des Grundeigentümers gegenüber seinen Nachbarn für die «Überschreitung seines Eigentumsrechts» vor. Herrschender Ansicht nach handelt es sich hierbei um eine (gewöhnliche) Kausalhaftung, da die Haftung kein Verschulden voraussetzt (FELLMANN/KOTTMANN N 990; HONSELL/ISENRING/KESSLER § 19 N 2; KELLER I 216; REY/WILDHABER N 1320: Kausalhaftung «eigener Art»). Wiederum sind weniger diese klassifikatorischen Einordungsversuche als vielmehr die konkreten Haftungsvoraussetzungen von Interesse. 12.02

1.2. Überblick über Haftungsvoraussetzungen und Ansprüche

Bei der Haftung des Grundeigentümers hat der betroffene Nachbar (N 12.06) zu beweisen, dass der beklagte **Grundstückeigentümer** sein **Eigentumsrecht überschritten** (N 12.09 ff.) und dadurch in **adäquat kausaler** Weise eine **Rechtsgutverletzung** bewirkt hat. Die Rechtswidrigkeit liegt in der Überschreitung des Eigentumsrechts nach ZGB 684; der Haftungsanspruch begründet sich daher aufgrund dieser Bestimmung in Verbindung mit der Haftungsnorm in 12.03

ZGB 679. Der Schutzbereich dieser Haftung erstreckt sich sowohl auf die persönlichen Rechtsgüter und das Eigentum als auch auf reine Vermögensschäden (ebenso SCHWENZER N 53.49).

12.04 Gemäss ZGB 679 kann der Kläger nicht bloss Schadenersatzansprüche, sondern auch Unterlassungs- und Beseitigungsansprüche geltend machen (N 12.12 ff.).

12.05 Die Haftung des Grundeigentümers unterscheidet sich von der Haftung des Werkeigentümers (OR 58) dadurch, dass ZGB 679 auf eine Schadensverursachung durch die Art der Ausübung der Eigentumsrechte am Grundstück abstellt, die Werkeigentümerhaftung dagegen ihre Grundlage in einem Werkmangel findet. Führt ein Werkmangel zu schädigenden Auswirkungen bei einem Nachbarn, so sind die beiden Haftungsgrundlagen konkurrierend anwendbar (FELLMANN/KOTTMANN N 996 f.; REY/WILDHABER N 1351 m.N.).

2. Spezielle Haftungsvoraussetzungen und Ansprüche

2.1. Aktiv- und Passivlegitimation

12.06 Geschützt und damit **zur Klage legitimiert** ist der Nachbar; dies ist sowohl der **Eigentümer** des Nachbargrundstücks als auch derjenige, der ein **obligatorisches** (z.B. Mieter) oder **beschränktes dingliches** Recht (z.B. Nutzniessung) am Grundstück hat (BGE 83 II 379 f., 119 II 415; 120 II 17). Nicht aktivlegitimiert sind folglich Personen, die sich bloss vorübergehend auf dem Nachbargrundstück aufhalten (z.B. Besucher oder Passanten); diese können gegebenenfalls Ansprüche aufgrund von OR 41, 55 oder 58 geltend machen. In räumlicher Hinsicht gehören zum geschützten Personenkreis einmal die Eigentümer angrenzender Grundstücke. Als Nachbargrundstücke im Sinne von ZGB 684 I gelten aber auch Liegenschaften, die in einem weiteren Umkreis liegen. Beschränkungen zugunsten der Allgemeinheit sind hingegen öffentlich-rechtlicher Natur.

12.07 **Passivlegitimiert** und damit haftpflichtig sind der **Grundeigentümer** und der Inhaber eines **beschränkten dinglichen** Rechts. Nach der Rechtsprechung untersteht auch der bloss **obligatorisch** am Grundstück Berechtigte der Haftpflicht von ZGB 679 (BGE 104 II 21; FELLMANN/KOTTMANN N 991 ff.; HONSELL/ISENRING/KESSLER § 19 N 8; STARK 206; BSK/REY/STREBEL ZGB 679 N 27; a.M. KELLER/GABI/GABI 193; weitere Nachweise bei REY/WILDHABER N 1348). Ob die schädigende Einwirkung durch die erwähnten passivlegitimierten Personen selber oder durch deren Handwerker und Angestellte erfolgt, ist unerheblich.

12.08 Sodann haftet grundsätzlich auch das Gemeinwesen für die Benutzung der Grundstücke wie ein privater Grundeigentümer (vgl. auch hinten N 17.01 ff., 17.12 f.). Die Rechtsbehelfe in ZGB 679 kommen jedoch dann nicht zum Zuge, wenn die Immissionen unausweichliche Folge der Zweckerfüllung der öffentlichen Sachen darstellen (z.B. Strassenlärm, vgl. BGE 101 Ib 405 ff.; 102 Ib 271 ff.; Eisenbahnlärm, vgl. BGE 121 II 332; Fluglärm, vgl. BGE 121 II 337; 122 II 355; 123 II 493). Ob dem betroffenen Eigentümer ein Entschädigungsanspruch zusteht, ist eine Frage des öffentlichen Rechts und richtet sich nach den Bestimmungen über die Enteignung (ausführlich JAAG 107 ff.).

2.2. Überschreitung des Nachbarrechts

Die Benutzung eines Grundstücks hat, wie erwähnt, regelmässig Einwirkungen auf Nachbargrundstücke zur Folge. Solche Einwirkungen müssen, selbst wenn sie schädlich und lästig sind, geduldet werden. Unzulässig sind indessen **übermässige** Einwirkungen (immer noch lesenswert VON JHERING, Beschränkungen des Grundeigentümers, 81 ff.). Die Grenzziehung erfolgt aufgrund der konkreten Interessen im Einzelfall, insbesondere unter Berücksichtigung der Lage und Beschaffenheit der Grundstücke sowie des Ortsgebrauchs (ZGB 684 II). So ist in einer Industriezone die Grenze zwischen noch zu duldenden und übermässigen Einwirkungen anders zu ziehen als in einer reinen Wohnzone. Wird durch Grabungen oder Bauten auf einem Grundstück ein Nachbar geschädigt, so findet die spezielle Bestimmung in ZGB 685 Anwendung; Haftungsgrundlage ist in diesen Fällen mithin ZGB 685 in Verbindung mit ZGB 679 (BGE 119 Ib 347 f.). 12.09

Die vom Grundstück ausgehende Immission kann **materieller** oder immaterieller bzw. **ideeller** Natur sein. Als materielle Immissionen gelten Beeinträchtigungen durch Staub, Rauch, Russ, lästige Dünste, Lärm, Erschütterung und dergleichen (vgl. BGE 123 II 86: keine übermässige Beeinträchtigung bei Lärm von einem Kinderspielplatz). Als ideelle Immission qualifizierte die Rechtsprechung z.B. den Betrieb eines Schlachthauses in der unmittelbaren Nachbarschaft (BGE 84 II 90) oder die Benutzung einer Wohnung als «Feinmassage-Salon» (ZR 1985 Nr. 85; ausführlich BGE 108 Ia 144 ff.). Erwähnt sei in diesem Zusammenhang auch der Gassenzimmer-Fall (BGE 119 II 411; bestätigt in BGE 120 II 18): Von einem sog. Gassenzimmer betraten Drogenabhängige jeweils ein Nachbargrundstück und spritzten dort Drogen, wodurch ein benachbartes Geschäft eine Umsatzeinbusse erlitt. 12.10

Vor einigen Jahren hat das Bundesgericht entschieden, dass auch **negative** Immissionen (Entzug von Licht und Aussicht) unter den Begriff der «Einwirkung» gemäss ZGB 684 fallen (BGE 126 III 452 betreffend Schattenwurf durch Bäume auf ein Nachbargrundstück; kritisch PIOTET 594 ff.; s. hierzu bereits VON JHERING, Beschränkungen des Grundeigentümers, 129). Mit der Revision des Immobiliarsachenrechts wurde dieser Rechtsprechung Rechnung getragen und ZGB 679 II sowie 684 II wurden per 1. Januar 2012 angepasst. ZGB 684 II beinhaltet in der exemplarischen Aufzählung möglicher Immissionen nun auch den Entzug von Besonnung oder Tageslicht. Bei negativen Immissionen ist ein Anspruch aber nur gegeben, wenn im Zeitpunkt der Erstellung der Bauten oder Einrichtungen die damals geltenden Vorschriften (d.h. die kantonalen Bauvorschriften) nicht eingehalten wurden (ZGB 679 II). 12.11

2.3. Die einzelnen Ansprüche

Überschreitet ein Nachbar sein Eigentumsrecht, so hat der durch die Immission Betroffene verschiedene Klagemöglichkeiten. Er kann gemäss ZGB 679 die Beseitigung der Schädigung oder Schutz gegen drohenden Schaden verlangen (oftmals genügt bereits eine Klage aus Besitzesstörung gemäss ZGB 928). Zudem steht ihm ein Schadenersatzanspruch zu. Diese Ansprüche setzen kein Fehlverhalten des Haftpflichtigen voraus, sind mithin verschuldensunabhängig. 12.12

Spezielle Regeln gelten für Einwirkungen, die von **Baustellen** ausgehen. In dicht überbauten Gebieten ist eine Bautätigkeit ohne eine gewisse Beeinträchtigung der Nachbargrundstücke 12.13

nicht möglich. Das Bundesgericht erklärte in diesen Gebieten selbst übermässige Einwirkungen als rechtmässig und damit als Eigentumsausübung, welche von den Nachbarn zu dulden ist (BGE 91 II 106), bejahte dafür eine Schadenersatzpflicht des Bauherrn bei ausserordentlichen Einwirkungen, die zu einer beträchtlichen Schädigung des Nachbarn führen.

12.14 Diese Rechtsprechung schlug sich in der seit 1. Januar 2012 geltenden Bestimmung ZGB 679a nieder. Demgemäss werden Grundeigentümer schadenersatzpflichtig, wenn sie bei rechtmässiger Bewirtschaftung, namentlich beim Bauen, einem Nachbarn vorübergehend übermässige und unvermeidliche Nachteile zufügen und dadurch einen Schaden verursachen. Auf die übrigen Rechtsbehelfe des ZGB 679 können Nachbarn in einem solchen Fall hingegen nicht zurückgreifen (weiterführend FELLMANN/KOTTMANN N 1037 ff.; BSK/REY/STREBEL ZGB 679a N 4 ff.).

§ 13 Haftung des Tierhalters

Literatur

BÜTLER, Zur Haftung von Werkeigentümern und Tierhaltern bei Unfällen auf Wanderwegen, Sicherheit & Recht 2009, 106 ff.; FELLMANN, Zivilrechtliche Haftung öffentlich zugänglicher Tiersammlungen für Schädigungen durch Tiere, Bern 1984; KARLEN, Die Haftung des Familienhauptes nach ZGB 333 und des Tierhalters nach OR 56, Bern 1980; LÜCHINGER, Die Tierhalterhaftung nach schweizerischem, deutschem, französischem und österreichischem Recht, Diss. Zürich 1962; PAYLLIER, Der Tierhalter und dessen besondere Befreiungsmöglichkeiten (Art. 56 Abs. 1 OR), Zürich 2003.

1. Überblick

1.1. Wesen und Rechtsnatur

Bei der Tierhalterhaftung nach OR 56 handelt es sich um die ausservertragliche 13.01
Haftpflicht des Halters eines Tieres für den von diesem angerichteten Schaden. Herrschender Ansicht nach soll es sich auch hierbei (wie bei der Geschäftsherrenhaftung) um eine (gewöhnliche) Kausalhaftung handeln, da die Haftung nicht ein Verschulden voraussetze und dem Haftpflichtigen der Sorgfaltsbeweis offensteht (BSK/KESSLER OR 56 N 1; BK/BREHM OR 56 N 31; REY/WILDHABER N 1150 m.N.). Richtiger Ansicht nach handelt es sich aber auch hier um eine **Verschuldenshaftung** mit vermuteter Verletzung einer Verhaltenspflicht (HONSELL/ISENRING/KESSLER § 17 N 2; SCHWENZER N 53.04; offengelassen in BGE 131 III 116 f., «ob es sich bei der Tierhalterhaftung um eine gewöhnliche Kausalhaftung oder eine Verschuldenshaftung mit umgekehrter Beweislast handelt»). Wie bereits mehrfach erwähnt, sind weniger diese Einordungsversuche als vielmehr die konkreten Haftungsvoraussetzungen von Interesse.

1.2. Überblick über die Haftungsvoraussetzungen

Bei der Haftung des Tierhalters (N 13.05 ff.) hat der Geschädigte zu beweisen, dass 13.02
er durch ein **selbständiges Verhalten** des «gehaltenen» Tieres (N 13.08 f.), in **adäquat kausaler** Weise eine **Rechtsgutverletzung** erlitten hat, wobei dem Haftpflichtigen der **Sorgfaltsbeweis** offensteht (N 13.10 ff.). Die Rechtswidrigkeit liegt darin, dass der Tierhalter seine Sorgfaltspflichten in der Verwahrung und Beaufsichtigung des Tieres verletzt. Der Schutzbereich dieser Haftung erstreckt sich wie bei der Werkeigentümerhaftung auf die persönlichen Rechtsgüter und das Eigentum, nicht dagegen auf reine Vermögensschäden (ebenso SCHWENZER N 53.05).

Keine eigenständige Bedeutung kommt dem Vorbehalt des Rückgriffs in OR 56 II zu, da 13.03
diese Bestimmung nicht über die allgemeine Regressordnung in OR 51 hinausgeht (BSK/KESSLER OR 56 N 18; FELLMANN/KOTTMANN N 887; BK/BREHM OR 56 N 90).

13.04 Nach OR 57 kann der Grundstückbesitzer das eingedrungene Tier einfangen, um seine Ansprüche für die auf dem Grundstück durch das Tier verursachten Beschädigungen zu sichern; ist dies nicht möglich oder zu gefährlich, kann er das Tier auch töten (ausführlich BK/BREHM OR 57 N 3 ff.; FELLMANN/KOTTMANN N 888 ff.).

2. Spezielle Haftungsvoraussetzungen

2.1. Tierhalter

13.05 Haftpflichtig ist der Tierhalter. Der Begriff des Halters knüpft an ein **tatsächliches Gewaltverhältnis** über das Tier an (BGE 115 II 245; BK/BREHM OR 56 N 14; CR/WERRO OR 56 N 7). Der Halter ist nicht unbedingt mit dem Eigentümer des Tieres identisch. Halter ist, wer das Gewaltverhältnis während einer gewissen, nicht bloss kurzfristigen Dauer hat. Dies kann eine natürliche (auch eine minderjährige oder unter umfassender Beistandschaft stehende) sowie eine juristische Person sein. Ein entscheidender Faktor ist sodann, wem das Tier dient und wer den wesentlichen Nutzen am Tier hat (BK/BREHM OR 56 N 15; SCHWENZER N 53.06; HaftpflichtKomm/FISCHER/BÖHME OR 56 N 26 f.).

13.06 Die bloss kurzfristige Unterbrechung der tatsächlichen Gewalt über das Tier (z.B. bei Entweichung) vermag die Haltereigenschaft nicht zu unterbrechen. Umgekehrt begründet das vorübergehende Anvertrauen des Tieres an einen Dritten nicht dessen Haltereigenschaft; zu denken ist etwa an die Unterbringung des Hundes in einer Hundepension oder der stundenweise Pferdeausritt durch einen Mieter (SCHWENZER N 53.06; BK/BREHM OR 56 N 16 ff.; a.M. BGE 104 II 25, wonach die Miete eines Pferdes während zweier Wochen die Haltereigenschaft begründet).

13.07 Der Halter haftet auch dann, wenn er den Gewahrsam einer Hilfsperson überlassen hat. Als Hilfspersonen gelten etwa seine Familienangehörigen, seine Arbeitnehmer, Mieter des Tieres oder Bekannte, welche das Tier spazieren führen (BK/BREHM OR 56 N 25). Für das Fehlverhalten der Hilfspersonen haftet der Halter wie für eigenes; d.h., er kann sich nicht von der Haftung befreien, indem er nachweist, dass er die Hilfsperson sorgfältig ausgewählt, instruiert und beaufsichtigt hat (BGE 110 II 139).

2.2. Selbständiges Verhalten des «gehaltenen» Tieres

13.08 Ein Tier im Sinne des OR 56 ist ein lebendes Wesen, das «gehalten» werden kann (z.B. Haustiere, Vieh), wobei es nicht erforderlich ist, dass das Tier dem Halter gehorcht (z.B. Fische, Bienen). Nicht unter diesen Begriff fallen demnach frei lebende Tiere, wie Jagdwild, sowie Ungeziefer und Mikroorganismen (Bakterien, Viren); Schädigungen durch Freisetzung von Mikroorganismen begründen gegebenenfalls eine Haftung nach OR 41 oder 55 (REY/WILDHABER N 1177).

13.09 Der Schaden muss durch eine selbständige Aktion oder Reaktion des Tieres eingetreten sein (HaftpflichtKomm/FISCHER/BÖHME OR 56 N 18; CR/WERRO OR 56 N 12). Ist das Tier abgerichtet, haftet nicht der Tierhalter, sondern der Befehlsgeber. Das schädigende Verhalten muss «tiergemäss» (z.B. Beissen, Treten, Kratzen, Bellen) sein. Dies ist nicht der Fall bei Krankheitsübertragung oder bei Belästigung durch Lärm oder Geruch der Tiere (HON-

SELL/ISENRING/KESSLER § 17 N 11; MÜLLER N 322). Hier kommen gegebenenfalls andere Anspruchsgrundlagen (ZGB 679, OR 41 oder 55) zum Zuge.

2.3. Sorgfaltsbeweis

Bei der Tierhalterhaftung wird die Verletzung der Sorgfaltspflicht vermutet. Die Haftung entfällt, wenn der Halter nachweisen kann, dass alle im konkreten Fall nötigen und möglichen Massnahmen zur richtigen Beaufsichtigung und Verwahrung getroffen wurden. Welche Sorgfaltspflichten der Tierhalter beachten muss, lässt sich nur nach Massgabe des Einzelfalles beurteilen: Wesentlich sind Art und Charakter des Tieres, dessen früheres Verhalten, Aufenthaltsort und die sonstigen Umstände in der Umgebung. 13.10

So genügt etwa bei einem Eingang oder Durchgang über ein Grundstück ein Schild, welches vor dem (bissigen) Hund warnt, nicht; vielmehr muss diesfalls die Möglichkeit bestehen, mit einer Hausklingel die Bewohner herbeizurufen (BGE 102 II 236 f.). Kühe sind dagegen keine gefährlichen Tiere, weshalb auf der für Wanderer zugänglichen Weide keine besonderen Sicherungsmassnahmen notwendig sind (BGE 126 III 17: durch Hunde aufgebrachte Kühe verletzen Wanderer). Eine Pferdeweide in der Nähe eines Wohngebiets muss hingegen so umzäunt sein, dass der Zaun insbesondere Kinder vom Betreten der Weide abhält (BGE 131 III 115 ff.; für weiterführende Hinweise zu den Sorgfaltspflichten der Halter verschiedener Tiere vgl. BK/BREHM OR 56 N 56 ff.). 13.11

Hat der Tierhalter für die Beaufsichtigung und Verwahrung Hilfspersonen beigezogen, so muss er sich, wie bereits erwähnt, deren Verhalten anrechnen lassen. Umgekehrt kann er sich von der Haftung befreien, wenn er nachweisen kann, dass die Hilfsperson die erforderliche Sorgfalt beachtet hat. 13.12

Das Gesetz erwähnt als zweite Möglichkeit der Haftungsbefreiung den Nachweis des Tierhalters, dass die Schädigung auch bei Anwendung der erforderlichen Sorgfalt eingetreten wäre. Dabei handelt es sich um die Berufung auf das rechtmässige Alternativverhalten (s. dazu vorne N 06.24 ff.). Dieser Einwand ist ohnehin bei jeder Haftung zulässig; das Gesetz regelt aber die wesentliche Frage der Beweislastverteilung. 13.13

§ 14 Haftung des Familienhauptes

Literatur

FUCHS, Die Haftung des Familienhaupts nach Art. 333 Abs. 1 ZGB im veränderten sozialen Kontext, Zürich 2007; KARLEN, Die Haftung des Familienhauptes nach ZGB 333 und des Tierhalters nach OR 56, Bern 1980; MEISTER-OSWALD, Haftpflicht für ausservertragliche Schädigungen durch Kinder, Zürich 1981; SCHÖBI, Die Haftung der Eltern für das Verhalten ihrer Kinder – BGE 128 IV 49 ff., recht 2002, 186 ff.; TANNER, Haftung des Familienhauptes – Anmerkungen zum Urteil 5C.41/2007 vom 14. Juni 2007, Jusletter vom 24. September 2007; WESSNER, La responsabilité du chef de famille et l'égalité des époux, Neuenburg 1981.

1. Überblick

1.1. Wesen und Rechtsnatur

Bei der Haftung nach ZGB 333 handelt es sich um die ausservertragliche Haftpflicht des Familienhauptes für bestimmte aufsichtsbedürftige Hausgenossen. Die Begründung für die Haftung liegt darin, dass das Familienhaupt die in seinem Haushalt lebenden aufsichtsbedürftigen Personen zu beaufsichtigen hat (REY/WILDHABER N 1360). Diese Personen sind teilweise urteilsunfähig und damit nicht (oder nur nach OR 54 I) selbst haftpflichtig; überdies verfügen sie oftmals nicht über ausreichende finanzielle Mittel, um für die Ersatzansprüche aufzukommen (REY/WILDHABER N 1362 f.). 14.01

Herrschender Ansicht nach soll es sich auch hierbei (wie bei der Geschäftsherren- und Tierhalterhaftung) um eine (gewöhnliche) Kausalhaftung handeln, da die Haftung nicht ein Verschulden voraussetze und dem Haftpflichtigen der Sorgfaltsbeweis offensteht (KELLER/GABI/GABI 195; REY/WILDHABER N 1358 m.N.; BGE 133 III 556). Richtiger Ansicht nach handelt es sich aber auch hier um eine **Verschuldenshaftung** mit vermuteter Verletzung einer Verhaltenspflicht (HONSELL/ISENRING/KESSLER § 15 N 1; SCHWENZER N 53.44). 14.02

1.2. Überblick über die Haftungsvoraussetzungen

Das Familienhaupt (in der Regel die Eltern) haftet für rechtswidrige Handlungen eines **aufsichtsbedürftigen Hausgenossen** (N 14.05 f.), welcher einem Dritten in **adäquat kausaler** Weise eine **Rechtsgutverletzung** zufügt, sofern das Familienhaupt nicht nachweisen kann, dass das übliche und durch die Umstände gebotene Mass an **Sorgfalt** in der Beaufsichtigung aufgewendet wurde (N 14.07 ff.). Als Geschädigte kommen auch andere Angehörige, nicht aber der sich selbst schädigende Hausgenosse in Frage (REY/WILDHABER N 1388). 14.03

Bei Zugrundelegung der traditionellen Haftungskonzeption muss die Handlung des Aufsichtsbedürftigen überdies in objektiver Hinsicht ein Verschulden darstellen, ansonsten 14.04

das Familienhaupt für ein Verhalten seines Hausgenossen haften würde, welches bei einer urteilsfähigen Person keine Haftung begründen würde (REY/WILDHABER N 1387; OFTINGER/STARK II/1 § 22 N 67 ff.). Nach der hier vertretenen Auffassung genügt dagegen die Rechtswidrigkeit, d.h. die sorgfaltswidrige und damit rechtswidrige Handlung des aufsichtsbedürftigen Hausgenossen (vgl. dazu vorne N 04.01 ff.).

2. Spezielle Haftungsvoraussetzungen

2.1. Familienhaupt und aufsichtsbedürftige Hausgenossen

14.05 Der haftungsbegründende Tatbestand liegt in der Hausgewalt (ZGB 331) in einer **Hausgemeinschaft**. Eine Hausgemeinschaft wird gebildet durch eine Mehrzahl von Personen, die für eine gewisse Dauer gemeinsam wohnen. Dazu gehören neben den Familienmitgliedern im eigentlichen Sinne auch die als Arbeitnehmer oder in ähnlicher Stellung im Haus lebenden Personen. Unter den Anwendungsbereich von ZGB 333 fallen überdies auch Erziehungsanstalten, Kinder- und Altersheime, Ferienkolonien oder Internate (FELLMANN/KOTTMANN N 1058 ff.; HaftpflichtKomm/SCHWANDER ZGB 333 N 5)

14.06 Bei den aufsichtsbedürftigen Hausgenossen handelt es sich nach der abschliessenden Aufzählung im Gesetz um minderjährige, geistig behinderte, umfassend verbeiständete oder psychisch gestörte Personen. Im Vordergrund stehen dabei in der Praxis minderjährige Kinder. Wird die elterliche Sorge von Vater und Mutter ausgeübt, so steht die Hausgewalt beiden zu, und sie haften solidarisch. Die Hausgewalt beruht auf Gesetz (z.B. bei den Eltern auf der elterlichen Sorge, ZGB 296 I), Vereinbarung (z.B. bei Internaten, Heimen oder Lehrverträgen) oder Herkommen (z.B. Unterbringung von Kindern während längerer Zeit bei Verwandten). Bei kurzfristigen Besuchen (z.B. eines Kindes bei Nachbarn) wird kein gemeinsamer Haushalt (ZGB 331) und damit keine Haftungsgrundlage nach ZGB 333 begründet. Stehen die Mitglieder einer Wohngemeinschaft nicht in einem **Subordinationsverhältnis** zueinander, sondern sind sie gleichberechtigt, besteht ebenfalls kein Raum für eine Haftung nach ZGB 333 (REY/WILDHABER N 1376). Für Handlungen von Hilfspersonen, welche mit der Aufsicht betraut werden, haftet das Familienhaupt wie für eigene.

2.2. Sorgfaltsbeweis

14.07 Das Familienhaupt kann sich von der Haftung durch den Nachweis befreien, dass es das übliche und durch die Umstände gebotene Mass an Sorgfalt in der Beaufsichtigung aufgewendet hat. Das Mass der Sorgfalt bestimmt sich nach den konkreten Umständen des Einzelfalles, insbesondere dem Alter, Charakter und der geistigen Reife des Hausgenossen sowie den örtlichen Verhältnissen. So können etwa Kinder mit zunehmendem Alter nicht dauernd beaufsichtigt werden (REY/WILDHABER N 1390; SCHWENZER N 53.47).

14.08 Die Sorgfaltspflichtverletzung ist zu bejahen bei ungenügender Beaufsichtigung, bei unzweckmässigen oder fehlenden Anweisungen und Ermahnungen (z.B. beim Spiel von siebenjährigen Kindern mit Pfeil und Bogen, wodurch eines der Kinder an einem Auge verletzt wird; vgl. BGE 103 II 24), bei Überlassung gefährlicher Gegenstände (Luftgewehr an fünfzehnjährigen Knaben; vgl. BGE 100 II 302 f., wobei offengelassen wurde, ob bereits die

Überlassung sorgfaltswidrig ist oder erst die unterlassene Anweisung zur Verhütung von Unfällen). Kinder sollten aber «ihren natürlichen Bewegungs- und Spieldrang ausleben und sich motorisch entwickeln können». «Die erfolgreiche sensorische und motorische Entwicklung der Kinder darf nicht dadurch vereitelt werden, dass an den Sorgfaltsmassstab des Familienhauptes Anforderungen gestellt werden, die mit dem ‹Üblichen› und ‹nach den Umständen Gebotenen› nichts mehr zu tun haben» (BGE 133 III 560 f.; kritisch hierzu FELLMANN/KOTTMANN N 1075).

Das Abstellen auf die Sorgfaltspflichtverletzung belegt, dass es bei ZGB 333 nicht um eine Kausalhaftung, sondern um eine allgemeine Haftung für eine sorgfalts- und damit rechtswidrige Handlung geht. Eine Besonderheit besteht lediglich darin, dass die Sorgfaltspflichtverletzung vermutet wird (vgl. auch vorne N 02.22, 08.02, 13.01). 14.09

Im Schrifttum wird jeweils noch erwähnt, dass eine Haftung überdies dann entfällt, wenn die Schädigung auch bei Anwendung der gebotenen Sorgfalt eingetreten wäre. Dieser Befreiungsbeweis stehe offen, obwohl er im Gegensatz zu OR 55 I und 56 I nicht explizit im Gesetz erwähnt sei (REY/WILDHABER N 1404; SCHWENZER N 53.48). Es wurde bereits darauf hingewiesen (vorne N 08.15 ff., 13.10 ff.), dass es sich hierbei um die Berufung auf das rechtmässige Alternativverhalten (s. dazu vorne N 06.24 ff.) handelt. Dieser Einwand ist ohnehin bei jeder Haftung zulässig. Zutreffend ist die Bezugnahme auf die anderen speziellen Haftungstatbestände insofern, als die Beweislast für den Einwand entsprechend der Rechtslage bei der Geschäftsherren- und Tierhalterhaftung beim Haftpflichtigen liegt. 14.10

§ 15 *Haftung wegen Persönlichkeitsverletzung*

Literatur
AEBI-MÜLLER, Personenbezogene Informationen im System des zivilrechtlichen Persönlichkeitsschutzes, Bern 2005; BÄNNINGER, Die Gegendarstellung in der Praxis, Diss. Zürich 1998; BAUMANN, Personenrecht des ZGB, 2. Aufl., Zürich 2011; BRÜCKNER, Das Personenrecht des ZGB, Zürich 2000; BUCHER, Natürliche Personen und Persönlichkeitsschutz, 4. Aufl., Basel 2009; DESCHENAUX/STEINAUER, Personnes physiques et tutelle, 4. Aufl., Bern 2001; EHMANN, Zur Struktur des Allgemeinen Persönlichkeitsrechts, JuS 1997, 193 ff.; GEISER, Die Persönlichkeitsverletzung insbesondere durch Kunstwerke, Basel 1990; GUILLOD/BURGAT, Droit des personnes, 2. Aufl., Neuenburg 2010; HARRER, Zivilrechtliche Haftung bei durchkreuzter Familienplanung, Frankfurt a.M. 1989; HAUSHEER/AEBI-MÜLLER, Das Personenrecht des Schweizerischen Zivilgesetzbuches, 4. Aufl., Bern 2016; HOLZWARTH, Das Recht auf ungestörte Familienplanung als Konkretisierung des zivilrechtlichen allgemeinen Persönlichkeitsrechts, Diss. Tübingen 1997; HÜRLIMANN-KAUP/SCHMID, Einleitungsartikel des ZGB und Personenrecht, 3. Aufl., Zürich 2016; JÄGGI, Fragen des privatrechtlichen Schutzes der Persönlichkeit, ZSR 1960 II, 133a ff.; KEHL, Die Rechte der Toten, Zürich 1991; KNELLWOLF, Postmortaler Persönlichkeitsschutz – Andenkensschutz der Hinterbliebenen, Zürich 1991; NOBEL/WEBER, Medienrecht, 3. Aufl., Bern 2007; PEDRAZZINI/OBERHOLZER, Grundriss des Personenrechts, 4. Aufl., Bern 1993; RIEMER, Personenrecht des ZGB, 2. Aufl., Bern 2002; ROBERTO, 100 Jahre Persönlichkeitsschutz im ZGB, ZSR 2007 II, 165 ff.; ders./KLAIBER, Haftung bei Täuschung über die Empfängnisverhütung, FS Geiser, Zürich 2017, 449 ff.; SCHWEIZER, Privatsphärenschutz von Personen des öffentlichen Lebens, AJP 1994, 1114 ff.; STEINER, Das «Kind als Schaden» – ein Lösungsvorschlag, ZBJV 2001, 656 ff.; TERCIER, Le nouveau droit de la personnalité, Zürich 1984; TUOR/SCHNYDER/SCHMID/RUMO-JUNGO, Das Schweizerische Zivilgesetzbuch, 14. Aufl., Zürich 2015; WAGNER, Geldersatz für Persönlichkeitsverletzungen, ZEuP 2000, 200 ff.; VON GERLACH, Anmerkung zu BGE 127 III 481, JZ 2003, 41 ff.; WOLF, Negatorische Beseitigung und Schadensersatz, Frankfurt a.M. 2006.

1. Überblick

1.1. Die gesetzliche Regelung

«Wer in seiner Persönlichkeit widerrechtlich verletzt wird, kann zu seinem Schutz gegen jeden, der an der Verletzung mitwirkt, den Richter anrufen» (ZGB 28 I). Geschützt sind natürliche und in einigen Belangen auch juristische Personen. Das Gesetz stellt sodann klar, was ohnehin gelten würde, dass nämlich die Rechtswidrigkeit bei Vorliegen eines Rechtfertigungsgrundes entfällt (ZGB 28 II). 15.01

Haftbar ist jeder, «der an der Verletzung mitwirkt». Der Kreis der passivlegitimierten Personen ist demnach relativ weit und umfasst neben dem eigentlichen Urheber der Verletzung auch Anstifter und Gehilfen. Bei einer widerrechtlichen Persönlichkeitsverletzung durch Medien kann sich die Klage gegen den Herausgeber, Redaktor, Journalisten, Drucker, Ver- 15.02

teiler oder gegen jede andere an der Herstellung des Textes oder der Sendung beteiligte Person richten (BGE 113 II 216; BGE 103 II 166 ff.). Auch der Betreiber von Plattformen für Blogs (Host-Provider) kann haftbar sein, wenn ein Blogger (Kunde des Host-Providers) Beiträge ehrenrührigen Inhalts veröffentlicht. Die Bereitstellung der notwendigen Technik durch den Betreiber (Server etc.) – und damit die Ermöglichung einer jederzeitigen Einsehbarkeit der Inhalte durch die Öffentlichkeit – genügt bereits, um das Erfordernis der **Mitwirkung** gemäss ZGB 28 I zu erfüllen (BGer 5A_792/2011, E. 6.3).

15.03 Der Verletzte hat folgende Ansprüche: Er kann eine drohende Verletzung durch den Richter verbieten (**Unterlassungsanspruch**, ZGB 28a I Ziff. 1) oder eine bereits bestehende Verletzung beseitigen lassen (**Beseitigungsanspruch**, ZGB 28a I Ziff. 2); sodann kann er gerichtlich feststellen lassen, dass das Verhalten des Beklagten eine rechtswidrige Persönlichkeitsverletzung darstellt (**Feststellungsanspruch**, ZGB 28a I Ziff. 3; ausführlich BGE 127 III 483 ff.). Zusätzlich zu diesen drei Ansprüchen kann der Verletzte verlangen, dass eine Berichtigung oder das Urteil Dritten mitgeteilt oder veröffentlicht wird (ZGB 28a II).

15.04 Vorbehalten bleiben **Schadenersatz-** oder **Genugtuungsansprüche** sowie die Gewinnherausgabe. Diese können zusätzlich oder anstelle der in ZGB 28a I erwähnten Ansprüche geltend gemacht werden. Die **Rechtswidrigkeit** liegt in der Verletzungshandlung (vgl. sogleich N 15.07 ff.). Die Handlung muss **schuldhaft** (dazu vorne N 07.01 ff.) und **adäquat kausale** Ursache für die **Rechtsgutverletzung**, d.h. die Beeinträchtigung der Persönlichkeit, sein (vgl. vorne N 06.36 ff.). Sind die haftungsbegründenden Voraussetzungen gegeben, kann der Betroffene gemäss OR 41 ff. als Rechtsfolge Ersatz seines Schadens und Genugtuung verlangen.

15.05 Im Bereich der Persönlichkeitsverletzungen können drohende Gefahren oder nicht leicht wiedergutzumachende Nachteile oftmals nur abgewendet bzw. verhindert werden, wenn das Gericht einen **vorläufigen Rechtsschutz** (vorsorgliche Massnahmen) gewähren kann. Vorsorgliche Massnahmen können sich nur auf die besonderen persönlichkeitsrechtlichen Klagen beziehen, nicht hingegen auf die allgemeinen Klagen auf Schadenersatz, Genugtuung oder Gewinnherausgabe (HAUSHEER/AEBI-MÜLLER N 14.80).

15.06 Bei Persönlichkeitsverletzungen durch Massenmedien werden die erwähnten Ansprüche ergänzt durch das **Gegendarstellungsrecht** (ZGB 28g–l). Mit der Gegendarstellung kann der Betroffene auf die Darstellung von Tatsachen durch das Medienunternehmen antworten, indem er in einer der folgenden Ausgaben oder Sendungen in knapper Form und kostenlos seine Version der Tatsachen darlegt (ausführlich BRÜCKNER N 731 ff.). Zweifelhaft ist, ob eine Gegendarstellung dem Betroffenen tatsächlich hilft: Zum einen wird dadurch der Allgemeinheit der Sachverhalt nochmals in Erinnerung gerufen. Zum anderen können die Medien die Wirkung minimieren, indem sie der Gegendarstellung anfügen, sie seien zum Abdruck verpflichtet, ohne den Wahrheitsgehalt überprüfen zu dürfen, weshalb offen bleibe, welche Version zutreffend sei (BGE 112 II 198; zu Recht kritisch BRÜCKNER N 751).

1.2. Dogmatische Grundlagen

15.07 Entsprechend dem deliktsrechtlichen Haftungsaufbau durch die herkömmliche Lehre bezeichnet das Bundesgericht und ein Teil des Schrifttums auch beim Persönlichkeitsschutz jeden Eingriff in das absolut geschützte Rechtsgut «Persönlichkeit» als rechtswidrig. Erst in einem zweiten Schritt ist dann zu prüfen, ob der Eingriff aufgrund eines Rechtfertigungsgrundes (z.B. Einwilligung, überwiegendes privates oder öffentliches Interesse) nicht rechtswidrig war (BGE 127 III 488 m.N.; BUCHER N 515 ff.; HAUSHEER/AEBI-MÜLLER N 12.13 ff.; differenzierend PEDRAZZINI/OBERHOLZER 143).

Richtiger Ansicht nach kann aber auch hier nicht das verletzte Rechtsgut, sondern nur die pflichtwidrige Handlung rechtswidrig sein (gl.M. FELLMANN/KOTTMANN N 633). Wesentlich ist nicht das Bild, die Stimme, der Name, die Privatsphäre usw., sondern die **Art der Beeinträchtigung** dieser Rechtsgüter, d.h. etwa die eigenmächtige Verwendung des Personenbildes, der Stimme oder des Namens zu Werbezwecken, das Eindringen ins Privatleben mittels bestimmter Machenschaften oder die unbefugte Verbreitung privater Tatsachen in der Öffentlichkeit. So sieht man die Dinge auch in Deutschland (vgl. z.B. LARENZ/CANARIS § 80 III 3), obwohl dort das Erfolgsunrecht hinsichtlich absolut geschützter Rechtsgüter im Gesetz vorgegeben ist (vgl. vorne N 03.19). 15.08

Sodann ist zu bemerken, dass die Rechtswidrigkeit eine Auswahl unter den zur Rede stehenden Handlungen trifft. Nicht jede Handlung, welche eine Ausprägung des Persönlichkeitsrechts beeinträchtigt, kann als rechtswidrig bezeichnet werden (a.M. BUCHER N 493, 516). Es wurde bereits darauf hingewiesen, dass es wenig Sinn macht, einen Auftritt in einer Fernsehsendung als durch Einwilligung gerechtfertigten Eingriff in das Recht am eigenen Bild oder eine kritische Rezension einer Dissertation als eine durch überwiegende Interessen gerechtfertigte Ehrverletzung zu qualifizieren (vorne N 04.142). 15.09

Zu welchen ausufernden Folgen die gegenteilige Sicht führt, zeigt etwa das Beispiel des Rechts am eigenen Bild: Jede von einem Touristen gemachte Aufnahme, auf welcher ihm unbekannte Personen zu sehen sind, wäre eine rechtswidrige Persönlichkeitsverletzung, der mittels eines weitgefassten Verständnisses der Rechtfertigungsgründe wieder zur Rechtmässigkeit verholfen werden muss (ebenso GEISER 38 f.; BRÜCKNER N 629 f., insbesondere Fn. 142; a.M. BGE 127 III 492). 15.10

Insgesamt ist festzuhalten, dass sich die Rechtswidrigkeit auf die **Verletzungshandlung** bezieht, wobei nur bestimmte Handlungen, etwa wegen der Art der Informationserlangung, der Schadensträchtigkeit usw., als rechtswidrig gelten. Erst wenn feststeht, dass eine Handlung rechtswidrig ist, kann sich die Frage nach dem Vorliegen eines (die Ausnahme bildenden) Rechtfertigungsgrundes stellen. Nachfolgend sollen daher die Verletzungshandlungen im Vordergrund stehen (im Ergebnis ähnlich BRÜCKNER N 462 ff.). 15.11

Das Konzept der herkömmlichen Lehre wird im Anschluss daran erläutert: Dieses stellt primär auf die geschützten Persönlichkeitsrechte ab (hinten N 15.115 ff.). Und da jede Verletzung eines solchen Persönlichkeitsrechts rechtswidrig ist, kommt den Rechtfertigungsgründen (hinten N 15.142 ff.) zentrale Bedeutung zu. 15.12

2. Verletzungshandlungen

2.1. Allgemeines

Lehre und Rechtsprechung haben die typischen Verletzungshandlungen in Tatbestände gefasst. Diese stellen aber keine abschliessende Aufzählung der rechtswidrigen Persönlichkeitsverletzungen dar (vgl. auch BRÜCKNER N 462). 15.13

Im Schrifttum werden verschiedene Kategorisierungen vorgeschlagen, um die Tatbestände zu gruppieren (BRÜCKNER N 390 ff. und PEDRAZZINI/OBERHOLZER 133 ff. unterscheiden 15.14

zwei, FELLMANN/KOTTMANN N 616 ff. vier, HAUSHEER/AEBI-MÜLLER N 12.41 ff. fünf, RIEMER N 338 ff. sieben Kategorien). Die Mehrheit der Autoren teilt die Verletzungshandlungen in drei Gruppen ein (vgl. TERCIER N 353 ff.; BUCHER N 439 ff.; GEISER 27 ff.): Verletzungen der **physischen** Persönlichkeit (z.B. Körperverletzung oder Einsperrung), der affektiven bzw. **emotionalen** Persönlichkeit (z.B. Tötung eines Angehörigen oder Verletzung des Andenkens an einen Verstorbenen) und der **sozialen** Persönlichkeit (z.B. Entstellungen oder unwahre Behauptungen).

15.15 Der Einteilung kommt keine praktische Bedeutung zu, diese dient vielmehr bloss der Übersichtlichkeit (FELLMANN/KOTTMANN N 615; GEISER 27). Im Folgenden sind beispielhaft einige wesentliche Verletzungstatbestände aufgeführt (vgl. auch die Fallgruppen bei GEISER 27 ff.; BRÜCKNER N 462 ff.). Nicht erwähnt werden körperliche Persönlichkeitsverletzungen: Entgegen der Auffassung in der Literatur zum Personenrecht bzw. zum Persönlichkeitsschutz beziehen sich die speziellen Bestimmungen in ZGB 28 ff. auf die unkörperlichen Rechtsgüter; Unterlassungsansprüche, vorsorgliche Massnahmen und Gegendarstellung wollen nicht recht auf Tötungen oder Körperverletzungen passen (s. vorne N 05.49 f.).

2.2. Ehrverletzungen

15.16 Im Gegensatz zur strafrechtlichen Ehrverletzung (StGB 173 ff.) schützt das Zivilrecht nicht bloss den menschlich-sittlichen Bereich, sondern allgemein vor Rufschädigungen (HAUSHEER/AEBI-MÜLLER N 12.93). Der Begriff der Ehre im zivilrechtlichen Sinne erfasst mithin nicht bloss die menschlich-sittliche Geltung, sondern auch das berufliche und gesellschaftliche Ansehen (BGE 100 II 179; 103 II 161; 105 II 163, 106 II 96; 107 II 3; 111 II 210 f.; 119 II 100 ff.: berufliche Ehre).

15.17 Rechtswidrig sind unwahre Tatsachenbehauptungen. Auch der Informationsauftrag der Presse erlaubt es beispielsweise nicht, unwahre Nachrichten über angeblich gesetzeswidrige Verhaltensweisen zu veröffentlichen.

15.18 Rechtswidrig sind ferner unsachliche oder unnötig verletzende Werturteile über eine Person, die geeignet sind, das Ansehen dieser Person herabzusetzen. Nicht jede geringfügige Herabsetzung gilt jedoch als Persönlichkeitsverletzung (BGE 119 II 101). Die Thematik erschliesst sich am besten anhand von Fällen, in denen die Rechtsprechung die Ehrverletzung bejaht hat.

15.19 Unterstellung einer Straftat oder einer unsittlichen Handlung (z.B. sexuelle Beziehung zu einer Minderjährigen oder zu einer Prostituierten).

15.20 Artikel im «Sonntagsblick» mit der Schlagzeile: «Diagnose per Telefon! Arzt liess Patientin in Psychi einsperren» (BGE 126 III 211 ff.).

15.21 Vorwurf, jemand habe durch zu spätes Handeln fahrlässig den Tod einer Person mitverursacht (BGE 41 II 349: Hebamme ruft den Arzt zu spät).

15.22 Behauptung, jemand habe eine Sache oder Angelegenheit ungenügend verwaltet, was zu einer Schädigung beigetragen habe (BGE 100 II 177 ff.: Ölunfall wegen «himmeltraurigem Zustand» der Tankanlage).

15.23 Publikation von Fotos der polizeilichen Verhaftung («Verbrecherfotos»; JTPI/4515/2010).

Publikation eines Romans, in dem einige Figuren charakterlich sehr negativ dargestellt und in die Nähe von Verbrechen gerückt werden, wenn die Romanfiguren vom Durchschnittsleser erkennbar sind (BGE 135 III 145). 15.24

Erhebung des Vorwurfs der Ganovenmentalität gegenüber einer Bank und ihren Organen in Romanen, wobei ein Rückschluss auf die richtigen Namen hinter den im Buch verwendeten Pseudonymen ohne Weiteres möglich ist (BGer 5P.359/2002). 15.25

Keine Persönlichkeitsverletzung soll dagegen vorliegen, wenn der Arbeitgeber einen Arbeitnehmer zur psychiatrischen Begutachtung anmeldet (BGE 125 III 77 – zweifelhaft). 15.26

Bezeichnung eines Anwalts als «Wilderer» in einem Artikel eines Wochenmagazins (BGE 127 III 492 «Minelli-Entscheidung»): Eine Ehrverletzung wurde im konkreten Fall zwar bejaht; diese war aber aus überwiegendem öffentlichen Interesse geschützt. 15.27

Bei humoristischen Beiträgen und Karikaturen ist die Grenze der zulässigen Herabsetzung weiter zu ziehen. 15.28

Eine das tragbare Mass überschreitende Herabsetzung ist aber auch in diesem Bereich nicht zulässig (vgl. BGE 95 II 481: Im Tages-Anzeiger wurde Karikaturen veröffentlicht, welche die Verhältnisse in autoritären Staaten des Mittelmeerraums anprangerten und mit «Club Medityrannis» überschrieben waren. Ein Tourismusunternehmen namens «Club Méditerranée SA», welches unter anderem Feriendörfer in diesen Staaten unterhielt, wurde dadurch in seinem Persönlichkeitsrecht verletzt.) 15.29

Auch in der politischen oder wissenschaftlichen Auseinandersetzung muss eine härtere Gangart erlaubt sein. Keine rechtswidrige Persönlichkeitsverletzung liegt etwa in folgenden Fällen vor: 15.30

Ein Journalist exponiert sich politisch, worauf seine Tätigkeit für linksextreme Organisationen bekannt gemacht wird (BGE 105 II 161). 15.31

Die im zweiten Weltkrieg vertretene politische Ansicht von absoluten Personen der Zeitgeschichte wurde in einem Buch kritisch dargestellt. Insoweit sie der Wahrheit entspricht, ist eine solche Darstellung nicht widerrechtlich (BGE 111 II 209). 15.32

Eine Rezension wirft den Thesen in einer Dissertation vor, durch keine ernstzunehmende Begründung gestützt zu werden (ZBJV 1992, 171 ff.). 15.33

Nach einem bei VON BAR II (N 90 Fn. 572) zitierten Beispiel aus der niederländischen Rechtsprechung liege auch keine Persönlichkeitsverletzung bei einer Rezension mit folgendem Wortlaut vor: «Diese Doktorarbeit ist [...] ein 658 Seiten lang durchgehaltenes atemberaubendes Denkmal der Wirrköpfigkeit, Selbstüberschätzung, Ungenauigkeit, [...] konsequenten Unleserlichkeit, [...] infantiler Grosssprecherei». Mit Blick auf den zurückhaltenden Stil schweizerischer Rezensionen ist unsicher, ob schweizerische Gerichte eine Persönlichkeitsverletzung ebenfalls ablehnen würden. 15.34

Die Rechtswidrigkeit kann auch darin liegen, dass dem Kritisierten keine Entgegnungsmöglichkeit gegeben wird. So musste das Polit-Magazin «Rundschau» in einer Sendung über einen Bundespolizisten, welcher nach Ansicht eines Tessiner Staatsanwalts zu enge Kontakte zum Drogenmilieu pflegte, diesem ausführliche Schilderungen in der Sendung ermöglichen (Medialex 2003, 240). 15.35

Rechtswidrig sind auch Unterstellungen, die nicht ausdrücklich, sondern implizit erfolgen. So zeichnet sich unseriöser Journalismus unter anderem dadurch aus, dass bestimmte Machenschaften erläutert werden (z.B. Geldwäscherei, Bestechung ausländischer Behörden 15.36

oder Doping), die einzelne Vertreter eines Berufsstandes begehen (z.B. Vermögensverwalter, Exporteure oder Sportler), und in demselben Artikel Personen oder Unternehmen erwähnt werden, die zu diesem Berufsstand gehören, ohne ihnen jedoch ausdrücklich die angeprangerten Machenschaften zu unterstellen. Entsprechendes gilt für andere (offenkundige oder versteckte) Unterstellungen.

15.37 Im «Beobachter» wurde einem Anwalt in seiner Funktion als Stiftungssekretär implizit unterstellt, er führe Kommissionsmitglieder irre und lassen sich Doppelzahlungen überweisen. Im Artikel wurde seine anwaltliche Tätigkeit nicht direkt kritisiert, aber mehrmals erwähnt, und der Beitrag erschien unter der Schlagzeile «Anwalt macht Kasse» (BGE 120 IV 32).

15.38 In einem Artikel die «Befürchtung» zu äussern, ein Investor wolle «die Kriegskasse an den Aktionären vorbei in sein eigenes Portemonnaie schmuggeln», läuft auf eine Unterstellung anrüchigen Verhaltens hinaus (BGer 5A_78/2007).

15.39 Ein Magazin beschrieb in einem Artikel das Kleinkreditgeschäft und erweckte hinsichtlich zweier Banken den Eindruck, diese trieben Kunden in finanzielle Not (BGE 123 III 354 f.).

15.40 Durch das Verteilen von Flugblättern, welche auf die Gefahr des Rinderwahnsinns hinweisen, vor einer Metzgerei darf nicht der unrichtige Eindruck erweckt werden, ihr Sortiment sei besonders gesundheitsgefährdend (BGE 123 IV 211).

2.3. Verbreitung falscher Persönlichkeitsbilder

15.41 Persönlichkeitsverletzend können auch Äusserungen sein, welche zwar nicht ehrverletzend sind, aber der Öffentlichkeit ein unrichtiges Persönlichkeitsbild vermitteln und den Betroffenen in einem «falschen Licht» erscheinen lassen (auch im anglo-amerikanischen Recht spricht man vom «placing a person in a false light in the public eye», PROSSER/KEETON 863).

15.42 Dies ist nicht bereits dann der Fall, wenn jemand der «falschen» demokratischen Partei zugeordnet wird (BGE 105 II 164 f.; PROSSER/KEETON 773 f.: Die Behauptung, jemand sei ein Republikaner, «cannot be found in itself to be defamatory, since no reasonable person could consider that it reflects upon his character»; kritisch GEISER 74 f.).

15.43 Zollkontrolleure werden bei Tankkontrollen von einem Fernsehteam begleitet, welche einen Beitrag über die unzulässige Verwendung von Heizöl als Treibstoff drehen. Da auf Heizöl weniger Mineralölsteuer als auf Diesel zu entrichten ist, fürchtet die kontrollierte fehlbare Firma, im Beitrag als Steuerhinterzieherin dargestellt und in ein schlechtes Licht gerückt zu werden (BVGer A-1793/2006).

15.44 Die «Informationsgruppe Schweiz» führte zwei als linksextrem in Erscheinung getretene Personen in einer Publikation als Miturheber eines Konflikts und Mitglieder einer Vereinigung (Kommunistischer Jugendverband Schweiz) auf, wobei Letzteres falsch war. Das Bundesgericht verneinte eine widerrechtliche Persönlichkeitsverletzung, da die beiden sich wiederholt als «linksextreme Marxisten» offenbart hatten (BGE 107 II 1 ff.).

15.45 Nicht rechtswidrig ist die Bezeichnung einer Anbieterin eines Branchenbuchs, welche sich offensichtlich täuschend verhielt, als «Adressbuchmafia» (sic! 2008, 450 ff.).

15.46 In einer Übersicht über die reichsten Schweizer wurde unter der Überschrift «Nicht mehr dabei» behauptet, «recht hoch verschuldet ist der Bankier R.» (vgl. Urteil des Bezirksgerichts Zürich vom 9. Oktober 1992, Cedidac 47, 51).

Rechtswidrig ist es dagegen, wenn Journalisten selber Anhaltspunkte produzieren (z.B. Mails mit rechtsradikalem Inhalt), um jemanden als Zugehörigen einer gesellschaftlichen Randgruppe darzustellen. Ganz allgemein ist es nicht zulässig, dass die Presse jemandem Äusserungen unterstellt, die dieser nicht gemacht hat: **Erfundene Interviews** sind daher ohne Weiteres rechtswidrig. Gleiches gilt, wenn zitierte Aussagen zwar gemacht wurden, aber in einem anderen Zusammenhang standen. 15.47

Das Persönlichkeitsbild kann auch verletzt werden, wenn in der **Werbung** auf angebliche Kunden verwiesen wird. 15.48

In der deutschen Rechtsprechung sind in diesem Zusammenhang vor allem zwei Entscheidungen berühmt geworden: Im «Herrenreiter-Fall» wurde das Bild einer Person im Rahmen einer Werbung für ein sexuelles Stärkungsmittel verwendet (BGHZ 26, 349; zum Recht am eigenen Bild auch hinten N 15.62 und 15.119). 15.49

Im zweiten Fall wurde der Name einer Sängerin in einer Werbung für ein Zahnhaftmittel genannt (BGHZ 30, 7: «Caterina Valente»). Die durch die Verwendung des Namens verursachte Gedankenverbindung muss nicht ehrenrührig sein; vielmehr ist es generell nicht zulässig, jemanden ohne dessen Einwilligung mit bestimmten Produkten in Verbindung zu bringen, selbst wenn diese keinen negativen Beigeschmack haben (GEISER 36). 15.50

2.4. Eindringen in den persönlichen Bereich

Das Eindringen in den persönlichen Bereich kann persönlichkeitsverletzend sein. Zu denken ist an das Fotografieren mit Teleobjektiven, heimliche Filmaufnahmen oder das Abhören mit versteckten Wanzen. Es geht um das Recht des Einzelnen, selbst bestimmen zu können, welche Informationen er preisgeben will. Diese sog. **informationelle Selbstbestimmung** lässt sich in zwei Fallgruppen unterteilen: Das unzulässige Eindringen in den persönlichen Bereich und die unbefugte Verbreitung persönlicher Informationen (dazu sogleich N 15.61 ff.). 15.51

Eine rechtswidrige Persönlichkeitsverletzung liegt meist vor, wenn **heimlich Foto- oder Filmaufnahmen** einer anderen Person gemacht werden (zulässig ist dies z.B. zur Aufdeckung von Straftaten, vgl. BGE Semjud 1998, 301). Ob die Aufnahmen in der Öffentlichkeit verbreitet werden sollen, ist unerheblich. Umstritten ist, inwiefern das heimliche Beobachten eines Dritten ohne den Einsatz technischer Mittel (z.B. durch einen Detektiv) rechtswidrig ist. Nach einer Entscheidung des Europäischen Gerichtshofs für Menschenrechte aus dem Jahr 2016 könne die heimliche Überwachung von Versicherten durch Detektive in der Schweiz auf keine hinreichende Gesetzesgrundlage gestützt werden und sei deshalb unzulässig. 15.52

Konkret ging es um eine Frau, die 1995 von einem Motorrad angefahren wurde und eine Kopfverletzung davontrug. Nach einigen Jahren begann die Unfallversicherung an der fortdauernden Arbeitsunfähigkeit der Frau zu zweifeln. Da sich diese jedoch einer erneuten medizinischen Untersuchung widersetzte, wurden Privatdetektive engagiert. Deren Foto- und Filmaufnahmen zeigten die Frau bei Aktivitäten, die ihr gemäss dem medizinischen Gutachten gar nicht möglich sein sollten. Daraufhin wurden ihr die Versicherungsleistungen gekürzt. Das Bundesgericht erklärte die Observation gestützt auf den allgemeinen Teil des Sozialversicherungsrechts für zulässig. Der EGMR erachtete die gesetzliche Grundlage für einen solchen Eingriff in das Recht auf Privatleben jedoch als ungenügend (Urteil des 15.52a

EGMR 61838/10). Das Bundesgericht hat diesem (zweifelhaften) Urteil in BGer 9C_806/2016, E. 4 Rechnung getragen und die genügende Gesetzesgrundlage auch für den Bereich der Invalidenversicherung verneint.

15.53 Bei Videoüberwachungen ist zu unterscheiden: Die permanente Überwachung der Arbeitnehmer durch Videokameras ist im Regelfall rechtswidrig; anders ist dagegen beim Einsatz der Kameras in Banken oder Kaufhäusern zu entscheiden. «Denn diese beeinträchtigen einerseits den Betroffenen nicht gravierend, da es beim rechtstreuen Kunden nichts Wesentliches auszuspähen gibt, und können andererseits von Straftaten abschrecken und zu deren Aufklärung beitragen» (LARENZ/CANARIS § 80 II 4 d).

15.54 Unbefugte Tonaufnahmen von nicht öffentlichen Gesprächen sind strafrechtlich verboten (StGB 179bis und 179ter) und damit rechtswidrig. Zivilrechtlich ist aber auch die heimliche Aufnahme eines öffentlichen Gesprächs, eines Vortrages usw. unzulässig. Die rechtswidrige Missachtung der informationellen Selbstbestimmung liegt in der Heimlichkeit.

15.55 Schwierig ist die Beurteilung, wenn es nicht um Tonaufnahmen geht, sondern **Zeugen** beigezogen werden. Auch bei privaten Aktivitäten ist der Mensch oftmals nicht allein, sondern in Gesellschaft anderer. Diese Beteiligten können sich frei über ihre Erlebnisse und Beobachtungen äussern oder der Presse (oftmals gegen Entgelt) ein Interview gewähren, ausser sie stehen unter einem Berufs- oder Amtsgeheimnis (BRÜCKNER N 490 ff.).

15.56 So darf etwa eine Prostituierte über ihre Kunden berichten. Rechtswidrig wäre es dagegen, von jemandem Schweigegeld zu verlangen.

15.57 Besondere Probleme stellen sich im Zusammenhang mit Journalisten, die sich in eine Unternehmung oder eine Gruppierung einschleusen. So hatte sich z.B. in Deutschland der Schriftsteller Wallraff unter einem falschen Namen bei der Bild-Zeitung anstellen lassen, um dann seine Erfahrungen bei der Redaktionsarbeit in einem Buch zu veröffentlichen (vgl. die Abwägung des Persönlichkeitsschutzes gegen die Pressefreiheit in BGHZ 80, 25 und BVerfGE 66, 116).

15.58 Eine weitere Ausprägung des rechtswidrigen Eindringens in den persönlichen Bereich sind Belästigungen durch das **Telefon**, etwa dauernde Telefonanrufe eines abgewiesenen (aber uneinsichtigen) Liebhabers, wiederholte anonyme Telefonanrufe (OGH JBl 1995, 166), fehlerhafte Telefonnummern in Escort-Anzeigen, wodurch Dritte permanent zu Hause durch Anrufe interessierter Kunden belästigt werden, usw.

15.59 Rechtswidrig kann auch die Störung des **Familienlebens** sein. Zu denken ist etwa an die wahrheitswidrige Behauptung, das Kind eines anderen zu sein oder umgekehrt Vater eines Kindes zu sein (BGE 108 II 348).

15.60 Der Ehebruch stellt dagegen keine unerlaubte Handlung dar. Die Erhaltung der ehelichen Lebensgemeinschaft kann eben nicht erzwungen werden, weder unmittelbar noch mittelbar über Unterlassungs-, Schadenersatz- oder Genugtuungsklagen gegen den ungetreuen Ehepartner oder den am Ehebruch beteiligten Dritten. Anderer Ansicht ist das Bundesgericht. Es verneint zwar den Unterlassungsanspruch, schliesst aber Schadenersatz- und Genugtuungsansprüche nicht aus (BGE 78 II 290; 109 II 6 f.; zum Ganzen auch vorne N 05.53). Richtiger Ansicht nach gehören die Folgen des Ehebruchs ausschliesslich in das Scheidungsrecht (vgl. BK/HAUSHEER/REUSSER/GEISER ZGB 175 N 8).

2.5. Herstellen von Öffentlichkeit

Die informationelle Selbstbestimmung ist, wie erwähnt, nicht bloss beim Eindringen in den persönlichen Bereich, sondern auch bei rechtswidrigem Herstellen von Öffentlichkeit verletzt. Geschützt wird das Recht, Tatsachen und Informationen aus dem Geheimbereich von der Allgemeinheit fernhalten zu können; inwiefern dies auch für den Privatbereich gilt, lässt sich nicht generell sagen (zu den Begriffen Geheim- und Privatbereich vgl. hinten N 15.139 f.). 15.61

In der Lehre unterscheidet man diesbezüglich nach dem betroffenen Rechtsgut: das Recht am eigenen Bild, an der eigenen Stimme und am Namen (BRÜCKNER N 627 ff.; GEISER 35 ff.). Auch hier ist aber anerkannt, dass die Rechtsgüter nicht absolut gegen jede Aufzeichnung und Wiedergabe oder jeden sonstigen Gebrauch durch Dritte geschützt sind. Wiederum steht die Frage im Vordergrund, welche Verwendungsart rechtswidrig und damit persönlichkeitsverletzend ist. Im Übrigen gibt es nicht **das** Bild einer Person, sondern je nach der Rolle, die gerade wahrgenommen wird, unterschiedliche Persönlichkeitsbilder, etwa als Familienvater, Konsument, Geschäftsinhaber usw. (LARENZ/CANARIS § 80 II 5 a). 15.62

Erfolgt eine Aufnahme **heimlich**, so liegt schon darin eine Persönlichkeitsverletzung; eine Veröffentlichung ist infolgedessen ohnehin rechtswidrig. Bei der befugten Aufnahme ist zu unterscheiden: 15.63

Eine Privatperson darf nicht gegen ihren Willen öffentlich zur Schau gestellt werden (VON BAR II N 95 mit Hinweis in Fn. 611 auf eine griechische Entscheidung betreffend Abbildung einer aussergewöhnlich dicken Frau in einem Artikel über die Gefahren des Übergewichts). 15.64

Unsicher ist, ob eine Privatperson darüber hinaus allgemein nicht in die Öffentlichkeit gezerrt werden darf; zu denken ist etwa an Nahaufnahmen der Zuschauer einer Sportveranstaltung (HAUSHEER/AEBI-MÜLLER N 12.134). 15.65

Im Urteil A-7040/2009 vom 30. März 2011 betreffend «Google Street View» entschied das Bundesverwaltungsgericht: Das «Vorgehen der Beklagten, Strassenzüge in der Schweiz abzufahren und fotografisch aufzunehmen, betrifft zweifelsohne das Recht am eigenen Bild, zumal dabei unbestrittenermassen auch Personen aufgenommen werden». Auch wenn die aufgenommenen Personen teilweise bloss «Beiwerk» darstellten, sei im Fall einer Persönlichkeitsverletzung stets eine Interessenabwägung vorzunehmen. «Dabei zeigt sich, dass im vorliegenden Fall das Interesse der Allgemeinheit an der Kenntnisnahme des Ereignisbildes bzw. das (wirtschaftliche) Interesse der Beklagten am Projekt Google Street View dasjenige am Recht auf das eigene Bild in keinem Fall zu überwiegen vermag, ist doch eine weitergehende bis absolute Unkenntlichmachung der Bilder möglich und verhältnismässig» (E. 8.2.4.; weshalb bei Google ein strengerer Massstab gelten soll als bei Medienbildern, in denen die Gesichter unbeteiligter Personen ebenfalls erkennbar sind, ist jedoch schwer verständlich). 15.66

Anderes gilt dagegen, wenn die Person durch aktives Handeln bewusst die Aufmerksamkeit der Öffentlichkeit auf sich lenkt (z.B. öffentliche Auftritte in politischen Veranstaltungen oder Fernsehshows). Diese werden in der Literatur als «relative Personen der Zeitgeschichte» bezeichnet (kritisch hierzu HAUSHEER/AEBI-MÜLLER N 12.139). Bei diesen dürfen Aufnahmen freilich nur insoweit verbreitet werden, als sie einen Zusammenhang mit ihrem öffentlichen Auftritt haben und auch nur während einer gewissen Zeitspanne. 15.67

Grosszügiger ist die Sachlage hinsichtlich der in der Öffentlichkeit stehenden Personen zu beurteilen. So dürfte die Abbildung eines bekannten Schauspielers auf einem Titelblatt zulässig sein, wenn im Inneren der Zeitschrift ein Artikel über die Person folgt (BGH 15.68

VersR 1995, 667). Gleiches gilt hinsichtlich der Bilder von bekannten Fussballspielern für Sammelbilder, die jeweils vor wichtigen internationalen Meisterschaften in Umlauf gesetzt werden (OGH GRUR International 1996, 161). Ein Portrait inklusive eines Bildes einer Persönlichkeit, die in vielfältiger Weise öffentlichkeitsbezogenen Tätigkeiten nachgeht, in einer Zeitschrift abzudrucken, obwohl der Betroffene sich ausdrücklich dagegen verwahrt, ist durch überwiegendes öffentliches Interesse gerechtfertigt (BGE 127 III 489 ff. «Minelli-Entscheidung»).

15.69 Auch Personen, die in der Öffentlichkeit stehen, haben freilich das Recht, sich in Abgeschiedenheit zurückzuziehen und dann in Ruhe gelassen zu werden; unzulässig ist es, Aufnahmen dieser Personen dort zu machen und zu verbreiten, wo sie sich anders verhalten, als sie es in der Öffentlichkeit tun würden (von Bar II N 95; BGH NJW 1996, 1128).

15.70 Insgesamt lässt sich als Grundsatz festhalten: Je bekannter jemand ist und je öffentlicher die Umstände waren, in denen er aufgenommen wurde, desto eher ist die Publikation zulässig (vgl. auch BGE 127 III 490).

15.71 Die Verwendung von Aufnahmen einer Person oder ihres Namens in einer **Werbung** ist (ohne deren Einverständnis) unabhängig davon rechtswidrig, ob die Ehre oder der Ruf des Betreffenden verletzt wird.

15.72 Es ist daher unerheblich, ob das Bild eines Ehepaares in einem Erotikmagazin mit Anzeigen für Partnertausch, das Nacktbild einer Frau in der Werbung für einen FKK-Urlaub oder das Bild lediglich in der Werbung für ein Getränk verwendet wird (vgl. die Nachweise auf entsprechende ausländische Entscheidungen bei von Bar II N 86 ff. Fn. 534, 606, 610).

15.73 Handelt es sich beim Betroffenen um eine bekannte Persönlichkeit, so hat man es zugleich mit einer Rufausbeutung zu tun (hinten N 15.85 ff.).

15.74 War der Betroffene mit der Veröffentlichung seines Bildes zu einem bestimmten Zwecke oder Anlass einverstanden, dann darf die Aufnahme nicht ohne sein Einverständnis durch Dritte für ihre Zwecke noch einmal veröffentlicht werden (von Bar II N 95; vgl. auch BGE 127 III 493 f.; 129 III 723 f.).

15.75 Dies gilt etwa dann, wenn sich eine Schauspielerin mit nacktem Oberkörper für eine Zeitschrift abbilden lässt und die Aufnahme in einer anderen Zeitschrift ebenfalls verwendet wird (OLG Hamburg NJW 1996, 1151).

15.76 Hier können auch die bereits bei der Verbreitung falscher Persönlichkeitsbilder erwähnten deutschen Entscheidungen, «Herrenreiter-Fall» und «Caterina Valente-Fall», eingereiht werden (vorne N 15.49 f.).

15.77 Sodann greift die Presse mangels aktueller Aufnahmen oftmals auf Archivbilder zurück. Dies ist dann problematisch, wenn die frühere Aufnahme in einem ganz anderen Zusammenhang stand.

15.78 Dass eine Person mit dem Auftritt im «Zischtigsclub» ihr Bild in der Öffentlichkeit zugänglich gemacht hatte, schliesst nicht die Einwilligung zum Abdruck des Bildes, das während dieser Sendung vom Fernsehbildschirm aufgenommen wurde, ein (BGE 127 III 493 f. «Minelli-Entscheidung»).

15.79 Persönlichkeitsverletzend kann sodann die Veröffentlichung wahrer, aber persönlicher und weit **zurückliegender** Tatsachen sein. Zu denken ist etwa an unerfreuliche Umstände aus dem Familienleben (BGH VersR 1974, 756 betreffend der Schlagzeile in einer Zeitschrift: «Eltern und drei Geschwister sind verzweifelt: So brachte Rauschgift den neunzehnjährigen G. aus B. um»), an berufliche bzw. schulische Misserfolge oder an die politische Vergangenheit (vgl. zu Letzterem GEISER 67).

Praktisch bedeutsam sind vor allem Mitteilungen über länger zurückliegende Straftaten. 15.80 Der strafrechtliche Resozialisierungsgedanke wird unterlaufen, wenn die Medien den Verurteilten immer wieder mit seinem früheren Verhalten konfrontieren können (BGE 122 III 457; GEISER 66). Anderes gilt, wenn es sich um einen Politiker, Wirtschaftsführer, Chefredakteur einer Zeitung oder eine andere im «Rampenlicht» stehende Person handelt, über deren Vergangenheit in der Öffentlichkeit ein besonderes Interesse besteht (vgl. BGE 111 II 213 f.).

Darüber hinaus stellt sich auch die Frage, ob der in einem Straffall Verdächtigte oder 15.81 Angeschuldigte unmittelbar nach der Tat genannt werden darf. Richtiger Ansicht nach kann über die Tat und den Täter berichtet werden; die Veröffentlichung des Bildes, des Namens oder der Initialen ist dagegen sowohl während des Strafverfahrens («Vorverurteilung durch die Presse») als auch danach rechtswidrig, es sei denn, der Name ist im Zusammenhang mit der Tat (z.B. bei der Fahndung) ohnehin bekannt geworden (BGE 64 I 181; BRÜCKNER N 498 Fn. 57; LARENZ/CANARIS § 80 II 5 g). Die Identität kann auch in jenen Fällen offengelegt werden, in denen die Straftat in einem Zusammenhang zu der beruflichen Tätigkeit des (rechtskräftig verurteilten) Straftäters steht und die Allgemeinheit etwa wegen des Vertrauens, das dem Berufsstand entgegengebracht wird (z.B. Anwälte, Ärzte, Finanzdienstleister, Geistliche, Journalisten, Lehrer, Treuhänder usw.), ein Interesse an der Information hat. Ebenso kann der Name des Tatverdächtigen genannt werden, wenn es sich dabei um eine Person des öffentlichen Interesses handelt (BGE 126 III 307).

Bildfälschungen durch Retuschen, Fotomontagen usw. können ebenfalls die Persön- 15.82 lichkeit verletzen. Erhebliche Missbrauchsgefahren bestehen sodann aufgrund der neuen Möglichkeiten, Bilder (z.B. Gesichtsausdrücke) digital zu verändern und Personen in Filmaufnahmen in fremde Umgebungen zu versetzen.

So wurde eine Fotomontage, in der eine Sportmoderatorin und ihr Interviewpartner «näher 15.83 gerückt» sind, so dass das Bild für den Durchschnittsleser als Beleg der Affäre dargestellt werden kann, als Persönlichkeitsverletzung bezeichnet (LG Berlin ZUM-RD 2011, 31 ff.).

Eine Persönlichkeitsverletzung wurde jedoch im Falle eines Fussballtrainers verneint, der 15.84 unter Verwendung eines Bildes seines Gesichts zur Symbolisierung seines beruflichen Niederganges als gekreuzigter Christus dargestellt wurde (OLG München ZUM-RD 2009, 552).

2.6. Rufausbeutung

Mit der rechtswidrigen Herstellung von Öffentlichkeit verwandt ist die Rufausbeu- 15.85 tung. Dabei geht es indes nicht darum, dass jemand in die Öffentlichkeit gezerrt wird. Es handelt sich vielmehr um Personen, die schon in der Öffentlichkeit stehen und deren Ruf für eigene Zwecke, meist Produktwerbung, genutzt wird. Handelt es sich um Marktkonkurrenten, so geht es um einen Tatbestand des unlauteren Wettbewerbs (vgl. insbesondere UWG 3 I d und e). Bei der Rufausbeutung ist anstelle von Schadenersatz meist die Gewinnherausgabe die sachgerechtere Rechtsfolge.

15.86 Von der Rufausbeutung sind in der Regel Sportler, Künstler, Schauspieler und andere Personen aus der Unterhaltungsbranche betroffen. Unerheblich ist, ob diesen unterschoben wird, sie gehörten auch zu den Verwendern eines Produktes, oder ob das Produkt dadurch gelobt wird, dass es ebenso hoch einzuschätzen ist, wie die technischen Fähigkeiten eines Fussball- oder Golfspielers, die schöpferische Leistung eines Künstlers oder die Schönheit eines Fotomodells (VON BAR II N 86).

15.87 So darf das Bild eines bekannten Moderators nicht ohne dessen Einwilligung auf der Titelseite eines Rätselheftes abgedruckt werden, da es nicht um die Information der Öffentlichkeit über diese Person, sondern darum geht, das Interesse und die Beliebtheit der Person auf das Produkt zu übertragen (BGH GRUR 2009, 1088).

15.88 Eine Rufausbeutung liegt auch dann vor, wenn eine bekannte Person in einer Werbung imitiert wird, sei es mit Hilfe eines Doppelgängers oder durch Imitierung der (aufgrund der Redewendungen oder sonstigen Eigenheiten markanten) Stimme (vgl. die Hinweise auf ausländische Entscheidungen in VON BAR II 86 f. Fn. 534 und 548).

15.89 Gleiches gilt bei Verwendung eines Namens in einem Schlagerstück, zumal wenn auch die Würde des Betroffenen tangiert wird (OLG Karlsruhe NJW 1994, 1963: «I wanna make love to Steffi Graf»).

15.90 Einen Spezialfall stellt die Namensanmassung dar, welche durch ZGB 29 erfasst wird. Es geht dabei darum, dass jemand den Namen eines anderen unbefugterweise für sich selbst oder für die Bezeichnung einer Sache braucht (BGE 112 II 371 m.N.).

2.7. Beeinträchtigung der Entscheidungsfreiheit

15.91 Die Beeinträchtigung der Entscheidungsfreiheit ist eine unklar konturierte Fallgruppe der Persönlichkeitsverletzung. Am einschneidendsten ist sie wohl bei rechtswidriger Verbeiständung betroffen (vgl. den Fall in BGE 57 II 3). Die Entscheidungsfreiheit darf indessen nicht mit der allgemeinen Handlungsfreiheit gleichgesetzt werden. Vielmehr handelt es sich um eine spezielle Ausprägung derselben (LARENZ/CANARIS § 80 II 6 c).

15.92 Eine wesentliche Ausprägung der persönlichkeitsrechtlich geschützten Entscheidungsfreiheit bildet die Verletzung der **ärztlichen Aufklärungspflicht**. Dabei wird das Selbstbestimmungsrecht, und nicht etwa die persönliche Integrität verletzt (HONSELL/ISENRING/KESSLER § 5 N 23; anders die h.L., s. vorne N 04.139 ff.). So kann auch ein einwandfrei durchgeführter Heileingriff die persönliche Entscheidungsfreiheit verletzen, wenn z.B. der Arzt den Umfang des Eingriffs eigenmächtig ausweitet.

15.93 Wenn eine Patientin darin einwilligt, dass sowohl die von Brustkrebs befallene als auch die andere gesunde Brust entfernt wird, um das Risiko eines Rückfalls zu verringern, kann hieraus nicht geschlossen werden, dass die Patientin hypothetisch auch mit der beidseitigen Brustentfernung einverstanden gewesen wäre, wenn dies lediglich aus ästhetischen Symmetriegründen angezeigt ist. Es ist gut möglich, dass die Patientin im Falle einer richtigen Aufklärung nicht mit der beidseitigen Brustentfernung einverstanden gewesen wäre, weshalb dem Arzt der Einwand der hypothetischen Einwilligung nicht gelingt (BGer 4A.266/2001).

15.94 Ebenso konnte ein Arzt beim Einverständnis der Patientin, eine Gebärmuttergeschwulst zu entfernen, nicht von einem Einverständnis, die Gebärmutter ganz zu entfernen, ausgehen (BGH NJW 1958, 267 f.)

«Umgekehrt verletzt auch derjenige die Entscheidungsfreiheit des Patienten, der ihn gegen seinen Willen ‹aufklärt› – etwa, indem er ihm die (in zulässiger Weise festgestellte) Disposition zu einer schweren unheilbaren Krankheit mitteilt» (LARENZ/CANARIS § 80 II 6 c). 15.95

Die Entscheidungsfreiheit ist ferner auch dann verletzt, wenn Bestandteile des Körpers (z.B. Blut) ohne Einwilligung des Berechtigten zu Zwecken verwendet werden, die mit der Behandlung nichts zu tun haben. Grundsätzlich rechtswidrig ist infolgedessen «der medizinisch nicht indizierte AIDS-Test, der z.B. vorsorglich zum Schutze des Klinikpersonals oder gar routinemässig vorgenommen wird» (LARENZ/CANARIS § 80 II 6 c). 15.96

Hierher gehören wohl auch die Fälle der «durchkreuzten Familienplanung» (zutreffend STEINER, ZBJV 2001, 656 ff.; ausführlich HOLZWARTH). 15.97

Diese Ausprägung des Persönlichkeitsschutzes ist freilich ohne grosse praktische Bedeutung, da bei einer ungewollten Schwangerschaft aufgrund einer fehlerhaft durchgeführten Sterilisation oder einer falschen Beratung über die Indikation eines Schwangerschaftsabbruchs («wrongful birth») regelmässig ein vertraglicher Schadenersatzanspruch oder eine Staatshaftung besteht. Die deliktische Haftung kommt daher bloss ausnahmsweise zum Zuge, etwa bei der Haftung des Herstellers fehlerhafter Empfängnisverhütungsmittel (s. zum Problem der Unterhaltskosten für unerwünschte Kinder hinten N 29.64 ff.). 15.98

Ein Anspruch der Eltern ist auch gegeben, wenn der Arzt sie fehlerhaft über Schädigungen des ungeborenen Kindes informiert, wodurch ein Schwangerschaftsabbruch unterbleibt. Ausgeschlossen ist ein Anspruch, wenn zum Zeitpunkt der ordnungsgemässen Information eine Abtreibung rechtlich nicht mehr zulässig war. Gleiches gilt, wenn die Mutter eine Abtreibung auch bei erfolgter Information ohnehin nicht vorgenommen hätte (zu diesem Einwand des rechtmässigen Alternativverhaltens BGer Pra 1996, Nr. 181, E. 4b; 4C.179/1999 = Pra 2000, Nr. 29, E. 4a; allgemein hierzu vorne N 06.24 ff.). 15.99

Schwierig zu beantworten ist die Frage, ob eine Persönlichkeitsverletzung auch dann zu bejahen ist, wenn eine Frau ihrem (nicht mit ihr verheirateten) Partner vortäuscht, sie würde ein empfängnisverhütendes Mittel nehmen. Damit verwirklicht sie ihre Familienplanung, verletzt jedoch die Entscheidungsfreiheit ihres Partners. 15.100

Nach LARENZ/CANARIS (§ 80 II 6 e) verwirklicht die Mutter «ihren Wunsch nach einem Kind und übt damit ihre eigene ebenso höchstpersönliche Entscheidungsfreiheit aus», weshalb eine Persönlichkeitsverletzung des Vaters abzulehnen sei; ebenso BGHZ 97, 379 f.; OGH JBl 1994, 687 ff.; HONSELL/ISENRING/KESSLER § 1 N 36. 15.101

Es ist freilich nicht einzusehen, weshalb der Wunsch des einen Elternteils nach einem Kind nur mit dem betreffenden (getäuschten) Partner erfüllbar sein soll. Auch die Sorge des deutschen BGH, das Kind würde bei Kenntnis der Einstandspflicht der Mutter gegenüber dem Vater in seiner Menschenwürde verletzt, ist im Hinblick auf die Anerkennung eines Ersatzanspruchs der Eltern bei fehlgeschlagener Sterilisation nicht nachvollziehbar. 15.102

2.8. Postmortaler Persönlichkeitsschutz

In Deutschland anerkennt die vorherrschende Lehre die nachwirkenden Persönlichkeitsrechte der Toten (LARENZ/CANARIS § 80 VI 1 d). Dagegen wird in der Schweiz ein «postmortaler Persönlichkeitsschutz» grundsätzlich abgelehnt, da die Persönlichkeit gemäss ZGB 31 I mit dem Tode endet (umfassend KNELLWOLF). 15.103

15.104 Eine Einschränkung macht die Rechtsprechung insofern, als jeder das Recht hat, über die Verwendung seiner Leiche zu verfügen und den Ort und die Art der Bestattung zu bestimmen (BGE 101 II 191; BUCHER N 442). Sodann stehen unter Umständen den **Angehörigen** bei Entnahme von Organen zu Transplantationszwecken ohne Einwilligung des Verstorbenen (BGE 101 II 190 f.; 123 I 112), bei Veröffentlichungen der Tagebücher oder herabsetzenden Äusserungen gegen den Verstorbenen (BGE 109 II 353 ff.; 118 IV 319 ff.; vgl. auch BGE 70 II 127 ff.) oder bei der Durchführung einer Autopsie Unterlassungs-, Schadenersatz- oder Genugtuungsansprüche zu (HAUSHEER/AEBI-MÜLLER N 10.27 ff. und 12.63 f.).

2.9. Verletzung der «wirtschaftlichen Persönlichkeit»

15.105 Nach der schweizerischen Lehre ist auch die wirtschaftliche Persönlichkeit geschützt. Der Einzelne und die juristische Person müssten ihre wirtschaftlichen Tätigkeiten frei entfalten können und seien daher vor Beeinträchtigungen Dritter zu schützen (BUCHER N 478; HAUSHEER/AEBI-MÜLLER 12.147; PEDRAZZINI/OBERHOLZER 141).

15.106 Gerade in diesem Bereich zeigt sich wiederum, wie fragwürdig das Abstellen auf das Rechtsgut ist. In einer freien Marktwirtschaft soll gerade jeder im Wettbewerb mit anderen sein und danach trachten, bessere Produkte und Leistungen als die Mitbewerber anzubieten, um die Kundschaft möglichst für sich zu gewinnen. Die im Wettbewerb stehende (natürliche oder juristische) Person wird also andauernd von Dritten «beeinträchtigt», und dies soll auch so sein. Absprachen zwischen Marktteilnehmern, man wolle sich nicht mehr «beeinträchtigen», wären überdies aufgrund des Kartellgesetzes rechtswidrig.

15.107 Unzulässig sind lediglich bestimmte Verhaltensweisen, mit welchen die Grenzen des freien Wettbewerbs überschritten werden. Die meisten dieser Verhaltensweisen fallen in den Anwendungsbereich der wettbewerbsrechtlichen Gesetze. Der Persönlichkeitsschutz hat bloss dann eine eigenständige Bedeutung, wenn die Wettbewerbsgesetze (KG und UWG) nicht anwendbar sind. Es geht dabei vor allem um den Ausschluss aus Berufsverbänden (BGE 123 III 198) und längere Sperren von Berufssportlern (SJZ 1988, 85 ff.; weiterführend HAUSHEER/AEBI-MÜLLER N 13.36 ff.). Für das Herausbilden dieser und weiterer Fälle ist der Rückgriff auf die wirtschaftliche Persönlichkeit unergiebig.

2.10. Persönlichkeitsverletzungen bei juristischen Personen und Personengruppen

15.108 Eine Verletzung der Persönlichkeit ist, wie bereits erwähnt, auch bei juristischen Personen und Personengesamtheiten ohne Rechtspersönlichkeit (vor allem Kollektiv- und Kommanditgesellschaften) möglich. Dies gilt freilich nur hinsichtlich jener Persönlichkeitsaspekte, die sie ihrem Wesen nach überhaupt haben können. Dies sind etwa die berufliche Ehre, der Ruf und der Name.

15.109 Der Schutz vor rechtswidrigem Herstellen von Öffentlichkeit wird in der Regel von speziellen Normen erfasst (z.B. StGB 321: Berufsgeheimnis; BankG 47: Bankgeheimnis; UWG 4 c und UWG 6: Verleitung zum Geheimnisbruch und zu dessen Verwertung). Fällt ein Sachverhalt nicht unter eine der Spezialbestimmungen, kann ausnahmsweise ein Anwendungsbereich für den persönlichkeitsrechtlichen Schutz vor unbefugtem Herstellen von Öffentlichkeit oder rechtswidrigem Eindringen in den geheimen Bereich verbleiben (vgl. BGE 97 II 102 f.; ZR 1984, 53 ff.).

Bei den Rechtsfolgen ist zu beachten, dass nach der Rechtsprechung auch eine **juristische Person** einen **Genugtuungsanspruch** geltend machen kann (BGE 95 II 481 ff.; BGE 138 III 341 ff. = Pra 2012, Nr. 131 mit umfassenden Nachweisen auf den aktuellen Meinungsstand). Dies mag für ideelle Vereine (aus Billigkeitsgründen) noch nachvollziehbar sein, ist aber ansonsten fragwürdig. Bei einer juristischen Person, welche wirtschaftliche Ziele verfolgt, wird eine Beeinträchtigung mit Schadenersatz und Gewinnabschöpfung ausgeglichen; da sie keine Gefühle hat, verbleibt kein Raum für eine zusätzliche Entschädigung (in diesem Sinne auch die deutsche Rechtsprechung, vgl. BGH VersR 1981, 233 m.w.N.). 15.110

Richtet sich die persönlichkeitsverletzende Handlung (vor allem Ehrverletzung) gegen eine Personengruppe, ist zu unterscheiden: Sofern die Gruppe so klein ist, dass sich die **Gruppenangehörigen persönlich betroffen** fühlen, kann jeder für sich die persönlichkeitsrechtlichen Ansprüche geltend machen. Gleiches gilt, wenn eine Beleidigung gegen eine Mehrheit gerichtet ist, in Wahrheit aber eine bestimmte Person angesprochen und dies auch von einem Dritten so verstanden wird. Ein Angriff gegen eine unbestimmte Vielzahl von Personen, z.B. eine Kollektivbeleidigung, ist kein Haftungsgrund. 15.111

Eine Persönlichkeitsverletzung ist mithin nicht gegeben, wenn sich der Angriff in allgemeiner Weise gegen die Angehörigen eines Berufsstandes («alle Anwälte sind Betrüger»), eines Geschlechts (vgl. ZBJV 1983, 473: Schiessübungen auf Bilder einer nackten Frau), einer Religion (hier ist freilich StGB 261bis einschlägig: Rassismusartikel) oder gegen die Anhänger einer Freizeitaktivität (BGE 100 IV 46 f.: Tierschutzverein greift Tätigkeit der Jäger an) richtet. 15.112

Die Veröffentlichung des Mitgliederverzeichnisses eines Vereins, dessen Zweck sich in der Pflege der zwischenmenschlichen Beziehungen der Mitglieder erschöpft, stellt eine Verletzung der Privatsphäre des Vereins dar. Ein solcher Verein hat ein eigenes Interesse daran, dass die Zusammensetzung seiner Mitglieder nicht öffentlich bekannt gemacht wird. Denn zur Verfolgung des statutarischen Zwecks gehören auch die Wahrung des privaten Charakters des Vereinslebens und damit die Wahrung der Anonymität der Mitglieder (BGE 97 II 97 ff.). 15.113

Es verletzt die Persönlichkeit eines Reisebüros, eine ganzseitige Karikatur in einer Tageszeitung mit einem dem der juristischen Person ähnlichen Namen zu überschreiben. Die Karikatur zeigte Verhältnisse des Zwangs, der Unterdrückung, Verfolgung und Unfreiheit im Zusammenhang mit dem damals aktuellen politischen Weltgeschehen (BGE 95 II 481 ff. «Club Méditerranée-Entscheidung»). 15.114

3. Geschützte Persönlichkeitsrechte

Namentlich in der Literatur zum Personenrecht wird jede Verletzung der Persönlichkeit als rechtswidrig qualifiziert und der Kreis der Haftungen zu weit gezogen. Infolgedessen kommt den Rechtfertigungsgründen eine zentrale Bedeutung zu. 15.115

Nachfolgend sollen der Vollständigkeit halber die geschützten Persönlichkeitsrechte sowie die Rechtfertigungsgründe kurz dargelegt werden. Stellt man (wie hier) auf die Verletzungshandlung ab, spielen sowohl die Persönlichkeitsrechte als auch die Rechtfertigungsgründe keine oder bloss eine geringe Rolle. 15.116

15.117 Die vorstehenden Ziffern 2.2. bis 2.10. umschreiben die wesentlichen Handlungen, welche die Persönlichkeit verletzen. Die Literatur zum Persönlichkeitsrecht geht dagegen umgekehrt vor: Da jegliche Beeinträchtigung der Persönlichkeit grundsätzlich rechtswidrig ist (also z.B. das Fotografieren einer Person, eine polizeiliche Verhaftung, ein ärztlicher Heileingriff), muss anschliessend ein grosser Teil dieser «Persönlichkeitsverletzungen» aufgrund von Rechtfertigungsgründen wieder als rechtmässig qualifiziert werden.

3.1. Schutzbereich von ZGB 28

15.118 Grundlage der theoretischen Aufarbeitung des Persönlichkeitsschutzes gemäss ZGB 28 ist der Begriff der Persönlichkeit. Die Lehre versteht die Persönlichkeit in einem umfassenden Sinne. Sie sei mehr als die Summe der in der Praxis anerkannten Persönlichkeitsgüter. Die Persönlichkeit im Sinne von ZGB 28 umfasse «die Gesamtheit der wesentlichen Werte der Person» (BUCHER N 430), «den Menschen in seiner leiblich-seelisch-geistigen Ganzheit» (AEBI-MÜLLER N 38), die «Gesamtheit des Individuellen, soweit es Gegenstand eines verletzenden Verhaltens sein kann» (NOBEL/WEBER § 4 N 22; so bereits JÄGGI, ZSR 1960 II, 165a).

15.119 Zu den wichtigsten Persönlichkeitsgütern gehören körperliche Integrität, Bewegungsfreiheit, affektive Persönlichkeit, Ehre, informationelle Privatheit, Recht auf wirtschaftliche Entfaltung, Recht auf den Namen, Recht am eigenen Bild usw. (vgl. etwa HAUSHEER/AEBI-MÜLLER N 12.41).

15.120 Nach den Lehrbüchern im personenrechtlichen Bereich (nicht aber in der haftpflichtrechtlichen Literatur) ist der Anwendungsbereich von ZGB 28 nicht auf unkörperliche Aspekte der Persönlichkeit beschränkt. Die Bestimmung schütze vielmehr auch die (im Allgemeinen zum Gegenstand des Haftpflichtrechts gehörende) körperliche Integrität.

15.121 Während unstreitig ist, dass die Persönlichkeit die körperliche Integrität des Einzelnen mitumfasst, wirft die Anwendung der Bestimmungen in ZGB 28 ff. auf die Persönlichkeitsgüter Leben und körperliche Integrität Fragen auf:

15.122 OR 41 ff. sehen als Rechtsfolge bloss den Ersatz des Schadens und die Leistung einer Genugtuung vor. ZGB 28 ff. beinhalten dagegen zahlreiche andere Rechtsbehelfe. Nun liesse sich anführen, dass ZGB 28 ff. bloss die negatorischen Ansprüche (Unterlassungs-, Beseitigungs- und Feststellungsanspruch) regeln, während OR 41 ff. für die finanziellen Rechtsfolgen Gültigkeit haben.

15.123 Dagegen ist einzuwenden, dass die besonderen Rechtsbehelfe in ZGB 28a ff., insbesondere die Bestimmungen über die Gegendarstellung, auf Persönlichkeitsverletzungen im engeren Sinn zugeschnitten sind. Auch die Literatur thematisiert diese besonderen Rechtsbehelfe bloss im Zusammenhang mit unkörperlichen Persönlichkeitsverletzungen.

15.124 Zu beachten ist sodann, dass die Feststellungsklage gemäss ZGB 28a I Ziff. 3 eine andere Funktion hat, als dies bei anderen Feststellungsklagen der Fall ist. Die persönlichkeitsrechtliche Feststellungsklage soll «nicht rechtliche Gewissheit in einer Situation der Ungewissheit [schaffen], sondern dient der Beseitigung der im Urteilszeitpunkt noch andauernden rechtswidrigen Störung» (AEBI-MÜLLER N 297). Infolgedessen kommt im Persönlichkeitsschutzrecht (im engeren Sinne) auch der Klagevoraussetzung des Feststellungsinteresses eine andere Bedeutung als im Haftpflichtrecht zu.

Würde man ernst machen mit der Auffassung, ZGB 28 erstrecke sich auf körperliche Persönlichkeitsgüter, würden die negatorischen Klagen auch im Bereich der Personengefährdung zur Verfügung stehen. Damit begibt man sich freilich in unwegsames Gebiet. Denn das Verhältnis der verschuldensunabhängigen Beseitigungsklage zu der verschuldensabhängigen Schadenersatzklage ist noch weitgehend ungeklärt. Die Klage auf Beseitigung einer Beeinträchtigung bzw. einer Verletzung läuft auf die Wiederherstellung des störungsfreien Zustandes auf Kosten des Verletzers hinaus. Damit nähert sich die Beseitigungsklage der Schadenersatzklage. 15.125

Im Gegensatz zum deutschen Recht (s. nunmehr umfassend hierzu WOLF) hat man in der Schweiz dem Problembereich der engen Verknüpfung der Beseitigungsklage mit dem Schadenersatzrecht bislang kaum Beachtung geschenkt. Solange die Zusammenhänge zwischen diesen Klagearten nicht klarer herausgearbeitet sind, sollte zumindest der Anspruch aus ZGB 28a I Ziff. 2 auf unkörperliche Persönlichkeitsverletzungen beschränkt sein. 15.126

Insgesamt dürfte die Auffassung, wonach die Bestimmungen in ZGB 28 ff. körperliche Persönlichkeitsgüter mitumfassen, eher Verwirrung stiften als Klärungen bringen. Sachgerechter erscheint es, das Persönlichkeitsschutzrecht auf die Eigenheiten und spezifischen Schwierigkeiten unkörperlicher Persönlichkeitsverletzungen zu fokussieren. 15.127

Dies würde auch in Einklang mit der Arbeitsteilung am Bundesgericht stehen, wo körperliche Personenverletzungen durch die erste Zivilkammer, unkörperliche dagegen durch die zweite Zivilkammer behandelt werden. 15.128

3.2. Absolute und relative Personen der Zeitgeschichte

Um das Recht zur Verbreitung zutreffender persönlichkeitsrelevanter Informationen zu systematisieren, unterscheidet die (deutsche und ihr folgend die schweizerische) Lehre drei Arten von Personen: 15.129

- Absolute Personen der Zeitgeschichte,
- relative Personen der Zeitgeschichte sowie
- Personen, die nicht in das Blickfeld des öffentlichen Interesses geraten sind und über die ohne Einwilligung nicht durch Wort oder Bild berichtet werden darf.

Bei den **absoluten Personen der Zeitgeschichte** ist das Informationsinteresse mit der Person selbst verbunden; aus diesem Grund ist die Berichterstattung jederzeit, auch ohne konkreten Anlass, einwilligungsfrei zulässig. 15.130

Die **relativen Personen der Zeitgeschichte** treten im Zusammenhang mit einem bestimmten zeitgeschichtlichen Ereignis in das Blickfeld der Öffentlichkeit. Das Informationsinteresse knüpft bei diesen Personen am betreffenden Ereignis an (s. aber die Relativierung dieser Unterscheidung in BGE 127 III 490 «Minelli-Entscheidung»). 15.131

Die Unterscheidung zwischen absoluten und relativen Personen der Zeitgeschichte vermag aus verschiedenen Gründen nicht zu überzeugen. 15.132

Der Begriff der «absoluten Person der Zeitgeschichte» wird im schweizerischen Recht teilweise in einem weiteren Sinne verstanden. Dazu sollen z.B. «Sportler, Politiker, Künstler, Wirtschaftsführer und andere Prominente» gehören (BSK/MEILI ZGB 28 N 52). 15.133

15.134 Über diese Personen könnte also zeitlebens, ohne dass es eines bestimmten zeitgeschichtlichen Ereignisses bedürfte, in Wort und Bild berichtet werden; denn könnte sich die Qualifikation als absolute Person der Zeitgeschichte durch Zeitablauf ändern und die betreffende Person wieder in die Anonymität zurückweichen, dann wäre die zeitgeschichtliche Bedeutung vorübergehend, also relativ, und nicht «absolut» (VON GERLACH, JZ 2003, 41 f.).

15.135 Eine derart weite Umschreibung der absoluten Person der Zeitgeschichte kann kaum sachgerecht sein. Der Begriff ist für «Monarchen und Angehörige regierender Fürstenhäuser, Staatspräsidenten und Regierungschefs sowie herausragende Künstler wie Marlene Dietrich und Bob Dylan» zu reservieren (VON GERLACH a.a.O.; so die deutsche Rechtsprechung, vgl. BGH NJW 1996, 1128 sowie BGH NJW 2000, 2195).

15.136 In der Schweiz dürften solche Personen selten vorkommen, weshalb der Figur der absoluten Person der Zeitgeschichte vor allem in Bezug auf ausländische Persönlichkeiten Bedeutung zukommen kann.

15.137 Sodann müssen sich nach der bundesgerichtlichen Praxis selbst die in der Öffentlichkeit stehenden Personen nicht gefallen lassen, «dass die Massenmedien mehr über sie berichten, als durch ein legitimes Informationsbedürfnis gerechtfertigt ist» (BGE 126 III 307, mit Verweis auf BGE 97 II 105 f.). Damit stellt sich die Frage, welche Bedeutung die Zweiteilung in absolute und relative Personen der Zeitgeschichte noch hat.

15.138 Denn einerseits haben absolute Personen der Zeitgeschichte bloss Eingriffe zu dulden, bei denen ein legitimes Informationsbedürfnis besteht. Andererseits darf einwilligungsfrei auch über relative Personen der Zeitgeschichte berichtet werden, ohne dass ein zeitgeschichtliches Ereignis als Anknüpfungspunkt besteht. Sowohl bei absoluten als auch bei relativen Personen der Zeitgeschichte kann somit ohne konkreten Anlass in den Medien berichtet werden; bei beiden aber bloss bei einem legitimen Informationsbedürfnis. Es geht somit immer um die einzelfallbezogene Abwägung zwischen Informationsinteresse und dem berechtigten Interesse des Betroffenen. Der erläuterte Dualismus («absolute» und «relative» Personen der Zeitgeschichte) ist daher nicht durch Zwischenabstufungen zu verfeinern, sondern kann ganz aufgegeben werden (so auch AEBI-MÜLLER N 796; CHERPILLOD 113 ff.; kritisch ferner BRÜCKNER N 631 Fn. 143: «sprachlich monströse Begriffe»).

3.3. Geheim-, Privat- und Gemeinsphäre

15.139 Lehre und Rechtsprechung unterteilen den Lebensbereich eines Menschen in drei Sphären: Intim- bzw. Geheimsphäre, Privatsphäre und Gemein- bzw. Öffentlichkeitssphäre (BGE 118 IV 45; BRÜCKNER N 482 ff.; HAUSHEER/AEBI-MÜLLER N 12.115 ff.). Die Intim- bzw. **Geheimsphäre** ist generell geschützt. Es handelt sich dabei z.B. um sexuelle Verhaltensweisen, Krankheiten und verborgene körperliche Gebrechen sowie innerfamiliäre Konflikte, von denen nach dem Willen des Betroffenen bloss ein beschränkter Personenkreis Kenntnis haben soll. Die **Gemeinsphäre** umfasst demgegenüber Tatsachen und Informationen, die jedermann zugänglich sein sollen. Die dazwischen liegende **Privatsphäre** bezieht sich auf den Bereich des Privatlebens, den jemand gemeinhin nur «mit einem begrenzten, ihm relativ nahe verbundenen Personenkreis teilen will, so mit den Angehörigen, Freunden und Bekannten, jedoch nur mit diesen» (BGE 97 II 101; HAUSHEER/AEBI-MÜLLER N 12.120).

15.140 Die Zuordnung des Privatbereichs zum absolut geschützten Rechtsgut «Persönlichkeit» ist problematisch. In einer offenen Gesellschaft, die auf freie Information und Kommunikation angewiesen ist und die Pressefreiheit anerkennt, kann es nicht im Belieben des Einzelnen liegen, welche Informationen zu seinem Privatleben gehören und daher nicht der Öffentlichkeit zugänglich sind (vgl. auch LARENZ/CANARIS § 80 II 4 a). Es macht im Ergebnis freilich keinen Unterschied, ob man die Privatsphäre als geschützt erachtet und das «Eindringen» im Einzelfall aufgrund grosszügiger Rechtfertigungsgründe als rechtmässig erklärt oder ob man (wie hier) nicht die betroffene Sphäre, sondern die Art der Informationserlangung in den Vordergrund rückt (vorne N 15.07 ff.).

4. Rechtfertigungsgründe

4.1. Bedeutung

In der herkömmlichen Lehre zum Personenrecht kommt den Rechtfertigungsgründen – wie bereits erwähnt – grosse Bedeutung zu. Unterschieden werden drei Arten von Rechtfertigungsgründen: die Einwilligung, ein überwiegendes privates oder öffentliches Interesse sowie eine rechtfertigende Gesetzesvorschrift. 15.141

4.2. Einwilligung des Verletzten

Ein Eingriff in die Persönlichkeit ist nicht rechtswidrig, wenn der Betroffene die Verletzungshandlung erlaubt hat. Die Einwilligung kann ausdrücklich oder stillschweigend erfolgen, und sie ist nach den allgemeinen Regeln, insbesondere nach dem Vertrauensprinzip, auszulegen. Ein Widerruf ist jederzeit möglich. 15.142

Um einwilligen zu können, muss der Verletzte **urteilsfähig** sein. Nicht vorausgesetzt ist dagegen die Handlungsfähigkeit. ZGB 19c I bestimmt: «Urteilsfähige handlungsunfähige Personen üben die Rechte, die ihnen um ihrer Persönlichkeit willen zustehen, selbständig aus». 15.143

Die Einwilligung des Verletzten darf weder eine übermässige Beschränkung der Freiheit (ZGB 27 II) darstellen noch gegen das Gesetz oder die guten Sitten verstossen (OR 20 I). 15.144

Einwilligungen in Verletzungshandlungen setzen eine zureichende **Aufklärung** über die Risiken und Folgen voraus. Die Aufklärung hat zu einem Zeitpunkt zu erfolgen, an dem eine freie und der Schwere der möglichen Verletzung angemessene Entscheidfindung noch möglich ist. 15.145

Es stellt kein Anzeichen für das Fehlen der Urteilsfähigkeit dar, wenn eine Patientin leicht zeitlich desorientiert, jedoch kooperativ ist und geringe Probleme mit der Sprache und dem Gedächtnis hat. Eine solche Patientin kann gültig in eine ärztliche Behandlung einwilligen (BGer 6B_869/2010). 15.146

Es stellt eine Verletzung des Rechts am eigenen Bild dar, wenn jemand ohne Zustimmung um seiner Person willen fotografiert oder eine bestehende Aufnahme ohne seine Einwilligung veröffentlicht wird (BGE 127 III 492 «Minelli-Entscheidung»). 15.147

Der Wille einer dreizehnjährigen Jugendlichen, welche sich in unzweideutiger Weise einer Behandlung widersetzt, ist zu respektieren, soweit die minderjährige Patientin urteilsfähig ist. Der behandelnde Osteopath hatte allein auf die Zustimmung der beim Eingriff anwesenden Mutter abgestellt (BGE 134 II 238 ff.). 15.148

4.3. Überwiegendes privates oder öffentliches Interesse

15.149 Neben der Einwilligung ist die Wahrung eines überwiegenden privaten oder öffentlichen Interesses der bedeutsamste Rechtfertigungsgrund.

15.150 Beim **privaten Interesse** geht es um die Gegenüberstellung und Abwägung des Persönlichkeitsrechts des Betroffenen mit dem allgemeinen Persönlichkeitsrecht anderer Menschen, namentlich deren Entfaltungs- und Verwirklichungsinteressen. Soziales Zusammenleben, d.h. die fortwährende Interaktion, Kommunikation, Meinungsäusserung usw., ist gar nicht anders möglich als durch Einwirkung auf fremde Persönlichkeitssphären. Der Schutz der eigenen Persönlichkeit steht oftmals in Konflikt mit dem Persönlichkeitsrecht anderer Personen auf freie Entfaltung. «Die Verwirklichung der eigenen Persönlichkeit bedingt daher geradezu die permanente Beeinträchtigung anderer Menschen in ihrer Persönlichkeit» (LARENZ/CANARIS § 80 I 1).

15.151 Beim **öffentlichen Interesse** geht es um die Gegenüberstellung der Interessen einer grösseren Anzahl Menschen oder der Gesellschaft insgesamt einerseits und den Interessen des in seiner Persönlichkeit Betroffenen andererseits. So kann z.B. das öffentliche Interesse an Kunst, Erforschung der historischen Wahrheit, Krankheitsbekämpfung usw. mit dem Persönlichkeitsrecht des Einzelnen in Konflikt geraten. Heikle Abwägungsprobleme bestehen insbesondere hinsichtlich Presseäusserungen: Hier steht die Pressefreiheit und das Interesse der Allgemeinheit etwa an Informationen über in der Öffentlichkeit stehende Personen gegen das Interesse des Einzelnen am Schutz seiner Privatsphäre.

15.152 Auf das Informationsinteresse der Öffentlichkeit bzw. den «Informationsauftrag der Medien» berufen sich Medienunternehmen regelmässig, um Eingriffe in die Privatsphäre des Einzelnen zu rechtfertigen. Von einem solchen Auftrag kann jedenfalls dann keine Rede sein, wenn es lediglich um die Befriedigung voyeuristischer Interessen geht, die Veröffentlichung darüber hinaus keinem weiteren Zweck dient.

15.153 In diesem Bereich haben sich die Anschauungen über die Regeln einer ordnungsgemässen Berichterstattung im Laufe der Zeit stark gewandelt. Belegt wird dies etwa durch das immer weitergehende Eindringen der Medien in die persönliche Sphäre von Politikern und in der Öffentlichkeit stehenden Personen.

4.4. Rechtfertigende Gesetzesvorschrift

15.154 Privatrechtliche Spezialnormen gehen der allgemeinen Vorschrift von ZGB 28 vor.

15.155 So besteht z.B. nach ZPO 296 II die Pflicht, an Untersuchungen mitzuwirken, die zur Aufklärung der Abstammung nötig und ohne Gefahr für die Gesundheit sind. Sodann können nach ZGB 301 die Eltern über Pflege und Erziehung ihres Kindes bestimmen, wobei die Eltern nach Abs. 2 die Lebensgestaltung des Kindes einschränken dürfen und das Kind nach Abs. 3 nicht befugt ist, die häusliche Gemeinschaft ohne Einwilligung der Eltern zu verlassen.

15.156 Fraglich ist, ob öffentlich-rechtliche Normen ebenfalls als rechtfertigende Gesetzesvorschriften gelten (so offenbar HÜRLIMANN-KAUP/SCHMID N 908) oder ob die betroffene Person sich in solchen Fällen gar nicht auf den Schutz von ZGB 28 berufen kann (so HAUSHEER/AEBI-MÜLLER N 12.38).

§ 16 Gefährdungshaftungen

Literatur

BREHM, La responsabilité civile automobile, 2. Aufl., Bern 2010; BUSSY/RUSCONI, Code suisse de la circulation routière, 3. Aufl., Lausanne 1996; DETTLING-OTT, Internationales und schweizerisches Lufttransportrecht, Zürich 1993; GAUCH, Die Haftpflicht der Eisenbahnen: Haftung nach Eisenbahnhaftpflichtgesetz, recht 1998, 194 ff.; HEDIGER, Die Haftungsbestimmungen des Gentechnikgesetzes (Art. 30–34 GTG), Zürich 2009; HODEL, Von Warschau bis Kuala Lumpur – Entwicklung und heutiger Stand der Haftungsregelung bei Flugunfällen, SJZ 1997, 410 ff.; HONSELL, Die Reform der Gefährdungshaftungen, ZSR 1997 I, 297 ff.; JÄGGI, Neue Haftungsbestimmungen im Umweltschutzgesetz, SJZ 1996, 249 ff.; KÖNIG, Die Gefährdungshaftung nach Eisenbahngesetz – Analyse und Kritik der neuen Haftungsregeln, Zürich 2012; LANDOLT, Immaterielle Unbill nach Verkehrsunfall - Unter besonderer Berücksichtigung von Schockschäden; in: Jahrbuch zum Strassenverkehrsrecht 2011, hrsg. von Schaffhauser, St. Gallen 2011, 67 ff.; LOHMANN, Automatisiere Fahrzeuge im Lichte des Schweizer Zulassungs- und Haftungsrechts, Baden-Baden 2016; MÜLLER-CHEN, Haftung für durch gentechnisch veränderte Organismen verursachte Schäden nach Art. 30 ff. Gentechnikgesetz, FS Juristentag, Basel 2004, 151 ff.; SCHAFFHAUSER/ZELLWEGER, Grundriss des schweizerischen Strassenverkehrsrechts, Bd. II: Haftpflicht und Versicherung, Bern 1988; SCHLÜCHTER, Haftung für gefährliche Tätigkeit und Haftung ohne Verschulden, Bern 1990; TRÜEB, Kommentar zu USG 59a, in: Umweltschutzkommentar, hrsg. von Kölz/Müller, Zürich 1985; WILDHABER, Koexistenz und Haftung: Gedanken zu wirtschaftlichen Schäden im biotechnischen Zeitalter, ZBJV 2011, 631 ff.; ZENDER, Les dommages nucléaires en droit suisse et en droit comparé, Diss. Neuenburg 1995.

1. Gefährdungshaftungen im Allgemeinen

1.1. Wesen der Gefährdungshaftungen

Bei den vorne dargestellten gesetzlichen Haftungstatbeständen des OR und des ZGB knüpft die Haftung an ein Fehlverhalten an, sei es des Haftpflichtigen selbst oder sei es einer Person, für die er verantwortlich ist. Das Recht kennt auch eine Reihe von Tatbeständen, in denen eine Haftung unabhängig von einem Fehlverhalten besteht. Diese nennt man Gefährdungshaftungen. Im Unterschied zu den «einfachen Kausalhaftungen» setzt die Gefährdungshaftung keinerlei Pflichtverletzung voraus. 16.01

Im Regelfall knüpfen Gefährdungshaftungen an **verkörperte Gefahrenquellen** an, etwa Fahrzeuge oder technische Anlagen. Man spricht daher von Halter- und Anlagenhaftung. In neuerer Zeit sind auch Gefährdungshaftungen erlassen worden, welche an **gefährliche Tätigkeiten** anknüpfen (z.B. die Haftung nach PrHG für «Ausreisser» oder nach dem Umweltschutzgesetz). Zu beachten ist, dass auch bei Gefährdungshaftungen für Tätigkeiten jeweils eine Sache dazugehört, da eine menschliche Tätigkeit (mit Ausnahme von Kampfsportarten) ohne den Einsatz von Sachen nicht aus sich heraus gefährlich ist (VON BAR I N 127). 16.02

16.02a Gemäss bundesgerichtlicher Rechtsprechung gilt das Interesse- oder Utilitätsprinzip: Die Haftung aus der Gefährdung hat derjenige zu tragen, der aus dem gefährlichen Betrieb einen besonderen, unmittelbaren Nutzen hat (BGE 131 III 66 = Pra 2005, Nr. 121).

16.03 Wesentlich ist, dass es jeweils um die haftungsrechtliche Regelung **besonderer Risiken** geht: Entweder besteht eine erhebliche Schädigungswahrscheinlichkeit, z.B. im Strassenverkehr, oder ein grosses Schädigungspotential, z.B. bei Atomkraftwerken (vgl. OFTINGER/STARK I § 1 N 41; vgl. auch CHK/MÜLLER OR 41 N 18); teilweise spielen auch besondere Ängste in der Bevölkerung eine Rolle, früher etwa bei Eisenbahnen und heute bei der Gentechnik (LARENZ/CANARIS § 84 I 2 b; VON BAR II N 315). Um Bevölkerung und Umwelt vor diesen Gefahren zu schützen, sind die entsprechenden Tatbestände meistens bewilligungspflichtig; gleichwohl lassen sich die Risiken aus technischen oder wirtschaftlichen Gründen nicht oder nicht vollständig unter Kontrolle bringen, so dass selbst bei grösster Sorgfalt (und trotz staatlicher Regelungen) ein gewisses Restrisiko verbleibt.

1.2. Rechtliche Besonderheiten der Gefährdungshaftung

16.04 Die Gefährdungshaftungen sind durchwegs in **Spezialgesetzen** ausserhalb des Obligationenrechts geregelt. Im Verhältnis zur Haftung nach OR sollen sie nach älterer Lehre exklusiv zur Anwendung kommen; neuerer und zutreffender Ansicht nach besteht dagegen Anspruchskonkurrenz (SCHWENZER N 54.04; HONSELL/ISENRING/KESSLER § 20 N 24; REY/WILDHABER N 1508).

16.05 **Rechtswidrigkeit** ist bei den Gefährdungshaftungen – entgegen der herkömmlichen Lehre (OFTINGER/STARK II/2 § 24 N 27 ff.; offengelassen in BGE 116 II 491 f.) – nicht vorausgesetzt (REY/WILDHABER N 1508). Die hier vertretene moderne Definition der Rechtswidrigkeit, die an die Pflichtwidrigkeit anknüpft, müsste ansonsten die Schaffung und Aufrechterhaltung der betreffenden Gefahrenquelle als pflicht- und damit rechtswidrig qualifizieren; da es sich aber gerade um erlaubte Anlagen, Tätigkeiten usw. handelt, kann man diese nicht nachträglich aufgrund einer eingetretenen Schädigung als rechtswidrig bezeichnen. Die Bedeutung der Frage ist insofern gering, als die Gefährdungshaftungen im Regelfall ihren Schutzbereich ausdrücklich auf Personen- und Sachschädigungen beschränken; ist eine solche Beschränkung nicht vorgesehen, muss der Schutzbereich der Haftungsnorm ausgelegt werden.

16.06 In den Gefährdungshaftungsgesetzen wird oftmals ausdrücklich erwähnt, dass eine Haftung bei höherer Gewalt, Dritt- oder Selbstverschulden entfällt (vgl. etwa SVG 59 I, EBG 40c II, USG 59a III, SprstG 27 II). Da die Verursachung, d.h. der Kausalzusammenhang, bei jeder Einstandspflicht eine Haftungsvoraussetzung ist, bringen solche Bestimmungen nichts Zusätzliches. Anderes gilt dagegen in jenen Fällen, in denen die Bestimmung nicht alle drei Entlastungsgründe erwähnt. So entfällt etwa bei Nuklearschädigung die Verantwortlichkeit nur bei absichtlicher Herbeiführung der Schädigung durch den Geschädigten, nicht dagegen bei höherer Gewalt oder Drittverschulden (KHG 5). Und das Rohrleitungshaftpflichtgesetz erwähnt als Haftungsausschlussgründe bloss das Selbstverschulden und höhere Gewalt, nicht aber das Drittverschulden (RLG 33 II).

16.07 Die Spezialgesetze sehen schliesslich oftmals eine **obligatorische Haftpflichtversicherung** vor (z.B. SVG 63, KHG 11); teilweise hat der Geschädigte überdies (im Rahmen der vertraglichen Versicherungsdeckung) ein unmittelbares Forderungsrecht gegen die Versicherung (z.B. SVG 65 I, KHG 19 I). Zu erwähnen bleibt, dass die Gefährdungshaftungen (anders als etwa im deutschen Recht) im Allgemeinen keine summenmässige Beschränkung der Haftung enthalten (anderes gilt etwa bei der Haftung für Luftfahrzeuge [z.B. LTrV 7 III], vgl. DETTLING-OTT 191 ff.; HODEL 410).

1.3. Überblick über die Gefährdungshaftungstatbestände

Die Haftpflicht des **Motorfahrzeughalters** ist im Strassenverkehrsgesetz geregelt (SVG 58 ff.). Auf diese praktisch wichtigste Gefährdungshaftung wird hinten im Sinne einer beispielhaften Darstellung gesondert eingegangen (hinten N 16.21 ff.). 16.08

Führen die mit dem Betrieb einer Eisenbahn verbundenen charakteristischen Risiken zur Tötung oder Verletzung einer Person oder zur Entstehung eines Sachschadens, so haftet der **Inhaber des Eisenbahnunternehmens** für den daraus entstandenen Schaden (EBG 40b I). Er haftet den Geschädigten ebenfalls, wenn er die Infrastruktur eines anderen Eisenbahnunternehmens benützt (EBG 40d I). Es gilt zu beachten, dass gemäss EBG 40b II die Haftung für Schäden an Sachen in der Obhut der reisenden Person ausschliesslich nach dem PBG (lit. a) und die Haftung für Schäden an beförderten Sachen ausschliesslich nach dem OR und den massgeblichen internationalen Vereinbarungen (lit. b) beurteilt wird. Die Gefährdungshaftung nach EBG gilt u.a. auch für Schifffahrts- und Seilbahnunternehmen (BSG 30a; SebG 20). Diese Verweisregelung ist gesetzestechnisch teilweise misslungen, worauf hier allerdings nicht näher eingegangen werden soll (s. zum Ganzen KÖNIG). 16.09

Der Inhaber von **umweltgefährdenden Betrieben oder Anlagen**, mit denen eine besondere Gefahr für die Umwelt verbunden ist, haftet für durch diese Gefahr bewirkte Schädigungen (USG 59a). 16.10

Der eigentliche Umweltschaden, d.h. die Beeinträchtigung der Allgemeingüter wie Luft, Wasser, Fauna und Flora, die niemandem gehören (sog. Ökoschaden), ist grundsätzlich ausgenommen; eine Ausnahme gilt insofern, als die Kosten von Sicherungs- und Behebungsmassnahmen der Behörden vom Verursacher zu tragen sind (USG 59a und 2). Die Haftung bezieht sich nicht bloss auf Personen- und Sachschädigungen, sondern auch auf reine Vermögensschädigungen (TRÜEB USG 59a N 26; JÄGGI 251 f.; SCHWENZER N 54.16); zu denken ist etwa an Einnahmenausfälle von Fremdenverkehrsbetrieben (Hotels, Gastwirtschaften usw.) aufgrund einer Umweltschädigung. Der Geschädigte muss (anders als im deutschen Recht) auch die Kausalität nachweisen, was besondere Schwierigkeiten bereiten kann, da bei Umweltbeeinträchtigungen oftmals verschiedene Ursachen mitspielen (multikausale Schädigungen, vorne N 06.12 ff.). 16.11

Die Haftung für den Umgang mit gentechnisch veränderten Organismen ist im Gentechnikgesetz geregelt. 16.12

GTG 30–34 regeln die Haftpflicht ausführlich und in ähnlicher Weise wie im PrHG. So wird die Haftung auf die bewilligungs- und meldepflichtige Person kanalisiert und auch die Fehlerhaftigkeit ist ähnlich umschrieben. Anders als im PrHG wird auch für Entwicklungsrisiken gehaftet. Sodann sind Beweiserleichterungen hinsichtlich der Kausalität vorgesehen. Die absolute Verjährungsfrist beträgt 30 Jahre. Die relative Verjährungsfrist ist dagegen wie im PrHG drei Jahre. Ausführlich zur Haftung für den Umgang mit gentechnisch veränderten Organismen HEDIGER insbesondere 78 ff., MÜLLER-CHEN 151 ff., WILDHABER, ZBJV 2011, 631 ff. m.w.N.). 16.13

16.14 Das **Kernenergiehaftpflichtgesetz** geht dem Umweltschutzgesetz vor (USG 3 II). Danach haften für den sog. Nuklearschaden (KHG 2) der Inhaber oder Eigentümer einer Kernanlage sowie der Inhaber einer Transportbewilligung und subsidiär der Bund (KHG 3 ff.; nicht aber andere Personen KHG 3 VI).

16.15 Die Haftungsbestimmungen kamen, soweit ersichtlich, erst einmal, im sog. Tschernobyl-Fall, zur Anwendung (BGE 116 II 480): Aufgrund der nach dem Reaktorunfall auch in der Schweiz erhöhten Strahlenwerte veröffentlichten Bundesstellen Empfehlungen, die zum einen zu gründlichem Waschen des Blattgemüses rieten und zum anderen schwangeren oder stillenden Frauen sowie Kleinkindern nahelegten, auf den Konsum von Freilandprodukten zu verzichten. Diese Empfehlungen trugen dazu bei, dass der Konsum dieser Produkte erheblich zurückging. Ein Gemüseproduzent klagte aufgrund des Erwerbsausfalles gegen den Bund auf Schadenersatz. Nun ist gemäss KHG 2 I c der Schaden zu ersetzen, der als Folge behördlich empfohlener Massnahmen im Zusammenhang mit einer nuklearen Gefährdung eintritt; ausgenommen ist freilich der entgangene Gewinn (mithin der eingeklagte Erwerbsausfall). Liegt dagegen ein Nuklearschaden infolge Verstrahlung vor, kann der ganze Schaden geltend gemacht werden (KHG 2 I a). Das Bundesgericht qualifizierte die radioaktive Verstrahlung als Beeinträchtigung des Eigentums (obwohl keine gesundheitsschädigende Verstrahlung nachgewiesen war), weshalb der ganze Schaden geltend gemacht werden konnte, und hiess die Klage gut (zu Recht ablehnend HONSELL/ISENRING/KESSLER § 22 N 26).

16.16 Weitere Gefährdungshaftungstatbestände sind etwa die Haftpflicht des **Luftfahrzeughalters** nach LFG 64 ff. (bloss für Schädigungen auf der Erde; Ansprüche der Flugreisenden richten sich dagegen bei internationalen Flügen in erster Linie nach dem Montrealer Abkommen von 1999, bzw. bei Inlandflügen nach der Verordnung über den Lufttransport; vgl. im Einzelnen DETTLING-OTT 162 ff.; HODEL 410; KELLER I 275 ff.), die Haftpflicht des **Inhabers einer elektrischen Anlage** nach EleG 27 ff., die Haftpflicht des **Inhabers einer Rohrleitungsanlage** nach RLG 33 ff., die Haftpflicht des Inhabers eines Betriebes oder einer Anlage, in denen **Sprengmittel oder pyrotechnische Gegenstände** hergestellt, gelagert oder verwendet werden nach SprstG 27, die Haftpflicht der Eidgenossenschaft für **militärische Übungen** nach MG 135 ff., die Haftung des Bundes, der Kantone und Gemeinden und Betriebe für **Zivilschutzschäden** nach BZG 60 ff., die Haftpflicht des **Jägers** nach JSG 15 sowie die Haftung für Schädigungen durch **ionisierende Strahlen** nach StSG 39 f.

1.4. Begründung der Gefährdungshaftung

16.17 In der Lehre wird die Gefährdungshaftung oftmals damit begründet, dass aufgrund der nicht (vollständig) kontrollierbaren Risiken es an sich naheläge, die Schaffung und Unterhaltung der betreffenden Gefahrenquelle zu verbieten; da die Anlagen, Transportmittel oder Aktivitäten aber grundsätzlich notwendig oder zumindest nützlich sind, werden sie geduldet, wobei die Gefährdungshaftung «gleichsam der Preis» dafür ist (vgl. OFTINGER/STARK I § 1 N 41; REY/WILDHABER N 1500).

16.18 Diese Begründung vermag nicht zu überzeugen (kritisch auch LARENZ/CANARIS § 84 I 2 a). Sie impliziert, dass bei jedem Restrisiko der Gesetzgeber mit einer Gefährdungshaftung reagieren muss. Dagegen ist zum einen einzuwenden, dass sich die Tatbestände, in denen eine besondere Gefahr oder ein nicht vermeidbares Restrisiko vorliegt, nicht definieren lassen; zum anderen zeigt die Rechtswirklichkeit, dass für vergleichbare Risiken teilweise eine Gefährdungshaftung und teilweise eine Haftung für Fehlverhalten besteht; so unterstehen etwa die durch die Jagdausübung verursachten Rechtsgutverletzungen einer Gefährdungshaftung (JSG 15), während sich die beim Boxen, Skifahren, Eishockey usw. verursachten Schädigungen nach den allgemeinen Haftungsbestimmungen in OR 41 ff. richten. Entsprechendes gilt für Schädigungen durch Heissluftballone oder Hängegleiter einerseits (Gefährdungshaftung gemäss LFG 64 i.V.m. 1 II) und durch Fahrräder, Kickboards, Skateboards, Inline-Skates oder Micro-Scooters andererseits.

Im Grunde stehen hinsichtlich der Risikotatbestände haftungsrechtlich drei Möglich- 16.19
keiten zur Verfügung: Man kann die Folgen dieser **Risiken bei den Geschädigten** belassen, die Anforderungen an die **Sorgfaltspflichten** derart **überhöhen**, dass diese von niemandem eingehalten werden können oder eben der Fahrlässigkeitshaftung eine **Gefährdungshaftung** an die Seite stellen (VON BAR II N 313). Ersteres hiesse «in einem falsch verstandenen Liberalismus das Rad der Geschichte zurückzudrehen und die Schwachen den Starken opfern» (VON BAR II N 313), und die zweite Möglichkeit würde eine mit Fehlverhalten nicht begründbare und daher «unehrliche» Lösung darstellen; sachgerecht ist einzig die dritte Lösung.

Die zweifache Möglichkeit, für Risiken eine Haftung zu begründen, macht auch evident, 16.20
dass die Bedeutung der Unterscheidung zwischen Fahrlässigkeitshaftung und Gefährdungshaftung nicht überbewertet werden sollte. Dies zeigt sich namentlich bei der Haftung für fehlerhafte Produkte: Sowohl die schweizerische als auch die ausländische Rechtsprechung haben verschiedentlich mittels überhöhter Sorgfaltspflichten und Beweislastverteilungen eine Anspruchsgrundlage auch bei Sachverhalten bejaht, in welchen von einem Fehlverhalten nicht gesprochen werden kann. Letztlich geht es bei der Gefährdungshaftung um eine wertende rechtspolitische Entscheidung, ob bei bestimmten Tatbeständen nicht der Geschädigte das wirtschaftliche Risiko für die Auswirkung einer Gefährdung tragen soll, sondern derjenige, welcher den wirtschaftlichen Nutzen aus der betreffenden Anlage, Tätigkeit usw. zieht.

2. Haftung des Motorfahrzeughalters

2.1. Überblick

Die praktisch wichtigste Gefährdungshaftung ist die im Strassenverkehrsgesetz gere- 16.21
gelte Haftung des Motorfahrzeughalters (SVG 58 ff.). Sie knüpft an die verkörperte Gefahrenquelle, welche Fahrzeuge darstellen, bzw. an die erhebliche Schädigungswahrscheinlichkeit des Strassenverkehrs an (vorne N 16.02).

Der Halter eines Motorfahrzeuges haftet grundsätzlich für Schädigungen, welche 16.22
durch den **Betrieb** des Fahrzeuges verursacht werden (nicht jedoch für die Beschädigung des Fahrzeuges selbst oder an beförderten Sachen, SVG 59 IV), unabhängig vom Vorliegen einer objektiven Ordnungswidrigkeit (SVG 58 I). Der Schutzbereich der Haftung umfasst **Personenverletzungen** und **Sachbeschädigungen**, nicht aber das Vermögen als solches (primäre Vermögensschädigungen).

Die Haftungsentlastung ist schwierig: Der Halter muss kumulativ nachweisen, dass 16.23
der Unfall durch höhere Gewalt oder grobes Selbst- oder Drittverschulden verursacht wurde, dass weder ihn noch Personen, für die er verantwortlich ist, ein Verschulden trifft und dass keine fehlerhafte Beschaffenheit des Fahrzeuges zum Unfall beigetragen hat (SVG 59 I).

2.2. Begriff des Motorfahrzeuges

16.24 Ein Motorfahrzeug im Sinne des SVG ist jedes Fahrzeug mit eigenem Antrieb, durch den es auf dem Erdboden unabhängig von Schienen fortbewegt wird, also Maschinen, die sich auf Rädern, Raupen, Kufen oder Walzen vorwärtsbewegen (SVG 7 I). Vom SVG nicht erfasst sind Schienenfahrzeuge (sie unterstehen dem EBG) sowie Fahrzeuge, welche sich auf dem Wasser oder in der Luft bewegen (vgl. HONSELL/ISENRING/KESSLER § 20 N 5). Das Fahrzeug muss sich aus eigenem Antrieb, nicht durch Wind, Schwerkraft, menschliche, tierische oder fremde motorische Kraft fortbewegen. In Frage kommt dabei neben dem Verbrennungsmotor auch ein mit Dampf, Elektrizität, Atom- oder Solarenergie betriebener Motor (REY/WILDHABER N 1556; OFTINGER/STARK II/2 § 25 N 50 f.). Nicht unter den Begriff des Motorfahrzeuges fallen Motorfahrräder bis zu 50 Kubikzentimetern Hubraum und einer Höchstgeschwindigkeit von 30 Stundenkilometern (weitere Ausnahmen bei REY/WILDHABER N 1560 ff.).

16.25 Die Motorfahrzeughaftpflicht gilt sowohl auf öffentlichen Strassen als auch auf privatem Grund (SVG 1 I) und richtiger Ansicht nach auch für Fahrzeuge, welche ausschliesslich auf Privatgrund verkehren, wie etwa Gabelstapler auf dem Fabrikareal (OFTINGER/STARK II/2 § 25 N 55 ff.; HONSELL/ISENRING/KESSLER § 20 N 8). Das SVG erfasst aufgrund seines Schutzzwecks auch motorisierte Arbeitsmaschinen, d.h. Fahrzeuge, welche wie Strassenwalzen neben der Fahrt auch durch Arbeitsvorgänge eine Gefahr darstellen; denn diese Maschinen schaffen durch ihre Einwirkung auf den Strassenverkehr eine mit Fahrzeugen vergleichbare Gefährdung. Gleiches muss für landwirtschaftliche Motorfahrzeuge, Dreschmaschinen oder zum Unterhalt von Skipisten verwendete Raupenfahrzeuge gelten (REY/WILDHABER N 1555; OFTINGER/STARK II/2 § 25 N 48 f.; BGE 104 II 259 ff.; 106 II 75 ff.; 116 II 214 ff.; s. aber BGE 114 II 376 ff.).

2.3. Begriff des Betriebes

16.26 Die Haftung nach SVG besteht nur für Schäden, welche durch den Betrieb des Motorfahrzeuges verursacht werden. Dabei ist auf den sog. maschinentechnischen Betriebsbegriff abzustellen (OFTINGER/STARK II/2 § 25 N 344 f.). Ein Fahrzeug ist in Betrieb, sobald seine maschinellen Einrichtungen (Motor, Scheinwerfer) im Zusammenhang mit der Fortbewegung in Betrieb sind (OFTINGER/STARK II/2 § 25 N 348 ff.; REY/WILDHABER N 1567; BGE 107 II 271; 114 II 378). Auf geparkte Fahrzeuge ist SVG 58 I nicht anwendbar (BGE 100 II 51; 102 II 283). Ein geparktes Fahrzeug stellt (auch bei laufendem Motor) ein blosses Hindernis dar, welches sich nicht von einem nicht-motorisierten Hindernis unterscheidet (REY/WILDHABER N 1568; eingehend zur Voraussetzung des Betriebs OFTINGER/STARK II/2 § 25 N 365).

16.27 Die Schädigung muss im Schutzbereich der Gefährdungshaftung liegen, d.h., sie muss Folge der dem Betrieb eines Fahrzeuges innewohnenden Gefahren sein (verneint in BGE 63 II 270: Finger in Fahrzeugtür eingeklemmt; BGE 82 II 47: von Kiesladung auf einem Lastwagen tropft Wasser auf die Strasse und gefriert; BGE 107 II 273 ff.: Handverletzung wegen nach unten fallender Ladewand eines Lastwagens; bejaht in BGE 113 II 329; 110 II 424 ff.: ein Lastwagen kam in einem Tunnel bzw. auf einem Bahnübergang zum Stehen).

Befindet sich das Fahrzeug nicht in Betrieb, kommt die Gefährdungshaftung nicht zum Zuge. Zu denken ist etwa an das geparkte Fahrzeug, bei welchem sich die Handbremse löst. Diesfalls muss der Geschädigte nachweisen, dass entweder den Halter (bzw. eine Person, für die er verantwortlich ist) ein Verschulden, d.h. eine Sorgfaltspflichtverletzung, trifft oder eine fehlerhafte Beschaffenheit des Fahrzeuges mitgewirkt hat (SVG 58 II). Eine spezielle Haftungsbestimmung besteht für Schädigungen bei Hilfeleistungen nach einem Unfall (SVG 58 III). 16.28

2.4. Aktiv- und Passivlegitimation

Aktivlegitimiert sind in erster Linie aussenstehende Dritte, welche mit dem Betrieb des Fahrzeuges nichts zu tun haben, z.B. Fussgänger oder Fahrradfahrer. Daneben sind aber auch Mitfahrer im Fahrzeug und der Lenker, welcher nicht Halter des benutzten Fahrzeuges ist, anspruchsberechtigt. Allerdings wird der Halter entlastet, wenn den Lenker Grobfahrlässigkeit und den Halter kein Verschulden trifft (vgl. SVG 59; HONSELL/ISENRING/KESSLER § 20 N 19; vgl. auch OFTINGER/STARK II/2 § 25 N 71; REY/WILDHABER N 1581). 16.29

Haftpflichtig ist der Halter des Fahrzeuges (SVG 58). Massgebend ist der zivilrechtliche Halterbegriff, welcher in der Regel (jedoch nicht zwingend) mit dem im Fahrzeugausweis eingetragenen Halter identisch ist. 16.30

Blosse Indizien für eine Halterschaft bilden das Eigentum am Fahrzeug und die Nennung des Halters im Versicherungsnachweis (REY/WILDHABER N 1588). Als Halter gilt derjenige, auf dessen Rechnung und Gefahr der Betrieb des Fahrzeugs erfolgt und der die tatsächliche unmittelbare Verfügungsgewalt über das Fahrzeug besitzt. Auch der Mieter kann folglich Halter sein, wenn er wie etwa beim Leasing das Fahrzeug für längere Zeit gemietet hat (vgl. BGE 62 II 190; 70 II 180). Gleiches gilt für den Angestellten, der ein Geschäftsauto auch privat benutzen darf (REY/WILDHABER N 1591 m.N.). 16.31

Die Halterfrage ist von geringer praktischer Bedeutung, da die obligatorische Haftpflichtversicherung generell die aus dem Betrieb des Fahrzeugs folgenden Schädigungen deckt (REY/WILDHABER N 1592). Ist der Lenker nicht gleichzeitig Halter, haftet er nach OR 41. Lenker und Halter haften in diesem Fall solidarisch (BGE 91 II 228; HONSELL/ISENRING/KESSLER § 20 N 17). Auch bei Entwendung des Fahrzeuges haftet der Halter solidarisch mit dem Entwender (Strolchenfahrt, SVG 75); anders dagegen beim Diebstahl (vgl. BGE 124 III 183 f.). 16.32

2.5. Obligatorische Haftpflichtversicherung

Ein Motorfahrzeug darf erst nach Abschluss einer Haftpflichtversicherung in den Verkehr gebracht werden (SVG 63 I). Die Versicherungspflicht schützt vor allem die Geschädigten vor Zahlungsunfähigkeit des Haftpflichtigen (REY/WILDHABER N 1616). Die Versicherungsdeckung bezieht sich auf die Haftpflicht sowohl des Halters als auch der Personen, für die er verantwortlich ist (Lenker, Angestellte usw.). 16.33

Der Geschädigte hat im Haftpflichtfall einen **direkten Anspruch** gegen die Haftpflichtversicherung (SVG 65 I). Überdies kann der Haftpflichtversicherer dem Geschädigten die Einreden aus dem Versicherungsvertrag oder dem VVG nicht entgegenhalten (vgl. 16.34

BGE 119 II 291 f.), etwa dass der Unfall vom Halter grobfahrlässig herbeigeführt worden sei, was nach VVG 14 II eine Reduktion der Deckung zur Folge habe. Der Versicherer hat jedoch ein gesetzliches Regressrecht gegen den Versicherten für denjenigen Betrag, den der Versicherer über seine Leistungspflicht im internen Verhältnis hinaus, also unter Berücksichtigung der Einreden, bezahlt hat (SVG 65 III). Die Haftung des Haftpflichtversicherers ist quantitativ auf die vereinbarte Deckungssumme begrenzt, welche zurzeit bei minimal CHF 5 Mio. pro Ereignis liegt (vgl. SVG 64 i.V.m. VVV 3 I).

2.6. Einzelfragen

16.35 Zwischen der Haftung nach SVG und den vertraglichen und ausservertraglichen Ansprüchen besteht Anspruchskonkurrenz (HONSELL/ISENRING/KESSLER § 20 N 24; REY/WILDHABER N 1508; SCHWENZER N 54.04; zumindest hinsichtlich der Vertragshaftung auch GAUCH/SCHLUEP/SCHMID/EMMENEGGER N 2936 ff.). Nach der älteren Lehre finden die Gefährdungshaftungen dagegen exklusiv Anwendung (OFTINGER/STARK II/2 § 25 N 78 ff. m.N.; wohl auch GUHL/KOLLER § 26 N 32; vgl. auch BGE 112 II 142; zum Ganzen vorne N 16.04).

16.36 Spezielle Bestimmungen bestehen sodann für den Rückgriff (vgl. SVG 60 f. sowie hinten N 18.19), für das Selbstverschulden (vgl. SVG 59 II sowie hinten N 33.12 ff.) sowie für die Verjährung (SVG 83).

16.37 Ansprüche aus Motorfahrzeugunfällen verjähren mit Ablauf von zwei Jahren vom Tage an, an dem der Geschädigte Kenntnis des Schadens und der Person des Ersatzpflichtigen erlangt (sog. relative Verjährungsfrist), jedenfalls aber mit Ablauf von zehn Jahren seit dem Unfall (sog. absolute Verjährungsfrist; allgemein zur Verjährung hinten N 19.01 ff.).

§ 17 Staats- und Beamtenhaftung

Literatur

BISCHOF, Amtshaftung an der Grenze zwischen öffentlichem Recht und Obligationenrecht (Art. 61 OR), ZSR 1985 I, 67 ff.; GROSS, B., Die Haftpflicht des Staates, Zürich 1996; GROSS, J., Schweizerisches Staatshaftungsrecht, 2. Aufl., Bern 2001; ders./PRIBNOW, Schweizerisches Staatshaftungsrecht, Ergänzungsband zur 2. Aufl., Bern 2013; GUCKELBERGER, Die Staatshaftung in der Schweiz, recht 2008, 175 ff.; HÄFELIN/MÜLLER/UHLMANN, Allgemeines Verwaltungsrecht, 7. Aufl., Zürich 2016; JAAG, Organisationsrecht: Staats- und Beamtenhaftung, in: Schweizerisches Bundesverwaltungsrecht, hrsg. von Schindler/Tanquerel/Tschannen/Uhlmann, 3. Aufl., Basel 2017; MOOR/PIOTET, La responsabilité des cantons à raison d'actes illicites: Droit public ou droit privé?, ZBl 1996, 481 ff.; POLEDNA, Haftpflicht von Staat und Beamten, SVZ 1996, 53 ff., 143 ff.; SCHWARZENBACH, Die Staats- und Beamtenhaftung in der Schweiz mit Kommentar zum zürcherischen Haftungsgesetz, 2. Aufl., Zürich 1985; SOBOTICH, Staatshaftung aus Kontrolltätigkeit im Baurecht, Zürich 2000; STEINER, Der Dualismus von öffentlichem und privatem Recht in der Arzthaftung und seine Auswirkungen auf die Prozessführung, ZBJV 2006, 101 ff.; TSCHANNEN/ZIMMERLI/MÜLLER, Allgemeines Verwaltungsrecht, 4. Aufl., Bern 2017; UHLMANN, Schweizerisches Staatshaftungsrecht, Zürich 2017.

1. Überblick

1.1. Allgemeines

Der Staat (Bund, Kantone, Gemeinden) kann entweder nach **öffentlichem Recht** 17.01
oder nach **Privatrecht** haftbar werden. Ersteres ist dann der Fall, wenn die Schädigung durch eine amtliche (hoheitliche oder nicht-hoheitliche) Tätigkeit verursacht wird: Hoheitliche Tätigkeiten sind z.B. Polizeikontrollen, Rechtsprechung, Strafvollzug oder notarielle Beurkundung (BGE 126 III 372); nicht-hoheitliche amtliche Tätigkeiten sind etwa Aktivitäten im Bildungs- und Gesundheitswesen wie Ausbildung in öffentlicher Schule oder Behandlung im Universitätsspital (BGE 122 III 101 ff.). Privatrecht ist dagegen anwendbar, wenn der Staat dem Geschädigten gleichgeordnet, aufgrund einer privatrechtlichen bzw. gewerblichen Tätigkeit gegenübertritt (BGE 139 III 112); dies ist insbesondere im Bereich der Verwaltung des Finanzvermögens, der administrativen Hilfstätigkeiten und der fiskalischen Wettbewerbswirtschaft der Fall (HÄFELIN/MÜLLER/UHLMANN N 2108; z.B. Betrieb eines öffentlichen Schwimmbades [BGE 113 II 426], ferner Elektrizitätswerke, Kantonalbanken, Bewirtschaftung des Waldes usw., vgl. BK/BREHM OR 61 N 30 ff.). Die Unterscheidung wird insbesondere bei der ärztlichen Behandlung zu Recht kritisiert (HONSELL/ISENRING/KESSLER § 14 N 12 ff.): Sie führt dazu, dass sich die Behandlung in einem (öffentlich- oder privatrechtlich organisierten) Spital mit staatlichem Versorgungsauftrag nach dem anwendbaren kantonalen Verantwortlichkeitsrecht (hinsichtlich der Behandlung von Privatpatienten in öffentlichen

Spitälern s. BGE 122 III 105), bei privatrechtlich organisierten Spitälern ohne staatlichen Versorgungsauftrag dagegen nach dem OR richtet (vgl. KIESER/LANDOLT N 249 ff.).

17.02 Haftet der Staat für Handlungen seiner Behördenmitglieder, Beamten und Angestellten, so spricht man von **Staatshaftung**; haftet der handelnde Beamte (bzw. die Behörde), so bezeichnet man dies als **Beamtenhaftung**. Ob sich der Geschädigte mit seinen Ansprüchen an den Staat, an den Beamten oder an beide halten kann, bestimmt sich nach dem anwendbaren Verantwortlichkeitsgesetz. Welche Bestimmungen auf den Anspruch des Geschädigten anwendbar sind, hängt davon ab, ob ein kantonaler oder eidgenössischer Beamter, in amtlicher oder gewerblicher Tätigkeit gehandelt hat und ob für den entsprechenden Bereich eine spezialgesetzliche Regelung besteht oder nicht. Dass diese Rechtszersplitterung unbefriedigend ist, bedarf keiner weiteren Erläuterung.

1.2. Überblick über die Haftungsgesetze

17.03 Gemäss OR 61 I sind Bund und Kantone berechtigt, nicht aber verpflichtet, durch sie bzw. ihre öffentlichen Beamten oder Angestellten verursachte Schäden einem eigenen Haftungsregime zu unterstellen.

17.04 Auf Bundesebene ist die öffentlich-rechtliche Haftung in erster Linie im eidgenössischen Verantwortlichkeitsgesetz (VG) geregelt. Für spezielle Bereiche bestehen Sonderregelungen (z.B. für die Armee: MG 135 ff.; für Betreibungs- und Konkursbeamte: SchKG 5). Alle Kantone haben ebenfalls Verantwortlichkeitsgesetze erlassen, in denen sie ihre eigene Haftung, diejenige der Gemeinden sowie der jeweiligen Beamten und Behördenmitglieder regeln (BK/BREHM OR 61 N 4).

17.05 Das Verhältnis zwischen der Staats- und der Beamtenhaftung ist in den Verantwortlichkeitsgesetzen unterschiedlich geregelt: Am häufigsten enthalten diese Gesetze eine **ausschliessliche Staatshaftung**. So ist etwa nach dem eidgenössischen Verantwortlichkeitsgesetz ein direkter Anspruch des Geschädigten gegen den handelnden Beamten ausgeschlossen (VG 3 III); Gleiches gilt für zahlreiche kantonale Verantwortlichkeitsgesetze (vgl. den Überblick bei GROSS, J. 55 ff.).

2. Einzelfragen

2.1. Rechtsnatur und Rechtswidrigkeitsbegriff

17.06 Der Bund und die meisten Kantone sehen in ihren Verantwortlichkeitsgesetzen eine «Kausalhaftung» vor. Dies bedeutet zum einen, dass der Staat für Handlungen der Beamten haftet; im Gegensatz zu OR 55 I steht auch kein Sorgfaltsbeweis offen. Zum anderen setzt die Haftung des Beamten kein Verschulden voraus.

17.07 In Wahrheit war aber die Frage nach der Rechtsnatur früher ohne Bedeutung. Länger als im Privatrecht war im öffentlichen Recht allgemein anerkannt, dass der Begriff der Rechtswidrigkeit im Sinne des (auch hier vertretenen) Verhaltensunrechts zu verstehen ist. Das Verschulden reduziert sich bei diesem Verständnis auf die Urteilsfähigkeit, weshalb diese Haftungsvoraussetzung bei der Beamtenhaftung ohne Bedeutung ist.

In den achtziger Jahren des letzten Jahrhunderts meinte das Bundesgericht aber, eine Annäherung des Rechtswidrigkeitsbegriffs des öffentlichen Rechts an die verfehlte privatrechtliche Konzeption des **Erfolgsunrechts** vollziehen zu müssen (BGE 113 Ib 423; 115 Ib 180; 116 Ib 373 f.; 118 Ib 476). Dass dies bei einer verschuldensunabhängigen Haftung, wie sie für das Verantwortlichkeitsrecht gerade typisch ist, nicht gut gehen kann, liegt auf der Hand. Das Bundesgericht war denn auch gezwungen, bei Bejahung der Rechtswidrigkeit aufgrund des Erfolgsunrechts den Rechtfertigungsgrund der «Amtspflichtgemässheit» zuzulassen (vgl. BGE 115 Ib 180 f.). Nach dem Erfolgsunrecht ist etwa jede Verhaftung oder Verwahrung eines Straftäters rechtswidrig (Eingriff in die persönliche Freiheit, vgl. vorne N 05.46 ff.), und eine Haftung entfällt erst aufgrund eines Rechtfertigungsgrundes. 17.08

Symptomatisch für die Schwierigkeiten, die sich die Rechtsprechung mit der geänderten Rechtswidrigkeitsdefinition eingehandelt hat, ist der Versuch in neueren Entscheidungen, die Tatbestandsgruppen zu bezeichnen, in denen neben der Verletzung eines absolut geschützten Rechtsgutes noch eine Amtspflichtverletzung bzw. Ordnungswidrigkeit hinzukommen muss (BGE 123 II 581 ff.; vgl. auch BVGer A-1793/2006, E. 3.1.2.). Einfacher und überzeugender wäre eine Rückkehr zur früheren Rechtsprechung. Infolgedessen sollte auch bei der Staats- und Beamtenhaftung das **Verhaltensunrecht** gelten: Wer die notwendige Sorgfalt stets beachtet, genügt den rechtlichen Sollensanforderungen und kann daher nicht rechtswidrig gehandelt haben, selbst wenn durch die Handlung in ein Rechtsgut eines anderen eingegriffen wird. 17.09

2.2. Haftungssubjekte

Die gesetzlichen Regelungen betreffend die Passivlegitimation sind uneinheitlich (vgl. den Überblick bei GROSS, J. 55 ff.). Die meisten Verantwortlichkeitsgesetze sehen vor, dass der Staat nicht neben, sondern **anstelle des Beamten** haftet (UHLMANN N 78). Entsprechende Regelungen finden sich auch in SchKG 5, ZGB 955 und ZGB 454 III. Unterschiedlich geregelt ist auch die interne Beamtenhaftung, d.h. die Voraussetzungen für einen Rückgriff des haftpflichtigen Staates gegenüber dem fehlbaren Beamten (dazu GROSS, J. 55 ff.; HÄFELIN/MÜLLER/UHLMANN N 2188 f.; JAAG N 249 ff.). 17.10

Von diesen Regelungen ist die Haftung für nicht hoheitliche, **gewerbliche Tätigkeiten** zu unterscheiden. Für Beamte und Angestellte des Bundes besteht wiederum eine ausschliessliche Haftung des Bundes (VG 11 II). Für gewerbliche Tätigkeiten der Beamten oder Angestellten der Kantone dürfen die kantonalen Gesetze dagegen gemäss OR 61 II keine von OR 41 ff. abweichenden Bestimmungen vorsehen (BK/BREHM OR 61 N 31 f.); nach vorherrschender Auffassung ist diese Bestimmung dahingehend zu verstehen, dass die Kantone keine für den Geschädigten nachteiligen Haftungsbestimmungen erlassen dürfen (BK/BREHM OR 61 N 32; HÄFELIN/MÜLLER/UHLMANN N 2142). 17.11

2.3. Haftung nach Privatrecht

Handelt es sich bei der Schädigung nicht um eine amtliche Tätigkeit, so richtet sich die Haftung nach den privatrechtlichen Haftungsbestimmungen in OR 41 ff. Bedeutsam sind insbesondere die speziellen Haftungstatbestände des OR und des ZGB, d.h. die Geschäftsherrenhaftung (OR 55), die Tierhalterhaftung (OR 56), die Werkeigentümerhaftung (OR 58; weiterführend HÄFELIN/MÜLLER/UHLMANN N 2158 ff.), die Haftung des Anstaltsinhabers 17.12

(ZGB 333) und die Grundeigentümerhaftung (ZGB 679; weiterführend HÄFELIN/MÜLLER/UHLMANN N 2155 ff.). Einige dieser Haftungen sind überdies auch bei öffentlich-rechtlicher Tätigkeit anwendbar, so insbesondere die Gefährdungshaftungen (z.B. SVG 58) und in eingeschränktem Masse auch die Grundeigentümer- und die Werkeigentümerhaftung (GROSS, J. 137).

17.13 Die Unterscheidung zwischen der öffentlich-rechtlichen und der privatrechtlichen Haftung im Hinblick auf die Haftungsvoraussetzungen ist im Grunde bedeutungslos. Dies gilt jedenfalls bei Zugrundelegung des Verhaltensunrechts. Die Unterscheidung kann dagegen wegen der unterschiedlichen Verfahrenswege bedeutsam sein, da bei einer Haftung nach öffentlichem Recht grundsätzlich der öffentlich-rechtliche Verfahrensweg einzuschlagen ist; anderenfalls richtet sich das Verfahren nach Zivilprozessrecht (JAAG N 178). Zu beachten ist in diesem Zusammenhang, dass 15 Kantone bei Staatshaftungsverfahren die Verwaltungsgerichte, 11 Kantone die Zivilgerichte für zuständig erklären (GROSS/PRIBNOW N 386; ausführlich UHLMANN N 212).

4. Kapitel: Mehrheit von Ersatzpflichtigen und Verjährung

§ 18 Mehrheit von Ersatzpflichtigen

Literatur

BREHM, Solidarité absolue ou solidarité relative en responsabilité civile?, HAVE 2002, 85 ff.; CASANOVA, Ausgleichsanspruch und Ausgleichsordnung – Die Regressregelung von Art. 51 OR, Zürich 2010; DUC/FIVIAN, Der Rückgriff auf den haftpflichtigen Dritten im Bereich der beruflichen Vorsorge, AJP 2005, 1074 ff.; FELLMANN, Regress und Subrogation: Allgemeine Grundsätze, in: Haftpflicht- und Versicherungsrechtstagung, hrsg. von Koller, St. Gallen 1999, 1 ff.; HONSELL, Der Regress des Versicherers im schweizerischen Recht, Mélanges Schmidlin, Basel 1998, 279 ff.; HULLIGER, Die Haftungsverhältnisse nach Art. 60 und 61 SVG, Diss. Freiburg 2003; KIESER, ATSG-Kommentar, 3. Aufl., Zürich 2015; ders./STEHLE (Hrsg.), Regresstagung 2015, Zürich 2015; KÖRNER, Die Haftung der Solidarschuldner im Aussenverhältnis, Zürich 2011; KRAUSKOPF/MÜLLER, Die Verjährung von Regressrechten im Haftpflicht- und Privatversicherungsrecht, HAVE 2006, 321 ff.; KRAUSKOPF/SIEGENTHALER, Der Rückgriff unter Baubeteiligten – eine Praxisänderung, BR/DC 2007, 53 ff.; KÜTTEL, Begriff der Teilnahme nach Art. 50 OR – «Gemeinsame Verschuldung» eines Schadens durch Anstifter, Urheber und Gehilfen und die Rolle des Begünstigers, HAVE 2008, 320 ff.; PICHONNAZ/WERRO, La prescription de l'action récursoire en cas de solidarité imparfaite, BR/DC 2007, 48 ff.; SCHÄR, «Hard cases make bad law» oder OR 51 Abs. 2 und die regressierende Personalvorsorgeeinrichtung, recht 1991, 12 ff.; SCHMIDT, Das Aussenverhältnis der Haftung einer Mehrheit von Schädigern im Haftpflichtrecht, St. Gallen 2012; STREIFF/VON KAENEL/RUDOLPH, Praxiskommentar zu Art. 319–362 OR, 7. Aufl., Zürich 2012; STRUB, Der Regress des Schadenversicherers de lege lata – de lege ferenda, Zürich 2011; SZÖLLÖSY, Kann der zur Lohnfortzahlung verpflichtete Arbeitgeber auf einen Dritthaftpflichtigen Rückgriff nehmen?, SJZ 1976, 337 ff.; WEBER, Kausalität und Solidarität – Schadenszurechnung bei einer Mehrheit von tatsächlichen oder potenziellen Schädigern, HAVE 2010, 115 ff.; WERRO (Hrsg.), La pluralité des responsables, Bern 2009; WIDMER, «Wer einem andern widerrechtlich Schaden zufügt, verpflichtet dessen Arbeitgeber zum Ersatz», SJZ 1977, 283 ff.

1. Allgemeines

1.1. Überblick

18.01 Oftmals sind mehrere Personen für eine Schädigung verantwortlich. Diesbezüglich müssen zwei Problembereiche unterschieden werden: zum einen die Ansprüche des Geschädigten gegen die einzelnen Haftpflichtigen und zum anderen die Beziehungen zwischen den Haftpflichtigen. Ersteres bezeichnet man als Aussenverhältnis, Letzteres als Innenverhältnis.

18.02 Im Aussenverhältnis kann der Geschädigte auswählen, gegen welchen Haftpflichtigen er seinen Anspruch (ganz oder teilweise) geltend machen will (sog. Anspruchskonkurrenz). Die Ersatzpflichtigen haften jeweils für den ganzen Schaden **solidarisch**; dies begünstigt den Geschädigten namentlich bei Zahlungsunfähigkeit eines Schädigers. Bezahlt ein Haftpflichtiger die Schadenersatzforderung, so werden dadurch auch die übrigen Solidarschuldner befreit; der Geschädigte kann mithin die Ersatzleistung nur einmal erhalten.

18.03 Der Geschädigte wird sich in der Regel an denjenigen halten, gegen den sich die Durchsetzung des Anspruchs am einfachsten gestaltet (z.B. wegen der Beweisführung oder des Wohnortes des Schädigers) und bei dem die Zahlungsfähigkeit (bzw. eine Haftpflichtversicherung) gegeben ist. Im Innenverhältnis stellt sich dann die Frage, ob und inwiefern der Solidarschuldner, der die Ersatzleistung erbracht hat, auf die anderen Haftpflichtigen zurückgreifen kann (sog. Rückgriff bzw. Regress).

1.2. Gesetzliche Grundlagen

18.04 Die allgemeinen Bestimmungen über die Solidarität finden sich in OR 143 ff. Nach OR 143 entsteht Solidarität durch Vertrag oder Gesetz; vorliegend ist nur die Solidarität aufgrund einer gesetzlichen Grundlage von Interesse (OR 143 II). Einer der Hauptanwendungsfälle der gesetzlichen Solidarität ist die Regelung in OR 50, welche sich auf die Fälle der gemeinsamen Verursachung bezieht. Als gemeinsame Verursacher gelten nicht bloss Mittäter, sondern auch Anstifter und Gehilfen; die Mitwirkung muss bewusst und nicht bloss fahrlässig begangen worden sein. Allgemeine Bestimmungen zum Aussenverhältnis sind in OR 144–147 enthalten.

18.05 OR 51 sieht dagegen nach dem Wortlaut bloss eine Regressordnung für voneinander unabhängige Schädigungen vor. Ein Regress setzt aber grundsätzlich eine Solidarhaftung voraus, weshalb die Bestimmung implizit gleichwohl die Solidarität regelt (REY/WILDHABER N 1681).

18.06 Das Innenverhältnis richtet sich im ausservertraglichen Bereich nach OR 50 II und OR 51. Nicht zum Zuge kommt die Bestimmung in OR 148 I, welche bestimmt, dass im internen Verhältnis jeder einen gleichen Teil an der Schuld zu tragen hat (vgl. BSK/GRABER OR 148 N 2 f.; SCHWENZER N 88.31 f.; FELLMANN/KOTTMANN N 2911, wonach bei echter Solidarität OR 148 II i.V.m. OR 50 II anwendbar sei).

18.07 Bestimmungen zur Solidarhaftung finden sich auch in verschiedenen Spezialgesetzen (z.B. PrHG 7, SVG 60 I), wobei diese teilweise von der Regelung in OR 50 f. abweichende Regelungen vorsehen (z.B. VG 3 III und 11 II: im Aussenverhältnis haftet bloss der Bund, d.h. es besteht keine Solidarität zwischen Bund und Beamten).

2. Aussenverhältnis

2.1. Solidarität

Eine Mehrheit von Ersatzpflichtigen haftet solidarisch. Zu ersetzen ist der gesamte Schaden. Die anteilsmässige Verteilung des Schadenersatzanspruchs auf die einzelnen Haftpflichtigen erfolgt erst im Rahmen des Rückgriffs. 18.08

Das Bundesgericht unterscheidet zwischen **echter** und **unechter** Solidarität (BGE 115 II 45; 119 II 131; vgl. HAP/WIDMER/KRAUSKOPF N 2.158 ff.). Als echte Solidarität betrachtet es die in OR 143 ff. geordneten Schuldverhältnisse. Sie liegt insbesondere bei der gemeinsamen Verursachung im Sinne von OR 50 vor (ferner z.B. bei SVG 60 I). In den Fällen von OR 51 bestehe dagegen unechte Solidarität (s. zu den jeweiligen Merkmalen der echten sowie der unechten Solidarität BGE 127 III 264 f.). 18.09

Die Unterscheidung wird in der Lehre kritisiert. So falle es oft schwer zu differenzieren, ob die Verursachung durch mehrere Personen eine **gemeinsame** war oder nicht (vgl. etwa OFTINGER/STARK I § 10 N 14; a.M. BK/BREHM OR 51 N 23). Sodann regle die Bestimmung in OR 51 nicht die Solidarität, sondern die Anspruchskonkurrenz (ausführlich FELLMANN/KOTTMANN N 2871 ff.; SCHMIDT 48). Dagegen besteht Einigkeit, dass sich die praktische Bedeutung der Unterscheidung weitgehend in der Verjährungsunterbrechung erschöpft: Gemäss OR 136 I wirkt sich die Unterbrechung der Verjährung gegen einen echten Solidarschuldner auch gegen die übrigen Schuldner aus; bei der unechten Solidarität soll dies dagegen nicht gelten (BGE 115 II 46; HaftpflichtKomm/FISCHER/ITEN OR 50 N 11; zum Ganzen ausführlich ZK/KRAUSKOPF OR 143 N 131 ff.). 18.10

2.2. Persönliche Herabsetzungsgründe

In der Lehre ist umstritten, ob der in Anspruch genommene Haftpflichtige für den ganzen Schaden haftet oder persönliche Reduktionsgründe (z.B. geringes Verschulden) geltend machen kann. Befürworter machen geltend, der Schädiger könne nicht dadurch schlechter stehen, dass neben ihm noch andere für die Schädigung verantwortlich sind (vgl. etwa OFTINGER/STARK I § 10 N 33; SCHWENZER N 88.19; vgl. auch die spezielle Bestimmung in OR 759 I). Das Bundesgericht lässt dagegen individuelle Bemessungsgründe im Aussenverhältnis bei der echten Solidarität nicht zu (vgl. BGE 127 III 265; BSK/GRABER OR 50 N 19; BK/BREHM OR 50 N 40 ff.). 18.11

Die Streitfrage hat bloss dann praktische Bedeutung, wenn man Umstände auf Seiten des Schädigers (z.B. geringes Verschulden) als Reduktionsgründe anerkennt. Nach der hier vertretenen Auffassung können indes nur Umstände auf Seiten des Geschädigten (z.B. Selbstverschulden) zu einer Reduktion des Ersatzbetrages führen (hinten N 31.18, 33.01 ff.). Dies entspricht bis auf wenige Ausnahmen auch der Praxis des Bundesgerichtes (Nachweise hinten N 32.03 ff., 32.08 ff., 32.26 f.). Richtigerweise ist eine Begrenzung der Solidarität dann sachgerecht, wenn sich **einzelne Schädigungsfolgen** unterscheiden lassen. In diesen Fällen sollte dem Mitverursacher der Nachweis offenstehen, dass ihm nur ein Teil der Schäden zuzurechnen ist (vgl. auch BK/BREHM OR 51 N 26; PROSSER/KEETON 348). 18.12

3. Innenverhältnis

3.1. Regress

18.13 Hat ein Solidarschuldner mehr als seinen Teil bezahlt, so hat er für den Mehrbetrag ein Rückgriffsrecht auf die Mitverursacher (OR 148 II). Auf den zahlenden Solidarschuldner gehen in demselben Masse, als er den Geschädigten befriedigt hat, dessen Rechte von Gesetzes wegen über (sog. Legalzession oder Subrogation, OR 149 I).

18.14 Umstritten ist, ob dieser Rechtsübergang gemäss OR 149 I auch auf die unechte Solidarität Anwendung findet oder ob der Regressierende in jenem Fall nur einen Ausgleichsanspruch «aus eigenem Recht» hätte (KELLER/GABI/GABI 153; vgl. REY/WILDHABER N 1734 ff.; HaftpflichtKomm/FISCHER/ITEN OR 50 N 24;). Die praktische Relevanz der unterschiedlichen dogmatischen Begründungen des Rückgriffanspruchs beschränkt sich auf die Verjährungsfrist (hinten N 19.15).

18.15 Der zahlende Solidarschuldner kann von den Mitverursachern bloss deren Anteil entsprechend deren Quote im Innenverhältnis fordern. Bei Zahlungsunfähigkeit eines Mitverantwortlichen ist der Ausfall auf die Solidarschuldner entsprechend ihrer Haftungsquote aufzuteilen (OR 148 III).

18.16 Haften mehrere Schädiger aus gemeinsamer Verursachung, so ist gemäss OR 50 II im internen Verhältnis der Ersatzbetrag nach Ermessen des Richters auf die Mitverursacher zu verteilen. In erster Linie ist dabei der Grad des Verschuldens der verschiedenen Beteiligten massgebend (REY/WILDHABER N 1747; vgl. auch HaftpflichtKomm/FISCHER/ITEN OR 50 N 27). Aufgrund des Verweises in OR 51 I auf OR 50 kommt die Aufteilung nach Ermessen des Richters auch bei anderen gleichartigen Rechtsgründen (z.B. mehreren Gefährdungshaftungen) zum Zuge.

18.17 Haften mehrere Haftpflichtige aus verschiedenen Rechtsgründen (Gefährdungs-, Vertrags- oder Verschuldenshaftung), legt OR 51 II für die interne Aufteilung folgende Rangfolge fest: Für den Schadenersatz ist **in erster Linie** der **aus Verschulden**, **in zweiter Linie** der **aus Vertrag** und **an letzter Stelle** der ohne Verschulden **nach Gesetzesvorschrift** Ersatzpflichtige haftbar. Nach dieser Kaskadenhaftung kann der aus Gesetz Haftpflichtige infolgedessen Rückgriff auf den aus Vertrag oder Verschulden Haftpflichtigen nehmen, der aus Vertrag nur auf den aus Verschulden Haftpflichtigen.

18.18 Im Einzelnen ist diese Rangfolge unklar und in der Rechtslehre stark **umstritten** (BSK/GRABER OR 51 N 13; CR/WERRO OR 51 N 16). Als stossend wird namentlich die Privilegierung der aus Gesetz Haftpflichtigen empfunden. Nach herrschender Lehre gehören zu dieser Gruppe alle aufgrund einer Kausalhaftung Ersatzpflichtigen, also etwa der Geschäftsherr (OR 55) oder der Werkeigentümer (OR 58).

18.19 Es wäre tatsächlich unbefriedigend, wenn der Arbeitgeber auf den leichtfahrlässig handelnden Arbeitnehmer Rückgriff nehmen könnte (vorne N 08.45 ff.). Das Problem wird teilweise entschärft, wenn man nach der vorliegenden Auffassung die speziellen Haftungstatbestände des OR als Haftungen für vermutete Sorgfaltspflichtverletzung (bzw. für vermutetes Verschulden) qualifiziert (vorne N 02.22, 08.02, 13.01). Die aus OR 55, 56, 58 usw. Haftpflichtigen wären diesfalls gegenüber dem aus Verschulden Haftpflichtigen nicht privilegiert; die Aufteilung des Ersatzbetrages erfolgt vielmehr nach Ermessen des Richters (OR 50 II). Zu demselben Ergebnis kommt man, wenn der Kausalhaftpflichtige, dem eine Sorgfaltspflichtverletzung vorzuwerfen ist, in der Regressordnung als Verschuldenshaftpflichtiger eingestuft wird (so etwa BK/BREHM, OR 51 N 55 f.; s. auch FELLMANN/KOTTMANN N 2941 m.w.N.). Nicht gelöst ist damit das Regressrecht der aus einer Gefährdungshaftung Haftpflichtigen. Immerhin ist für den praktisch bedeutsamen Fahrzeugbereich zu beachten, dass die Regressfrage in SVG 60 II speziell geregelt ist (dazu OFTINGER/STARK I § 10 N 56).

Unabhängig von der (ohnehin zweifelhaften) Zuordnung einer Haftung zu einer Haftungskategorie (dazu vorne N 02.22 ff.) ist der Auffassung zuzustimmen, dass der Regress nicht schematisch nach der Kaskadenhaftung in OR 51 II, sondern nach den Umständen festzulegen ist (vgl. BGE 116 II 649; ausführlich OFTINGER/STARK I § 10 N 65 ff., insbesondere 73; RUMO-JUNGO N 1071 ff.; FELLMANN/KOTTMANN N 2935 ff.). 18.20

3.2. Regress des Versicherers

Der Rückgriff des Versicherers ist in verschiedener Hinsicht unklar und umstritten. Für den Bereich der Privatversicherungen bestimmt VVG 72 I: «Auf den Versicherer geht insoweit, als er Entschädigung geleistet hat, der Ersatzanspruch über, der dem Anspruchsberechtigten gegenüber Dritten aus unerlaubter Handlung zusteht.» Diese Bestimmung gilt nicht nur für die Schadensversicherung, sondern auch für den Haftpflichtversicherer (BGE 116 II 647). Problematisch ist das Verhältnis von VVG 72 I zu OR 51 II. Damit zwischen diesen Normen kein Widerspruch besteht, bezieht sich die Bestimmung in VVG 72 I nach herrschender Auffassung nur auf die **verschuldete** unerlaubte Handlung (BK/BREHM OR 51 N 61; FELLMANN 15 f. m.N.; FELLMANN/KOTTMANN N 2956 f.; a.M. HONSELL/ISENRING/KESSLER § 11 N 41 f.). Die Versicherung kann daher nicht auf den Gefährdungshaftpflichtigen Rückgriff nehmen (BGE 137 III 360 f.); inwiefern sie auf den aus Vertrag Ersatzpflichtigen Rückgriff nehmen kann, ist umstritten (vgl. BK/BREHM OR 51 N 108 ff. m.N.). 18.21

Im Sozialversicherungsrecht ist ATSG 72 I zu beachten, wonach der Sozialversicherer von Gesetzes wegen im Zeitpunkt des haftungsbegründenden bzw. versicherten Ereignisses bis auf die Höhe der gesetzlichen Leistungen in den Haftungsanspruch und etwaige Nebenrechte eintritt (LANDOLT/ROBERTO 203; weiterführend KIESER ATSG 72 N 11 ff.) und damit ein umfassendes Regressrecht gegen sämtliche Haftpflichtigen geltend machen kann. Bei den Krankenkassen ist zu unterscheiden, ob es sich um die obligatorische oder um eine Zusatzversicherung handelt: Während im Bereich der obligatorischen Versicherung ATSG 72 anwendbar ist und damit für OR 51 II kein Raum bleibt, sind für die Zusatzversicherungen VVG 72 und OR 51 anwendbar. Eine entsprechende Unterscheidung zwischen obligatorischer oder freiwilliger Vorsorge gilt auch für Pensionskassen (vgl. BK/BREHM OR 51 N 67 ff., KIESER ATSG 72 N 15 ff.). 18.22

3.3. Quotenvorrecht

Bei konkurrierenden Ansprüchen einerseits gegen den oder die Haftpflichtigen und andererseits gegen die Versicherung stellt sich noch das Problem des sog. Quotenvorrechts. Es handelt sich dabei um das Verhältnis des (Direkt-)Anspruches des Geschädigten zum (Regress-)Anspruch des Versicherers gegen den Haftpflichtigen. Keine Probleme bestehen, wenn der ganze Schaden des Geschädigten von der Versicherung oder vom Haftpflichtigen gedeckt wird. Die Frage stellt sich aber, wenn der Schadenersatz etwa wegen eines Selbstverschuldens **gekürzt** wird (z.B. von 1'000 auf 750) und die Versicherung des Geschädigten (z.B. wegen 18.23

einer betragsmässigen Begrenzung oder eines Selbstbehaltes) bloss einen Teil des Schadens ausgleicht (z.B. 600).

18.24 Theoretisch sind drei Möglichkeiten denkbar: Wird der Versicherer privilegiert, kann er sein Rückgriffsrecht (600) vor dem Direktanspruch des Geschädigten (150) gegen den Schädiger durchsetzen. Wird der Geschädigte privilegiert, kann dieser seinen Direktanspruch (400) vor dem Regressanspruch des Versicherers (350) gegen den Schädiger durchsetzen. Werden beide gleich behandelt, so sind sowohl der Direktanspruch des Geschädigten als auch der Regressanspruch des Versicherers proportional zu kürzen (d.h., der Geschädigte macht 300 und der Versicherer 450 gegen den Schädiger geltend; Beispiel nach OFTINGER/STARK I § 11 Fn. 244).

18.25 Bei einer Privilegierung der Versicherung erhält der Geschädigte nicht mehr, als er ohne Versicherung vom Schädiger erhalten hätte (750). Das in der Schweiz in SVG 88 geregelte und durch die Rechtsprechung allgemein anerkannte Quotenvorrecht des Geschädigten basiert dagegen auf der **Privilegierung des Geschädigten** (im Beispiel kann er den Direktanspruch von 400 sowie die Versicherungsdeckung von 600 beanspruchen).

18.26 Folge ist, dass der Versicherer die Kürzungsquote, d.h. den vom Schädiger nicht zu ersetzenden Teil, tragen muss. Der Geschädigte kann in anderen Worten im Regelfall trotz eines Selbstverschuldens den ganzen Schadenersatzbetrag geltend machen (im Einzelnen hierzu OFTINGER/STARK I § 11 N 202 ff.; zum Quotenvorrecht im Sozialversicherungsrecht vgl. FELLMANN/KOTTMANN N 1824 ff.).

3.4. Sonderfall: Lohnfortzahlung

18.27 Eine spezielle Problematik stellt sich in jenen Fällen, in denen ein Arbeitnehmer verletzt und dessen Lohn aufgrund gesetzlicher Bestimmung oder vertraglicher Regelung fortgezahlt wird. Der Arbeitnehmer erleidet aufgrund der Lohnfortzahlung keinen Schaden. Der Arbeitgeber hat als indirekt Geschädigter keinen eigenen Schadenersatzanspruch.

18.28 Die Lohnfortzahlungsfälle werden mehrheitlich als **Regressproblem** betrachtet, wobei die Einordnung umstritten ist. Teilweise wird vertreten, der aus Gesetz oder Vertrag haftende Arbeitgeber sei nach der gesetzlichen Regressordnung zum Rückgriff auf den Haftpflichtigen legitimiert. Dagegen wird zu Recht eingewandt, dass die Lohnfortzahlung nicht als Schadenersatz qualifiziert werden darf; die Zahlung sei daher nicht der Regressordnung von OR 51 zu unterstellen (zum Meinungsstand ROBERTO 41; BK/BREHM OR 41 N 31; BK/REHBINDER OR 324a N 14; Praxiskommentar/STREIFF/VON KAENEL/RUDOLPH OR 324a/b N 33 je m.N.).

18.29 Die Lösung ist richtiger Ansicht nach in einer **analogen Anwendung** des OR 51 zu sehen (BGE 126 III 522 f.; FELLMANN/KOTTMANN N 1752; HONSELL/ISENRING/KESSLER § 11 N 43; KELLER/GABI/ GABI 82 f.; WIDMER 287). Danach steht dem Arbeitgeber ein Regressrecht gegen alle Ersatzpflichtigen einschliesslich der aus Vertrag und nach Gesetzesvorschrift Haftenden zu. Die dogmatische Einordnung der Lohnfortzahlungsfälle hat nach Inkrafttreten des Unfallversicherungsgesetzes im Jahre 1984 erheblich an Bedeutung verloren. Sie beschränkt sich auf die ersten zwei Tage nach dem Unfalltag und auf den über dem versicherten Maximum liegenden Lohnanteil. Nach dem dritten Unfalltag wird die Lohnfortzahlung regelmässig vom UVG-Versicherer übernommen, welcher für seine Leistungen ein gesetzliches Regressrecht gegen den Haftpflichtigen hat (UVG 16 II; ATSG 72 I). Teilweise wird auch vertreten, diese Rückgriffsbestimmung analog auf den Anspruch des Arbeitgebers für seine verbleibende Lohnfortzahlungspflicht anzuwenden (OFTINGER/STARK I § 10 N 129).

§ 19 Verjährung

Literatur

ACCOCELLA, Die Verjährung in der neueren Rechtsprechung des Bundesgerichts, SJZ 1990, 333 ff.; BRUNNER, Die Anwendung deliktsrechtlicher Regeln auf die Vertragshaftung, Freiburg 1991; CHAPPUIS/WERRO, Délais de prescription et dommages différés, Réflexions sur l'ATF 137 III 16 et la motion parlementaire 07.3763, HAVE 2011, 139 ff.; FISCHER, Die Verjährung von Haftpflichtansprüchen, in: Haftpflicht- und Versicherungsrechtstagung, hrsg. von Koller, St. Gallen 1997, 93 ff.; GIRSBERGER, Verjährung und Verwirkung im internationalen Obligationenrecht, Zürich 1989; HUSMANN, Ein Entscheid des Europäischen Gerichtshofs für Menschenrechte als Knacknuss für das schweizerische Verjährungsrecht, Sicherheit & Recht 2015, 46 ff.; HUSMANN/ALIOTTA, Zeit heilt nicht alle Wunden – Zur verjährungsrechtlichen Problematik bei Personenschäden durch Asbest, HAVE 2010, 128 ff.; KESSLER, Der Verjährungsverzicht im Schweizerischen Privatrecht, Zürich 2000; KRAUSKOPF, Die Verjährung der haftpflichtrechtlichen Ansprüche wegen Personenschäden, in: Personen-Schaden-Forum 2011, hrsg. von Weber, Zürich 2011, 113 ff.; LÜCHINGER, Die Verjährung von Ansprüchen aus culpa in contrahendo, SJZ 2006, 197 ff.; PIOTET, Du début de la prescription décennale délictuelle, JdT 1998, 162 ff.; SCHENKER/HAUSER, Auswirkungen einer strafrechtlichen Verurteilung auf die zivilrechtliche Haftung, in: Unternehmensstrafrecht und Produktsicherheit, hrsg. von Bühler/Kilias, Zürich 2013, 95 ff.; SCHÖBI, Lex dura sed lex?, Zur Vereinbarkeit der (absoluten) Verjährung mit der EMRK, in: FS Brehm, Bern 2012, 417 ff.; SCHWANDER, Die Verjährung ausservertraglicher und vertraglicher Schadenersatzforderungen, Diss. Freiburg 1962; SPIRO, Die Begrenzung privater Rechte durch Verjährungs-, Verwirkungs- und Fatalfristen, 2 Bde., Bern 1975; WIDMER LÜCHINGER, Die Verjährung bei Asbestschäden, Eine Standortbestimmung nach dem EGMR-Entscheid Howald Moor et autres c. Suisse, ZBJV 2014, 460 ff.

1. Allgemeines

1.1. Zweck und Wesen

Die Möglichkeit, eine Schadenersatzforderung gerichtlich durchzusetzen, ist zeitlich 19.01
durch die Verjährung begrenzt. Grundsätzlich sind alle Forderungen der Verjährung unterworfen (vgl. zu den Ausnahmen BSK/DÄPPEN OR 127 N 11 ff.). Die Verjährung soll den Schuldner davor schützen, überraschend mit Forderungen aus weit zurückliegenden Sachverhalten konfrontiert zu werden. Mit dem Verstreichen der Zeit dürfte dem Schuldner oder seinen Erben die Beweisführung zu seinen Gunsten immer schwerer fallen. Umgekehrt sollte der Geschädigte während einer bestimmten Zeitspanne die Möglichkeit haben, Ersatz für erst später auftretende schädigende Folgen einer unerlaubten Handlung einzufordern.

Diesen divergierenden Interessenlagen wird das Gesetz dadurch gerecht, dass es eine 19.02
sog. **relative** Verjährungsfrist von einem Jahr ab Kenntnis des Schadens und des Schädigers und eine sog. **absolute** Frist von zehn Jahren ab dem Tag der schädigenden Handlung vorsieht. Die Einjahresfrist will verhindern, dass der Geschädigte grundlos längere Zeit mit der

Geltendmachung seiner Forderung zuwartet; die Zehnjahresfrist soll den Geschädigten, der die Forderung (mangels genügender Kenntnisse über den Passivlegitimierten oder die Schadensfolgen) noch nicht erheben kann, begünstigen.

19.03 Die Verjährung lässt die Forderung (anders als die Verwirkung) nicht untergehen. Vielmehr begründet sie eine **Einrede**, d.h., sie wird nicht von Amtes wegen, sondern nur auf Vorbringen des Schuldners berücksichtigt. OR 60 regelt bloss die Verjährungsfristen; die weiteren Modalitäten (etwa die Verjährungsunterbrechung) richten sich nach den allgemeinen Verjährungsbestimmungen in OR 132 ff. (BSK/DÄPPEN OR 60 N 5). Nicht näher einzugehen ist auf die Bestimmung in OR 60 III, welche zu Recht als fragwürdig, unklar formuliert und bedeutungslos charakterisiert wird (vgl. dazu BK/BREHM OR 60 N 108 ff.; REY/WILDHABER N 1929 ff.).

1.2. Anwendungsbereich

19.04 Die Fristen gemäss OR 60 gelten primär für Ansprüche aus OR 41 ff. Anwendbar sind sie auch auf die vorne behandelten gesetzlich speziell geregelten Haftungstatbestände des ZGB (Haftung wegen Persönlichkeitsverletzung, des Familienhauptes und des Grundeigentümers).

19.05 Die haftpflichtrechtlichen Spezialgesetze sehen teilweise eigene Verjährungsfristen vor (z.B. SVG 83), teilweise wird auf die Bestimmung in OR 60 verwiesen (z.B. USG 59c I). Das PrHG statuiert eine relative Verjährungsfrist von drei Jahren und eine absolute Verwirkungsfrist von zehn Jahren (PrHG 9 f., vorne N 09.28 f.).

19.06 Besteht Anspruchskonkurrenz zwischen deliktischer und vertraglicher Haftung, so folgt jeder Anspruch seiner eigenen Verjährungsbestimmung (für das Vertragsrecht OR 127 f., 210, 371 usw.). Ansprüche von Angehörigen eines Getöteten unterstehen der ausservertraglichen Verjährungsfrist auch dann, wenn zwischen dem Getöteten und dem Ersatzpflichtigen ein Vertrag bestand (BGE 123 III 207 mit Verweis auf BGE 64 II 202). Gleiches gilt für Ansprüche aus vorvertraglicher Schädigung (culpa in contrahendo), welche ebenfalls nach OR 60 verjähren (BGE 104 II 94 f., 134 III 392 ff.; kritisch BSK/DÄPPEN OR 60 N 4).

1.3. Relative und absolute Frist

19.07 Die relative Verjährungsfrist beträgt ein Jahr ab Kenntnis der Schädigung und des Haftpflichtigen. Der Geschädigte (bzw. sein Vertreter) muss tatsächliche Kenntnis haben; Kennenmüssen reicht nicht (BGE 109 II 434 f.; 111 II 57 f.; BGer 4A_454/2010; HaftpflichtKomm/FISCHER/ITEN OR 60 N 15). Hinsichtlich des Ersatzpflichtigen genügt ein Verdacht nicht; vielmehr muss die Identität mit Sicherheit bekannt sein (BGE 82 II 44; 109 II 433).

19.08 Der Geschädigte muss den gesamten Schaden (nicht etwa bloss die Rechtsgutverletzung) kennen. Die betragsmässig genaue Bezifferung kann zwar oftmals lange dauern (insbesondere bei künftigen Erwerbseinbussen). Der Geschädigte darf aber nicht zuwarten, bis er den Schaden präzise beziffern kann; es genügt, wenn er die einzelnen Schadenspositionen soweit überblickt, dass ihm die gerichtliche Geltendmachung (im Hinblick auf die prozessuale Substantiierungspflicht) möglich und zumutbar ist (BGE 111 II 57; 112 II 123; 114 II 256; 131 III 68; BK/BREHM OR 60 N 27 ff. m.N.).

Die absolute Verjährungsfrist beträgt zehn Jahre ab der schädigenden Handlung (BGE 119 II 219; BSK/DÄPPEN OR 60 N 9). Kenntnis des Schadens und des Ersatzpflichtigen ist nicht notwendig, weshalb der Anspruch (absolut) verjähren kann, bevor der Geschädigte die zur Geltendmachung seines Anspruches erforderlichen Tatsachen kennt (vgl. BGE 126 II 151 betreffend einen Staatshaftungsanspruch eines während des Zweiten Weltkriegs zurückgewiesenen und zusammen mit zwei Cousins den deutschen Behörden übergebenen jüdischen Flüchtlings, welcher in der Folge nach «Auschwitz» deportiert wurde, wobei er, anders als seine Verwandten, das Konzentrationslager überlebte). Trotz der Bezeichnung «absolut» kann auch die zehnjährige Verjährungsfrist nach den Bestimmungen in OR 135 ff. unterbrochen werden (BGE 112 II 232 ff.). Zu bemerken ist, dass das Abstellen auf die schädigende Handlung dann zu unbilligen Ergebnissen führen kann, wenn sich die Handlung erst viel später in einer wahrnehmbaren Verletzung eines Rechtsgutes auswirkt. Eine Mindermeinung fordert daher, die Frist erst mit der Rechtsgutverletzung beginnen zu lassen (vgl. etwa BRUNNER N 385 f. m.N.). 19.09

Die Problematik zeigt sich insbesondere bei Asbestschädigungen, die erst Jahrzehnte nach der Exposition eintreten. Bekannt geworden ist der Fall Howald Moor, der BGE 136 II 187 und BGE 137 III 16 zugrunde lag. In beiden Entscheidungen erklärte das Bundesgericht Forderungen der Hinterbliebenen eines Turbinentechnikers, der an Asbest erkrankt war, für verjährt, weil die Ansprüche erst 27 Jahre nach der letzten nachweislichen Asbestexposition erstmals geltend gemacht wurden. Daraufhin verurteilte der EGMR die Schweiz wegen Verstosses gegen Art. 6 Ziff. 1 EMRK, weil die betroffenen Personen in ihrem Grundrecht auf Zugang zu einem Gericht eingeschränkt worden seien (siehe Urteil des EGMR 52067/10 und 41072/11). Das Bundesgericht revidierte seine Urteile und wies die Sache zur Neubeurteilung an die kantonalen Instanzen zurück, wobei im Einzelfall die Verjährung nicht zu berücksichtigen sei (BGer 4F_15/2014, publiziert als BGE 142 I 42). Die Thematik floss auch in die laufenden politischen Bestrebungen zur Änderung des Verjährungsrechts ein. Ob und inwiefern es zu einer Gesetzesänderung kommt, ist jedoch offen. Die unreflektierte Verlängerung der Verjährungsfristen kann mit Blick auf die im Laufe der Zeit zunehmend erschwerte Beweissituation zu unbilligen Ergebnissen führen. Die Kommission für Rechtsfragen des Nationalrats hat beschlossen, dem Rat die Vorlage zur Abschreibung zu empfehlen, nachdem im März 2017 die Stiftung «Entschädigungsfonds für Asbestopfer» gegründet wurde, welche eine genügende Lösung für Asbestgeschädigte biete (vorne N 02.63). Die Haftungsmodalitäten sind eben doch vielschichtiger, als dass sie sich vom EGMR auf der Grundlage der Menschenrechte modifizieren liessen. 19.09a

2. Einzelfragen

2.1. Verjährung bei strafbaren Handlungen

Liegt eine strafbare Handlung vor und statuiert das Strafrecht eine längere Verjährungsfrist, so gilt diese auch für den Zivilanspruch (OR 60 II). Damit soll vermieden werden, dass der Zivilanspruch vor Ablauf der Strafverfolgungsfrist verjährt. Es wäre unbefriedigend, den Täter strafrechtlich zwar noch verurteilen, den Ausgleich des zugefügten Schadens aber nicht mehr verlangen zu können (BGE 126 III 384). 19.10

Um den zivilrechtlichen und den strafrechtlichen Bereich der Verjährung möglichst zu harmonisieren, hat das Bundesgericht entschieden, die längere Frist sei nicht bloss auf die For- 19.11

derung des Geschädigten gegen den Täter anwendbar, sondern auch auf Forderungen der Angehörigen des Geschädigten sowie auf Forderungen gegen Dritte, die nicht strafrechtlich, aber zivilrechtlich für dieselbe Tat haften, z.B. die juristische Person gemäss ZGB 55 i.V.m. OR 41 (BGE 122 III 225; vgl. zur Frage der Anwendbarkeit von OR 60 II auf die Geschäftsherrenhaftung nach OR 55 die widersprüchliche Rechtsprechung des Bundesgerichts in BGE 122 III 228, BGE 125 III 341 und BGE 133 III 11 = Pra 2007, Nr. 104). OR 60 II ist hingegen nicht anwendbar auf die Verjährung des Zivilanspruchs gegen den Arbeitgeber, wenn die Arbeitnehmer den objektiven Tatbestand der Straftat erfüllt haben (BGE 133 III 10 f. = Pra 2007, Nr. 104; ausführlich zur Thematik BSK/DÄPPEN OR 60 N 11 ff.; FELLMANN/KOTTMANN N 3067 ff.).

19.12 Die strafrechtlichen Fristen für die Verfolgungsverjährung sind unterschiedlich: Bei Übertretungen beträgt die Frist drei Jahre (StGB 109); bei den schwersten Straftaten beträgt sie dreissig Jahre (StGB 97), und einige Verbrechen verjähren gar nicht (s. StGB 101).

19.13 Die längere strafrechtliche Frist findet sowohl auf die relative als auch die absolute Frist in OR 60 I Anwendung (BGE 106 II 215 f. m.N.). Auch die strafrechtlichen Fristen können nach Massgabe des Zivilrechts unterbrochen werden (BGE 100 II 335; FELLMANN/KOTTMANN N 3076).

19.14 Entscheidend für die Anwendbarkeit von OR 60 II ist nicht ein Strafurteil; die Strafbarkeit der Handlung genügt (BGE 122 III 226: Strafverfahren wurde wegen Versterbens des Angeklagten eingestellt; SCHENKER/HAUSER 116). Gegebenenfalls muss also der Zivilrichter beurteilen, ob ein Straftatbestand erfüllt wurde, wobei sich zivil- und strafrechtlicher Tatbestand auf dieselbe Handlung beziehen müssen (BK/BREHM OR 60 N 71) und die verletzte Strafnorm den Schutz desjenigen Rechtsgutes bezwecken muss, dessen Verletzung auch Grundlage des Zivilanspruches bildet (REY/WILDHABER N 1891). Der Geschädigte muss freilich innerhalb der strafrechtlichen Verjährungsfrist im Strafverfahren als Prozesspartei in Erscheinung treten; von diesem Zeitpunkt an bewirkt die Unterbrechung der strafrechtlichen Frist auch die Unterbrechung der Verjährung für die Zivilforderung (BGE 124 IV 52).

2.2. Verjährung der Regressforderung

19.15 Die unterschiedlichen Rechtsgrundlagen des Regresses (vorne N 18.13 ff.) wirken sich auch hinsichtlich der Verjährung aus. Wird der Regress aufgrund einer Subrogation (OR 149 I) geltend gemacht, so läuft die bereits begonnene Verjährungsfrist nach der Legalzession weiter (was für den Regressberechtigten nachteilig sein kann). Stützt sich der Rückgriff dagegen auf OR 148 II, beginnt die Verjährungsfrist der Regressforderung erst mit der Leistung des Regressberechtigten zu laufen. Die Dauer der Verjährungsfrist entspricht derjenigen, die auch für den Anspruch des Geschädigten gegen den zahlenden Solidarschuldner (d.h. Regressberechtigten) gilt (ausführlich SCHWENZER N 88.39 f.; REY/WILDHABER N 1935 ff. mit weiteren Differenzierungen).

2.3. Verjährungsverzicht

19.16 In der Praxis genügt die kurz bemessene relative Verjährungsfrist meist nicht, um einerseits die Ansprüche sorgfältig zu prüfen und andererseits zu versuchen, den Haftpflichtfall vergleichsweise zu erledigen. Eine Unterbrechungshandlung gemäss OR 135 (z.B. Betreibung) würde die Verjährungsfrist zwar wieder von Neuem beginnen lassen (OR 137 I), doch dürfte dies die Verhandlungsbereitschaft des Ersatzpflichtigen kaum fördern. Aus diesem

Grunde vereinbaren die Parteien regelmässig einen befristeten Verjährungseinredeverzicht. Ein solcher ist trotz der Bestimmung in OR 141, wonach auf die Verjährungseinrede nicht zum Voraus verzichtet werden kann, gültig, da sich diese Bestimmung nur auf die Verjährungsvorschriften des dritten Teils des OR (OR 114 ff.) bezieht (BGE 112 II 233; s. auch die neuste Rechtsprechung in BGE 132 III 239).

II. Teil:
Haftungsfolgen

1. Kapitel: Haftungsfolgen im Allgemeinen

§ 20 Überblick

Literatur

HOHLOCH, Die negatorischen Ansprüche und ihre Beziehungen zum Schadensersatzrecht, Diss. Freiburg i.Br. 1975; KOZIOL, Grundfragen des Schadenersatzrechts, Wien 2010 («Grundfragen»); PICKER, Negatorische Haftung und Geldabfindung, FS Lange, Stuttgart 1992, 625 ff.; ders., Der «dingliche» Anspruch, FS Bydlinski, Wien 2002, 269 ff.; STOLL, Haftungsfolgen im bürgerlichen Recht, Heidelberg 1993.

Unter Haftungsfolgen des Privatrechts sind «alle Rechtsbehelfe zu verstehen, welche die Rechtsordnung dem von einem haftungsbegründenden Ereignis Betroffenen zur Verfügung stellt, um das Ereignis samt seinen Folgen abwehren zu können» (STOLL 2). Der in der Praxis bedeutsamste Rechtsbehelf ist der Anspruch auf **Geldersatz** als Ausgleich für den verursachten Schaden. Die Wiedergutmachung kann an sich nicht nur in Geld, sondern auch **in natura** («Naturalrestitution») durch den Schädiger selbst erfolgen. Zu den von der Rechtsordnung zur Verfügung gestellten Rechtsbehelfen zählen auch der negatorische **Beseitigungsanspruch** und der vorbeugende **Unterlassungsanspruch**. 20.01

Der Anspruch auf Beseitigung und Unterlassung ist im Gesetz bei Persönlichkeitsverletzungen (ZGB 28a) und im Nachbarrecht (ZGB 679) ausdrücklich erwähnt (dazu vorne N 12.04, 12.12 ff., 15.03). Gleiches gilt für den Namensschutz (ZGB 29 II), für den unlauteren Wettbewerb (UWG 9 I), für das Urheberrecht (URG 62), das Patentrecht (PatG 72) usw. In den haftpflichtrechtlichen Bestimmungen in OR 41 ff. findet sich demgegenüber keine allgemeine Anspruchsgrundlage für Beseitigungs- und Unterlassungsansprüche; eine Ausnahme gilt für Gefahren, die von einem Gebäude oder Werk ausgehen (OR 59 I). 20.02

Aufgrund von OR 59 I kann ein Werkeigentümer verpflichtet werden, zwecks Gefahrabwendung geeignete Massnahmen zu ergreifen. In Betracht fallen etwa Sicherungsmassnahmen bei einem einsturzgefährdeten Bauwerk. Es besteht freilich keine generelle Rechtspflicht, zugunsten von Dritten Gefahren abzuwenden (BK/BREHM OR 41 N 56a; BGE 115 II 19; vgl. auch BGer 4C.296/1999, E. 2c, wonach keine allgemeine Pflicht besteht, fremdes Vermögen vor Einbussen zu schützen). Infolgedessen ist es z.B. fraglich, ob und unter welchen Voraussetzungen der Eigentümer eines gestohlenen Fahrzeugs, welches als Wrack auf einem fremden Grundstück abgestellt wird, zur Beseitigung verpflichtet werden kann. 20.03

Zu beachten ist, dass die negatorischen Ansprüche kein Verschulden bzw. keine Pflichtwidrigkeit voraussetzen (KOZIOL, Grundfragen, N 2/16). Damit stellt sich die Frage, ob der Anspruchsberechtigte bei unterbliebener Beseitigung der Beeinträchtigung durch den Haftpflichtigen die Kosten hierfür verlangen kann. Denn die Bejahung solcher Beseitigungskosten rückt diesen Anspruch in die Nähe der Gefährdungshaftungen. Das Prinzip, dass man 20.04

(ausser im Bereich der Gefährdungshaftungen) nur für Pflichtwidrigkeiten haftet, könnte unterlaufen werden, indem hinsichtlich sorgfältiger, aber gleichwohl zu einer Schädigung führender Handlungen ein Beseitigungsanspruch anerkannt und die entsprechenden Kosten (gleichsam als «Schadenersatz») in Rechnung gestellt werden.

20.05 Im deutschen Recht wurde schon vor längerer Zeit erkannt, dass diese auf die römisch-rechtliche actio negatoria zurückgehenden Ansprüche «in mehrfacher Hinsicht auf das engste mit dem Schadensersatzrecht» zusammenhängen (LARENZ/CANARIS § 86 I). In der Schweiz hat dieser Problembereich dagegen bislang kaum Beachtung gefunden. Solange die Zusammenhänge zwischen dem (verschuldensabhängigen) Schadenersatzanspruch und dem (verschuldensunabhängigen) Kostenanspruch für Beseitigungsmassnahmen nicht klarer herausgearbeitet sind, ist die Zurückhaltung des Bundesgerichtes, das die Ersatzfähigkeit der Kosten für präventive Vorkehrungen verneint hat, nicht zu beanstanden (vgl. BGE 117 II 269 f.).

§ 21 Geldersatz und Naturalrestitution

Literatur

HAGEN, Zur Naturalrestitution, in: Wandlungen des Schadensersatzrechts, hrsg. von Lange/Hagen, Heidelberg 1987, 59 ff.; MEDICUS, Naturalrestitution und Geldersatz, JuS 1969, 449 ff.; WOLTER, Das Prinzip der Naturalrestitution in § 249 BGB: Herkunft, historische Entwicklung und Bedeutung, Berlin 1985.

Anders als im römischen Recht, in welchem jedes Leistungsurteil auf eine bestimmte 21.01
Geldsumme gestellt sein musste, kann im schweizerischen Recht auch Naturalrestitution, d.h. reale Wiederherstellung, verlangt werden (BGE 107 II 139 und 110 II 142 f.: jeweils Wiederherstellung des ursprünglichen Zustandes eines beschädigten Grundstücks; BGE 110 II 187 f.: Rückgabe von zehn Goldbarren). Im Falle von Realersatz hat der Haftpflichtige z.B. eine zerstörte Sache durch einen gleichartigen Gegenstand zu ersetzen oder eine beschädigte Sache zu reparieren.

Die Art des Ersatzes ist gemäss OR 43 I dem Richter anheimgestellt. Die Rechtspre- 21.02
chung ordnet freilich bloss selten die Naturalrestitution an (BK/BREHM OR 43 N 19a). Sie ist oftmals nicht möglich (so wären für eine Reparatur seitens des Haftpflichtigen die notwendigen Fachkenntnisse, Einrichtungen und Fähigkeiten nötig [OFTINGER/STARK I § 2 N 96]) und liegt meist weder im Interesse des Geschädigten noch des Schädigers. Der Geschädigte hat auch keinen Anspruch auf Naturalrestitution (OFTINGER/STARK I § 2 Fn. 119).

Im Nachfolgenden wird aus diesen Gründen nur auf die Entschädigung in Geld als 21.03
primäre Form der Ersatzleistung eingegangen.

2. Kapitel: Schadensbegriff

§ 22 Überblick

1. Arten

Der ersatzfähige Schaden ist im Obligationenrecht nicht geregelt. Aufgrund der speziellen Regelung der Genugtuung in OR 47 und 49 geht das Gesetz von einem «ökonomischen Schadensbegriff» aus, d.h., Schadenersatz kann nur als Ausgleich für eine Vermögensverminderung gefordert werden. Der Begriff des Schadens im rechtlichen Sinne umfasst folglich den immateriellen (moralischen) Schaden nicht (BGE 127 III 404; zum möglichen Ausgleich von immateriellen Schäden durch Genugtuung vgl. N 34.01 ff.). 22.01

Das Vermögen kann vermindert sein, weil entweder ein Vermögenswert entzogen wird, d.h. die Aktiven vermindert werden, oder eine neue Verbindlichkeit hinzukommt, d.h. die Passiven vermehrt werden (sog. «positiver» Schaden, damnum emergens), oder aber weil das erwartete Hinzukommen eines neuen Vermögenswertes ausbleibt (entgangener Gewinn, lucrum cessans). Die Unterscheidung zwischen «positivem» Schaden und entgangenem Gewinn ist grundsätzlich bedeutungslos. 22.02

Sodann wird regelmässig auch zwischen Personenschaden, Sachschaden und sonstigem Vermögensschaden (Vermögensverminderung, die weder als Personen- noch als Sachschaden zu qualifizieren ist) unterschieden. Diese Einteilung nach dem betroffenen Rechtsgut (körperliche Integrität, Eigentum und Vermögen, das durch besondere Verbots- oder Verhaltensnormen geschützt ist) betrifft freilich die Rechtswidrigkeit und ist für den eigentlichen Schadensbegriff nicht von Bedeutung (SCHWENZER N 14.15; vgl. auch FELLMANN/KOTTMANN N 127 und 131). Im Rahmen der Schadensermittlung ist nämlich unerheblich, ob ein Taxifahrer einen Verdienstausfall erleidet, weil er verletzt wird, weil sein Fahrzeug beschädigt ist oder weil ein Konkurrenzunternehmen ihm die Kunden abwirbt; desgleichen ist ohne Belang, ob jemand eine Veranstaltung nicht besuchen kann, weil er krank ist, weil sein Ticket gestohlen wurde oder weil er im Stau steckengeblieben ist. Die entsprechenden Unterscheidungen sind im Rahmen des Haftungstatbestandes für die Frage wesentlich, ob überhaupt eine Haftung besteht, da die Verhaltenspflichten in der Regel nur bestimmte Rechtsgüter schützen. 22.03

2. Begriffliche Verwirrung und dogmatische Einordnung

Laien sagen oftmals «Schaden» und meinen «Rechtsgutverletzung». Anders als im allgemeinen Sprachgebrauch bezieht sich der juristische Schadensbegriff eben nicht auf die Körperverletzung, die Sachbeschädigung, den Verlust von Lebensfreude usw., sondern allein 22.04

auf die ökonomisch messbare Folge dieser Beeinträchtigungen (BGE 127 III 405). Hierzulande unterscheidet auch die Lehre bloss unzureichend zwischen der Verletzung der Rechtsgüter einer Person und der Ersatzleistung zum Ausgleich dieser Verletzung. Dies führt zwangsläufig zu Verwirrungen in der juristischen Diskussion.

22.05 Sodann gilt der Schaden nach allgemeiner Auffassung als eine der Haftungsvoraussetzungen. Auch diese Auffassung ist Folge der ungenügenden Unterscheidung zwischen der Verletzung und dem Schaden. Diesbezüglich sei auf die vorne gemachten Ausführungen verwiesen (vgl. N 03.11 ff.). Der Schaden als Betrag, welchen der Geschädigte vom Haftpflichtigen fordern kann, gehört nicht zur Haftungsbegründung, sondern zu den Rechtsfolgen.

§ 23 *Differenzhypothese*

Literatur

FISCHER, Der Schaden – nach dem Bürgerlichen Gesetzbuche für das Deutsche Reich, Jena 1903; HONSELL, Herkunft und Kritik des Interessebegriffs im Schadensersatzrecht, JuS 1973, 69 ff.; ders., Differenztheorie und normativer Schadensbegriff, FS Schweizerische Gesellschaft für Haftpflicht- und Versicherungsrecht, Zürich 2010, 255 ff.; KEUK, Vermögensschaden und Interesse, Bonn 1972; MOMMSEN, Zur Lehre von dem Interesse, Braunschweig 1855.

1. Begriff und Aussagegehalt

Nach in der Schweiz allgemein herrschender Auffassung ist der Schaden aufgrund der Differenz zwischen dem gegenwärtigen Stand des Vermögens des Geschädigten und dem Stand, den das Vermögen ohne das schädigende Ereignis hätte, zu ermitteln. Dieser **rechnerische Gesamtvermögensvergleich** bezeichnet man als Differenzhypothese oder Differenztheorie. Sie hat ihren Ursprung in MOMMSENs Schrift «Zur Lehre von dem Interesse» aus dem Jahre 1855. In der Differenzlehre sah man ursprünglich eine Rechenformel, die eine einfache Ermittlung des zu ersetzendes Schadens erlaubt und ein wertfreies Schadenskonzept ermöglicht. In der Praxis ist die Schadensfeststellung jedoch keineswegs eine einfache Rechenoperation. 23.01

Die im deutschen Recht entwickelte Differenzhypothese will sicherstellen, dass der Schadenersatzbetrag den zugefügten Schaden ausgleicht. Der Umfang des Schadens soll nicht an der Eigenart des Haftungstatbestandes, also an der Schwere des Verschuldens oder der Unmittelbarkeit des Kausalzusammenhanges ausgerichtet sein. Da OR 43 I nach herrschender Auffassung eine Berücksichtigung des Haftungstatbestands bei der Festsetzung des Ersatzes gerade vorschreibt (s. hinten N 31.02, 31.13 ff.), ist die Rezeption der Differenzhypothese in das schweizerische Schadensrecht erstaunlich. 23.02

Sodann soll die Differenzformel auch verhindern, dass bei der Schadenersatzermittlung zwischen direkter und indirekter, unmittelbarer und mittelbarer Schädigung unterschieden wird; insbesondere fasst sie den «positiven» Schaden und den entgangenen Gewinn in einer einheitlichen Formel zusammen (KEUK 17). Solcher mathematische Optimismus entsprach dem Wissenschaftsideal der im begriffsjuristischen Denken verhafteten Pandektistik (HONSELL, JuS 1973, 69). 23.03

Die Differenzhypothese will auf der anderen Seite vermeiden, dass sich der Geschädigte bereichert (MÜLLER N 81). Mit dem Bereicherungsverbot hängt auch zusammen, dass dem Schadenersatz nicht eine pönale Funktion zukommen soll; im Vordergrund steht vielmehr der Ausgleichsgedanke. 23.04

2. Unzulänglichkeiten

23.05 Die Gleichsetzung des Schadens mit der Differenzhypothese lässt sich nicht halten und entspricht auch schlicht nicht den **Gegebenheiten in der Realität**. In der Praxis kommt es niemandem in den Sinn, Gesamtvermögensstände zu vergleichen. Auch dürfte dem Geschädigten nichts ferner stehen, als im Schadensfall seine Vermögensverhältnisse zu bilanzieren und dem Haftpflichtigen offenzulegen. Darauf hat schon FISCHER anfangs des letzten Jahrhunderts hingewiesen: «Schlägt der Gast im Hotel einen Stuhl des Wirtes entzwei, so wird selbst der eifrigste Anhänger der Differenztheorie vom Wirte nicht verlangen, dass er sein Landgut, seine Wertpapiere oder auch nur den Wert seines ganzen Hotels vor und nach der Schadenshandlung schätze» (26). Hinzu kommt, dass eine Klage ohne Aufschlüsselung der einzelnen Schäden auch **prozessrechtlich** aufgrund der Substantiierungspflicht **unzulässig** ist. Umgekehrt kann ein Gericht nur konkrete Einzelbeträge zu- oder absprechen, niemals aber einen abstrakten Gesamtschaden.

23.06 In der Lehre weist man darauf hin, dass der Gesamtvermögensvergleich meist unnötig ist, in der Praxis daher bloss die vom schädigenden Ereignis betroffenen Vermögensteile berücksichtigt werden; das übrige Vermögen könne, da es keine Veränderung erfahre, unberücksichtigt bleiben (HONSELL/ISENRING/KESSLER § 1 N 32; KELLER/GABI/GABI 12; OFTINGER/STARK I § 2 Fn. 13; vgl. auch MÜLLER N 83). Diese Auffassung lässt sich mit dem Grundgehalt der Differenzhypothese nicht vereinbaren. Werden stets nur die betroffenen Vermögensnachteile herangezogen, so ist der eigentliche Gehalt der Differenzlehre aufgegeben. Die Schadensdefinition bezieht sich dann nicht mehr auf das Vermögen als Einheit; vielmehr werden die **einzelnen Schadensposten addiert**.

23.07 Verbreitet ist sodann die Ansicht, dass die Differenzhypothese gleichwohl nützlich und notwendig sei, da sich damit die grosse Mehrheit der Fragen im Schadenersatzrecht problemlos lösen lässt. Dass auch diese Ansicht nicht zutrifft, lässt sich anhand eines alltäglichen Beispiels aufzeigen: Wird in einem Verkehrsunfall ein Fahrzeug beschädigt, so kann der Schaden bestimmt werden nach den effektiven Reparaturkosten (selbst wenn diese über den Sachwert hinausgehen? und zuzüglich des merkantilen Minderwertes?; dazu hinten N 28.11 ff. und 28.25 ff.), den fiktiven Reparaturkosten (sofern die Reparatur nicht bzw. vom Geschädigten selbst ausgeführt wird; hinten N 29.09 f.) oder der Verminderung des Gebrauchswertes (Anschaffungswert abzüglich Abschreibungen) bzw. Ertragswertes (Kapitalisierung der künftigen Nutzungen); liegt ein Totalschaden vor, kann auf den Anschaffungswert, den Verkaufswert oder wiederum den Gebrauchs- bzw. Ertragswert abgestellt werden. Während der Reparaturdauer bzw. der Zeit bis zur Ersatzanschaffung ist fraglich, ob die effektiven Kosten eines Mietwagens, die fiktiven Kosten eines Mietwagens oder ein abstrakter Schadensbetrag für den Nutzungsentgang zu ersetzen ist (hinten N 28.37 ff., 29.22 ff., 29.25 ff.). Bei diesen und zahlreichen weiteren Fragen betreffend die Ersatzfähigkeit von Schadenspositionen hilft die Differenzhypothese nicht weiter.

23.08 Auch dem Bundesgericht sind die Unzulänglichkeiten der Differenztheorie nicht verborgen geblieben. So hat das Gericht z.B. erkannt, dass die Beschädigung eines Baumes auf einem Grundstück im Normalfall den Verkehrswert des Grundstücks nicht beeinflusst und folglich kein wirtschaftlich relevanter Vermögensschaden im Sinne der Differenzhypothese resultiert. Einzig die Fokussierung auf den Wert des einzelnen betroffenen Vermögensgegenstandes führt in solchen Fällen zu einem angemessenen Ergebnis (vgl. BGE 129 III 331; vgl. auch hinten N 28.12 f.).

Die Differenzlehre gerät sodann in verschiedener Hinsicht auch dogmatisch in Schwierigkeiten. Nach der Definition dieser Lehre müssten sämtliche Vorteile, die dem Geschädigten bis zum Urteilstag zukommen (z.B. eine Erbschaft oder eine Lohnerhöhung), berücksichtigt werden, d.h., diese würden den Schadensbetrag reduzieren. Dass dies hinsichtlich von Vorteilen, die keinen Zusammenhang mit dem Schadensereignis haben, nicht richtig sein kann, ist aber unmittelbar evident und allgemein anerkannt (hinten N 30.02 ff.). Ferner wären sämtliche hypothetischen Ereignisse, die den entstandenen Schaden etwas später ebenfalls herbeigeführt hätten, zu berücksichtigen: Zu denken ist etwa an die Beschädigung eines Fahrzeugs, welches wenig später in einem weiteren Verkehrsunfall einen Totalschaden erleidet; aber auch bei allen Konsumgütern wird niemand ernstlich in Frage stellen, dass diese unabhängig davon zu ersetzen sind, ob der Geschädigte das Gut bis zum Urteilstag ohnehin verbraucht hätte. Aus diesem Grunde wird vorgeschlagen, den objektiven Wert des verletzten Rechtsgutes als «Mindestschaden» in jedem Falle, auch ohne Nachweis einer Vermögensdifferenz, zu ersetzen (s. hinten N 25.04 ff.). 23.09

§ 24 *Frustrations- und Kommerzialisierungsschaden*

Literatur

BÖTTICHER, Schadensersatz für entgangene Gebrauchsvorteile, VersR 1966, 301 ff.; KÖNDGEN, Ökonomische Aspekte des Schadensproblems, AcP 1977, 1 ff.; LARENZ, Nutzlos gewordene Aufwendungen als erstattungsfähige Schäden, FS Oftinger, Zürich 1969, 151 ff.; LÜCHINGER, Schadenersatz im Vertragsrecht, Freiburg 1999; MESSER/SCHMITT, Zum Umfang der «Rentabilitätsvermutung» und zu vorvertraglichen und vordeliktischen Aufwendungen, FS Hagen, Köln 1999, 425 ff.; MÜLLER, Schadensersatz auf Grund verdorbenen Urlaubs, Berlin 1986; ROBERTO, Verdorbene Ferien als Schaden, recht 1990, 79 ff.; ders., Die Haftung des Reiseveranstalters, Zürich 1990 («Haftung»); ders., Schadenersatz wegen verdorbener Ferien, SJZ 1990, 91 f.; ders., Zur Ersatzfähigkeit verdorbener Ferien, recht 1997, 108 ff.; SEROZAN, Tendenzen zur Normativierung und Individualisierung der Schadenszurechnung, in: Die Verantwortlichkeit im Recht, Bd. II, Zürich 1981, 447 ff.; STARK, Zur Frage der Schädigung ohne Vermögensnachteile, FS Keller, Zürich 1989, 311 ff.; STOLL, Die bei Nichterfüllung nutzlosen Aufwendungen des Gläubigers als Massstab der Interessenbewertung, FS Duden, München 1977, 641 ff.; STRÖFER, Schadensersatz und Kommerzialisierung, Berlin 1982; TOLK, Der Frustrierungsgedanke und die Kommerzialisierung immaterieller Schäden, Berlin 1977.

1. Das Problem

Erhebliche Diskussionen hat die Frage ausgelöst, ob Schadenersatz für den Verlust 24.01
von Gebrauchsvorteilen und von mit Geld erkauften Annehmlichkeiten sowie für verdorbene Ferien gefordert werden kann. Nach der Differenztheorie liegt kein Vermögensschaden vor, da diese Annehmlichkeiten oder Lebensfreuden als solche keinen Posten in der Vermögensrechnung darstellen. In der Vermögensbilanz erscheinen diese Güter (wenn überhaupt) nur mit dem Substanzwert, der den Gebrauchswert bereits einschliesst.

Ein **zeitweiliger Gebrauchsverlust** ist insbesondere im Zusammenhang mit Fahr- 24.02
zeugunfällen praktisch bedeutsam. Während der Reparaturdauer kann der Eigentümer unter Umständen einen Ersatzwagen mieten; im Regelfall behilft er sich jedoch mit öffentlichen Verkehrsmitteln, wobei er nebst den Unbequemlichkeiten einen grösseren Zeitaufwand in Kauf nehmen muss. Im deutschen Recht wollte man sich nicht damit abfinden, dass derjenige, der auf die Anmietung eines Ersatzwagens verzichtet, diese Nachteile hinnehmen muss. Schliesslich spare der Betreffende in seine eigene, nicht in die Tasche des Schädigers. Die Gerichte gewähren dem Eigentümer eines beschädigten Fahrzeugs deshalb während der Reparaturdauer Ersatz für den Nutzungsausfall; unabhängig davon, ob er in dieser Zeit einen Ersatzwagen gemietet hat oder nicht (BGHZ 40, 348 ff.; vgl. KG NJW-RR 1993, 1438; diese Rechtsprechung ist in Deutschland auch auf Fahrräder anwendbar [OLG Saarbrücken NZV 1990, 312]).

Die zweite vieldiskutierte Problemgruppe betrifft die Beeinträchtigung des **Urlaubs-** 24.03
genusses sowie den Verlust von Ferienzeit. Auf Ersatz wegen beeinträchtigten Urlaubsgenus-

ses hat etwa jemand geklagt, der kurz vor der Abreise in die Ferien in Untersuchungshaft genommen wurde; er machte geltend, dass aufgrund dieses Vorfalles weder er noch seine Familie den Urlaub geniessen konnten. Dem Beschwerdeführer wurde letztlich Ersatz in der Höhe von zwei Dritteln der getätigten Aufwendungen zugesprochen (ZR 1997, 47 ff.; vgl. dazu ROBERTO, recht 1997, 108 ff.). In einem anderen Fall wurde ein Reisender statt an einem ruhigen Badeort in Sri Lanka im Zentrum von Colombo untergebracht. Das Zürcher Obergericht sprach auch in diesem Fall wegen der verdorbenen Ferienzeit Ersatz zu (SJZ 1980, 79; dazu ROBERTO, Haftung, 125 ff.). Solche kantonalen Urteile widersprechen der Auffassung des Bundesgerichts, wonach nutzlos gewordene Ferienaufwendungen nicht schadenersatzfähig sind, weil sie freiwillig und zudem vor Eintritt des haftungsbegründenden Ereignisses getätigt wurden (BGE 115 II 481; vgl. KIESER/LANDOLT N 1534 ff.).

24.04 Sowohl die entgangene Gebrauchsmöglichkeit als auch der beeinträchtigte Urlaubsgenuss bzw. die verdorbene Urlaubszeit lassen sich entweder auf der Grundlage der Kommerzialisierungstheorie oder der Frustrationstheorie begründen. Erstere stand in der deutschen Schadenersatzdiskussion im Vordergrund, während Letztere in der schweizerischen Lehre grössere Bedeutung erlangte. Aufgrund der engen Bezüge dieser zwei Schadenstheorien sind nachfolgend beide darzustellen.

2. Kommerzialisierungsschaden

24.05 Gemäss der Kommerzialisierungstheorie hat jedes Gut, das gegen Geld erlangt werden kann, Vermögenswert. Nicht nur Güter, die sich im Gesamtvermögen bilanzieren lassen, gehören zum Vermögen, sondern auch **Genüsse**, sofern sie im Geschäftsverkehr nur **gegen Entgelt zu erwerben** sind. In diesem Sinne ist die Nutzungsmöglichkeit angesichts dessen, dass sie in aller Regel nur durch entsprechende Vermögensaufwendungen erkauft werden kann, tatsächlich kommerzialisiert, so dass eine Beeinträchtigung dieser Nutzungsmöglichkeit auch eine Beeinträchtigung des mit den gemachten Vermögensaufwendungen erstrebten – vermögenswerten – Äquivalents, mithin einen Schaden darstellt. Eine Sache hat also nicht nur einen Substanzwert, sondern auch einen Gebrauchswert, welcher einen selbständigen Vermögensposten bildet (GAUCH/SCHLUEP/SCHMID/EMMENEGGER N 2856 ff. m.w.N.).

24.06 Die Kommerzialisierungstheorie wurde nicht nur bezüglich der Gebrauchsmöglichkeit, sondern auch auf die verdorbene Ferienzeit angewandt (grundlegend in der deutschen Rechtsprechung BGHZ 63, 98). Die «schönsten Wochen des Jahres» würden schliesslich durch die während der übrigen Zeit erbrachte Arbeitsleistung verdient. Die durch Arbeitsleistung ermöglichten Ferienwochen seien ebenso kommerzialisiert wie die Nutzungsmöglichkeit eines Motorfahrzeuges. Gleiches lässt sich auch von der Freizeit sagen, so dass der ökonomische Grundsatz «Zeit ist Geld» auch rechtlich seinen Niederschlag findet. Die Ersatzfähigkeit der Freizeit wird des Weiteren damit begründet, dass der Betroffene während dieser Zeit Geld verdienen könnte. Jeder erlittene «Zeitverlust» ist folglich zugleich ein Verlust einer Chance, Geld zu verdienen, und demzufolge ein Vermögensschaden (MüKo/GRUNSKY BGB 249 N 30).

24.07 Befürworter der Kommerzialisierungsthese führen zunächst meist rechtspolitische Überlegungen an. Zweck des Vermögens in der heutigen Gesellschaft sei es doch gerade, das Leben durch die Nutzung materieller Güter angenehmer zu gestalten (s. etwa KÖNDGEN,

AcP 1977, 14 f.). Negiere man die Vermögensqualität dieser Nutzungsmöglichkeiten, laufe man Gefahr, das Schadenersatzrecht von der allgemeinen gesellschaftlichen Entwicklung abzukoppeln. Der entscheidende Vorteil der Kommerzialisierungslehre liege sodann in der marktkonformen Erfassung der Schäden, in der Orientierung am Marktpreis. Unerheblich ist, ob der Geschädigte zur Erlangung dieses Genusses tatsächlich Geldmittel aufgewandt hat (MüKo/GRUNSKY BGB 249 N 12b).

Die Auffassung, dass jedes für Geld erhältliche Gut einen Vermögenswert darstellt, ist wegen der fehlenden Begrenzbarkeit auf heftigen Widerstand gestossen. Denn – so wird mit Recht gefragt – **was kann man für Geld nicht alles haben?** Die generelle Erhebung der Gebrauchsmöglichkeit einer Sache oder der Verhaltensmöglichkeit eines Menschen zu Vermögensgütern führt zu einer ökonomisch sinnlosen Vermehrung der Schadenersatzansprüche. Auch die deutsche Rechtsprechung sah sich bald gezwungen, die Phantasie der Geschädigten bei der «Entdeckung» von neuen Vermögensschäden zurückzubinden. 24.08

Eine abstrakte Nutzungsentschädigung wurde etwa abgelehnt bei einer zeitweiligen Nichtbenutzbarkeit eines privaten Schwimmbades (BGHZ 76, 179), eines Wohnwagens (BGHZ 86, 128), eines Pelzmantels (BGHZ 63, 395 f.), eines Sportbootes (BGHZ 89, 60), eines Liebhaber-Oldtimers (OLG Düsseldorf NJW-RR 1993, 36) oder eines luxuriösen Zweitwagens (OLG Koblenz NJW-RR 2004, 747). Auch der Verlust der Nutzungsmöglichkeit eines Reitsportpferdes ist entschädigungslos hinzunehmen (OLG Stuttgart NZV 2012, 328). Der Ersatz entgangener Gebrauchsvorteile wurde gemäss einer Entscheidung des Grossen Senats insgesamt auf Sachen beschränkt, die zur eigenwirtschaftlichen Lebensführung unabkömmlich sind (BGHZ 98, 212). Entsprechend ist ein Wohnmobil nur ersatzfähig, wenn es täglich als Transportmittel verwendet wird (BGH NJW 1983, 444). Bejaht wird die abstrakte Nutzungsentschädigung für eine Wohnung (BGHZ 98, 212; ablehnend noch BGHZ 75, 370 ff. m.N.), nicht aber für einzelne Wohnungsteile von untergeordneter Bedeutung, wie etwa eine Einliegerwohnung für Gäste (BGHZ 117, 260), einen Balkon (OLG Saarbrücken NJW-RR 2006, 1528) oder einen Hobbyraum (OLG Düsseldorf BauR 1992, 96). 24.09

In der deutschen Rechtspraxis spielt die abstrakte Nutzungsentschädigung vor allem bei Motorfahrzeug-Fällen eine wichtige Rolle. Die Benutzbarkeit anderer Sachen, insbesondere von Luxusgegenständen oder «Liebhabereien», stellt hingegen regelmässig keinen ersatzfähigen Vermögenswert dar (BGHZ 76, 187). Unverständlich erscheint im Lichte dieser Rechtsprechung freilich die frühere Ablehnung eines Schadenersatzes bei Beschädigung der Wohnung (BGHZ 75, 370 ff. m.N.; nun aber bejahend, vgl. N 24.09). 24.10

Als Folge der Entscheidung des Grossen Senats, nach der eine Nutzungsentschädigung bei allen Sachen in Betracht kommt, auf deren ständige Verfügbarkeit der Eigentümer zur eigenwirtschaftlichen Lebensführung angewiesen ist (BGHZ 98, 212), beschränkt sich die Kommerzialisierungs-Rechtsprechung nicht mehr nur auf den Motorfahrzeugbereich. Die Ersatzfähigkeit wegen Nutzungsbeeinträchtigung wird zunehmend auch für wichtige Einrichtungsgegenstände wie den Kühlschrank, die Waschmaschine, die Toilette oder das Waschbecken bejaht (LG Kiel NJW-RR 1996, 559; LG Tübingen NJW 1989, 1613; AG Friedberg NJW-RR 2000, 1223; OLG München VersR 2010, 814). Auch der Nutzungsentgang bei einem Computer ist ersatzfähig (OLG München VersR 2010, 1230; anders freilich noch AG Ulm NJW-RR 1997, 556 bezüglich eines Laptops) Ein entsprechender Anspruch bei einem Fernseher wurde hingegen auch schon verneint (LG Berlin VersR 1980, 830). Abgesehen von den drei Fallgruppen «lebensnotwendige Wohnräume», «wichtige Einrichtungsgegenstände» und «Transportmittel» lehnt die deutsche Rechtsprechung einen Ersatz wegen Nutzungsbeeinträchtigung ab. 24.11

24.12 Ähnliche Ungereimtheiten bestehen bei der Ferien- und Freizeitkommerzialisierung. Während ein Ersatz für verdorbene Freizeit abgelehnt wird, befürwortet man eine Entschädigung für verdorbene Ferienzeit selbst dann, wenn der Urlaub gar nicht angetreten werden konnte; immerhin sei der durch die notgedrungen zu Hause verbrachte Ferienzeit entstandene «Schaden» nach Massgabe der jeweiligen Wohnverhältnisse zu ermitteln (BGHZ 77, 122). Billigt man der Erholung in der Ferienzeit einen Vermögenswert zu, so kann dieser Wert nicht nur vor und während, sondern auch nach den Ferien beeinträchtigt werden. Es erstaunt daher nicht, dass Kläger, die eine Unfallverletzung erlitten hatten, auch Schadenersatz für kurz vor dem Unfall verbrachte, sich nunmehr als nutzlos erweisende Ferienzeit beanspruchten. Nur mit fadenscheinigen Argumentationen konnten die Gerichte dahingehende Ansprüche ablehnen (LG Celle VersR 1974, 760 f.; LG Kassel VersR 1979, 1132).

24.13 Entgegen der deutschen Rechtsprechung und einem Teil der schweizerischen Lehre hat das schweizerische Bundesgericht den Nutzungsentgang und damit implizit auch die Kommerzialisierungstheorie zu Recht abgelehnt (BGE 126 III 393; 127 III 405; 132 III 384). So wurde etwa für ein Pferd, das infolge einer fehlerhaften tierärztlichen Behandlung nicht mehr im Spitzenreitsport eingesetzt werden konnte, kein zum eigentlichen Schaden hinzutretender Anspruch wegen Nutzungsausfalls gewährt (BGer 4C.345/2003, E. 5.3; s. auch BGer 4A_113/2017, E. 5.3).

24.14 Begründet wird dies einerseits mit den Ausuferungsgefahren. Andererseits führt das Gericht aus: «Même si la volonté de compenser la privation de l'usage d'un bien peut se comprendre, en particulier lorsque celui-ci a une valeur économique intrinsèque, cette conception ne peut être suivie. Comme l'ont relevé pertinemment certains auteurs, la perte de l'usage d'un bien ne représente que la source possible d'un dommage, mais pas le dommage en soi» (BGE 126 III 393).

24.15 Die kantonale Rechtsprechung hat jedoch teilweise den fiktiven Nutzungsausfall eines beschädigten Autos als Schaden bejaht. Dies freilich nur für die Dauer vom Zeitpunkt der Beschädigung bis zum Zeitpunkt, in dem die Beschaffung eines Ersatzfahrzeugs zumutbar ist (vgl. etwa Tribunal cantonal NE vom 02.02.1981 i.S. Liechti c. La Bâloise = JdT 1984 I, 444 Nr. 52 und JdT 1964 I, 455 Nr. 68; KIESER/LANDOLT N 1828). Ansonsten steht die Rechtsprechung aber einer Ersatzfähigkeit für den Verlust von Gebrauchswerten ablehnend gegenüber.

3. Frustrationsschaden

24.16 Der Frustrationsgedanke geht auf eine beiläufige Aussage VON TUHRS zum Schaden zurück (s. Bd. I der 1. Aufl. aus dem Jahre 1924, 69; ebenso in der von PETER bearbeiteten 3. Aufl., 84). Danach sind **freiwillig gemachte Aufwendungen** wie Schäden zu ersetzen, wenn sie durch ein schädigendes Ereignis **nachträglich entwertet** werden. Anders als bei der Kommerzialisierungstheorie stellt man nur auf die tatsächlich getätigten Aufwendungen ab. Anhand des Frustrationsgedankens hat man etwa die Entschädigung des Nutzungsausfalles begründet. Ausgangspunkt ist die Überlegung, dass der Geschädigte für den Erwerb und den Unterhalt einer Sache Aufwendungen tätigt, für die er bei einem Gebrauchsausfall den erwarteten Gegenwert nicht erhält.

24.17 Der Unterschied zur Kommerzialisierungstheorie liegt darin, dass die Frustrationstheorie auf die **nutzlosen Aufwendungen**, der Kommerzialisierungsgedanke auf den **Entgang des Äquivalents** abstellt. «Im einen Fall schmerzt mich bei der Einbusse der immateriellen Genüsse die nutzlose Ausgabe, im anderen Fall der Entgang des erkauften Äquivalents» (BÖTTICHER 310).

Gegen die Frustrationstheorie wird vorgebracht, dass die Aufwendungen zum einen **freiwillig** und zum anderen **vor** dem Schadensereignis getätigt wurden. Damit fallen sie nicht unter die Definition des ersatzfähigen Schadens, nämlich eine durch ein Schadensereignis verursachte unfreiwillige Vermögenseinbusse. Diesen Einwand versucht man mit folgender Begründung zu entkräften (vgl. LARENZ, FS Oftinger, 152; MERZ 197): Eine Aufwendung werde regelmässig in der sicheren Erwartung des durch sie erworbenen Vorteils getätigt. Vereitelt man diesen Vorteil, so wird die Aufwendung nachträglich nutzlos, und da sie als nutzlos nicht gewollt war und nicht gemacht worden ist, falle das Merkmal der Freiwilligkeit nachträglich weg. Aus diesem Grunde sei es gerechtfertigt, die nutzlosen Aufwendungen in gewissem Umfange Schäden gleichzustellen (im Ergebnis ebenso HaftpflichtKomm/FISCHER OR 41 N 38 f.). 24.18

Im Grunde sind aber Bedenken weniger wegen der Freiwilligkeit oder der fehlenden Kausalität anzumelden; vielmehr ist der Frustrationsgedanke wegen der **Ausuferungstendenzen** abzulehnen. Dies zeigt sich vor allem in jenen Fällen, in denen der Eigentümer infolge einer Verletzung am Gebrauch seiner Güter verhindert wird. Jeder im Krankenhaus liegende Geschädigte hätte Anspruch auf zeitanteiligen Ersatz seiner nutzlos gewordenen Aufwendungen für die Wohnung, das Motorfahrzeug, das Mobiliar, die Telefon- und Fernsehgebühren, die Mitgliedschaftsgebühren bei Vereinen usw. In Deutschland ist diesbezüglich der Fall bekannt geworden, in welchem ein Pächter einer Jagd verletzungshalber zeitweise sein Pachtrecht nicht ausüben konnte. Der BGH lehnte den Ersatz ab (BGHZ 55, 146). 24.19

Um den Ausuferungsgefahren Rechnung zu tragen, wurde in der Lehre vorgeschlagen, nur bei Unbrauchbarkeit der Sache selbst einen Frustrationsschaden zu bejahen, nicht aber, wenn nur der Geschädigte nicht mehr in der Lage ist, die Sache zu nutzen (LARENZ 502 f.; MERZ 197). Die Unterscheidung danach, ob die Aufwendung durch **Zerstörung des Gebrauchsobjekts** oder durch **Verletzung des Nutzungsberechtigten** zwecklos wird, ist auf Kritik gestossen. Ungeklärt ist überdies, was gelten soll, wenn sowohl das Rechtsobjekt als auch das Rechtssubjekt betroffen sind, d.h., wenn etwa bei einem Unfall das Fahrzeug beschädigt und der Fahrzeughalter verletzt wird. Es ist schwer verständlich, weshalb derjenige, der eine Unfallverletzung erleidet, schadenersatzrechtlich schlechter gestellt ist, als derjenige, der unverletzt bleibt (so aber Soergel/MERTENS Vor BGB 249 N 79 m.N.). Auf der Wertungsebene kann man bezüglich dieser Differenzierungen unterschiedlicher Auffassung sein. Anzumerken ist lediglich, dass bei einer solchen Einschränkung der Frustrationsgedanke nicht einmal das Schulbeispiel der infolge verletzungsbedingter Verhinderung des Geschädigten wertlos gewordenen Theaterkarte zu lösen vermag. 24.20

Unabhängig davon lässt sich nur schwer begründen, weshalb derjenige, der eine Sache geschenkt erhalten hat, leer ausgehen sollte, während derjenige, der über den Marktwert hinausgehende Aufwendungen tätigt, auch für sein Affektionsinteresse entschädigt wird. Um dieses stossende Ergebnis zu vermeiden, wird teilweise auch vertreten, nur die **üblichen Aufwendungen** zu ersetzen. Damit ist man aber wieder bei der Kommerzialisierungstheorie angelangt. Denn es macht keinen Unterschied, ob man die Gebrauchsmöglichkeit als Vermögenswert deklariert oder ob man die dafür üblicherweise aufzuwendenden anteiligen Kosten als ersatzfähig erklärt (TOLK 117 f.). Im ersten Fall macht man den Nutzungsberechtigten nachträglich gleichsam zum Vermieter; im zweiten Fall deklariert man finanzielle Aufwen- 24.21

dungen, die ihren intendierten Zweck infolge des schädigenden Ereignisses nicht mehr erreichen können, nachträglich als Schäden.

24.22 Aus den angeführten Gründen vermag die Frustrationstheorie nicht zu überzeugen. Mit Recht hat das **Bundesgericht** in einer Entscheidung betreffend eine vertragswidrige Ferienreise einen entsprechenden Anspruch abgelehnt. Das Gericht hält diesbezüglich fest: «Die Anerkennung ersatzfähigen immateriellen Schadens ist für das schweizerische Recht abzulehnen. Beeinträchtigungen, welche nicht das Vermögen betreffen, stellen keinen Schaden im Rechtssinne dar; die dafür allenfalls zu leistende Geldsumme ist nicht Schadenersatz, sondern Genugtuung. Das muss auch dort gelten, wo eine bestimmte Aufwendung ihren inneren Wert verliert, weil der mit ihr angestrebte Zweck sich nicht oder nicht vollständig einstellt; diesfalls wird nicht das Vermögen geschmälert, sondern bloss eine Erwartung enttäuscht» (BGE 115 II 481 f.; vgl. auch BGE 126 III 394).

24.23 Die Ablehnung der Frustrationstheorie hat sich auch in der neueren Lehre durchgesetzt (vgl. etwa OFTINGER/STARK I § 2 N 56; zu den früheren Auffassungen ROBERTO, recht 1990, 79 ff.). Hiervon zu unterscheiden ist die Frage, inwiefern der nicht ziffernmässig nachweisbare Gewinn aufgrund einer **Rentabilitätsvermutung** nach Massgabe der getätigten Aufwendungen berechnet werden darf. Dem liegt der Gedanke zugrunde, dass bei gewinnstrebigen Unternehmen der Gewinn zumindest die Aufwendungen gedeckt hätte (ROBERTO 37; MESSER/SCHMITT 425 ff.). Auch im vertraglichen Bereich können die Aufwendungen für die Ermittlung des Erfüllungsinteresses herangezogen werden (vgl. STOLL 641 ff.; LÜCHINGER N 496 ff.).

§ 25 Normativer Schaden

Literatur

BRINKER, Die Dogmatik zum Vermögensschadensersatz, Berlin 1982; HAGEN, Zur Normativität des Schadensbegriffs in der Rechtsprechung des Bundesgerichtshofes, FS Hauss, Karlsruhe 1978, 83 ff.; KUHN, Die Anrechnung von Vorteilen im Haftpflichtrecht, Bern 1987; MEDICUS, Normativer Schaden, JuS 1979, 233 ff.; NEUNER, Interesse und Vermögensschaden, AcP 1931, 277 ff.; SELB, Schadensbegriff und Regressmethoden, Heidelberg 1963; WILK, Die Erkenntnis des Schadens und seines Ersatzes, Berlin 1983.

1. Begriff und Inhalt

Obwohl das Schlagwort des «normativen Schadens» seit den sechziger Jahren Eingang in das Schadensrecht gefunden hat und seither der Schadensbegriff nicht mehr diskutiert werden kann, ohne auf die Normativierungstendenzen einzugehen, besteht über das, was unter «normativ» zu verstehen ist, alles andere als Klarheit (ausführlich BRINKER 202 f. und 212 ff.). 25.01

So kann man unter diesen Begriff sämtliche Abweichungen von der Differenzhypothese subsumieren, namentlich auch die Frustrations- und Kommerzialisierungslehre. Fasst man den Begriff noch weiter mit dem Hinweis, dass jeder Schadensbegriff von der Rechtsordnung geprägt, daher normativ ist (s. LARENZ 427), so entbehrt dieser jeglichen Inhalts und wäre, mangels Funktion, aufzugeben. Bedeutungsträchtiger ist der Begriff, wenn er in einem engeren Sinne verstanden wird, nämlich als **Sammelbegriff** für bestimmte Einzelprobleme, in denen in **Abkehr von der traditionellen Differenzhypothese** ein Ersatz zugesprochen bzw. abgelehnt wird. 25.02

Aber auch bei diesem eingeschränkten Verständnis umfasst der normative Schaden nur Abweichungen vom herkömmlichen Schadensbegriff, die heterogener Art sind und sich nicht auf einen bestimmten Nenner bringen lassen; einen eigenständigen festkonturierten Schadensbegriff, welcher der Differenzhypothese entgegengesetzt werden könnte, stellt er indessen nicht dar. Nicht zu Unrecht bezeichnet man den normativen Schadensbegriff als «Schlagwort, welches in keiner Weise weiterführt und das als beliebig ausfüllbare Leerformel [...] die Gefahr begründet, für die Rechtfertigung unkontrollierter Entscheidungen in Anspruch genommen zu werden» (KEUK 42). Nachfolgend sollen einige dieser Problemgruppen erwähnt werden, die mit der Differenztheorie nicht vereinbar sind und sich auch nicht unter die erwähnten Konzepte der Frustrations- oder Kommerzialisierungstheorie bringen lassen. 25.03

2. Objektiver Wert als Mindestschaden

Die Gleichsetzung des Schadens mit der Gesamtvermögensdifferenz gerät, wie vorne bereits ausgeführt (vgl. N 23.05 ff.), unter anderem dann in Schwierigkeiten, wenn der Ge- 25.04

brauch einer Sache beeinträchtigt wird und sich der Geschädigte ohne sie behilft. Zu erwähnen ist ferner das oft erwähnte Beispiel der entzogenen Theaterkarte: Kann der Geschädigte die Vorführung nicht besuchen, erleidet er keinen Vermögensschaden (es sei denn, er kann eine Ersatzkarte erwerben).

25.05 Aus diesen Gründen hat NEUNER (290 ff.) vorgeschlagen, den Schaden als Verletzung eines vermögenswerten Interesses zu definieren; als solches gilt jedes Gut, das im Verkehr gegen Geld erworben und veräussert werden kann. Dieser objektiv ermittelte Wert des Gutes ist als Mindestschaden in jedem Falle, auch ohne Nachweis einer beim Geschädigten bewirkten Vermögensdifferenz zu ersetzen.

25.06 Letztlich soll die Lehre vom objektiven Schadensbegriff die als unbillig empfundene Konsequenz verhindern, dass der Schaden wegen der Subjektbezogenheit hinter dem gemeinen, objektiven Wert zurückbleiben kann. Den Schädiger solle nichts angehen, ob der Eigentümer für die Sache ohnehin keine Verwendung mehr hatte oder diese durch ein anderes Ereignis in Kürze gleichfalls zerstört worden wäre. Der im Zeitpunkt der Schädigung entstehende Geldanspruch gegen den Schädiger wird deshalb durch spätere Ereignisse nicht mehr berührt; der weitere Geschehensverlauf ist bloss noch bei den mittelbaren Schäden zu berücksichtigen. Die Unterscheidung zwischen dem **Objektschaden** (als Mindestschaden) und den dadurch bewirkten **weiteren Folgeschäden** am Vermögen (für welche die Differenzhypothese gelten soll) ist in der Schweiz mehrheitlich anerkannt (vgl. VON TUHR/PETER 116; OFTINGER/STARK I § 6 N 358; für das deutsche Recht LARENZ 429 und 483; für Österreich KOZIOL I N 2.56 ff. m.w.N.).

25.07 Kritiker wenden ein, die Unterscheidung führe zu erheblichen Abgrenzungsschwierigkeiten, und die Frage der hypothetischen Schadensverursachung könne nicht durch eine generelle Berücksichtigung bzw. Nichtberücksichtigung je nach betroffenem Vermögensteil gelöst werden. Im Übrigen wolle der objektive Wert als Mindestschaden über ein möglicherweise geringeres Interesse hinausgehen und führe damit zu einer Besserstellung des Geschädigten, was mit den Prinzipien des Schadenersatzrechts nicht vereinbar sei (vgl. KUHN 62 f.; LANGE/SCHIEMANN 30 und 188 ff.).

3. Weitere Problemgruppen

25.08 Bedeutsam ist der normative Schadensbegriff etwa auch bei **Verletzung des haushaltsführenden** Ehegatten. Dem Geschädigten wird dabei ein eigener Anspruch auf Ersatz des Schadens gewährt, der durch den Ausfall der Haushaltsführung für alle Familienmitglieder entsteht (MÜLLER N 86). Ob der Ausfall zu Vermögensaufwendungen führt, z.B. durch die Kosten einer Ersatzkraft, oder dies nicht der Fall ist, ist unerheblich (hinten N 29.31). Ähnlich liegt die Fallgruppe der **Eigenreparatur** (hinten N 29.38, 29.42 ff.).

25.09 Mit der Differenzhypothese nicht erfassen lassen sich sodann schadensminimierende **Aufwendungen**, die – im Hinblick auf künftige Schädigungen – bereits **vor dem Schadensfall** getätigt werden; auch die Frustrationstheorie hilft nicht weiter, da die Aufwendungen nicht nutzlos sind, sondern sich nachträglich gerade als sinnvoll erweisen. Es geht namentlich um Aufwendungen für Reservefahrzeuge, für eigene Reparaturwerkstätten oder für Überwachungsmassnahmen in Warenhäusern zur Verfolgung von Ladendiebstählen (dazu hinten N 29.57 ff.). Ferner vermag die Differenztheorie nicht zu befriedigen bei der Schadensermittlung infolge **Immaterialgüterrechtsverletzungen** (hinten N 30.46), beim Abzug «neu für alt» und beim «merkantilen Minderwert» (hinten N 28.25 ff., 28.29 ff.) sowie bei Wiederherstellungskosten, die über den Sachwert hinausgehen (hinten N 28.04 ff., 28.11 ff.).

Ein weiteres vieldiskutiertes Schadensproblem betrifft die Frage, ob **ungewollte oder behindert geborene Kinder** «als Fügung Gottes» gelten oder aber wegen der Unter- 25.10
haltslast zu einem Schadenersatzanspruch führen können. Anders als bei den vorstehend genannten Fällen geht es hier nicht darum, die Differenzhypothese auszuweiten, sondern einzuschränken; denn die Kosten für den Unterhalt wären nach der Differenzrechnung an sich zu ersetzen (hinten N 29.64 ff., 29.85 ff.).

Schliesslich werden im deutschen Recht unter dem Begriff «normativer Schaden» 25.11
vor allem auch die **Lohnfortzahlungsfälle** des Arbeitgebers erwähnt (vgl. etwa BGHZ 54, 49; BAG JZ 1971, 380). Wie vorne ausgeführt, liegt das Problem darin, dass der verletzte Arbeitnehmer keinen Schaden erleidet und der Arbeitgeber als indirekt Geschädigter keinen Anspruch hat (vorne N 18.27 ff.). Richtiger Ansicht nach lassen sich indessen die Lohnfortzahlungsfälle nicht durch einen besonders gearteten Schadensbegriff lösen. Vielmehr handelt es sich um das Problem, dem (indirekt geschädigten) Arbeitgeber einen Ersatzanspruch zuzubilligen; dies lässt sich aufgrund einer analogen Anwendung von OR 51 begründen (vorne N 18.29).

§ 26 *Vom einheitlichen zum gegliederten Schadensbegriff*

Literatur

DÖRFELT, Die Aufgliederung der aus einem Schadensfall entspringenden Ersatzforderungen im materiellen Recht und Prozessrecht, Diss. Freiburg i.Br. 1976; GOTTWALD, Schadenszurechnung und Schadensschätzung, München 1979; HONSELL, Herkunft und Kritik des Interessebegriffs im Schadensersatzrecht, JuS 1973, 69 ff.; KEUK, Vermögensschaden und Interesse, Bonn 1972; MAGNUS, Schaden und Ersatz, Tübingen 1987; MERTENS, Der Begriff des Vermögensschadens im Bürgerlichen Recht, Stuttgart 1967; MÖLLER, Summen- und Einzelschaden, Hamburg 1937; SCHIEMANN, Argumente und Prinzipien bei der Fortbildung des Schadensrechts, München 1981; SOURLAS, Adäquanztheorie und Normzwecklehre bei der Begründung der Haftung nach § 823 Abs. 1 BGB, München 1973; STOLL, Consequences of Liability: Remedies, in: International Encyclopedia of Comparative Law: XI Torts, hrsg. von Tunc, Tübingen 1986.

1. Abschied von einheitlichen Schadensformeln

Der Schadensbegriff wird hierzulande nach wie vor mit der Differenzhypothese gleichgesetzt. Die verschiedenen vorne dargestellten Problemgruppen, welche aufgrund der Differenztheorie nicht zu lösen sind, werden zwar erkannt, aber als Ausnahmen der ansonsten geltenden Schadensdefinition bezeichnet. Im deutschen Recht hat man dagegen zahlreiche Modifikationen oder Alternativen zur Differenzlehre formuliert (vgl. MERTENS 23 ff., der dreizehn Auffassungen zum Schadensbegriff auflistet; s. auch ROBERTO 19 ff. und 45 ff. m.N.). Ein **abstrakter Schadensbegriff**, der alle von der Rechtsordnung als ersatzwürdig anerkannten Einbussen umfasst, ist freilich nicht gefunden worden, so sehr man danach gesucht hat. 26.01

Nicht zu folgen ist auch den verschiedenen vermittelnden Auffassungen. So will man etwa der Vermögensdifferenzrechnung zumindest die Funktion einer «groben Faustregel» zubilligen, die im Einzelfall oder für bestimmte Fallgruppen der Ergänzung bedarf (so MAGNUS 308 f.; in diesem Sinne wohl auch die Rechtsprechung des Bundesgerichts, vgl. BGE 127 III 405 = Pra 199, Nr. 172, E. 5a f.). Insbesondere ist mehrheitlich anerkannt, dass der objektive Wert der beschädigten Sache in jedem Fall zu ersetzen ist. Die Differenzhypothese sei dagegen für die Ermittlung von unmittelbaren Vermögensschäden und Vermögensfolgeschäden massgeblich (vorne N 25.06). 26.02

Nun ist aber nicht einzusehen, weshalb hinsichtlich eines Erwerbsausfalles, eines entgangenen Gewinnes oder einer Belastung mit Verbindlichkeiten ein Gesamtvermögensvergleich notwendig sein sollte. Ebenso wie man bei einer eingeschlagenen Fensterscheibe nicht nach dem Gesamtwert des Vermögens des Geschädigten fragt, ist das Gesamtvermögen des Geschädigten auch bei Vermögens(folge)schäden unerheblich. Erleidet der Geschädigte aufgrund einer Verletzung durch einen Dritten einen Erwerbsausfall während eines Monates oder entgeht ihm wegen der Verletzung ein vorteilhafter Geschäftsabschluss, ist es weder notwendig noch sinnvoll, auf das Gesamtvermögen des Betroffenen zurückzugreifen. Dass 26.03

eine Gesamtvermögensdifferenzrechnung auch prozessrechtlich unzulässig ist, wurde bereits erwähnt (vorne N 23.05).

26.04 Wie insbesondere die Rechtsvergleichung zeigt, sollte dem Schadensbegriff **keine zentrale Bedeutung** für die Bestimmung des Inhalts der Ersatzpflicht eingeräumt werden. Tatsächlich sucht man ausserhalb des deutschen Sprachraums meist vergebens nach einer theoretischen Auseinandersetzung mit dem Schadensbegriff (STOLL N 8 ff.). Diesen versteht man vielmehr als Oberbegriff für sämtliche Arten von Einbussen, die nach dem geltenden Rechtssystem ersatzfähig sind.

2. Gegliederter Schadensbegriff

26.05 Der rechnerische Vergleich zweier Gesamtvermögenslagen, deren Grösse ohnehin nie bekannt ist, d.h. die Formulierung eines Gesamtvermögensschadens, der nicht als das Ergebnis der Addition der einzelnen Schäden begriffen wird, macht keinen Sinn und schafft bloss Verwirrung. Eine Schadensdefinition, welche die Struktur des Schadens nicht wiedergibt, ist nicht durchzuhalten und bezüglich der problematischen Fragen des Schadensrechts **ohne jeglichen Erkenntniswert**. Nur eine Definition, die auf die Summierung der einzelnen zurechenbaren und ersatzfähigen Schadensposten beruht, gibt den Blick frei für eine wertende Zurechnung von Schadensposten und entspricht gleichzeitig den praktischen Gegebenheiten.

26.06 Die Einheit des Schadensbegriffs ist folglich abzulehnen und stattdessen von einem gegliederten Schadensbegriff auszugehen. Die entschädigungsfähigen Einbussen sind fallgruppenweise durch wertende Beurteilung der in Frage kommenden Sachgesichtspunkte zu entwickeln (so auch GOTTWALD 46 ff.; HONSELL, JuS 1973 72; KEUK 23 ff.; ROBERTO 117 Fn. 78 ff. m.w.N.).

26.07 Die Gesamtvermögensrechnung soll unter anderem sicherstellen, dass nicht bloss der objektive Wert der verletzten Güter, sondern sämtliche Auswirkungen auf das übrige Vermögen des Geschädigten erfasst werden. Dies bezeichnet man als «subjektive» Berechnung (OFTINGER/STARK I § 6 N 357). Das Abstellen auf einen gegliederten Schadensbegriff bedeutet keineswegs, dass der **subjektive Wert** der verletzten Güter, d.h. deren besonderer Wert für den Geschädigten, nicht erstattet wird. Je mehr man den Schaden gliedert, d.h., je mehr Schadensposten innerhalb des Schadens unterschieden werden, desto kleiner wird der Unterschied zwischen der subjektiven und der objektiven Schadensberechnungsmethode. Die einzelnen nachteiligen Auswirkungen des betroffenen Vermögensbestandteiles auf das Vermögen als Ganzes werden als individualisierbare Schadensposten zu den übrigen Posten addiert.

26.08 Zu beachten ist sodann, dass bei Zugrundelegung des gegliederten Schadensbegriffes die Berücksichtigung des subjektiven Wertes unweigerlich zu Doppelberechnungen führen würde. So müsste etwa bei einem Handelsreisenden der subjektive Wert des beschädigten Fahrzeuges nach Massgabe der Bedeutung des Fahrzeuges für seinen Ertrag während der Reparaturdauer ermittelt werden. Ersetzt man gleichzeitig auch den entgangenen Gewinn, erfasst man diesen Vermögenswert doppelt (MERTENS 140; SOURLAS 62).

3. Kapitel: Schadensberechnung

§ 27 Schäden bei Personenverletzungen

Literatur

BERGER, Einer für alle, alles mit einem? Die Höhe des Kapitalisierungszinsfusses in Haftpflichtfällen, SJZ 2003, 323 ff.; BREHM, La réparation du dommage corporel en responsabilité civile, Bern 2002; CERF, Perte de gain future, HAVE 2003, 188 ff.; DORN/GEISER/GRAF/SOUSA-POZA, Die Berechnung des Erwerbsschadens, Bern 2007; ESSER/SCHMIDT, Schuldrecht Bd. I/2, 8. Aufl., Heidelberg 2000; GUYAZ, Le remariage de la personne soutenue: disparition du besoin de soutien ou libéralité d'un tiers?, HAVE 2010, 110 ff.; HÜTTE, Gedanken zur Ermittlung des haftpflichtrelevanten künftigen Schadens jugendlicher Schwerstinvalider wegen Minderung der Erwerbsfähigkeit, SVZ 1991, 157 ff. und 287 ff.; LANDOLT, Angehörigenschaden: Reflex- oder Direktschaden – oder sogar beides?, HAVE 2010, 3 ff.; LEEMANN, Die Rente als Art des Schadenersatzes im Haftpflichtrecht, Zürich 2002; MEDICUS, Schadensersatz bei Verletzung vor Eintritt in das Erwerbsleben, DAR 1994, 442 ff.; SEIDEL, Der Ersatz von Besuchskosten im Schadensrecht, VersR 1991, 1319 ff.; STAUFFER/SCHAETZLE/WEBER, Barwerttafeln, Bd. I, 6. Aufl., Zürich 2013; STEHLE, Der Versorgungsschaden, Freiburg 2010; ders., Kritisches zum Recht des Versorgungsschadens, HAVE 2010, 98 ff.; WEIMAR, Der Begriff des Versorgers nach Art. 45 Abs. 3 OR, FS Keller, Zürich 1989, 337 ff.; WERRO/PICHONNAZ (Hrsg.), Le préjudice corporel, Bern 2009; WESSNER, L'indemnisation du préjudice résultant de l'invalidité: une réglementation inadaptée aux jeunes lésés, FS Jeanprêtre, Neuenburg 1982, 159 ff.; ZEN-RUFFINEN, La perte de soutien, Bern 1979.

1. Allgemeines

Die Bestimmungen in OR 45 und 46 sehen zum Teil spezielle Regelungen für Tötung und Körperverletzung vor. Diese gelten unabhängig davon, ob die Haftung aufgrund von OR 41, aufgrund einer gesetzlich speziell geregelten Haftungsgrundlage oder aufgrund einer Vertragshaftung (vgl. OR 99 III) besteht. 27.01

Bei Tötung räumt OR 45 **Drittpersonen** einen eigenen Anspruch ein; es handelt sich dabei um ein bereits weiter vorne angesprochenes Haftungsproblem (N 05.29). Bedeutsam ist insbesondere der Versorgerschaden, den eine Person durch Wegfall der Unterhaltsleistungen des Getöteten erleidet (hinten N 27.09 ff.). 27.02

Bei Körperverletzung sind gemäss OR 46 I die Kosten und der Verdienstausfall, unter Berücksichtigung der Erschwerung des wirtschaftlichen Fortkommens, zu ersetzen. Gemäss OR 46 II kann sodann der Richter im Urteil einen Abänderungsvorbehalt vorsehen, 27.03

wenn erhebliche Unsicherheiten hinsichtlich der zukünftigen Folgen der Körperverletzung bestehen.

27.04 Zu beachten ist, dass für den Verlust des Lebens oder der körperlichen Unversehrtheit als solche kein Ersatz beansprucht werden kann (vgl. HaftpflichtKomm/FISCHER/GÄHWILER OR 45 N 5; OR 46 N 3; für die Genugtuung s. hinten N 34.01 ff). Entschädigung kann nur für die Kosten, den Erwerbsausfall oder den Ausfall von Unterhaltsleistungen gefordert werden. So beschränkt sich etwa im Falle der Tötung einer Person, die nicht für den Unterhalt von anderen aufkommt, der Schadenersatzbetrag (auch wenn dies stossend erscheinen mag) im Wesentlichen auf die Bestattungskosten; hinzu kommt gegebenenfalls noch eine Genugtuungsleistung an nahestehende Personen (hinten N 34.13 f.).

2. Schadenspositionen bei Tötung

2.1. Kosten

27.05 Bei Tötung sind gemäss OR 45 I die **Bestattungskosten** zu ersetzen. Dazu zählen die Kosten der Beerdigung bzw. Kremation, Todesanzeige, Trauerkleider, Trauerfeier, des Grabsteins usw. (BGE 113 II 338 f.).

27.06 Obwohl jeder Mensch einmal sterben muss, diese Kosten also früher oder später ohnehin angefallen wären, ist die Berücksichtigung der hypothetischen Kausalität hinsichtlich dieser Schadenspositionen abzulehnen (OFTINGER/STARK I § 6 N 253; KELLER/GABI/GABI 99; HaftpflichtKomm/FISCHER/GÄHWILER OR 45 N 7 f.; a.M. DESCHENAUX/TERCIER § 26 N 13; vgl. auch BK/BREHM OR 45 N 11: Berücksichtigung im Rahmen von OR 44). Auch das Bundegericht hält eine Vorteilsanrechnung von später ohnehin anfallenden Bestattungskosten als nicht sachgerecht: «Wer den Tod einer Person zu verantworten und die Bestattungskosten zu ersetzen hat (OR 45 I), kann nicht als Umstand, für den der Geschädigte einstehen muss (OR 44 I), geltend machen, dass der Tod in nächster Zeit aus einem anderen Grund ohnehin eingetreten wäre, namentlich aufgrund des hohen Alters des Opfers» (BGE 135 III 401 ff. = Pra 2010, Nr. 7).

27.07 Die Kosten für den Grabunterhalt sollen dagegen allgemeiner Auffassung nach nicht ersatzfähig sein (vgl. BGE 113 II 338; OFTINGER/STARK I § 6 N 254; CHK/MÜLLER OR 45 N 3; zur umstrittenen Frage BK/BREHM OR 45 N 18 ff. m.w.N.; a.M. ZK/LANDOLT OR 45 N 26 ff.), ebenso wenig die Erbschaftssteuern oder die Kosten für die Erbschaftsliquidation (BK/BREHM OR 45 N 39a unter Hinweis auf BGE vom 11.2.1994), wohl aber die Such- und Bergungskosten sowie die Überführungskosten des Verstorbenen in sein Heimatland (OFTINGER/STARK I § 6 Fn. 390; vgl. auch BK/BREHM OR 45 N 17, der die Ansicht vertritt, einer Beerdigung fern von der Heimat sei mit höheren Genugtuungssummen für die Angehörigen Rechnung zu tragen). Auch in Bezug auf die erwähnten Beispiele wird evident, dass sich die Frage, welche Schadenspositionen ersatzfähig sein sollen, nicht mit der Differenzhypothese beantworten lässt.

27.08 Ist der Tod nicht sofort eingetreten, so muss gemäss OR 45 II auch für die Kosten der versuchten Heilung und für die Nachteile infolge der Arbeitsunfähigkeit Ersatz geleistet werden. Diese Bestimmung ist im Grunde überflüssig (BK/BREHM OR 45 N 25; HaftpflichtKomm/FISCHER/GÄHWILER OR 45 N 11; CHK/MÜLLER OR 45 N 5): Der entsprechende Ersatzanspruch besteht schon aufgrund von OR 46 und geht nach dem Tod des Anspruchsberechtigten auf die Erben über (ZGB 560).

2.2. Verlust der Unterhaltsleistungen («Versorgerschaden»)

Sodann ist gemäss OR 45 III der Wegfall der Unterhaltsleistungen zu ersetzen. Einen Unterstützungsverlust erleiden meist Witwen und Kinder, welche ihren Ehemann bzw. Vater verlieren (BGE 112 II 122). Gemäss OR 45 III können auch «andere Personen» einen Versorgerschaden geltend machen (BK/BREHM OR 45 N 150). 27.09

Dazu zählen etwa die Mutter (vgl. BGE 108 II 434), der Stiefvater (vgl. BGE 72 II 165), Geschwister (vgl. BGE 53 II 50), der Schwiegersohn (vgl. BGE 88 II 455), der Verlobte oder der Konkubinatspartner (vgl. für beide BGE 114 II 144 und ZK/LANDOLT OR 45 N 77 ff.). 27.10

Für die Frage der Ersatzfähigkeit ist nicht entscheidend, ob die Unterhaltsleistungen aufgrund einer gesetzlichen oder vertraglichen Pflicht erfolgten; es genügt eine regelmässige, freiwillige Unterstützung (z.B. des Verlobten oder Konkubinatspartners, BGE 114 II 146 ff.; Unsicherheiten bestehen dagegen hinsichtlich der «Geliebten» und der Abgrenzung zur sittenwidrigen Maitresse, vgl. BK/BREHM OR 45 N 152 f.; CR/WERRO OR 45 N 16). Unerheblich ist ferner, ob die Leistungen bereits erfolgten oder erst in Zukunft erbracht worden wären (die künftige Unterstützung durch die Kinder dürfte heutzutage aufgrund der obligatorischen Vorsorge freilich bloss noch selten anzunehmen sein, vgl. BK/BREHM OR 45 N 195; CHK/MÜLLER OR 45 N 9). 27.11

Bei der **Ermittlung des Versorgerschadens** müssen Höhe und Dauer der Unterhaltsleistungen **geschätzt** werden. Für die Höhe des mutmasslichen Unterhalts bieten die bisherigen Leistungen einen Anhaltspunkt. 27.12

Haben Versorger und Versorgte in einem gemeinsamen Haushalt gelebt, muss zunächst die Höhe der bisherigen Unterstützungsleistung bestimmt werden. Nach der Rechtsprechung ist hierfür eine Quote des Einkommens festzulegen. Der überlebende Ehegatte bedarf zur Aufrechterhaltung des bisherigen Lebensstandards aufgrund der fixen Kosten regelmässig mehr als die Hälfte der für das Ehepaar notwendigen Aufwendungen (BK/BREHM OR 45 N 101). In neueren Entscheidungen liegt diese Quote zwischen 50 und 65% (BGE 108 II 437 ff.; 113 II 335; 119 II 361). Zutreffender Ansicht nach sollten aber die notwendigen weiterlaufenden Kosten (z.B. für die Miete) voll in Rechnung gestellt werden; die Versorgungsquote bezieht sich dann nur auf die weiteren Kosten (JdT 1958 I, 253 f.; ZEN-RUFFINEN 76). 27.13

Hat der **überlebende Ehegatte** bereits wieder geheiratet und ist der neue Ehemann in der Lage und gewillt, die bisherige Versorgung aufrechtzuerhalten, so erlischt der Versorgerschaden im Zeitpunkt der Wiederverheiratung (BGE 54 II 370; 66 II 177). Ist dies nicht der Fall, so ist bei der Schadensberechnung die statistische Wahrscheinlichkeit der **Wiederverheiratung** zu berücksichtigen. 27.14

Die Rechtsprechung arbeitet seit langem mit den Barwerttafeln, die früher von STAUFFER/SCHATZLE herausgegeben wurden. In der neusten Auflage von STAUFFER/SCHAETZLE/WEBER sind sie zusammen mit einer digitalen Version erschienen. Als Faktoren, die für die Ermittlung der Wiederverheiratungswahrscheinlichkeit massgebend sind, gilt vor allem das Alter, in geringerem Masse auch die Anzahl der Kinder (BGE 89 II 400; 91 II 225; s. die Bedenken in BGE 113 II 335). Abzulehnen ist dagegen das Heranziehen der Charaktereigen- 27.15

schaften, der physischen Attraktivität, der sozialen Stellung oder der Vermögenslage (vgl. aber die Berücksichtigung dieser Faktoren in BGE 72 II 215; 89 II 399; 91 II 224; 95 II 418 f.; offenbar fühlen sich Richter in der Lage, auch diese Eigenschaften sachgerecht beurteilen zu können – eine Selbsteinschätzung, die nachdenklich stimmt). Es ist zweifelhaft, ob z.B. die Attraktivität oder die Vermögenslage tatsächlich zu einer rascheren Wiederverheiratung führt (jedenfalls entspricht es nicht zwingend der Lebenserfahrung; kritisch auch BK/BREHM OR 45 N 114 ff.).

27.16 Das Konkubinat führt oft zu denselben oder ähnlichen Versorgungspflichten wie die Ehe. Um dem gesellschaftlichen Wandel Rechnung zu tragen (vgl. BGE 109 II 17 f.), wäre zu überlegen, ob die Eventualität eines späteren Konkubinats bei der Berechnung des Versorgerschadens auch zu berücksichtigen ist (gemeint als «Chance einer neuen Versorgung»; BK/BREHM OR 45 N 124a).

27.17 Die Dauer der Unterhaltsleistungen endet bei **Kindern** mit dem mutmasslichen Eintritt ins Erwerbsleben, was je nach dem gewählten oder zu vermutenden Beruf zwischen dem 18. und dem 25. Altersjahr liegen dürfte (OFTINGER/STARK I § 6 N 312).

27.18 Massgebend ist sodann die voraussichtliche Aktivitätsdauer des verstorbenen Versorgers (bei unselbständig Erwerbenden bis zum 64. bzw. 65. Altersjahr). Bei der Ermittlung des Anspruchs des überlebenden Ehegatten muss aufgrund der heutigen sozialen Verhältnisse im Grunde auch die Wahrscheinlichkeit einer Scheidung berücksichtigt werden (zweifelnd noch OFTINGER/STARK I § 6 N 331 ff.; s. auch BK/BREHM OR 45 N 127 ff.).

27.19 Der Versorgerschaden kann in Form der **Rente** oder – was die Regel darstellt – einer einmaligen **Kapitalleistung** abgegolten werden, wobei der Geschädigte grundsätzlich die Wahl hat (BGE 125 III 321; anders noch BGE 117 II 625 f.; ausführlich zum Ganzen ZK/LANDOLT Vor OR 45/46 N 246 ff.).

27.20 Die Kapitalisierung der periodischen Leistungspflichten erfolgt weitgehend mittels spezialisierter Berechnungssoftware. Entscheidende Bedeutung hat dabei der Zinsfuss, mit dem der Kapitalwert errechnet wird; das Bundesgericht geht seit dem Jahre 1946 von einem Zinsfuss von 3.5% aus und lehnt es trotz entsprechender Forderungen in der Literatur seit längerem ab, den Zinsfuss zu senken (BGE 125 III 313 ff. mit umfassenden Nachweisen zum Meinungsstand; bestätigt in BGer 4C.3/2004 = Pra 2005, Nr. 20, E. 2).

3. Schadenspositionen bei Körperverletzungen

3.1. Kosten im Allgemeinen

27.21 Im Falle einer Körperverletzung gehören zu den erstattungsfähigen Kosten etwa die Aufwendungen für Heilungsmassnahmen, Kuren, vorübergehende oder dauernde Pflege, Medikamente, ärztliche Gutachten, Transporte, Krücken usw.

27.22 Bei bleibender Behinderung kommen sodann auch Aufwendungen für den Umbau eines Hauses (etwa um es rollstuhlgängig zu machen oder für den Einbau eines Aufzugs), den Umzug in eine teurere Wohnung im Erdgeschoss, die behindertengerechte Ausstattung eines Fahrzeugs usw. in Betracht (BGE JdT 1979 I, 454). Nach herrschender Auffassung gelten die Kosten für ein Invalidenfahrzeug bloss dann als ersatzfähiger Schaden, wenn der Geschädigte erwerbstätig ist (BK/BREHM OR 46 N 24a f.); ansonsten gelte die Einschränkung der Mobilität als Beeinträchtigung der Lebensfreude und sei im Rahmen der Genugtuung auszugleichen (zweifelhaft).

Obwohl die Gesundheit als Rechtsgut hoch einzuschätzen ist, muss auch hier die **Grenze der Angemessenheit** bei den Kosten beachtet werden (anders wohl KOZIOL II 127). So hat es etwa der deutsche BGH abgelehnt, bei einer weder entstellenden noch schmerzenden geringfügigen Narbe den Aufwand für eine operative Entfernung zuzusprechen (BGHZ 63, 295); vielmehr hat der Ausgleich diesfalls über die Genugtuung zu erfolgen. Übertriebenen Aufwand betrieb auch das Opfer eines unbedeutenden Verkehrsunfalles, das sich eine Kur in Meran und anschliessend eine weitere Kur in Arosa verschreiben liess (LG Düsseldorf VersR 1966, 95). Die Angemessenheit der Heilungskosten ist jedoch nicht aus wirtschaftlicher, sondern aus medizinischer Warte zu beurteilen (ESSER/SCHMIDT 199). Die Heilungskosten dürfen also nicht den zu erwartenden Auswirkungen der Behandlung auf die Erwerbstätigkeit gegenübergestellt werden. Und es ist auch unerheblich, ob der Heilungserfolg einigermassen sicher, nur wahrscheinlich oder gar unwahrscheinlich ist; angesichts der besonderen Stellung des Rechtsgutes Gesundheit genügt auch eine minimale Heilungschance. 27.23

Bei Personenschäden ist sodann nicht massgebend, was der Geschädigte selbst ohne einen Ersatzpflichtigen vorgekehrt hätte. Diese Auffassung lässt sich allerdings nicht mit dem Hinweis untermauern, dass ansonsten «unzulässig zwischen Armen und Reichen zu Lasten jener unterschieden» würde (so ESSER/SCHMIDT 200), da eine solche Unterscheidung in zahlreichen weiteren Gebieten, namentlich beim Lohnausfall, gilt. Entscheidend ist vielmehr allein, ob die konkrete Heilungsmassnahme im Hinblick auf den angestrebten Heilungserfolg **erforderlich** und aus medizinischer Warte **angemessen** ist. In diesem Sinne ist auch die Frage nach der Wahlfreiheit zwischen privatem oder öffentlichem Krankenhaus und privater oder allgemeiner Abteilung zu lösen. Nicht die Lebensweise des Geschädigten, sondern medizinische Gesichtspunkte, namentlich die Schwere der Verletzung, sind massgebend (ebenso BK/BREHM OR 46 N 11; a.M. KELLER II 55). 27.24

3.2. Aufwendungen der Angehörigen

Entsprechendes gilt auch für die Frage, ob die Kosten für **Besuche der Angehörigen** (z.B. Reisekosten für Spitalbesuche) zu ersetzen sind. Es ist darauf abzustellen, ob die Besuche für den Heilungsprozess notwendig oder doch zumindest förderlich (BGE 97 II 266 f.; BGE 57 II 101) sind und die entsprechenden Kosten infolgedessen angemessene Aufwendungen darstellen. Die Häufigkeit richtet sich nach Art der Verletzung, Alter des Geschädigten und Verwandtschaftsgrad (LANGE/SCHIEMANN 309 f.). 27.25

Umstritten ist insbesondere, ob die Angehörigen auch einen **Lohn für** die aufgewandte **Besuchszeit** beanspruchen können (ausführlich hierzu ZK/LANDOLT Vor OR 45/46 N 143 ff.). Den Angehörigen ist indessen zuzumuten, dass sie die Besuche mit ihrer Arbeitstätigkeit koordinieren. Ein Lohnausfall der Angehörigen ist daher bloss ausnahmsweise ersatzfähig; die Besuche müssen für den Heilungsprozess förderlich und der Lohnausfall unvermeidbar sein (vgl. dazu BGer 4A_500/2009, E. 3.3). 27.26

Der Massstab der Erforderlichkeit und Angemessenheit gilt auch für die notwendigen Kosten im Zusammenhang mit der **Begleitung** des Geschädigten **durch eine Drittperson**, was namentlich bei Kindern und älteren Personen in Betracht kommt. Der Geschädigte kommt in diesen Fällen bloss seiner Schadensminderungspflicht (hinten N 30.14 ff.) nach, 27.27

wenn er sich durch einen Angehörigen begleiten lässt, statt die Dienste eines Dritten zu beanspruchen. Sodann geht die Pflege zu Hause durch einen Angehörigen ebenfalls zu Lasten des Ersatzpflichtigen, vorausgesetzt, es bedarf einer solchen Pflege (BGer 4C.276/2001, E. 6b/bb). In allen diesen Fällen ist dem Angehörigen neben den Kosten auch der unvermeidliche Verdienstausfall zu ersetzen; aufgrund der Schadensminderungspflicht haben die Tätigkeiten freilich nach Möglichkeit während der Freizeit zu erfolgen.

27.28 Obwohl diese Kosten in der Person von Dritten entstehen, können sie vom Geschädigten als eigener Schaden gefordert werden (so die herrschende Auffassung in Deutschland, vgl. LANGE/SCHIEMANN 461 m.N.). Hingegen vermag die vom schweizerischen Bundesgericht als Begründung herangezogene Geschäftsführung ohne Auftrag (OR 419 ff.) nicht zu überzeugen (BGE 97 II 266 f.; ebenso OFTINGER/STARK I § 6 N 111): Zum einen besorgen die Krankenhausbesucher nicht ein fremdes, sondern ein eigenes Geschäft (a.M. BK/BREHM OR 46 N 17b); zum anderen fehlt der Fremdgeschäftsführungswille, und es ist auch fraglich, ob die Geschäftsführung dem wirklichen oder doch zumindest mutmasslichen Interesse des Schädigers entspricht (zutreffend SEIDEL 1323).

3.3. Vorübergehender Erwerbsausfall

27.29 Im Falle einer vorübergehenden Arbeitsunfähigkeit ist der Einkommensverlust aufgrund der **konkreten Verhältnisse** zu berechnen (BGE 117 II 624; 127 III 408); für die Verletzung der Arbeitskraft als solche (medizinische Arbeitsunfähigkeit) erfolgt keine Entschädigung (HONSELL/ISENRING/KESSLER § 8 N 67). Bei längerfristiger und dauernder Arbeitsunfähigkeit ist der Schaden aufgrund einer Prognose zu ermitteln (vgl. FELLMANN/KOTTMANN N 218, vgl. nachstehend N 27.32 ff.). Bei unselbständig Erwerbstätigen stellt sich das Problem der Lohnfortzahlung durch den Arbeitgeber; die dogmatischen Schwierigkeiten hinsichtlich des Ersatzanspruchs des Arbeitgebers bzw. der Versicherung gegenüber dem Haftpflichtigen wurden bereits erwähnt (vorne N 18.27 ff., 25.11).

27.30 Der Erwerbsausfall von **Selbständigen** lässt sich oftmals nur vage abschätzen. Eine Berechnungsmöglichkeit besteht darin, auf die vom Geschädigten zugunsten seines Geschäfts erbrachten Leistungen abzustellen. Können diese auch durch einen Dritten erbracht werden, so sind nur die Kosten einer Ersatzkraft zu ersetzen. Eine andere Möglichkeit wäre das Abstellen auf die Gewinnentwicklung, wobei jeweils unsicher ist, worauf Gewinneinbrüche zurückzuführen sind (BGE 127 III 409 f.; vgl. auch OFTINGER/STARK I § 6 N 155 f.).

27.31 Das erzielte Einkommen ist auch bei **sittenwidriger** Erwerbstätigkeit der Schadensberechnung zugrunde zu legen (BGE 111 II 300 betreffend den Erwerbsausfall einer Prostituierten). Nicht in Betracht kommt dies bei einer **rechtswidrigen** Erwerbstätigkeit (z.B. Zuhälterei oder Diebstahl). Das Bundesgericht weist zu Recht darauf hin, dass der Dirnenlohn steuerrechtlich erfasst werde, was dagegen etwa beim Diebeserlös nicht der Fall sei (BGE 111 II 300).

3.4. Dauernder Erwerbsausfall

27.32 Rechtsgrundlage für den Ersatz des Einkommensausfallschadens ist OR 46 I, wonach der Verletzte Anspruch auf Ersatz der «Nachteile gänzlicher oder teilweiser Arbeitsunfähigkeit» hat. Die Höhe des Einkommensausfallschadens bemisst sich nach der Einkommensdifferenz: nebeneinanderzustellen sind das Einkommen, welches vor dem Schadensfall erwirtschaftet wurde, und das Einkommen, das der Verletzte nach dem haftungsbegründenden Ereignis erzielt respektive zumutbarerweise erzielen könnte (LANDOLT/ROBERTO 107 f.).

Bei einer Arbeitsunfähigkeit von 30% hat das Bundesgericht einen Erwerbsausfall (und damit einen Schaden) verneint, da die Betroffene dieselbe Karriere auch ohne das Unfallereignis eingeschlagen hätte. Zudem führte es aus, dass die Betroffene nach dem Unfallereignis selbst bei einer Halbierung des momentanen Einkommens noch mehr als vor dem Unfallereignis verdienen würde (BGer 4A_106/2011, 4A_108/2011, E. 5.6). Es ist darauf hinzuweisen, dass es sich um einen Schleudertrauma-Fall handelt und die Rechtsprechung in den letzten Jahren diesem Phänomen zunehmend skeptisch gegenübersteht (s. vorne N 06.23). 27.33

Schwierige Fragen stellen sich im Zusammenhang mit der Ermittlung künftiger Erwerbseinbussen. Namentlich bei **Kindern** liegen entsprechende Annahmen im Bereich des Spekulativen. 27.34

Überholt ist die Begründung in einer bundesgerichtlichen Entscheidung aus dem Jahre 1907, in der aufgrund der bescheidenen Verhältnisse der Eltern und ihrer beruflichen Stellung davon ausgegangen wurde, das siebenjährige Kind werde später einer ähnlichen Tätigkeit nachgehen (BGE 33 II 600). Erstaunlicherweise wird diese Auffassung in der Lehre (vgl. MEDICUS 447) nach wie vor vertreten. Das empfohlene Heranziehen von Umständen wie «Beruf der Eltern», «Werdegang der Geschwister» oder «die Familientradition» beruht indes auf einem überholten Vorverständnis der beruflichen Generationennachfolge. 27.35

Am ehesten mag man noch Verständnis für die Berücksichtigung intellektueller und charakterlicher Eigenschaften und Neigungen des Verletzten entgegenbringen (s. die umfassende Analyse bei HÜTTE 157 ff. und 287 ff.; ferner WESSNER 159 ff.); immerhin ist zweifelhaft, ob entsprechende Eigenschaften eine genügende Korrelation zu den späteren Erwerbsaussichten aufweisen. Bei derart spekulativen Prognosen erscheint die Praxis in den Vereinigten Staaten am angemessensten, wonach der Ersatz aufgrund eines durchschnittlichen Einkommens zugesprochen wird; in den USA ist auch eine Differenzierung nach dem Geschlecht (oder nach der Rasse) unzulässig (s. ROBERTO 162 Fn. 165 m.N.). 27.36

Auf den Ersatz bei Verletzung des **haushaltsführenden Ehegatten** wird hinten eingegangen (N 29.31 ff.). Die Frage der Berücksichtigung der **konstitutionellen Prädisposition** wurde im Rahmen der Ausführungen zum Kausalzusammenhang behandelt (vorne N 06.20 ff.). Grundsätzlich wäre es auch denkbar, den hypothetischen Erwerb bei **Verkürzung der Lebenserwartung** zu ersetzen. Im Gegensatz zum anglo-amerikanischen Rechtskreis ist diese Einbusse aber in der schweizerischen Rechtsordnung nicht ersatzfähig (ROBERTO 163 Fn. 166 m.N.). 27.37

Wie bereits beim Verlust der Unterhaltsleistungen erwähnt, erfolgt der Ersatz meist nicht in Form der Rente, sondern der einmaligen **Kapitalleistung**. Die Kapitalisierung der periodischen Leistungspflichten erfolgt weitgehend mittels spezialisierter Berechnungssoftware. 27.38

3.5. Erschwerung des wirtschaftlichen Fortkommens

Das Gesetz erwähnt in OR 46 I, dass die Entschädigung infolge der Arbeitsunfähigkeit auch die Erschwerung des wirtschaftlichen Fortkommens berücksichtigen muss. Es handelt sich hierbei aber **nicht um einen selbständigen Schadensposten** (HONSELL/ISENRING/KESSLER § 8 N 81; CHK/MÜLLER OR 46 N 22; a.M. KELLER/GABI/GABI 90 und 95). Viel- 27.39

mehr ist bei der Ermittlung des Erwerbsausfalls zu berücksichtigen, dass der Geschädigte aufgrund einer bleibenden körperlichen Beeinträchtigung (Invalidität, Narben usw.) in der künftigen beruflichen Entwicklung benachteiligt ist.

27.40 So ist etwa denkbar, dass sich die körperliche Benachteiligung bei der gegenwärtigen Erwerbstätigkeit noch nicht (oder nur beschränkt) auswirkt; für den Fall, dass der Geschädigte eine neue Erwerbstätigkeit suchen müsste, hätte er aber auf dem Arbeitsmarkt einen Nachteil. Teilinvalide sind insbesondere in wirtschaftlich schweren Zeiten gefährdet; auch die Beförderungschancen sind gemindert (BK/BREHM OR 46 N 90 ff.; CR/WERRO OR 46 N 13). Sodann ist je nach Art der Beeinträchtigung zu berücksichtigen, dass der Geschädigte im Arbeitsprozess rascher ermüdet und nicht mehr die volle Arbeitsleistung erbringen kann.

27.41 Ein speziell gelagertes Problem stellt der Verlust eines **paarigen Organs** dar. Bei Verlust eines Auges, einer Niere oder bei einseitigem Gehörsverlust kann der Betroffene oftmals wieder voll arbeiten: Zum einen liegt aber eine Erschwerung des wirtschaftlichen Fortkommens vor (beim Erwachsenen eine Erschwerung auf dem Arbeitsmarkt, beim Kind eine eingeschränkte Berufswahl); zum anderen besteht ein erhöhtes Risiko, durch den Verlust des zweiten Organs eine schwere Invalidität zu erleiden (BK/BREHM OR 46 N 101 ff.; REY/WILDHABER N 330). Diesem Umstand trägt die Rechtsprechung Rechnung, indem dem Geschädigten eine entsprechende Rente zugesprochen wird, obwohl dieser (noch) keine Einbusse des Erwerbseinkommens erleidet (vgl. BGE 100 II 306).

3.6. Rektifikationsvorbehalt

27.42 Gemäss OR 46 II kann der Richter im Urteil eine Abänderung vorbehalten. Dieser sog. Rektifikationsvorbehalt ermöglicht den Parteien eine Abänderungsklage (ausführlich BK/BREHM OR 46 N 140 ff.); er ist sowohl zugunsten des Geschädigten als auch des Schädigers möglich. Sodann stellt die Vorbehaltsfrist (zwei Jahre) eine Verwirkungs-, nicht eine Verjährungsfrist dar; diese kann daher nicht unterbrochen werden (BGE 95 II 270).

27.43 Die Bestimmung hat aus verschiedenen Gründen keine grosse Bedeutung (KELLER/GABI/GABI 97): Der Vorbehalt soll nicht Regel, sondern Ausnahme sein und kommt nur in Betracht, wenn die Ungewissheit des Schadensverlaufs erheblich ist. Vor allem aber kann die Abänderungsfrist höchstens **zwei Jahre** betragen, was regelmässig zu kurz ist, um möglichen Spätkomplikationen bei einer Gesundheitsbeeinträchtigung Rechnung zu tragen.

27.44 Der Geschädigte muss sich daher im Regelfall damit behelfen, dass er bei Unsicherheiten über den Schadensverlauf die Verjährungsfrist unterbricht (am einfachsten durch freiwilligen, befristeten Verzicht auf die Erhebung der Verjährungseinrede durch den Haftpflichtigen) und allenfalls eine Teilklage (über den bereits bekannten Schaden) geltend macht und sich ausdrücklich eine Nachklage (für den noch nicht feststellbaren Schaden) vorbehält. Eine Feststellungsklage (über die grundsätzliche Einstandspflicht des Schädigers) ist dagegen nach der Rechtsprechung nur dann zulässig, wenn der Kläger nicht in der Lage ist, eine Leistungsklage zu erheben (BGE 114 II 255).

§ 28 Schäden bei Sachschäden

Literatur

BREHM, Les nouveaux droits du détenteur en cas de lésion subie par son animal, HAVE 2003, 119 ff.; CHAPPUIS, Les nouveaux droits du détenteur de l'animal tué ou blessé, HAVE 2004, 92 ff.; CHARTIER, La réparation du préjudice dans la responsabilité civile, Paris 1983; DEGENKOLB, Der spezifische Inhalt des Schadensersatzes, AcP 1890, 1 ff.; GIMPEL-HINTEREGGER, Das Tier als Sache und Ersatz der Heilungskosten für ein verletztes Tier, ÖJZ 1989, 65 ff.; GOETSCHEL/BOLLIGER, Das Tier im Recht, Zürich 2003; HÜTTE, Schadenersatzansprüche rund um das Auto, SVZ 1987, 289 ff., 323 ff.; KREPPER, Affektionswert-Ersatz bei Haustieren, AJP 2008, 704 ff.; MAGNUS, Schaden und Ersatz, Tübingen 1987; ROBERTO, Urteilsbesprechung des BGE 127 III 73, AJP 2001, 723 ff.; SCHAFFHAUSER/ZELLWEGER, Grundriss des schweizerischen Strassenverkehrsrechts, Bd. II: Haftpflicht und Versicherung, Bern 1988; SCHNEIDER KAYASSEH, Haftung bei Verletzung oder Tötung eines Tieres – unter besonderer Berücksichtigung des Schweizerischen und U.S.-Amerikanischen Rechts, Zürich 2009; STEHLE, Der Gegenstand der Betriebshaftpflichtversicherung, Zürich 2016; STOLL, Haftungsfolgen im bürgerlichen Recht, Heidelberg 1993.

1. Allgemeines

1.1. Ersatzfähiger Schaden und Affektionsinteresse

Entsprechend dem bereits bei der Personenverletzung Ausgeführten ist bei Sachschäden die Beschädigung oder der Verlust der Sache nicht der Schaden, sondern dessen Ursache. Aus dieser Beeinträchtigung resultiert der ersatzfähige Schaden (OFTINGER/STARK I § 6 N 354), sofern sie sich vermögensmässig auswirkt (Wertverlust, Reparaturaufwendungen, Folgekosten, entgangener Gewinn). 28.01

Dies kann dann problematisch sein, wenn die Sache bloss einen **Affektionswert** (Liebhaberwert) hat. Wird etwa eine für den Eigentümer wertvolle Sache zerstört, die aber keinen Marktwert hat (Familienbilder, Bastelobjekte, Andenken usw.), so liegt kein ersatzfähiger Schaden vor. Gleiches gilt, wenn der Wert für den Eigentümer höher als der Marktwert ist (Sachen also, von denen sich der Eigentümer auch bei einem über dem Marktwert liegenden Preisangebot nicht trennen würde). Eine Entschädigung kann dagegen verlangt werden, wenn sich die Sache reparieren lässt (hinten N 28.06 f., 28.11). 28.02

1.2. Konkrete und abstrakte Schadensberechnung

Entgegen der in der Literatur vertretenen Ansicht (BK/BREHM OR 42 N 13 ff.) ist die konkrete (bzw. subjektive) Schadensberechnung nicht selbstverständlich. In zahlreichen Fallgruppen lässt sich der Schaden nur abstrakt (bzw. objektiv) ermitteln (die Terminologie ist in der Lehre uneinheitlich). So wird für die Dauer eines Erwerbsausfalls auf die auch in digitalisierter Form vorliegenden Rechnungsgrundlagen von STAUFFER/SCHAETZLE/WEBER abge- 28.03

stellt. Auf die speziellen Verhältnisse des konkreten Sachverhalts wird bloss in Ausnahmefällen abgestellt. Gleiches gilt für die Wertbestimmung bei Fahrzeugen. Richtiger Ansicht nach sollte man sich daher nicht auf die eine oder andere Art der Schadensberechnung festlegen, sondern pragmatisch nach Fallgruppen und Art des Einzelschadens differenzieren (STOLL 295).

2. Restitution und Kompensation

2.1. Wiederherstellung und Wertersatz

28.04 Ob und in welchem Umfang ein ersatzfähiger Schaden vorliegt, hängt oftmals von der Reaktion des Geschädigten auf das Schadensereignis ab. So kann er Massnahmen zur **Wiederherstellung** des schadensfreien Zustandes treffen und damit sein **Restitutionsinteresse** betätigen. Sieht er hingegen davon ab, erleidet er eine **Werteinbusse**, für die er ein Äquivalent in Geld, eine **Kompensation**, verlangen kann. Mit der Restitution soll der Geschädigte wieder in dieselbe Lage gestellt werden, in der er ohne das schädigende Ereignis wäre, während die Kompensation darauf abzielt, die im Vermögen eingetretene Wertminderung in Geld auszugleichen (grundlegend DEGENKOLB 1 ff.; vgl. auch CHK/MÜLLER OR 43 N 1).

28.05 Die beiden Berechnungsarten können erheblich auseinanderfallen, wobei dann der aufgrund der Restitution ermittelte Betrag jeweils über das Wertinteresse hinausgeht. So liegen die Kosten einer Sachreparatur oftmals über der infolge der Schädigung eingetretenen Wertminderung der Sache; dies gilt in besonderem Masse für Güter, die einen geringen oder überhaupt keinen Marktwert aufweisen (s. auch BGer 4A_113/2017, E. 4.3.3.2).

28.06 Die Wiederherstellung der beschädigten oder die Beschaffung einer gleichwertigen anderen Sache (Restitution) bringt das Vermögen des Geschädigten nicht nur seinem Wert, sondern auch seiner Zusammensetzung nach in den schadensfreien Zustand und wahrt dadurch das Integritätsinteresse. Hingegen kann für die Beeinträchtigung der Vermögenszusammensetzung nur dann eine Kompensation im Rahmen eines allgemeinen Vermögensschadens verlangt werden, wenn sich die Beeinträchtigung finanziell nachteilig auswirkt.

28.07 In der Literatur wird in diesem Zusammenhang als Beispiel jeweils erwähnt, dass zwei dressierte Hunde zusammen eine Zirkusnummer bestreiten. «Wenn nun einer dieser Hunde getötet wird, so ist bei der Schadensberechnung auch zu berücksichtigen, dass der dem Eigentümer verbleibende Hund durch den Tod des anderen Tieres an Wert verloren hat» (REY/WILDHABER N 380; OFTINGER/STARK I § 6 N 357). Im Grunde geht es bei diesem Beispiel nicht um eine Wertminderung des verbleibenden Tieres, sondern um die Berücksichtigung des entgangenen Gewinns aufgrund des Ausfalls der Zirkusnummer. Traten die aufeinander eingeübten Tiere dagegen nicht gewinnbringend auf, sondern dienten sie nur der Unterhaltung des Eigentümers, dann kann keine über den Marktwert des getöteten Tieres hinausgehende Entschädigung verlangt werden.

2.2. Bedeutung der Restitution und Kompensation

28.08 Da die Wiederherstellungskosten erheblich über dem Wert der Sache liegen können und in gewissem Umfang auch immaterielle Interessen des Geschädigten berücksichtigen, stellt sich die Frage, in **welchen Fällen** und bis zu **welcher Höhe** die Wiederherstellungskosten (Restitutionsinteresse) verlangt werden können. Bei Personenverletzungen lässt sich nicht von Wertminderung sprechen; hier kommt nur der Restitutionsgedanke zum Zuge. Umgekehrt liegt es hinsichtlich des entgangenen Gewinns, welcher nur der Kompensation zugänglich ist (STOLL 296). Ob dies auch für anderweitige Folgeschäden gilt, ist unsicher (dazu hinten N 29.16 ff.).

Zahlreiche Fragen des Schadensrechts lassen sich auf den Dualismus des Restitutions- und des Kompensationsprinzips zurückführen. Die entsprechenden Probleme der Schadensberechnung werden vor allem anhand der Fälle aus dem Fahrzeugbereich diskutiert, da diesem Bereich die weitaus grösste praktische Bedeutung zukommt (OFTINGER/STARK I § 6 N 359). 28.09

Wegen der grundsätzlichen Bedeutung für das Schadensrecht wird die Fragestellung, ob das Restitutionsinteresse auch dann beansprucht werden kann, wenn der Geschädigte die Wiederherstellung nicht vornimmt, separat abgehandelt (hinten N 29.01 ff.). Auf solche fiktiven Kosten, insbesondere auf den abstrakten Nutzungsentgang, beziehen sich im Übrigen auch die Ausführungen zum Frustrations- und Kommerzialisierungsschaden (vorne N 24.01 ff.). 28.10

2.3. Begrenzung der Restitution im Allgemeinen

Bei Sachbeschädigungen ist für die Begrenzung der Reparaturkosten auf die **Angemessenheit** abzustellen. Zu unterscheiden ist zwischen ersetzbaren und nichtersetzbaren Sachen (so auch die französische Rechtslage, vgl. CHARTIER 192). Ersetzbarkeit liegt vor, wenn es sich um eine vertretbare Sache handelt, die für den Geschädigten keine besondere Bedeutung hat. Sofern keine aus subjektiven Gründen besondere Beziehung des Geschädigten zum betroffenen Gut vorhanden ist, dürfen daher bei vertretbaren Sachen die Reparaturkosten nicht über die **Wiederbeschaffungskosten abzüglich des Restwertes** hinausgehen (vgl. auch BGer 4A_61/2015, E. 3.1: kann eine Sache nicht mehr repariert werden, entspricht der Schaden dem Wert der Wiederbeschaffung). Der Wiederbeschaffungswert bildet die Obergrenze. Dies gilt namentlich auch für den Fahrzeugbereich. 28.11

Die Angemessenheit der Wiederherstellungskosten ist freilich in zahlreichen Fällen grosszügiger zu handhaben. So sind etwa bei Baumängeln an selbstgenutzten Wohnhäusern, kulturhistorischen Gebäuden und dergleichen Reparaturkosten auch dann zu ersetzen, wenn sie über den Minderwert des Gebäudes hinausgehen (eine Einschränkung ist dagegen hinsichtlich Renditeobjekten zu machen). Bei Gebäuden ist überdies zu berücksichtigen, in welchem zeitlichen Abstand ohnehin Renovierungsbedarf bestand. Im Hinblick auf die verschiedenartigen Interessen lässt sich keine Faustregel hinsichtlich der Angemessenheitsfrage aufstellen (ebenso LANGE/SCHIEMANN 416). 28.12

Dies gilt noch ausgeprägter für andere Sachgüter, an denen der Geschädigte aus subjektiven Gründen besonders hängt: Zu denken ist etwa an Kunstgegenstände, Familienandenken, die Beschädigung von Bäumen und von Bastlerobjekten sowie in besonderem Masse an die Verletzung von Haustieren (vgl. nunmehr OR 42 III). In diesen Fällen besteht ein Wiederherstellungsinteresse auch dann, wenn die ökonomischen Auswirkungen gering sind. 28.13

2.4. Restitution bei Tieren, Bäumen und Bastlerobjekten

28.14 Bei **Haustieren** stellt sich das Problem, dass diese oftmals bloss einen geringen Marktwert haben, infolgedessen die Heilungskosten ein Vielfaches des Tierwertes betragen können. Nach OR 42 III können bei Tieren, die im häuslichen Bereich und nicht zu Vermögens- oder Erwerbszwecken gehalten werden, die Heilungskosten als angemessener Schaden geltend gemacht werden, auch wenn sie den Wert des Tieres übersteigen.

28.15 Die im Jahre 2003 eingeführte Bestimmung will dem Grundsatz Nachdruck verleihen, dass Tiere keine Sachen sind und die auf Sachen anwendbaren Vorschriften nur soweit gelten, als für Tiere keine besondere Regelung besteht (ZGB 641a; CHK/MÜLLER OR 42 N 16; CR/WERRO OR 42 N 30). Auch in Österreich wurde diese Problematik gesetzlich speziell geregelt: «Wird ein Tier verletzt, so gebühren die tatsächlich aufgewendeten Kosten der Heilung oder der versuchten Heilung auch dann, wenn sie den Wert des Tieres übersteigen, soweit auch ein verständiger Tierhalter in der Lage des Geschädigten diese Kosten aufgewendet hätte» (ABGB 1332a). Eine entsprechende Bestimmung findet sich auch im deutschen Recht (BGB 251 II Satz 2). Die neuen Vorschriften sind im Grunde überflüssig, da die Ersatzfähigkeit der Heilungskosten bei Tieren schon nach früherem Recht nicht auf den materiellen Wert des Tieres begrenzt war (vgl. MüKo/GRUNSKY BGB 251 N 23; GIMPEL-HINTEREGGER 65 ff.).

28.16 Beachtung findet die Schadensberechnung auch bei der **Beschädigung von Bäumen**. Diesbezüglich stellen sich verschiedene Probleme. Denn Restitutions- und Kompensationsinteresse bzw. Wiederherstellungskosten und Wertminderung können erheblich auseinanderfallen.

28.17 So ist die Verschaffung eines Ersatzbaumes heute auch bei sehr alten Bäumen möglich. Wegen der hohen Kosten erscheint jedoch ein vollwertiger Ersatz – von Ausnahmefällen abgesehen – als unverhältnismässig. Zu beachten ist sodann, dass Bäume auf öffentlichen Strassen und Plätzen mangels Veräusserbarkeit keinen Verkehrswert haben. Bei in der Bauzone liegenden Grundstücken ist überdies nicht auszuschliessen, dass die Zerstörung von Bäumen für die Bebaubarkeit vorteilhaft ist, sich der Wert des Grundstücks folglich erhöht.

28.18 Das Bundesgericht hatte die Frage des Schadenersatzes bei Beschädigung einer siebzigjährigen Esche, welche nicht durch einen entsprechenden Baum ersetzt werden konnte, zu entscheiden. Danach sind «die Kosten zu ersetzen, welche für die Entfernung des beschädigten Baumes, für die Neupflanzung eines Ersatzbaumes, für allenfalls zusätzlich erforderliche Pflegemassnahmen sowie für die Wiederherstellung der Umgebung anfallen» (BGE 127 III 77). Präzisierend wird noch darauf hingewiesen, dass der Ersatzbaum am neuen Standort mit grosser Wahrscheinlichkeit anwachsen und die übliche Lebenserwartung aufweisen sollte. Zu Recht hat das Gericht im Übrigen Berechnungsanleitungen oder Tabellen zur abstrakten Wertbestimmung von Bäumen abgelehnt (BGE 127 III 78; sowie ROBERTO, AJP 2001, 723 ff.).

28.19 Auch im bereits unter N 23.08 erwähnten BGE 129 III 331 wird für die Schadensberechnung grundsätzlich an die Kosten der Neubepflanzung angeknüpft. In einer Gesamtvermögensschau führe die Beschädigung eines Baumes in einem mit mehreren anderen Bäumen bewachsenen Garten eines Wohnhauses im Regelfall zwar zu keiner Beeinflussung des Verkehrswerts eines Grundstücks. Da der Schadensbegriff jedoch auch subjektive Wurzeln habe, müsse im konkreten Fall das Interesse des Eigentümers an der Wiederherstellung des früheren Zustandes massgebend sein.

Einen interessanten Grenzfall bildet der in der deutschen Literatur viel besprochene Fall, in dem ein in **jahrelanger Arbeit gefertigtes**, einzigartiges Modellboot zerstört wurde. Der Kläger verlangte Ersatz für die Herstellungskosten, namentlich für die dabei aufgewandte Arbeitszeit, in der Höhe von DM 90'000.–. Die Vorinstanz gewährte lediglich die Materialkosten für den Neubau eines Bootes, nicht aber die Lohnkosten, da der Bau Ergebnis gestalteter Freizeit sei (OLG Köln VersR 1983, 379). Der BGH lehnte die Kosten der Wiederherstellung ebenfalls ab, gewährte aber Ersatz in der Höhe des Veräusserungswertes (BGHZ 92, 85). 28.20

Zutreffend ist, dass die nachträglich nutzlos aufgewandte Freizeit keinen ersatzfähigen Schaden begründet (hinten N 29.51 ff.). Andererseits ist zweifelhaft, ob der (schwer abzuschätzende) Veräusserungswert die zutreffende Lösung ist. Wurde die Sache nicht zerstört, sondern bloss beschädigt, sind – wie vorne dargelegt – bei bestimmten Gütern Reparaturkosten auch dann zu ersetzen, wenn sie über deren Marktwert hinausgehen. Weshalb sollten aber bei Beschädigungen Reparaturkosten in weit höherem Umfange gefordert werden können als bei Zerstörung und anschliessender Neukonstruktion? Um diese nicht zu begründende Ungleichbehandlung zu vermeiden, ist der Verkaufswert bloss als Mindestschaden zu bezeichnen. Bei Sachgütern, bei denen über den Marktwert hinausgehende Reparaturkosten zuerkannt werden, sollte jedoch der ausserordentliche oder besondere Wert der Sache für den Eigentümer auch im Falle der Zerstörung angemessene Berücksichtigung finden, sofern der Geschädigte die Wiederherstellung der beschädigten Sache auch **tatsächlich vornimmt**. 28.21

2.5. Anwendungsbereich und Regeln der Kompensation

Bei der Kompensation wird dem Geschädigten ein Äquivalent für die erlittene Schädigung gewährt. Anders als bei der Restitution geht es nicht um die reale Wiederherstellung des hypothetischen Zustandes, sondern um die **wertmässige Wiederherstellung** der hypothetischen Verhältnisse, meist in Geld als allgemeines Tauschmittel (STOLL 167). 28.22

Kompensation, d.h. Wertersatz, ist dann zu leisten, wenn bei einem Sachschaden keine Wiederherstellung vorgenommen wird. Bei unmittelbaren Personenschäden kann die Kompensation ohnehin nicht zur Anwendung kommen. Bei Sachschäden ist der Wert nach dem Marktpreis zu ermitteln. Es gibt freilich nicht bloss **einen** Marktpreis; vielmehr lassen sich bei allen Gütern jeweils ein Verkaufs- und ein Einkaufspreis unterscheiden. Da die beiden Beträge teilweise erheblich auseinanderliegen, ist nicht unbedeutend, nach welchem sich die Ersatzberechnung zu richten hat. Die Wiederbeschaffung eines gleichwertigen Gegenstandes ist Ausdruck der Restitution; für die Kompensation ist dagegen der **Verkaufswert** massgebend. 28.23

Die Wertbestimmung bereitet wiederum dann Schwierigkeiten, wenn es sich um einzigartige Sachen handelt, die zwar einen Vermögenswert darstellen, für die jedoch kein Marktpreis besteht (z.B. unersetzbare Kunstgegenstände, altertümliche Bücher, wertvolle Sammelobjekte, die seit langer Zeit nicht mehr veräussert wurden). Auch hier muss der mutmassliche Verkaufswert abgeschätzt werden. 28.24

3. Merkantiler Minderwert und Abzug «neu für alt»

3.1. Merkantiler Minderwert

28.25 Verbleibt nach der Reparatur einer Sache ein technischer Minderwert, muss zu den Reparaturkosten auch der Minderwert erstattet werden. Problematisch ist dagegen der sog. merkantile Minderwert. Dieser beruht auf der im Verkehr trotz vollständiger Reparatur **geringeren Bewertung einer reparierten Sache**, namentlich bei Fahrzeugen, Maschinen und Computern.

28.26 Dogmatisch führt dieser Umstand aus dem Grunde zu Unsicherheiten, weil sich der Minderwert erst bei einer Veräusserung der Sache niederschlägt. Hinzu kommt, dass der Minderwert im Laufe der Zeit immer stärker absinkt und schliesslich ganz verschwindet (KOZIOL I N 10.61).

28.27 Nach der einen Auffassung wäre der merkantile Minderwert nur zu ersetzen, wenn er sich im Vermögen auswirkt, d.h. zu einer Vermögensdifferenz gegenüber dem schadensfreien Zustand führt, was nur bei einer Veräusserung eintritt (so die frühere Rechtsprechung des BGH, vgl. BGHZ 27, 187; s. auch KOZIOL I N 10.63). Anderer Ansicht nach verschlechtere die restriktive Anerkennung eines Ersatzes die Lage des Ersatzberechtigten. Gewähre man nämlich den merkantilen Minderwert nur bei tatsächlicher Reparatur und anschliessender Veräusserung, so stelle man den Geschädigten «vor die Wahl, entweder sofort zu verkaufen oder auf Ersatz zu verzichten» (LANGE/SCHIEMANN 266). Dieser Einwand vermag insofern nicht zu überzeugen, als der Geschädigte ohne Veräusserung tatsächlich keine Einbusse erleidet, die Verweigerung einer Entschädigung für den merkantilen Minderwert, so gesehen, nicht zu einer Verschlechterung der Lage des Geschädigten führen kann.

28.28 Gleichwohl spricht sich die **herrschende Auffassung** zu Recht **für** den Ersatz des merkantilen Minderwerts aus (SCHAFFHAUSER/ZELLWEGER N 1118; OFTINGER/STARK I § 6 N 370 m.N.). Während die Reparatur Ausdruck der Restitution ist, gleicht der merkantile Minderwert das Kompensationsinteresse aus, das von der Restitution nicht abgedeckt ist. Der Ersatzberechtigte kann folglich neben den Reparaturkosten auch die Differenz zwischen dem Veräusserungswert vor und nach der Reparatur beanspruchen (explizit bejaht in BGer 4A_113/2017, E. 4.3.3.1).

3.2. Abzug «neu für alt»

28.29 Ist eine gebrauchte Sache zerstört oder derart beschädigt, dass die Reparaturkosten nicht angemessen sind, können grundsätzlich die Kosten einer entsprechenden gebrauchten Sache beansprucht werden. Ist die Ersatzbeschaffung nicht möglich oder dem Geschädigten nicht zumutbar, kann der Geschädigte den Schaden nur durch Beschaffung einer **neuen Sache** beheben (OFTINGER/STARK I § 6 N 363). Dabei stellt sich das Problem «neu für alt». Ersetzt man die Kosten der Neuanschaffung, ist der Geschädigte bereichert; gewährt man hingegen bloss die Ersatzkosten einer gebrauchten Sache bzw. den Sachwert, zwingt man ihn zu Aufwendungen, die ihm jedenfalls zu diesem Zeitpunkt ansonsten erspart geblieben wären (KOZIOL I N 10.59).

28.30 Hinsichtlich des Abzugs «neu für alt» ist zu unterscheiden: Bei **wertbeständigen Sachen** (Kunstgegenstände, antike Möbel) «entspricht der Wert der (intakten) Sache vor dem schädigenden Ereignis den Anschaffungskosten eines neuen, gleichwertigen Gegenstandes; bei Sachen, deren Wert sich mit der Zeit vermindert, wird dem Wertverlust im Allgemeinen dadurch Rechnung getragen, dass nur der um die Abschreibungen verminderte Neuwert zu ersetzen ist» (BGE 127 III 77). Bei den Letzteren, also **nicht wertbeständigen Sachen**, bei denen der Eigentümer entsprechende Abschreibungen vornimmt oder vornehmen sollte (wie Fahrzeuge, Maschinen oder Gebäude), ist mithin ein Abzug vorzunehmen (BK/BREHM OR 42 N 43). Die Höhe des Abzuges bestimmt sich nach dem Beschaffungswert einer neuen Sache, abzüglich des geschätzten Gebrauchswerts der beschädigten Sache, welcher sich nach der Gebrauchsdauer und der noch möglichen Dauer der Benutzbarkeit richtet (KOZIOL I N 10.59; MERZ 195). Soweit besteht Einigkeit.

Die Meinungen gehen dagegen auseinander, ob ein Abzug von den Kosten der Neu- 28.31
anschaffung auch hinsichtlich der nichtwertbeständigen Gegenständen «des täglichen Lebens und Bedarfs» (Kleider, Möbel) gerechtfertigt ist. Grundsätzlich ist nicht einzusehen, weshalb bei diesen Gütern, welche ebenfalls der Abnützung unterliegen (und bei Kleidern mit der Zeit nicht mehr der Mode entsprechen), kein Abzug gemacht werden soll (ebenso BK/BREHM OR 42 N 45; HONSELL/ISENRING/KESSLER § 8 N 47; SCHWENZER N 18.02; a.M. OFTINGER/STARK I § 6 N 363; GUHL/KOLLER § 10 N 65); anders ist nur dann zu entscheiden, wenn die Sache dem Geschädigten noch lange wie eine neue gedient hätte (so zutreffend HONSELL/ISENRING/KESSLER § 8 N 48).

Zu überlegen bleibt, inwiefern der Umstand zu berücksichtigen ist, dass der Abzug 28.32
den Geschädigten zur **Investition eigener Mittel** nötigt; erhält er nicht den Betrag für die Anschaffung einer neuen Sache und ist die Anschaffung einer gebrauchten Sache nicht möglich, muss er eben Aufwendungen tätigen, die er zu diesem Zeitpunkt ansonsten nicht gehabt hätte. In der weit überwiegenden Anzahl der Fälle zwingt die zusätzliche Ausgabe den Geschädigten nicht zu einer nennenswerten Änderung seiner Dispositionen, und auch die Finanzierungskosten werden vernachlässigbar gering sein (ebenso MERZ 195 Fn. 27). Eine spezielle Berücksichtigung drängt sich im Regelfall nur dann auf, wenn erhebliche Beträge aufzuwenden sind, wie z.B. bei beschädigten Gebäuden. Ob dem Geschädigten in diesen Fällen bloss die Finanzierungskosten (so KOZIOL I N 10.59) oder ein Kostenvorschuss (so LANGE/SCHIEMANN 262) zu gewähren sind, kann nur nach Massgabe der konkreten Verhältnisse entschieden werden (d.h. Finanzkraft des Geschädigten bzw. Zumutbarkeit der Kreditaufnahme).

Schliesslich ist zu beachten, dass sich das Problem «neu für alt» auch bei Reparatu- 28.33
ren stellt, sofern diese zu einer Wertsteigerung führen. Dies ist namentlich dann der Fall, wenn die eingebauten Ersatzteile und Materialien oder ausgewechselten Teile zu einer längeren Lebensdauer des beschädigten Gegenstandes führen (LANGE/SCHIEMANN 260 f.). Der Abzug setzt mithin voraus, dass sich der Wert der beschädigten Sache aufgrund der Reparatur insgesamt erhöht hat.

4. Folgeschäden

4.1. Entgangener Gewinn

Infolge der Sachbeschädigung können Folgekosten und Einnahmeausfälle resultie- 28.34
ren. Diese sind grundsätzlich zu ersetzen. Bei der Schadensberechnung sind namentlich die

Vorteilsausgleichung, die hypothetische Kausalität und die Schadensminderungspflicht zu beachten (dazu hinten N 30.01 ff.). Auf einige spezielle Fragestellungen im Zusammenhang mit Vermögenseinbussen aufgrund einer Sachbeschädigung ist gesondert einzugehen (hinten N 28.37 ff., 29.01 ff.).

28.35 Probleme bei der Schadensberechnung stellen sich vor allem hinsichtlich des **entgangenen Gewinns**. Dieser zeichnet sich dadurch aus, dass seine Feststellung sowie die Ermittlung der Gewinnhöhe regelmässig mit beweisrechtlichen Unsicherheiten verbunden ist und in erheblichem Masse zu hypothetischen Erwägungen nötigt, wie sich die Vermögensverhältnisse des Geschädigten ohne die Einwirkung des Schadensereignisses entwickelt hätten (STOLL 324). Aus diesem Grunde sollten die Anforderungen an den Beweis und an die Wahrscheinlichkeit des Eintritts des entgangenen Gewinns weniger streng gehandhabt werden (s. auch BGB 252 Satz 2; CCi 2056 II).

28.36 Immerhin ist hinsichtlich solcher beweisrechtlichen Erleichterungen zu bemerken, dass sich der entgangene Gewinn oftmals kaum vom positiven Vermögensverlust trennen lässt. Je sicherer die Gewinnaussicht, umso eher lässt sie sich als Bestandteil des gegenwärtigen Vermögens bezeichnen. Die Beeinträchtigung einer Erwerbsaussicht stellt daher, je nachdem wie sicher mit ihrer Realisierung gerechnet werden darf, entweder entgangenen Gewinn oder einen Vermögensverlust dar, wobei die Grenzen fliessend sind (LANGE/SCHIEMANN 58).

4.2. Mietkosten

28.37 Bei den Folgekosten sind namentlich die **Mietkosten** während der Reparaturdauer eines beschädigten Fahrzeugs von praktischer Bedeutung. Während man in der amerikanischen Rechtsprechung eine solche Entschädigung grundsätzlich immer gewährt, muss man in Deutschland wenigstens einen nennenswerten Fahrbedarf nachweisen (ROBERTO 192 f. m.N.).

28.38 Die schweizerische Praxis bezüglich der Zusprechung der Mietwagenkosten ist dagegen eher zurückhaltend. Vorausgesetzt wird, dass der Geschädigte aus wirtschaftlichen, vor allem beruflichen Gründen auf das Fahrzeug angewiesen ist (BK/BREHM OR 41 N 80 m.N.). Kann dem Geschädigten die Benützung der öffentlichen Verkehrsmittel zugemutet werden, so sind ihm die entsprechenden Ausgaben zu ersetzen (vgl. KGer St. Gallen SJZ 1968, 205: Verlängerung des täglichen Arbeitswegs um drei Stunden ist unzumutbar). Die damit verbundenen Unannehmlichkeiten und der Zeitverlust sind dagegen nicht als Schaden anzusehen. Wenig klar ist die Rechtslage in jenen Fällen, in denen der Geschädigte die Mietwagenkosten beansprucht, obwohl er auf ein Ersatzfahrzeug verzichtet (vorne N 23.07 ff. sowie hinten N 29.22 ff.).

28.39 Entgegen der in Deutschland vorherrschenden Auffassung ist dem Geschädigten nicht Anspruch auf Miete des gleichen Wagentyps zuzubilligen (so z.B. LANGE/SCHIEMANN 278; Staudinger/SCHIEMANN BGB 251 N 67). Praktikabel und dem Geschädigten im Regelfall auch zuzumuten ist einzig die Gewährung eines gleichrangigen, sich etwa in derselben Klasse befindenden Fahrzeugtyps. Nach dem Grundsatz der Vorteilsausgleichung ist zudem ein Abschlag für Eigenersparnisse gerechtfertigt. Auf diesen Abzug kann verzichtet werden, wenn sich der Geschädigte mit einem billigeren Mietwagen behilft (HÜTTE 330).

28.40 Obwohl der Geschädigte auch bei «Abstieg» auf einen kleineren Wagen nach wie vor Aufwendungen für das eigene Fahrzeug spart und eine Aufrechnung daher dogmatisch nicht zu begründen ist, so darf doch nicht übersehen werden, dass ohne eine entsprechende Berücksichtigung jeglicher Anreiz fehlt, den Schadensbetrag tief zu halten (MAGNUS 100). Da der Geschädigte mit dem Mietwagen nicht vertraut ist, es sich dabei regelmässig um neuere Fahrzeuge handelt und die Fahrzeugvermieter selbst Bagatellschäden vollständig zu beheben pflegen, sind dem Geschädigten auch die Kosten einer Vollkaskoversicherung zuzubilligen. Damit erspart man sich überdies Diskussionen darüber, ob ein Unfall mit dem Mietwagen als Folgeschaden dem Schädiger zuzurechnen ist (vgl. dazu LANGE/SCHIEMANN 282 f. m.N.).

§ 29 Weitere Schadenspositionen

Literatur

APATHY, Aufwendungen zur Schadensbeseitigung, Wien 1979; BRINKER, Die Dogmatik zum Vermögensschadensersatz, Berlin 1982; CHARTIER, La réparation du préjudice dans la responsabilité civile, Paris 1983; ESSER/SCHMIDT, Schuldrecht, Bd. I/2, 8. Aufl., Heidelberg 2000; FREUNDORFER, Fiktive Schadensabrechnung – ein Fass ohne Boden?, VersR 1992, 1332 ff.; FUHRER, Ausgewählte Fragen im Zusammenhang mit der Liquidation von Sachschäden, in: Haftpflicht- und Versicherungsrechtstagung, hrsg. von Koller, St. Gallen 1993, 73 ff.; FULLIN/ZEHNTNER, Die Haftung für ungewolltes Leben unter Berücksichtigung neuer Urteile, HAVE 2013, 102 ff.; HONSELL, Das Kind als Schaden, FS Bucher, Bern 2009, 275 ff.; ders./HARRER, Schaden und Schadensberechnung, JuS 1991, 441 ff.; HUBER, Fragen der Schadensberechnung, 2. Aufl., Wien 1995; JAKOB, Ersatz fiktiver Kosten nach Allgemeinem Schadensrecht?, Berlin 1998; KARAKATSANES, Zur Zweckgebundenheit des Anspruchs aus § 249 Satz 2 BGB bei noch nicht durchgeführter Herstellung, AcP 1989, 19 ff.; KAUFMANN, Neun Thesen zu den Hilfeleistungskosten (Pflege- und Betreuungskosten) im Haftpflichtrecht, HAVE 2003, 123 ff.; KÖHLER, Abstrakte oder konkrete Berechnung des Geldersatzes nach § 249 Satz 2 BGB?, FS Larenz II, München 1983, 349 ff.; LANDOLT, Schweizerisches Pflegerecht – Eine Darstellung der verfassungsrechtlichen Grundlagen, des haftpflichtrechtlichen Pflegeschadens und der Pflegesozialleistungen, Bern 2001; ders., Der Pflegeschaden, Bern 2002; ders., Aktuelles zum Pflege-, Betreuungs- und Besuchsschaden, HAVE 2011, 3 ff.; MEDICUS, Schadenersatz und Billigkeit, VersR 1981, 603; NÄNNI, Integritätsinteresse und Ersatz fiktiver Kosten, FS von der Crone, Zürich 2007, 145 ff.; NEHLSEN, Nutzungsausfallersatz: ein notwendiges Übel?, Frankfurt a.M. 1997; NIXDORF, Mysterium Schmerzensgeld – Was ist das Besondere an den Ansprüchen auf Ersatz immaterieller Schäden?, NZV 1996, 89 ff.; OLLIER/LE GALL, Various Damages, International Encyclopedia of Comparative Law: XI Torts, hrsg. von Tunc, Tübingen 1986; PERGOLIS/DÜRR BRUNNER, Ungereimtheiten beim Haushaltschaden, HAVE 2005, 202 ff.; PRIBNOW/WIDMER/SOUSA-POZA/GEISER, Die Bestimmung des Haushaltsschadens auf der Basis der SAKE, HAVE 2002, 24 ff.; ROBERTO, Urteilsbesprechung des BGE 127 III 73, AJP 2001, 723 ff.; SCHAER, Grundzüge des Zusammenwirkens von Schadenausgleichsystemen, Basel 1984; SCHIEMANN, Argumente und Prinzipien bei der Fortbildung des Schadensrechts, München 1981; STEINER, Zeitaufwand und Abgeltung des Haushalt-Versorgerschadens, SJZ 1987, 177 ff.; STOLL, Anmerkung zu BGHZ 63, 98, JZ 1975, 254; ders., Haftungsfolgen im bürgerlichen Recht, Heidelberg 1993; WEBER, «Dispositionsfreiheit» des Geschädigten und fiktive Reparaturkosten, VersR 1990, 934 ff.; ders., § 249 Satz 2 BGB: Erstattung der Reparaturkosten oder Ersatz des Schadens an der Sache?, VersR 1992, 527 ff.; WIDMER/GEISER/SOUSA-POZA, Gedanken und Fakten zum Haushaltschaden aus ökonomischer Sicht, ZBJV 2000, 1 ff.; WÜRTHWEIN, Schadensersatz für Verlust der Nutzungsmöglichkeit einer Sache oder für entgangene Gebrauchsvorteile?, Tübingen 2001.

1. Fiktive Kosten

1.1. Fiktive Wiederherstellungskosten im Allgemeinen

29.01 Die Ausführungen zum Anwendungsbereich des Restitutionsprinzips (vorne N 28.04 ff.) setzten voraus, dass der Geschädigte die Schadensbeseitigung tatsächlich vornimmt. Ausgeblendet blieb die Frage, ob das Restitutionsinteresse auch dann massgeblich ist, wenn der Geschädigte auf die Behebung der Beeinträchtigung verzichtet, ob also der Geschädigte dem Ersatzpflichtigen die Wiederherstellungskosten in Rechnung stellen kann, wenn er **nicht beabsichtigt**, den schadensfreien Zustand **wiederherzustellen**. Davon sind jene Fälle zu unterscheiden, in denen die Wiederherstellung zwar erfolgt, aber keine (oder bloss geringe) Kosten verursacht, weil der Geschädigte den Schaden selbst behebt (hinten N 29.30, 29.42 ff.). Auf die Ersatzfähigkeit fiktiver Mietkosten ist gesondert einzugehen (sogleich N 29.22 ff.).

29.02 Ist eine Sache vollständig zerstört oder sind die Reparaturkosten unverhältnismässig, so kann der Ersatz an zwei unterschiedlichen Werten ausgerichtet werden: dem Veräusserungswert oder dem höheren Wiederbeschaffungswert. Sofern der Geschädigte sich eine gleichartige und gleichwertige Ersatzsache verschafft und die Ersatzbeschaffung nicht gegen das Angemessenheitserfordernis verstösst, sind die Wiederbeschaffungskosten zu ersetzen. Soviel ist unbestritten (BK/BREHM OR 42 N 26). Es stellt sich jedoch die Frage, ob der Schädiger die Wiederbeschaffungskosten auch dann ersetzen muss, wenn der Geschädigte keinen gleichartigen oder gleichwertigen Ersatzgegenstand zu erwerben beabsichtigt, sondern den Schadenersatzbetrag anderweitig verwenden möchte.

29.03 Auch bei Sachbeschädigungen kann sich die Schadensberechnung, wenn die Beschädigung nicht behoben wird, an zwei verschiedenen Werten ausrichten: dem Minderwert oder den hypothetischen (fiktiven) Reparaturkosten. Dagegen steht bei den fiktiven Heilungskosten keine alternative Schadensberechnungsmöglichkeit zur Verfügung (keine «Wertminderung»). Verzichtet also der Verletzte auf die Heilungsmassnahmen, so geht er leer aus.

29.04 Nach der in der Schweiz wohl vorherrschenden Auffassung hat die Schadensberechnung – zumindest bei Sachschäden – «grundsätzlich unabhängig von der allfälligen Verwendung des Ersatzes durch den Geschädigten» zu erfolgen (MERZ 192 f.; OFTINGER/STARK I § 2 N 27 und Fn. 124; REY/WILDHABER N 390). Dies entspricht auch der Rechtsprechung und herrschenden Lehre in Deutschland (ROBERTO 169 ff. und 175 ff. m.N. auch auf andere Rechtsordnungen).

29.05 Berechnet man den Schadensbetrag unabhängig von der Verwendung durch den Geschädigten, so setzt man sich über den Unterschied zwischen der Restitution und der Kompensation hinweg. Da die beiden Berechnungsmethoden aber unterschiedlich sind (vorne N 28.04 ff., 28.22 ff.), führt diese Gleichsetzung zu zahlreichen Unsicherheiten. Der Grundsatz der Dispositionsfreiheit über den Schadenersatzbetrag, d.h. der Ersatzfähigkeit fiktiver Kosten, gehört denn auch zu den **umstrittensten Fragen** der deutschen schadensrechtlichen Diskussion, und in neuerer Zeit wird vermehrt erkannt, «welch traurige Blüten» die Rechtsprechung zu den fiktiven Kosten inzwischen getrieben hat (ESSER/SCHMIDT 202; ausführlich HONSELL/HARRER 443 ff.). Man ist daher bestrebt, den Anwendungsbereich der Dispositionsfreiheit einzuschränken.

1.2. Fiktive Heilungskosten

So wird die Dispositionsfreiheit in neuerer Zeit **bei Personenschäden abgelehnt**. In diesem Bereich habe man es mit immateriellen Schäden zu tun und durch die Gewährung eines fiktiven Wiederherstellungsbetrages könne der Geschädigte «Rechtsgüter, die der Persönlichkeitssphäre angehören, zu Geld machen» (LANGE/SCHIEMANN 229). Es sei schlechterdings stossend, wenn «der Verletzte die zur Herstellung seiner körperlichen Integrität oder seiner Gesundheit notwendigen Heilungsmassnahmen unterlassen könnte, um stattdessen fiktive Behandlungskosten zu kassieren und sich auf diese Weise ein zum Teil steuerfreies Zusatzeinkommen verschaffen zu können» (KARAKATSANES 29). 29.06

Der deutsche BGH hatte dagegen ursprünglich die Kosten eines ärztlich verordneten Stärkungsmittels zugesprochen, obwohl sich der Verletzte das Medikament aus Mangel an eigenen Mitteln nicht hatte beschaffen können und in der Zwischenzeit wieder genesen war. Der Schädiger solle eben nicht dadurch von seiner Ersatzpflicht befreit werden, «dass er durch Hinausschieben der Erfüllung eines im Gesetz begründeten Anspruchs den Verletzten ausserstande gesetzt hat, sich das notwendige Heil- oder Stärkungsmittel zu kaufen» (BGH NJW 1958, 627). Untere Instanzen haben in der Folge selbst fiktive Operationskosten zugesprochen (OLG Celle VersR 1972, 468; OLG Stuttgart VersR 1978, 188). 29.07

Später ist der BGH von seiner Auffassung abgerückt. Es ging dabei um den Anspruch einer durch einen Verkehrsunfall verletzten Person, welche die Kosten der Schönheitsoperation beanspruchte, obwohl sie nicht die Absicht hatte, die zurückgebliebenen Narben entfernen zu lassen. Das Gericht lehnte die Zusprechung der fiktiven Operationskosten ab und entschied, dass Heilungskosten generell zweckgebunden seien (BGHZ 97, 19). 29.08

1.3. Fiktive Reparaturkosten

Während die Dispositionsfreiheit bei Personenverletzungen mittlerweile weitgehend abgelehnt wird, hält man bei Sachbeschädigungen, wie erwähnt, noch mehrheitlich daran fest. Aber auch in diesem Bereich hat man, um allzu stossende Ergebnisse zu vermeiden, die fiktiven Reparaturkosten auf die Wiederanschaffungskosten begrenzt (BGH NJW 2005, 1109; vgl. auch REY/WILDHABER N 384). 29.09

Sodann ist auf die erhebliche Bandbreite der Kostenvoranschläge von Reparaturwerkstätten hinzuweisen (vgl. FREUNDORFER 1332: «Abweichungen von über 50% sind die Regel»). Um auch hier Missbräuche einzuschränken, werden die fiktiven Kosten nicht ersetzt, wenn die Reparatur tatsächlich durchgeführt wird (BGH NJW 1989, 3009). Damit wollte man wohl vermeiden, dass der «gut beratene» Geschädigte sein Fahrzeug in einer teuren Werkstätte begutachten lässt und die Reparatur dann in der billigeren Werkstätte durchführt; die Differenz «steckt er zu Lasten der Prämienzahler als Gewinn in seine Tasche» (FREUNDORFER 1332). Nach deutscher höchstrichterlicher Rechtsprechung darf jedoch der Geschädigte der Schadensberechnung die Stundenverrechnungssätze einer markengebundenen Fachwerkstatt (z.B. eines «Porsche-Zentrums») zugrunde legen, auch wenn diese über den regionalen Ansätzen liegen (BGHZ 154, 395; REY/WILDHABER N 390). 29.10

1.4. Ablehnung der Dispositionsfreiheit und der fiktiven Kosten

29.11 Die Ausklammerung der Personenverletzungen und die Einschränkungen hinsichtlich der Sachbeschädigungen, um Missbräuche einzuschränken, machen evident, dass die Gleichsetzung von Restitution und Kompensation nicht durchgehalten werden kann. Richtigerweise sollte die Dispositionsfreiheit ganz aufgegeben werden. Denn ein verfehlter Ansatz bleibt unrichtig, auch wenn man ihn billiger macht (KÖHLER 357: «Kurieren am Symptom»).

29.12 Die Gleichsetzung der Restitution und Kompensation führt unweigerlich zu fragwürdigen Distinktionen und widersprüchlichen Entscheidungen. Welch unsinnige Ergebnisse aus der Dispositionsfreiheit folgen, zeigt sich etwa bei der Zubilligung der Wiederbeschaffungskosten einschliesslich der Mehrwertsteuer, obwohl der Geschädigte keinen Ersatz anschafft, der Gewährung des Kostenersatzes für einen nicht angetretenen Kuraufenthalt oder beim Ersatz der Behandlungskosten eines verletzten Tieres, obwohl der Eigentümer das Tier einschläfern lässt (ROBERTO, AJP 2001, 726).

29.13 Die Schadensermittlung aufgrund des Integritätsinteresses ist nur dann berechtigt, wenn der Geschädigte sich auch **dahingehend verhält**. Nimmt der Betroffene die Wiederherstellung des schadensfreien Zustandes nicht vor, so soll er sich auch nicht auf das Restitutionsprinzip berufen können. Es ist nicht einzusehen, weshalb der Ersatzanspruch nach einem (fiktiven) Zustand bemessen werden sollte, dessen Herstellung der Geschädigte gerade nicht wünscht (HUBER 158; ablehnend aus rechtsvergleichender Sicht auch OLLIER/LE GALL N 10 ff.).

29.14 Dies gilt in besonderem Masse für fiktive Heilungskosten. Die Zuerkennung dieser Kosten führt zur rechtspolitisch bedenklichen Möglichkeit, dass der Verletzte aus seiner Gesundheitsbeeinträchtigung «ein Geschäft macht, anstatt den ihm zukommenden Betrag zweckmässig zur Heilung zu verwenden» (APATHY 82). Überdies begründet die Zuerkennung auch die Gefahr einer missbräuchlichen Doppelliquidation, indem zunächst fiktive Heilbehandlungskosten vom Schädiger kassiert werden und man die Heilung später auf Kosten der (Sozial-) Versicherung durchführen lässt (HUBER 267 und 270; s. auch KÖHLER 358). Dagegen lässt sich mit Blick auf die Verbreitung der Krankenversicherung auch nicht einwenden, dass der Mittellose «in die Tasche des Schädigers spart» (so das Argument des BGH im Stärkungsmittel-Fall, vorne N 29.07).

29.15 Letztlich hat die Gewährung fiktiver Herstellungskosten nur den Zweck, dass der Geschädigte auf diese Weise mehr erhält, als er im Rahmen der Kompensation erhalten würde, er also Ersatz für eine Beeinträchtigung bekommt, die sich in seinem Vermögen nicht auswirkt. Wer Wiederherstellungskosten fordert, obwohl er diesen Betrag nicht für die Herstellung (bzw. Behandlung) verwendet, fordert in Wirklichkeit Schadenersatz für einen Nichtvermögensschaden, also für rein **immaterielle Interessen** (ausführlich ROBERTO 181 ff.; vgl. auch die zutreffende Kritik bei HONSELL/HARRER 443 ff.).

1.5. Keine Restitution bei immateriellen Folgeschäden

29.16 Wird bloss die Freizeit, die angestrebte Erholung, die Lebensfreude oder der Affektionswert beeinträchtigt, liegt im Allgemeinen kein Vermögensschaden vor und kann daher kein Schadenersatz beansprucht werden. Gelegentlich versucht man dieses Ergebnis dadurch zu vermeiden, dass man argumentiert, die Kosten für das «Nachholen» der Freizeit, der Erholung usw. sei die finanzielle Beeinträchtigung, die es auszugleichen gilt.

Es geht bei dieser Problematik um den Anwendungsbereich der Restitution. Wie vorne ausgeführt wurde, gleicht die Restitution in gewissen Fällen auch immaterielle Interessen aus (vorne N 28.08). Aus diesem Grunde können die Wiederherstellungskosten bei Familienandenken, Bäumen, Gebäuden oder Haustieren auch erheblich über der Werteinbusse liegen. Bei einer zu weit gehenden Anerkennung der Restitution besteht freilich die Gefahr, dass immaterielle Schäden in weitem Umfange «materialisiert» werden, indem der Geschädigte restitutive Massnahmen zur Beseitigung des Schadens ergreift und die Kosten dem Schädiger in Rechnung stellt. 29.17

So liesse sich etwa vertreten, dass der ausgefallene Urlaub in Griechenland durch eine Reise nach Florida ersetzt (abgelehnt durch OLG München OLGZ 1982, 463) und der entgangene Karajan-Konzertgenuss gleichwertig durch ein Böhm-Konzert ausgeglichen werden könne (ablehnend BRINKER 65 und 325). Denkbar ist ferner, bei Zerstörung eines Hirschgeweihes, das von einem durch den Geschädigten in Ungarn geschossenen Hirsch stammt, als Ersatz für die Jagdtrophäe denjenigen Betrag zuzusprechen, der für die Erlegung eines gleichwertigen Hirsches in demselben Land aufzuwenden wäre (abgelehnt durch OLG Köln OLGZ 1973, 7) oder bei Zerstörung eines Modellbootes die (Lohn-)Kosten für die Wiederherstellung (vgl. vorne N 28.20 f.). 29.18

Bei einem noch weiteren Verständnis der Restitutionsmöglichkeiten lässt sich für den ganzen immateriellen Bereich eine Entschädigung begründen. Es lässt sich nämlich bei fast allen immateriellen Schäden ein nicht in Geld bestehendes Äquivalent, eine «Ersatzfreude», ausdenken, dessen Kosten man dem Ersatzpflichtigen in Rechnung stellen kann (STOLL, JZ 1975, 254). 29.19

Zu denken ist etwa an den infolge der Tötung eines Haustieres, der Beschädigung eines Familienandenkens und dergleichen empfundenen Kummer, welcher mit dem Besuch einer Opernaufführung oder (für die jüngeren Geschädigten) einen Ausflug in einen Vergnügungspark gelindert wird (STOLL 164). Aus diesem Grunde ist auch die in der Schweiz gelegentlich vertretene Auffassung, bei einem verdorbenen Urlaub seien die Kosten für eine «nachgeholte» Reise ersatzfähig (so z.B. HONSELL/ISENRING/KESSLER § 8 N 56), abzulehnen (ROBERTO, SJZ 1990, 91 f.). Jegliche Grenze zwischen materiellen und immateriellen Schäden entfällt, wenn man diese Kosten – der herrschenden Meinung folgend (N 29.04 f.) – auch dann gewährt, wenn der Geschädigte die Wiederherstellung nicht beabsichtigt. 29.20

Zutreffender Ansicht nach handelt es sich bei der Ausdehnung der Restitution auf immaterielle Folgeschäden um die Verschaffung eines nicht in Geld bestehenden Äquivalents für einen individuellen Verlust, der sich nicht mehr aus der Welt schaffen lässt (STOLL, JZ 1975, 254). Folgt man diesem Ansatz, müsste man **immaterielle Einbussen allgemein als materiellen Schaden anerkennen**, da es keinen Unterschied macht, ob man jene unmittelbar in Geld umsetzt oder sich erst ein immaterielles Äquivalent ausdenkt, dessen Kosten dann dem Ersatzpflichtigen in Rechnung gestellt werden (ROBERTO, SJZ 1990, 91). 29.21

1.6. Verlust von Gebrauchsvorteilen im Allgemeinen

29.22 In der Schweiz wird der abstrakte Nutzungsausfall meist im Zusammenhang mit Fahrzeugen abgehandelt. Diesbezüglich befürwortet man mehrheitlich einen Ersatz im Umfange der anteiligen Festkosten (MERZ 196; DESCHENAUX/TERCIER § 24 N 11; in engem Rahmen zustimmend auch REY/WILDHABER N 377). In der Westschweiz sprechen die Gerichte gelegentlich sogar eine Entschädigung für den Nutzungsausfall zu (vorne N 24.16 ff.; vgl. FUHRER 81 m.N.). Die Literatur verweist für die dogmatische Begründung auf das deutsche Schrifttum, welches hinsichtlich des Diskussionsaufwandes international eine unangefochtene Spitzenposition innehat (Überblick über den Meinungsstand bei LANGE/SCHIEMANN 283 ff.).

29.23 Die dogmatischen Begründungen lassen sich auf zwei Ansätze zurückführen: Entweder wird versucht, die Gebrauchsmöglichkeit als Vermögenswert zu deklarieren (Kommerzialisierungsgedanke), oder man erklärt die dafür aufgewandten anteiligen Kosten als ersatzfähig (Frustrationsgedanke). Die schweizerische Lehre schliesst sich vorwiegend letzterem Gedanken an. Infolgedessen wird ein Ersatz für weiterlaufende Kosten wie Garagenmiete, Versicherungen und Steuern befürwortet (vgl. etwa DESCHENAUX/TERCIER § 24 N 11).

29.24 Auf die Unzulänglichkeiten des Frustrationsgedankens wurde bereits eingegangen (vorne N 24.16 ff.). Nun besitzen aber auch weitere in der Literatur hilfsweise angeführte Argumente starke Überzeugungskraft. So wird etwa angeführt, dass derjenige, der auf eine Ersatzbeschaffung verzichtet, «in die eigene Tasche und nicht in diejenige des Schädigers sparen» will (ROBERTO 22 f. m.N.). Wer sparsam ist, nicht genügend Kenntnisse über seine Ansprüche hat oder nicht über die notwendigen Mittel für die Bevorschussung der Kosten verfügt, soll nicht schlechter behandelt werden als derjenige, der die Aufwendungen für eine Ersatzbeschaffung tatsächlich tätigt (vgl. etwa MEDICUS, VersR 1981, 603: «Sparsamkeitsprämie»). Man spricht diesbezüglich auch vom «Schmerzensgeld des kleinen Mannes» (vgl. NIXDORF 92). Unausgesprochen dürfte im Fahrzeugbereich aufgrund der obligatorischen Haftpflichtversicherung auch das «deep-pocket»-Argument mit hineinspielen.

1.7. Kein Ersatz für entgangene Nutzung

29.25 Der Ersatz der nutzlos gewordenen Aufwendungen gerät, wie bereits dargelegt wurde (vorne N 24.13 ff.), in Schwierigkeiten, sobald man sich vom Fahrzeugbereich löst und den Gedanken verallgemeinert. Da es nun aber kaum ein Sonderrecht für Fahrzeuge geben kann, müssen die dogmatischen Konzeptionen auch auf den Gebrauchsverlust bei sonstigen Sachen übertragen werden können. Anderes mag für die Verhältnisse in Deutschland gelten. Dort gewinnt die Einsicht an Boden, dass die Nutzungsentschädigung juristisch nicht zu begründen ist, sie aber im Fahrzeugbereich aufgrund der eingespielten Schadensregulierungspraxis der Versicherungen nicht wieder rückgängig gemacht werden sollte (SCHIEMANN 298) bzw. als Gewohnheitsrecht gelte. Hierzulande hat sich dagegen weder eine solche versicherungstechnische Regulierungspraxis gebildet, noch ist eine entsprechende Rechtsprechungskontinuität zu beobachten.

29.26 Der Entzug der Gebrauchsmöglichkeit stellt **keinen ersatzfähigen Schaden** dar. Dies wird heute, sieht man einmal vom Fahrzeugbereich ab, zunehmend anerkannt und wurde auch durch das Bundesgericht bestätigt (BGE 126 III 393 f.). Der Nutzungsausfall ist bloss eine mögliche Schadensquelle, nicht aber schon der Schaden selbst (LANGE/SCHIEMANN 285).

Es ist auch nicht angebracht, eine Ausnahme für Fahrzeuge zu machen. Ist der Geschädigte auf ein Fahrzeug angewiesen, wird er sich von einer Ersatzanmietung nicht dadurch abhalten lassen, dass er die Kosten vorschiessen muss. Die Tatsache, dass der Geschädigte die Anmietung unterliess, belegt gerade, dass er sich anderweitig behelfen konnte. Es ist daher auch von der Sache her nicht geboten, ihm gleichwohl eine Entschädigung zu gewähren. Diese Auffassung geht auch nicht etwa an den tatsächlichen Gegebenheiten und einer Verkehrsanschauung vorbei. Wie der in der österreichischen Versicherungspraxis eingeführte «Spalttarif» zeigt, ist der überwiegende Teil der Fahrzeughalter bereit, auf die Nutzungsentschädigung zugunsten einer tieferen Versicherungsprämie zu verzichten (vgl. ROBERTO 209 m.N.). 29.27

Das andere in der Literatur regelmässig erwähnte Beispiel des kurz vor der geplanten Urlaubsreise beschädigten Fahrzeuges (vgl. MERZ 197) begründet ebenfalls keinen Anspruch auf Nutzungsentschädigung. Dem Eigentümer ist es freilich unbenommen, sein Restitutionsinteresse geltend zu machen und die Kosten eines Mietwagens in Rechnung zu stellen. Die geplante Urlaubsreise ist diesfalls bei der Beurteilung der Angemessenheit der Aufwendung entsprechend zu berücksichtigen. 29.28

2. Beeinträchtigung persönlicher Ressourcen

Literatur

CHAPPUIS, Le préjudice ménager: encore et toujours ou les errances du dommage normatif, HAVE 2004, 282 ff.; DORN/GEISER/GRAF/SOUSA-POZA, Die Berechnung des Erwerbsschadens, Bern 2007; HERRMANN, Haftpflichtrechtliche Überlegungen zur Beeinträchtigung in der Haushaltführung, in: Personen-Schaden-Forum 2013, hrsg. von Weber, Zürich 2013, 134 ff.; HUBER, Das Ausmass des Haushalts-führerschadens in Abhängigkeit von Tabellenwerken – und unterschiedliche Ansätze in Deutschland und der Schweiz, HAVE 2009, 109 ff.; KISSLING, Dogmatische Begründung des Haushaltsschaden, Bern 2006.

2.1. Problemlage

Unter dem Begriff «persönliche Ressourcen» lassen sich verschiedene Sachverhalte subsumieren. Im Vordergrund steht die Erwerbstätigkeit. Kann jemand verletzungsbedingt seine berufliche Tätigkeit (zeitweise) nicht ausüben, stellt der Einnahmeausfall einen ersatzfähigen Schaden dar (vorne N 27.29 ff.). Unklar ist dagegen, ob derjenige, der **keinen konkret nachweisbaren Erwerbsausfall**, keine Vermögenseinbusse erlitten hat, ebenfalls Ersatz beanspruchen kann. Zu denken ist an die Verletzung des haushaltsführenden Ehegatten, des Arbeitslosen, des Arbeitsunwilligen, des Rentners oder des Studenten. 29.29

Die persönlichen Ressourcen aktiviert auch der Betroffene, welcher die **Schädigung in seiner Freizeit beseitigt**, der also während seiner Freizeit real Arbeitsleistungen erbringt (Eigenreparatur-Fälle). Eine ähnliche Fallgruppe bildet der Zeitverlust, welcher für die **Durchsetzung berechtigter Ansprüche** aufgewandt wird. 29.30

2.2. Fiktiver Erwerbsschaden im Allgemeinen

29.31 Das Problem des fiktiven Erwerbsausfalles stellt sich dann, wenn der Geschädigte Arbeitsleistungen erbringt, obwohl dies von ihm nicht gefordert werden könnte. Solche Fälle sind vor allem bei Verletzung des **haushaltsführenden Ehegatten** bedeutsam. Man spricht vom «Haushaltsschaden». Kann der Haushaltsführer verletzungsbedingt den Haushalt nicht versorgen, so hat er Anspruch auf die Kosten einer eingesetzten Hilfskraft, sofern deren Einsatz erforderlich war. In aller Regel behelfen sich aber der Geschädigte und seine Angehörigen anderweitig und sehen daher – namentlich bei kurzfristigen Beeinträchtigungen – vom Einsatz einer Hilfskraft ab. Eine Vermögenseinbusse entsteht in diesem Fall nicht.

29.32 Entsprechendes ist auch bei Selbständigerwerbenden denkbar; diese vermeiden eine Einbusse oftmals, indem sie trotz der Gesundheitsbeeinträchtigung weiterarbeiten, d.h. **überobligatorische Anstrengungen** erbringen.

29.33 Schliesslich hat in jüngerer Zeit die Frage Beachtung gefunden, ob **unentgeltlich arbeitstätige Verletzte** ebenfalls eine Entschädigung beanspruchen können (BK/BREHM OR 46 N 45). In der deutschen Rechtsprechung wurde etwa ein Ersatzanspruch eines verletzten Ordensbruders einer Benediktiner-Abtei, der vorwiegend als Kirchenmusiker tätig war, abgelehnt (OLG Celle NJW 1988, 2618).

29.34 Nach der vorherrschenden und zutreffenden Auffassung werden in den genannten Fällen die Anstrengungen und Arbeitsleistungen nicht zugunsten des Haftpflichtigen erbracht, weshalb sie – zumindest teilweise – zu honorieren sind (BK/BREHM OR 46 N 39 und 45; BGE 49 II 163 ff.). Dies gilt insbesondere hinsichtlich der Verletzung des haushaltsführenden Ehegatten (BGE 108 II 437 ff.; 113 II 350 f.; 127 III 405 ff.; BGer Pra 1995, Nr. 172, E. 5; BGer 4A_259/2012, E. 3.1.2 m.w.N.; REY/WILDHABER N 284; SCHAER N 167; CR/WERRO OR 41 N 27; CHK/MÜLLER OR 46 N 21; zurückhaltend BK/BREHM OR 46 N 112 ff.).

29.35 Hinsichtlich der Anspruchshöhe gehen die Meinungen auseinander. Der Schaden des arbeitsunfähigen Haushaltsführers kann einerseits abstrakt geschätzt werden; andererseits kann dieser auch möglichst konkret, unter Berücksichtigung der konkreten Umstände bei der betroffenen Familie, der haushaltsspezifischen Behinderung und der ortsüblichen Entlohnung von Hilfskräften ermittelt werden. Das Bundesgericht hat einen Mittelweg gewählt und spricht Ersatz für den **Wert der Haushaltsarbeit** zu, wobei es für die Berechnung auf statistische Daten abstellt (BGE 108 II 437 ff.; 131 III 370 ff.).

29.36 Das Bundesgericht führt diesbezüglich aus: «Der Haftpflichtige hat insoweit für normativen Schaden einzustehen, der sich nicht konkret, sondern nur abstrakt berechnen lässt. Auch hier liegt der Schadensberechnung allerdings insofern eine Aufwandmethode zugrunde, als vom Aufwand auszugehen ist, den der vollumfängliche Ausgleich der ausgefallenen Haushaltsarbeit durch eine entgeltlich eingesetzte Ersatzkraft verursacht hätte» (BGer Pra 1995, Nr. 172, E. 5; vgl. auch BGE 132 III 332; zur Aufwandmethode vgl. ZK/LANDOLT OR 46 N 982 ff.). Bei der Ermittlung des mutmasslichen Aufwands stützt sich die Rechtsprechung hierzulande auf die SAKE-Tabellen, welche auf Daten der Schweizerischen Arbeitskräfteerhebung (SAKE) basieren (BGE 131 III 370; ZK/LANDOLT OR 46 N 1050 ff.; ausführlich KISSLING 168 ff.).

29.37 Die Frage der Ersatzfähigkeit und der Berechnungsmethode liesse sich dadurch einer Lösung zuführen, indem man jedem Verletzten, dessen Arbeitsfähigkeit eingeschränkt ist, einen Geldanspruch zubilligt (so die französische Rechtsprechung, vgl. CHARTIER 218 ff., 652 f.; ROBERTO 217 f.). Die Arbeitskraft als wesentliche «Geldquelle» wird damit zum Vermögenswert. Zu ersetzen wäre der **fiktive Verdienst**, den der Betroffene auf dem Arbeitsmarkt hätte erzielen können (so MüKo/GRUNSKY Vor BGB 249 N 23 ff.; KISSLING 298 ff. m.N.).

Dieser Ansatz würde auch die Frage beantworten, ob der Geschädigte, welcher den Schaden selber behebt (z.B. Eigenreparatur), einen Ersatz geltend machen kann. Gleiches gilt für die eigene Durchsetzung eines Anspruchs (statt einen Anwalt oder ein Inkassoinstitut zu beauftragen) und generell für die aufgewandte Arbeitskraft im Zusammenhang mit der Schadensregulierung, d.h. die Feststellung des Schadens, die Prüfung der möglichen Schadensbeseitigungsmassnahmen, die Suche nach einem für die Schadensbehebung geeigneten Vertragspartner, Transportkosten, Überwachung der ordnungsgemässen Durchführung der Wiederherstellung, Abnahme, Kontrolle usw. (ausführlich HUBER 618 ff.). 29.38

2.3. Würdigung der einzelnen Fallgruppen

Bei der Würdigung der Ersatzfähigkeit des persönlichen Ressourceneinsatzes ist die Unterscheidung der Restitution von der Kompensation wesentlich (vorne N 28.04 ff.). Zu berücksichtigen ist ferner der mit dem Einsatz subjektiv verfolgte Zweck, d.h., ob der Geschädigte seine Arbeitskraft produktiv verwendet oder nicht. 29.39

Werden Ressourcen beeinträchtigt, die der Betroffene produktiv einsetzt, ist zu seinen Gunsten an der Verwendungsentscheidung festzuhalten und ihm mit dem Schadenersatz das erwartete Einkommen zuzusprechen. Handelt es sich dagegen um konsumtiv eingesetzte Ressourcen, wäre der Betroffene konsequenterweise ebenfalls an seiner Entscheidung festzuhalten (vgl. BRINKER 299 ff., insbesondere 317 ff.). 29.40

Wesentlich ist schliesslich, ob der Geschädigte seine Arbeitskraft für die Wiederherstellung des schadensfreien Zustandes aktiviert (HUBER 636 f.). Liegt also eine Substituierung von Marktleistungen vor, dann rechtfertigt sich grundsätzlich eine Entschädigung; dieser Ansatz darf aber nicht verabsolutiert werden, ansonsten jede produktiv eingesetzte Sekunde zur Schadensbeseitigung zu Geld gemacht werden könnte (ausführlich hierzu ROBERTO 228 ff.). 29.41

Der Geschädigte, welcher die **Schadensbeseitigung selbst vornimmt**, betätigt sein Restitutionsinteresse. Sein Anspruch sollte daher nicht auf das Kompensationsinteresse beschränkt werden. 29.42

Dafür sprechen auch ökonomische Gründe. Gewährt man nur die Materialauslagen und lehnt man einen weiter gehenden Ersatz für die eingesetzte Arbeitskraft ab, fehlt dem Betroffenen jeglicher Anreiz, die an sich erwünschte Eigenreparatur vorzunehmen (HUBER 108). Das Ziel, die Gesamtschadenssumme möglichst tief zu halten, erfordert eine Entschädigung desjenigen, der seine persönlichen Ressourcen für die Schadensbeseitigung aktiviert. 29.43

Die Anspruchshöhe ist nicht an den marktüblichen Reparaturkosten auszurichten. Der Geschädigte soll zwar einen Anreiz für die Aktivierung seiner Arbeitskraft erhalten, weshalb auch nur diese zu entschädigen ist, nicht aber den bei Nutzung von Marktleistungen erzielten Werkstattgewinn oder die bei einer Eigenreparatur nicht anfallenden Mehrwertsteuern. Aus Praktikabilitätsgründen kann im Regelfall auf den um die Gewinnmarge sowie Steuern und Sozialabgaben bereinigten realen Stundenlohn eines unselbständigen Handwerkers abgestellt werden. 29.44

29.45 Seine eigenen Ressourcen aktiviert auch derjenige, der die notwendigen Massnahmen für die **Regulierung** und Abwicklung der **Schadensbeseitigung** sowie für die **Verfolgung seiner Ansprüche** ergreift (z.B. Beauftragung einer Werkstatt für die Reparatur, Anmeldung des Schadensfalles bei der Versicherung, Instruktion des Anwaltes und dergleichen). Gleichwohl sollte für diese Tätigkeiten keine Entschädigung gewährt werden, es sei denn, der Betroffene könne konkret einen daraus folgenden anderweitigen Erwerbsausfall nachweisen. Dies lässt sich aber nicht etwa damit begründen, dass es sich hierbei um eine blosse Freizeiteinbusse handelt, müsste doch dann auch eine Entschädigung bei der Eigenreparatur abgelehnt werden. Der entscheidende Gesichtspunkt liegt darin, dass die Rechtswahrnehmung in den eigenen Pflichtenkreis des Geschädigten fällt und im Gegensatz zur Schadensbeseitigung keine Leistung darstellt, die nach dem Restitutionsgedanken dem Schädiger obliegt. Gleiches gilt im Allgemeinen auch für die Mühewaltung im Zusammenhang mit der Schadensfeststellung sowie der Kontrolle und der Abnahme der Schadensbeseitigung durch Dritte. Insoweit sind auch bei tatsächlicher Inanspruchnahme von Marktleistungen (z.B. eines Anwaltes) die Kosten nur insoweit zu ersetzen, als diese nach den gesamten Umständen objektiv erforderlich waren, d.h. wenn die notwendigen Vorkehrungen den Betroffenen überfordern würden oder den üblichen Rahmen deutlich überschreiten.

29.46 Das Restitutionsinteresse wird auch betätigt, wenn man keine Ersatzkraft anstellt, sondern sich mit **überobligatorischen Anstrengungen** oder verstärkter Heranziehung anderer Familienangehöriger behilft. Während also für die beeinträchtigte Arbeitskraft als solche kein Ersatz zu gewähren ist (a.M. KISSLING 298 ff.), rechtfertigt sich eine Entschädigung, wenn der verletzte Haushaltsführer oder der Selbständigerwerbende die Ersatzlage selbst herstellt. Im Übrigen kann bei längerer oder gar dauernder Beeinträchtigung ohnehin nicht auf die tatsächliche Inanspruchnahme einer Ersatzkraft abgestellt werden, da dies im Urteilszeitpunkt nicht absehbar ist.

29.47 Hinsichtlich der Berechnungsgrundlage ist der Rechtsprechung des Bundesgerichts zuzustimmen (vorne N 29.34 ff.). Insbesondere kommt man nicht umhin, auf Tabellenwerke abzustellen (vgl. die in BGer Pra 1995, Nr. 172, E. 4 erwähnten Werke; s. sodann die SAKE-Tabellen 2004 bei ZK/LANDOLT OR 46 N 1063 ff.; aktuelle SAKE-Tabellen sind im BFS-Statistikportal in elektronischer Form verfügbar), welche auf der Grundlage von statistischen Untersuchungen über den Zeitaufwand für die Haushaltsführung und den als massgeblich erachteten Stundenlohn errichtet werden. Ob diese Tabellen angesichts deren Zielsetzungen unbesehen übernommen werden können, wird gelegentlich bezweifelt (vgl. STEINER 178), kann aber hier nicht vertieft werden. Immerhin sei darauf hingewiesen, dass dem Richter ein Abweichen von den statistischen Daten nicht verwehrt ist. Infolgedessen kann er zugunsten der Einzelfallgerechtigkeit die konkreten Verhältnisse berücksichtigen (vgl. BGE 132 II 332).

3. Beeinträchtigung der Ferien- und Freizeit

Literatur

ESSER/SCHMIDT, Schuldrecht, Bd. I/2, 8. Aufl., Heidelberg 2000; GHIRINGHELLI, Risarcibilità delle vacanze impedite o rovinate, Collezione Assista, Genf 1998, 174 ff.; HONSELL, Die misslungene Urlaubsreise, JuS 1976, 222 ff.; MÜLLER, Schadensersatz auf Grund verdorbenen Urlaubs, Berlin 1986; ROBERTO, Verdorbene Ferien als Schaden, recht 1990, 79 ff.; ders., Schadenersatz wegen verdorbener Ferien, SJZ 1990, 91 f.; ders., Zur Ersatzfähigkeit verdorbener Ferien, recht 1997, 108 ff.; STARK, Zur Frage der Schädigung ohne Vermögensnachteile, FS Keller, Zürich 1989, 311 ff.

3.1. Problemlage

Häufig erörtert wurde auch die Frage, ob die Beeinträchtigung der Ferienzeit ersatz- 29.48
fähig ist (ROBERTO, recht 1990, 79 ff. m.N.). Begründen lässt sich dies mit dem Kommerzialisierungsgedanken. Denn beim Angestellten gehört die bezahlte Ferienzeit zum Verdienst, während der Selbständigerwerbende in dieser Zeit eine Ersatzkraft einstellen oder eine Erwerbseinbusse hinnehmen muss.

Spricht man der **Ferienzeit Vermögensqualität** zu, so stellt ihre Beeinträchtigung 29.49
einen Schaden dar (so MüKo/GRUNSKY Vor BGB 249 N 30c; ESSER/SCHMIDT 210). Schadenersatz für verdorbene Ferienzeit könnte etwa derjenige fordern, der seine Ferien nach einem Verkehrsunfall im Krankenhaus verbringen muss. Nach dieser Auffassung müsste an sich eine Entschädigung auch bei einer kurz nach den Ferien erlittenen Verletzung geschuldet sein (vgl. den Fall des LG Celle VersR 1974, 760).

Im deutschen Recht wird der **Verlust von Freizeit** selbst von denjenigen nicht als in Geld 29.50
ersetzbarer Vermögensschaden angesehen, die der Ferienzeit in gewissem Rahmen Vermögensqualität zusprechen. Die Freizeit stehe lediglich im normalen Wechselrhythmus mit dem Arbeitsprozess, werde nicht gewissermassen vorverdient und habe generell konsumtiven Charakter (ESSER/SCHMIDT 211). Anderer Ansicht nach ist diese Ungleichbehandlung abzulehnen; ebenso wie bei den Ferien hätte der Geschädigte in der Freizeit arbeiten können, weshalb ein Vermögensschaden in der Höhe des erzielbaren Einkommens zu bejahen sei (MüKo/GRUNSKY Vor BGB 249 N 30; zustimmend OLG Frankfurt NJW 1976, 1320). Dieser Auffassung ist insofern zuzustimmen, als eine Abgrenzung zwischen Ferien- und Freizeit, zwischen einem Kurzurlaub, einem verlängerten Wochenende und einem freien Nachmittag, namentlich bei Selbständigen erhebliche Schwierigkeiten bereitet. Dies deutet freilich nur darauf hin, dass Ferien- und Freizeit rechtlich gleich zu behandeln sind, sagt aber nichts darüber aus, ob die Beeinträchtigung oder der „Verlust an Zeit“ ersatzfähig ist.

3.2. Keine Entschädigung für beeinträchtigte Ferien- und Freizeit

Bei der Freizeit wird ein konsumtiver Zweck verfolgt, wodurch eine Gleichsetzung 29.51
mit dem Erwerbsausfall nicht naheliegt. Bei beeinträchtigter Freizeit werden auch keine persönlichen Ressourcen zur Wiederherstellung des schadensfreien Zustandes eingesetzt, weshalb auch keine Parallele zur Eigenreparatur, zum Ausfall des Haushaltsführers usw. ersichtlich ist (vgl. BGE 115 II 481 f.).

29.52 Die Anerkennung der Freizeit als Vermögenswert würde überdies zu einer sinnlosen Vermehrung der Ersatzpflichten führen (vgl. z.B. die folgenden fragwürdigen Gerichtsurteile: AG Berlin-Schöneberg NJW 1989, 2824: DM 100.– für nutzlose zweistündige Wartezeit; LG Tübingen NJW 1989, 1613: zeitlicher Mehraufwand einer Familie, deren Einbauküche verspätet geliefert wird; den geschätzten Zeitaufwand von 30 Stunden multiplizierte das Gericht mit dem Stundenansatz von ca. DM 15.–).

29.53 Problematischer und in der Literatur umstrittener ist die Entschädigung für die beeinträchtigte Ferienzeit. Die Stellungnahmen gehen weit auseinander (befürwortend OGer ZH SJZ 1981, 79; MERZ 198; ablehnend BGE 115 II 481; OFTINGER/STARK I § 2 N 56; ROBERTO, recht 1990, 79 ff.; ders., recht 1997, 108 ff. je m.N.).

29.54 Die Befürworter verweisen hinsichtlich der dogmatischen Grundlage regelmässig auf die Überlegungen in der älteren deutschen Rechtsprechung. Dass die als Begründung denkbaren Kommerzialisierungs- und Frustrationstheorien abzulehnen sind, wurde bereits erläutert (vorne N 24.01 ff.). Von Interesse sind aber auch die Wertungen, die letztlich zu der Anerkennung eines ersatzfähigen Schadens durch die deutschen Gerichte führten (vgl. die Kritik dazu in LANGE/SCHIEMANN 390 f.). Die BGH-Rechtsprechung liess sich etwa von einem vermeintlichen Schutzbedürfnis der Konsumenten leiten, das es verbiete, «allein wegen der verbleibenden Bewertungsschwierigkeiten» den schadenersatzrechtlichen Schutz zu versagen (so die Grundsatzentscheidung des Grossen Zivilsenats im Jahre 1986, BGHZ 98, 222).

29.55 Diesbezüglich ist zu unterscheiden: Im vertraglichen Verhältnis ist der Konsument nicht schutzlos, kann er doch bei Schlechterfüllung des Vertrages eine Rückerstattung verlangen. Im ausservertraglichen Bereich ist dagegen ein entsprechender Anspruch abzulehnen. Dies lässt sich freilich nicht damit begründen, dass die Ferienzwecke verschieden sind. Richtigerweise sollte die Vereitelung der Ferienpläne, wie die Beeinträchtigung der Freizeitgestaltung ganz allgemein, der **Risikosphäre des Betroffenen** zugeordnet werden.

29.56 Nicht mit der Entschädigung für die verdorbene Ferienzeit zu verwechseln ist die Ersatzfähigkeit der Kosten für eine geplante, infolge eines schädigenden Eingriffs aber nicht angetretene Reise. Der Ersatz für nutzlose Aufwendungen, welcher mit der Frustrationstheorie begründet wird, ist zutreffender Ansicht nach abzulehnen (vorne N 24.19 ff.). Auch aus praktischer Sicht besteht kaum noch ein Schutzdefizit, wird dieses Risiko doch meist durch eine (zunehmend im Reisepreis inbegriffenen) Rücktrittsversicherung abgedeckt.

4. Aufwendungen vor dem Schadensfall

Literatur

DAVID/FRICK/KUNZ/STUDER/ZIMMERLI, Schweizerisches Immaterialgüter- und Wettbewerbsrecht, Bd. I/2, 3. Aufl., Basel 2011; HERRMANN, Schadensersatz für Reservehaltung, Diss. Göttingen 1963; NIEDERLÄNDER, Schadensersatz bei Aufwendungen des Geschädigten vor dem Schadensereignis, JZ 1960, 617 ff.; RUHWEDEL, Vorhaltekosten und ihre Ersetzbarkeit, JuS 1982, 27 ff.; STOLL, Haftungsrechtlicher Schutz gegen drohendes Unrecht, FS Lange, Stuttgart 1992, 729 ff.; VON FALKENHAUSEN, Vorhalte- und Vorsorgekosten, Königstein 1979; WELSER, Zur Ersetzbarkeit von Detektivkosten beim Warenhausdiebstahl, ÖJZ 1977, 645 ff.

4.1. Problemlage und Fallgruppen

Der Haftpflichtige muss Aufwendungen zur Beseitigung oder Minderung der Folgen eines unerlaubten Eingriffes grundsätzlich ersetzen. In welchem Umfang Aufwendungen, die **nach** einer schädigenden Handlung getätigt werden, zu ersetzen sind, wurde bereits erläutert (vorne N 28.04 ff.). Ausgeklammert blieb die Frage, ob und inwieweit ein Ersatzanspruch auch für Aufwendungen besteht, die bereits **vor** der Schädigung anfallen. Diese sog. Vorhalte- und Vorsorgekosten haben mit den Frustrationsschäden gemeinsam, dass sie vor der Schädigung aufgewandt werden, unterscheiden sich von diesen aber dadurch, dass die Aufwendungen nicht nutzlos waren, sondern sich gerade als **sinnvoll** erwiesen haben. 29.57

Aufwendungen vor dem Schadensfall fallen etwa an bei öffentlichen Transportunternehmen mit grösserem Fahrzeugpark. Diese halten regelmässig Fahrzeuge in Reserve für den Fall, dass ein Fahrzeug ausfällt (**«Reservewagen-Fälle»**). Entsprechendes gilt für eigene Reparaturwerkstätten. Die Kosten für Arbeitnehmer, für Abschreibungen auf Maschinen usw. fallen ohnehin an, weshalb zweifelhaft ist, ob sie durch den Haftpflichtigen «verursacht» wurden. Oder anders ausgedrückt: Die Vermögenslage des Geschädigten erfährt bei Einsatz eines Reservewagens oder Reparatur in der eigenen Werkstatt (mit Ausnahme der variablen Kosten) keine Veränderung. 29.58

Zu erwähnen sind auch die Überwachungskosten in Warenhäusern (**«Ladendiebstahls-Fälle»**); anders als bei den allgemeinen Verwaltungskosten, die für die Abwicklung der Angelegenheit nach der Entdeckung anfallen, fehlt bei den Kosten für Hausdetektive und Fernsehkameras die kausale Verknüpfung mit der konkreten Einzeltat. 29.59

Schliesslich sind in Deutschland die Aufwendungen für die Überwachungsorganisation der GEMA zur Aufspürung von Urheberrechtsverletzungen bedeutsam (**«GEMA-Fälle»**). In der deutschen Rechtsprechung wird der Verletzer musikalischer Urheberrechte verpflichtet, einen Teil der Überwachungskosten der Verwertungsgesellschaften zu bezahlen (in der Schweiz ablehnend ROBERTO 243 und 246 m.N in Fn. 31; DAVID/FRICK/KUNZ/STUDER/ZIMMERLI N 394; ebenso BGE 122 III 467). 29.60

4.2. Überwindung der Kausalitätsproblematik

Die generelle Zusprechung der Vorhalte- und Vorsorgekosten führt zu einer unsinnigen **Vermehrung der Ersatzpflichten**. Es lässt sich eben nicht begründen, weshalb z.B. nur Warenhäuser, nicht aber Banken, Museen oder selbst Private anteiligen Ersatz der Kosten für 29.61

Nachtwächter, Alarmanlagen und weitere Abwehrmassnahmen fordern können. Andererseits vermag die allgemeine Ablehnung der vor dem Schadensfall getätigten Aufwendungen ebenfalls nicht zu überzeugen. Dies gilt in erster Linie für die Reservewagen-Fälle. Denn es dürfte kaum im Interesse des Haftpflichtigen liegen, wenn Transportunternehmen mangels Entschädigung künftig auf das Halten von Ersatzfahrzeugen oder Betreiben einer eigenen Reparaturwerkstätte verzichten. Wer darauf vertraut, dass diese Unternehmen schon wegen des eigenen Bedarfs auf Ersatzfahrzeuge und Werkstätte angewiesen sind, übersieht, dass sich die Unternehmen diese Leistungen auch von Dritten (z.B. Tochtergesellschaften) beschaffen könnten.

29.62 Dieser Gesichtspunkt weist den richtigen Weg zur Bewältigung des Problems. Der Einsatz von Ersatzfahrzeugen und die Reparaturleistungen fallen **nach dem Schadensfall** an. Würden die Leistungen von Dritten erbracht, wäre an der Kausalität und damit der Ersatzfähigkeit der entsprechenden Kosten nicht zu zweifeln. Anders stellt sich die Situation hinsichtlich der Überwachungsleistungen (Ladendiebstahls- und GEMA-Fälle) dar. Selbst bei Einschaltung eines Drittunternehmens würden bei diesen Leistungen die Kosten **vor dem Schadensfall** anfallen. Die Ersatzfähigkeit der Vorhalte- und Vorsorgekosten sollte sich somit danach richten, ob die entsprechenden Leistungen, falls sie von Dritten erbracht würden, das **Kausalitätserfordernis** erfüllen würden oder nicht.

29.63 Diese Abgrenzung führt auch zu sachgerechten Lösungen. Die Vorsorgesphäre gegen Rechtsverletzungen ist eben Sache des Rechtsinhabers. Dieser bei Privaten als Selbstverständlichkeit geltende Grundsatz muss auch für Unternehmen gelten. Hingegen darf derjenige, welcher sich Massnahmen zur Beseitigung der Schädigung nicht auf dem Markt verschafft, sondern auf seine eigenen Ressourcen zurückgreifen kann, schadenersatzrechtlich nicht leer ausgehen. Wertungsmässig stehen solche Sachverhalte den Eigenreparatur-Fällen nahe (vorne N 29.38 und 29.42 ff.). Bei beiden Tatbeständen ist es jeweils aus ökonomischen Gesichtspunkten geboten, die Aktivierung der eigenen Ressourcen zu fördern.

5. Unterhaltskosten für unerwünschte Kinder

Literatur

BOMMER, Pflicht zur Abtreibung als Pflicht zur Schadenminderung?, ZBJV 2001, 664 ff.; DEUTSCH, Berufshaftung und Menschenwürde: Akt III, NJW 1998, 510 ff.; FELLMANN, Schadenersatz für den Unterhalt eines unerwünschten Kindes, ZBJV 1987, 317 ff.; GIESEN, Schadensbegriff und Menschenwürde, JZ 1994, 286 ff.; HARRER, Zivilrechtliche Haftung bei durchkreuzter Familienplanung, Frankfurt a.M. 1989; KOLLER, Die zivilrechtliche Haftung des Arztes für das unverschuldete Fehlschlagen einer Sterilisation, in: Haftpflicht- und Versicherungsrechtstagung, hrsg. von Koller, St. Gallen 1997, 1 ff.; LANDOLT, Baby Boy und der kategorische Imperativ: Ein Beitrag zur haftpflichtrechtlichen Problematik des pränatalen Schadens und der Familienhaftung, ZSR 2003 I, 185 ff.; LOSCH/RADAU, Die «Kind als Schaden»-Diskussion, NJW 1999, 821 ff.; MANNSDORFER, Pränatale Schädigung, Freiburg 2000; ders., Haftung für perinatale Schädigung im medizinischen Bereich, HAVE 2003, 101 ff.; PICKER, Schadensersatz für das unerwünschte eigene Leben: «Wrongful Life», Tübingen 1995; RÜETSCHI, Haftung für fehlgeschlagene Sterilisation, AJP 1999, 1359 ff.; STEINER, Das «Kind als Schaden» – ein Lösungsvorschlag, ZBJV 2001, 646 ff.; STOLKER/TOBLER, «Wrongful-Birth» – Kosten für Unterhalt und Betreuung eines Kindes als Schaden, AJP 1997, 1145 ff.; STÜRNER, Das Bundesverfassungsgericht und das frühe menschliche Leben, JZ 1998, 317 ff.; THÜR, Schadenersatz bei durchkreuzter Familienplanung: unter Berücksichtigung der Rechtsprechung in Deutschland, England und den USA, Diss. Zürich 1996; WEIMAR, Schadenersatz für den Unterhalt eines unerwünschten Kindes?, FS Hegnauer, Bern 1986, 641 ff.

5.1. Problemstellung

Grosse Beachtung findet die Frage, ob die **Unterhaltskosten für ein ungewolltes Kind ersatzfähig** sind; diese Feststellung trifft auch auf andere Rechtsordnungen zu. Die Fälle sind regelmässig Folge einer fehlerhaften ärztlichen Behandlung und gehören damit zur Vertragshaftung. Zu denken ist etwa an eine misslungene Sterilisation (Bezirksgericht Arbon SJZ 1986, 46; BGE 132 III 364 f. m.w.N.), eine unzureichende Aufklärung über das Versagerisiko einer Unterbindung (BGE vom 15.12.1995, wiedergegeben bei KOLLER 45 ff.) oder einen fehlgeschlagenen Schwangerschaftsabbruch (Zivilgericht Basel-Stadt BJM 1998, 131 und Appellationsgericht Basel-Stadt BJM 2000, 306). Es kommen aber auch ausservertragliche Haftungen infolge eines unerwünschten Kindes in Betracht, so etwa bei Schwangerschaft aufgrund eines wirkungslosen oder mit falscher Instruktion versehenen Verhütungsmittels oder aufgrund einer Vergewaltigung (vgl. SCHWENZER N 14.04). 29.64

Eine eigene Problematik stellt das behindert geborene Kind dar, dessen künftige Behinderung der Arzt bereits während der Schwangerschaft hätte bemerken und der Mutter mitteilen müssen. Falls die Schwangere sich dann für einen Schwangerschaftsunterbruch entschieden hätte und dies rechtlich noch zulässig gewesen wäre, stellt sich ebenfalls die Frage nach der Ersatzfähigkeit der Unterhaltskosten. 29.65

5.2. Rechtsprechung

Im **deutschen Recht** hat die «Kind als Schaden»-Problematik zu einem Konflikt in der höchstrichterlichen Rechtsprechung geführt: Der BGH, der wohl öfters als alle anderen europäischen Gerichte mit diesem Fragenkreis befasst war, bejahte die Ersatzfähigkeit der Unterhaltskosten prinzipiell, wenn auch nicht in vollem Umfang (VON BAR I N 582 m.N.). Im Jahre 1993 führte dann der zweite Senat des Bundesverfassungsgerichts aus, dass «eine rechtliche Qualifikation des Daseins eines Kindes als Schadensquelle» verfassungsrechtlichen Grundsätzen widerspricht; die Rechtsprechung der Zivilgerichte sei daher «mit Blick darauf der Überprüfung bedürftig» (NJW 1993, 1764). Der BGH weigerte sich aber, der Beurteilung des Bundesverfassungsgerichts zu folgen. Die Verfassung fordere nicht, dass der Arzt von seiner Einstandspflicht für Pflichtverletzungen freizustellen ist. Der Schaden liege sodann nicht in der Existenz des Kindes, sondern in der Unterhaltsbelastung durch das Kind. Insoweit enthalte die Schadensermittlung kein Unwerturteil über das Kind (NJW 1995, 2409 f.). 29.66

Die Kontroverse hat sich inzwischen zu einem Streit zwischen den beiden Senaten des Bundesverfassungsgerichts ausgeweitet. Denn der erste Senat hat im Jahre 1998 die ablehnenden Stellungnahmen des zweiten Senates als nicht entscheidungsrelevante Ausführung (sog. «obiter dictum») abgetan und umgekehrt entschieden: Die Unterhaltskosten für ein Kind könnten sehr wohl als Schaden ersatzfähig sein, da die Menschenwürde nicht berührt sei, wenn «ein Schadensersatzanspruch unmittelbar an die Existenz eines Menschen anknüpft» (NJW 1998, 521; vgl. auch NJW 2007, 990). 29.67

29.68 Die Ersatzfähigkeit der Unterhaltskosten für ungewollte Kinder wird auch in Holland grundsätzlich anerkannt. Abgelehnt wird ein Ersatz dagegen in Dänemark, England, Frankreich, Italien, Schottland oder Australien, was teilweise mit dem «ordre public» und teilweise damit begründet wird, dass ein Kind rechtlich nicht Ursache eines Schadenersatzanspruches sein könne (HONSELL, FS Bucher, 275 ff.; VON BAR I N 582 und II N 57). Die Rechtsprechung in den verschiedenen Rechtsordnungen unterscheidet sich freilich weniger stark, als dies auf den ersten Blick erscheinen mag, da bei Anerkennung der Unterhaltskosten jeweils nicht die ganzen Kosten und diese in der Regel bloss bis zum 18. Lebensjahr zugesprochen werden, während bei grundsätzlicher Ablehnung der Unterhaltskosten eine Ausnahme bei Vorliegen spezieller Umstände gelten soll.

29.69 In der Schweiz existierte lange Zeit keine höchstrichterliche Stellungnahme zu dieser Problematik. Noch in BGE 109 II 6 wurde die Frage offengelassen; die später ergangenen Entscheidungen befassten sich bloss mit der Kausalität der unzureichenden Aufklärung (vgl. BGE 122 I 80 f. = Pra 1996, Nr. 180; BGer Pra 2000, Nr. 28; s. auch MANNSDORFER N 1004 m.N.). Das Bezirksgericht Arbon und das Appellationsgericht Basel-Stadt haben dagegen einen Anspruch abgelehnt (SJZ 1986, 46 und BJM 2000, 306). Im Jahre 2005 hatte das Bundesgericht schliesslich über diese Grundsatzfrage zu entscheiden. Dabei qualifizierte es Unterhaltskosten für ein ungeplantes Kind infolge fehlgeschlagener Sterilisation erstmals als haftungsrechtlich relevanten Schaden (BGE 132 III 378 f.).

5.3. Meinungsstand

29.70 Die Meinungen in der Lehre sind uneinheitlich. Die wohl vorherrschende Auffassung bejaht wie das Bundesgericht die Ersatzfähigkeit der Unterhaltskosten (BGE 132 III 359, E. 3.3).

29.71 Ein Ersatz wird befürwortet von FELLMANN 317 ff.; SCHWENZER N 14.04; THÜR 91 ff.; RÜETSCHI 1374 f.; WERRO N 77 ff.; ZK/LANDOLT OR 46 N 30. Für den haftpflichtrechtlichen Bereich ablehnend dagegen WEIMAR 641 ff.; BK/BREHM OR 41 N 96b; MANNSDORFER N 997 ff.; KELLER II 117. Für verschiedene vermittelnde Lösungen sprechen sich aus: HONSELL/ISENRING/KESSLER § 1 N 35; OFTINGER/STARK I § 2 N 54.

29.72 Gemäss einer Kompromissposition dränge es sich dagegen auf, «dass der Richter bei guten und mittleren finanziellen Verhältnissen der Eltern die Medizinalperson von der Ersatzpflicht entbindet und bei schlechten vollen Ersatz der in Frage stehenden Kosten zuspricht. Auch eine mittlere Lösung ist je nach den Verhältnissen möglich» (OFTINGER/STARK I § 2 N 54). Über die Angemessenheit einer solchen reinen Billigkeitsrechtsprechung lässt sich streiten; sicher lässt sich die Lösung aber nicht aus dem Gesetz ableiten, wie OFTINGER/STARK (I § 2 N 54) meinen: Danach sei die Tatsache, dass das Kind von wohlhabenden Eltern abstamme, als Umstand im Sinne von OR 44 I zu betrachten. Und ebenso wenig trifft zu, dass eine solche Berücksichtigung «in der Praxis nicht neu» sei (OFTINGER/STARK I § 2 Fn. 70), ganz im Gegenteil: Dass die Wohlhabenheit des Geschädigten den an sich gegebenen Ersatzanspruch ausschliesst, wäre im Recht des Schadenersatzes in der Tat eine neue Erscheinung.

29.73 Die Diskussion um die Ersatzfähigkeit der Unterhaltskosten für ungewollte Kinder hat weder in der Schweiz noch in anderen Rechtsordnungen eine Klärung zugunsten der einen oder anderen Auffassung gebracht. Vielmehr gehen die Meinungen nach wie vor weit auseinander: Während für die einen ein Kind «ein Geschenk Gottes» ist, das den Eltern viel Freude und Befriedigung bringt (vgl. KELLER I 69; OFTINGER/STARK I § 2 N 47 und 50; so auch der vorne zitierte zweite Senat des Bundesverfassungsgerichts), sehen andere weder einen dogmatischen noch einen rechtspolitischen Grund, die Unterhaltsbelastung nicht als ersatzfähigen Schaden einzuordnen (z.B. SCHWENZER N 14.04; so auch die ständige Rechtsprechung des BGH).

Die Diskussion wird zum Teil mit grossen Emotionen geführt; neben rein dogmatischen werden auch verfassungsmässige (vgl. BGE 132 III 372 f.), naturrechtliche, ethische und religiöse Gesichtspunkte eingebracht. Jedenfalls zeigt diese Problematik besonders deutlich, dass eine wertfreie Bestimmung des Schadens aufgrund der Differenzhypothese weltfremd ist und bei den anstehenden Fragen keine Lösung bringt. Einige der im Rahmen der Diskussion angeführten Argumente sind verfehlt: 29.74

Ein Ersatz kann etwa nicht mit der Begründung abgelehnt werden, die Mutter habe auf eine Abtreibung verzichtet und dadurch gegen die Schadensminderungspflicht verstossen (so aber das Appellationsgericht Basel-Stadt, das hilfsweise dieses – sehr fragwürdige – Argument anführt, BJM 2000, 310 f.; entschieden dagegen auch STEINER 655; noch kritischer BOMMER 665 ff.; BGE 132 III 370 f.). Desgleichen besteht keine Obliegenheit, das Kind zur Adoption freizugeben (so WEIMAR 650 ff.), da das Recht vom Einzelnen nicht die Auflösung natürlicher Familienstrukturen zur Minderung des Ersatzbetrages verlangen kann. Auch eine Herabsetzung des Ersatzes aufgrund der immateriellen Freuden, die ein Kind den Eltern bereitet (im Sinne einer Vorteilsanrechnung), kommt nicht in Betracht (so aber teilweise die amerikanische Rechtsprechung, vgl. PROSSER/KEETON 372 f.). Weder die Freuden noch die Sorgen, die ein Kind den Eltern bereitet, haben einen Einfluss auf die Unterhaltskosten. Unberechtigt sind schliesslich Bedenken, wonach die Gutheissung eines Ersatzanspruchs dem Kind später drastisch die Unerwünschtheit vor Augen führe. «Es ist vielmehr umgekehrt zu befürchten, dass das Kind die mangelnde Akzeptanz noch mehr zu spüren bekommt, wenn die Eltern die finanzielle Belastung voll zu tragen haben» (KOZIOL I N 2.26). 29.75

Auf der anderen Seite ist nicht einzusehen, weshalb die Zusprechung der Unterhaltskosten, namentlich bei finanziell nicht gut gestellten Eltern, die Menschenwürde des Kindes verletzen sollte. Unverständlich ist auch der Einwand, dass man damit den «Schicksalsfall zum Rechtsfall» mache, was zu «stetig ansteigenden Versicherungsprämien» führe (so MANNSDORFER N 1003 m.N.): Ein ärztlicher Behandlungsfehler ist kein «Schicksalsfall»; und die Bedenken wegen steigender Versicherungsprämien lassen sich gegen jede Ersatzpflicht anführen. 29.76

5.4. Stellungnahme

Lässt man diese Argumente weg, verbleiben nach wie vor zahlreiche Argumente, die für und gegen eine Ersatzfähigkeit der Unterhaltskosten sprechen. **Eine Stellungnahme fällt nicht leicht**. Zunächst soll unabhängig von ethischen Erwägungen dargelegt werden, wie die Problematik mit dem gängigen schadensrechtlichen Argumentatorium anzugehen wäre. 29.77

Aus dogmatischer Sicht müsste man differenzieren: Handelt es sich um einen fehlgeschlagenen oder unterlassenen **Schwangerschaftsabbruch** und wäre dieser **medizinisch indiziert** gewesen, so geht es um die Abwendung einer Gefahr für die Gesundheit der Schwangeren und nicht um ein «unerwünschtes Kind». Die Vermeidung der Kosten für ein Kind gehört 29.78

daher nicht in den Schutzbereich des Arztvertrages: Da das Ergebnis sich nicht danach unterscheiden darf, ob die Haftung nach vertrags- oder deliktsrechtlichen Gesichtspunkten zu würdigen ist, sind die Unterhaltskosten in diesen Fällen nicht ersatzfähig.

29.79 Anders liegen die Dinge, wenn im Vordergrund die **Vermeidung der Unterhaltslast** stand, wobei hier zu fragen wäre, ob der Anspruch entfällt, wenn sich die finanziellen Verhältnisse der Unterhaltsverpflichteten verbessern. Nun sind aber die Motive des Schwangerschaftsabbruchs regelmässig vielgestaltig: Mitspielen kann auch die Ausbildungssituation, die berufliche Karriereplanung, die Erhaltung eines bestimmten Lebensstiles oder die Überzeugung, ein Kind vom «falschen» Vater zu haben. In diesem Zusammenhang ist zu beachten, dass ein Schwangerschaftsabbruch nur bei medizinischer Indikation rechtlich zulässig ist. Infolgedessen wird (unabhängig von den wirklichen Motiven) jeweils die Gesundheit der Mutter im Vordergrund stehen und deshalb ein Anspruch wegen eines misslungenen Schwangerschaftsabbruchs oder einer fehlerhaften Beratung abzulehnen sein.

29.80 Wieder anders stellt sich die Lage bei fehlgeschlagener **Schwangerschaftsverhütung** dar. Hier steht nicht die Gesundheit, sondern die Vermeidung der Schwangerschaft im Vordergrund. Zu unterscheiden ist indessen, ob die Schwangere **auf Dauer** oder **bloss zu diesem Zeitpunkt** kein Kind wollte (KOZIOL I N 2.27); bei Letzterem handelt es sich nicht um ein unerwünschtes, sondern um ein zeitlich unerwünscht frühes Kind, weshalb bloss die Schadensfolgen aus der zu frühen Geburt zu ersetzen sind, z.B. Einbussen aufgrund einer zeitweiligen Unterbrechung der Ausbildung oder der beruflichen Laufbahn (sofern solche Einbussen bei einer späteren Geburt nicht ohnehin eingetreten wären).

29.81 Wollten die Eltern auf Dauer kein Kind, so spricht aus dogmatischer Sicht nichts gegen die Zusprechung der Unterhaltskosten. Insbesondere kann der Ersatz nicht abgelehnt werden, wenn das nachträgliche Verhalten der Eltern zeigt, dass sie sich nicht bloss mit dem Kind abfinden, sondern dieses als «Wunschkind» betrachten (vgl. auch RÜETSCHI 1367 und 1370). In Schwierigkeiten gerät man aber, wenn die Eltern, die die Unterhaltskosten einfordern, später (und diesmal ohne ärztliches Fehlverhalten) noch ein weiteres Kind zur Welt bringen (VON BAR I N 583).

29.82 Die angeführten Überlegungen zeigen, dass man auch dann, wenn man die Unterhaltskosten als ersatzfähigen Schaden anerkennt, auf verschiedenen Ebenen Unterscheidungen treffen muss. Hinsichtlich der unterschiedlichen Fälle («medizinische Indikation» oder «Vermeidung der Unterhaltslast», «auf Dauer kein Kind» oder «bloss derzeit kein Kind» usw.) bestehen überdies erhebliche, oftmals kaum lösbare Beweisprobleme. Diese Schwierigkeiten können Zweifel aufkommen lassen, ob die Zusprechung der Unterhaltskosten unter Beachtung der dogmatisch erforderlichen Differenzierungen tatsächlich der sachgerechte Weg ist.

29.83 Man wird sich auch den **ethischen Bedenken** nicht völlig verschliessen können. Der Ausspruch, dass ein Kind doch kein Schaden sein dürfe, zielt zwar an der Sache vorbei, da nicht das Kind, sondern die Unterhaltskosten den Schaden bilden: Gleichwohl steht gemäss VON BAR (I N 583) hinter dem Ausspruch «inhaltlich doch mehr, als es für die erste Betrachtung den Anschein hat». Denn menschliches Leben könne «ohne Unterhalt nicht sein; das eine positiv, das andere negativ zu bewerten», scheint ihm nicht möglich zu sein. Es dürfte wohl auch von niemandem zu bestreiten sein, dass es seltsam anmutet, die anstehende Problematik anhand des Schutzzwecks des Arztvertrages, des Einwandes des rechtmässigen Alternativverhaltens und dergleichen mehr dogmatisch aufzubereiten. Es ist daher verständlich, dass zahlreiche gewichtige Stimmen in der Literatur grösste Mühe bekunden, den Fragenbereich des ungewollten Kindes schadenersatzrechtlich nach denselben Regeln abzuwickeln, die für einen zerbeulten Kotflügel gelten (vgl. etwa LANGE/SCHIEMANN 338 ff.; KOZIOL I N 2.28 ff.).

Jene Autoren, welche die Zusprechung der Unterhaltskosten aufgrund einer wertenden Reduktion der ersatzfähigen Schadenspositionen ablehnen, sollten zumindest eine Genugtuung unter dem Gesichtspunkt der Störung der Familienplanung, die eine Persönlichkeitsverletzung darstellt (vgl. vorne N 15.97 ff.), bejahen (so zutreffend STEINER 656 ff.). Hier wäre auch der Ort, wo der Richter der besonderen Belastung, die das nicht gewollte Kind für die Eltern darstellt, bei der Festsetzung des Genugtuungsbetrages Rechnung tragen kann. Sodann ist auch bei grundsätzlicher Ablehnung der Unterhaltskosten als ersatzfähige Schäden eine Ausnahme zumindest für Vergewaltigungen zu machen: Denn der Täter sollte diesfalls alle finanziellen Folgen seines Verbrechens tragen müssen (VON BAR I N 583). 29.84

5.5. Mehraufwendungen bei behindert geborenem Kind

Wie vorne ausgeführt wurde, haben sowohl das Kind («wrongful life») als auch die Eltern («wrongful birth») bei einer fehlerhaften Information über eine Behinderung des ungeborenen Kindes einen Anspruch gegen den Arzt (vorne N 05.18, 15.97 ff.). Der Ersatzanspruch umfasst die behinderungsbedingten Mehraufwendungen. Der Einwand, bei rechtmässigem Verhalten des Arztes wäre das Kind nicht gesund, sondern überhaupt nicht geboren worden (so z.B. KOZIOL I N 2.32), ist abzulehnen. 29.85

Nach Auffassung der deutschen Rechtsprechung sind auch die übrigen Unterhaltskosten ersatzfähig (BGHZ 89, 104 f.). Richtiger Ansicht nach sind diese jedoch im Hinblick darauf, dass die Eltern zur Übernahme dieser Kosten bereit waren, nicht ersatzfähig (ebenso LANGE/SCHIEMANN 335 m.w.N.). 29.86

Das Verwaltungsgericht Bern hat den Ersatz der Unterhaltskosten («wrongful birth») eines infolge falscher Beratung behindert geborenen Kindes u.a. mit der Begründung abgelehnt, der Arzt habe nicht gegen seine Sorgfaltspflichten verstossen (BVR 2004, 313). In einem unlängst ergangenen Urteil verneinte sodann das Obergericht Kanton Bern in einer «wrongful life»-Klage den Genugtuungsanspruch des behindert geborenen Kindes, da «gar keine Körperverletzung» vorlag (CAN 2012, 17). Auf höchstrichterlicher Ebene existiert in der Schweiz noch keine Rechtsprechung zur «wrongful life»-Problematik. 29.87

6. Weitere Fälle

6.1. Anwaltskosten

Literatur

BRUNNER/GASSER/SCHWANDER, Schweizerische Zivilprozessordnung (ZPO): Kommentar, Zürich 2011; SUTER/VON HOLZEN, Kommentar zu ZPO 95, in: Kommentar zur Schweizerischen Zivilprozessordnung (ZPO), hrsg. von Sutter-Somm/Hasenböhler/Leuenberger, 3. Aufl., Zürich 2016.

29.88 Die allgemeine Mühewaltung im Zusammenhang mit der Ermittlung, Geltendmachung und Eintreibung der Schadenersatzforderung ist nicht ersatzfähig (BK/BREHM OR 41 N 87 und vorne N 29.45). Anderes gilt, wenn der Anspruch vom Schädiger bestritten wird. Dabei richten sich sowohl die für die prozessuale Geltendmachung («prozessuale Anwaltskosten») als auch die vor Einleitung des Verfahrens anfallenden Anwaltskosten («vorprozessuale Anwaltskosten») nach der Schweizerischen ZPO (vgl. ZPO 95 III b).

29.89 Vor Inkrafttreten der Schweizerischen ZPO (am 1. Januar 2011) wurden vorprozessuale Anwaltskosten in einigen Kantonen lediglich als Schadenersatz zugesprochen. Neu fallen diese unter eine einheitliche Regelung auf Bundesebene und sind durch die unterliegende Partei insofern zu ersetzen, als diese für die Vorbereitung des Prozesses notwendig oder nützlich waren (SUTER/VON HOLZEN ZPO 95 N 38). Die Höhe der zu ersetzenden Kosten richtet sich jedoch nach dem kantonalen Tarif (ZPO 96). Dabei spricht das Gericht der obsiegenden Partei eine (die Kosten oftmals nicht deckende) Entschädigung gemäss anwendbarem Gebührentarif zu.

6.2. Verantwortlichkeitsklagen und Wertpapierverluste

Literatur

ROBERTO/WEGMANN, Prospekthaftung in der Schweiz, SZW 2001, 170 ff.; SUTER, Der Schaden bei der aktienrechtlichen Verantwortlichkeit, St. Gallen 2010; WEBER, Schweizerisches Verantwortlichkeitsrecht – Stolpersteine heute Potentiale morgen, in: Verantwortlichkeit im Unternehmensrecht VI, Bd. 124, hrsg. von Weber/Isler, Zürich 2012, 161 ff.; UMBACH/WEBER, Schadensberechnung in Verantwortlichkeitsprozessen, in: Verantwortlichkeit im Unternehmensrecht, Bd. 41, hrsg. von Weber, Zürich 2003, 111 ff.

29.90 Verschiedene Fragen wirft die Schadensberechnung bei gesellschaftsrechtlichen **Verantwortlichkeitsklagen** oder Wertpapierverlusten auf. Zu denken ist etwa an den Schaden eines Gesellschaftsgläubigers, weil die verantwortlichen Organe einer Aktiengesellschaft die bei Überschuldung einer Gesellschaft notwendigen Vorkehrungen (OR 725) nicht oder zu spät getroffen haben (vgl. zum «Konkursverschleppungsschaden» etwa BGE 136 III 322). Wäre bei pflichtgemässem Handeln der Organe die Gesellschaft schon vor der Leistung des Gläubigers in Konkurs gegangen, kann dieser den ganzen Schaden geltend machen. Problematisch ist dagegen der Fall, in dem der Gläubiger auch bei rechtzeitigem Handeln einen Schaden in gleicher Höhe (bloss früher) erlitten hätte (Einwand des rechtmässigen Alternativverhaltens, vorne N 06.24 ff.). Und nochmals anders liegen die Dinge, wenn sich die

Überschuldung der Gesellschaft während der Verzögerung nicht vergrössert, sondern reduziert (die Rechtsprechung scheint auch in letzterem Fall einen ersatzfähigen Schaden zu bejahen, vgl. hierzu SUTER 196 ff.).

Hat jemand aufgrund eines **fehlerhaften Prospektes** Wertschriften erworben, ist danach zu 29.91
fragen, wie der Anleger gestellt wäre, wenn er von allem Anfang an zutreffend und umfassend durch den Prospekt informiert worden wäre. Theoretisch müsste der Schaden aufgrund der negativen Kursänderung nach Bekanntwerden der fehlerhaften Angaben im Prospekt ermittelt werden können. Das Problem ist, dass Kursänderungen regelmässig auf mannigfaltigen Gründen beruhen, weshalb unsicher ist, ob die Kursveränderung vollumfänglich auf die Information über die Fehlerhaftigkeit zurückgeführt werden kann; dies gilt in verstärktem Masse, wenn sich die Information schleichend, über eine gewisse Zeitspanne verbreitet. Umgekehrt kann es aufgrund der Meldung über einen Fehler im Prospekt auch zu einem vorübergehenden, überschiessenden Kursrückgang kommen. Aus diesem Grunde wird der Schaden teilweise nach der Differenz zwischen dem Erwerbspreis und dem Preis, den der Anleger bei Zugrundelegung eines korrekten Prospekts zu zahlen bereit gewesen wäre, berechnet (vgl. in diesem Sinne etwa BGE 120 IV 134). Die Ermittlung des hypothetischen Kaufpreises ist freilich mit erheblichen Unsicherheiten behaftet. Zusätzlich wird der Anleger auch einen entgangenen Gewinn geltend machen wollen, d.h., dass er bei Kenntnis der wahren Sachlage nicht diese, sondern eine andere (selbstverständlich ertragsreichere) Kapitalanlage getätigt hätte. Fraglich ist, auf welche Referenzgrösse man für die Berechnung des Gewinns abstellen soll, wobei entscheidend ist, wer hierfür die Beweislast tragen muss (s. zum Ganzen ROBERTO/WEGMANN, SZW 2001, 170 ff.).

6.3. Perte d'une chance

Literatur

CHABAS, La perte d'une chance en droit français, in: Neuere Entwicklungen im Haftpflichtrecht, hrsg. von Guillod, Zürich 1991, 131 ff.; CHARTIER, La réparation du préjudice dans la responsabilité civile, Paris 1983; FISCHER, Der Schaden – nach dem BGB für das Deutsche Reich, Jena 1903; KOZIOL, Schadenersatz für den Verlust einer Chance?, FS Stoll, Tübingen 2001, 233 ff.; STOLL, Haftungsfolgen im bürgerlichen Recht, Heidelberg 1993.

Eine weitere Problemgruppe betrifft den Verlust einer blossen Gewinnchance. Im fran- 29.92
zösischen Recht ist die sog. «perte d'une chance» seit längerer Zeit anerkannt (vgl. CHABAS 131 ff.; CHARTIER 31 ff.). Dabei geht es ganz allgemein um die Zusprechung einer Schadensquote, wenn sich ein günstiger Umstand, eine vorteilhafte Entwicklung möglicherweise verwirklicht hätte, wäre das schädigende Ereignis nicht eingetreten. In der französischen Rechtsprechung findet die «perte d'une chance» in den verschiedenartigsten Fällen Anwendung. Die häufigsten Fälle betreffen Prozessaussichten, die wegen eines prozessualen Fehlers des Anwaltes wegfallen, Verunmöglichung der Heilungs- oder Überlebenschancen, vereitelte Fortkommenschancen und verhinderte Aussichten auf Unterhaltsleistungen (vgl. CHARTIER 32 ff. m.N.). Im schweizerischen Recht hat dieser Problemkreis bis in die neuere Zeit keine grosse Beachtung gefunden (vgl. BK/BREHM OR 42 N 56a m.N.).

Der Begriff der «perte d'une chance» wird sowohl für **unsichere Rechtsgutverlet-** 29.93
zungen als auch für **Gewinnmöglichkeiten** verwendet (s. etwa KOZIOL, FS Stoll, 234 ff.). Die beiden Fälle sollten indes unterschieden werden. Die Problematik der unsicheren Rechts-

gutverletzung gehört zum Haftungstatbestand und wurde im Rahmen der Kausalität behandelt (vorne N 06.28 ff.); um untragbare Ergebnisse zu vermeiden, ist eine Haftung grundsätzlich abzulehnen. Die Bezeichnung «perte d'une chance» sollte nur im Zusammenhang mit Unsicherheiten hinsichtlich der Verursachung einer Vermögenseinbusse verwendet werden. Das bedeutet somit: Der rechtswidrige Eingriff in eine geschützte Rechtsposition steht fest; unklar ist lediglich, ob beim Geschädigten ein Schaden eintritt.

29.94 Die Mehrheit der Autoren beachtet diesen Unterschied nicht. Dies erklärt die diametral unterschiedlichen Ansichten in Bezug auf diese Thematik. Das Bundesgericht musste sich vor wenigen Jahren mit der Theorie der ««perte d'une chance» auseinandersetzen (vgl. BGE 133 III 470 f. = Pra 2008, Nr. 27 m.N. auf den Meinungsstand). Dabei ging es um einen ärztlichen Behandlungsfehler, wobei unklar war, ob die pflichtgemässe Behandlung die Schädigung verhindert hätte. Es handelte sich hierbei um eine Unsicherheit in Bezug auf die kausale Verursachung der Rechtsgutverletzung. Zu Recht lehnte das Bundesgericht in diesem Fall die Anwendung der Theorie der «perte d'une chance» mit der Begründung ab, dass diese Theorie mit dem von der Rechtsprechung entwickelten Konzept des natürlichen Kausalzusammenhangs nicht vereinbar sei (a.M. CR/WERRO OR 41 N 17, der den Entscheid des Bundesgerichts bedauert).

29.95 Anwendbar ist die Theorie der «perte d'une chance» dagegen bei entgangenen Gewinnmöglichkeiten. Dass die Wahrscheinlichkeit der hypothetischen Vermögensentwicklung, der Realisierung eines Gewinnes oder Erwerbs sich auf die Höhe des Ersatzes auswirken kann, ist bei verschiedenen Schadensarten anerkannt; zu denken ist an die Fortkommenschancen, die beeinträchtigte Erwerbsmöglichkeit (vorne N 27.29 ff., 27.39 ff.), die zu erwartende Gewinnentwicklung eines Unternehmens und dergleichen mehr. In allen diesen Fällen stellt man bei der Schadensberechnung gezwungenermassen auf Statistiken bzw. auf Ertragsprognosen und damit auf Wahrscheinlichkeitsüberlegungen ab. Unbestritten ist auch, dass blosse Hoffnungen und Spekulationen über künftige Entwicklungen für die Zusprechung eines Ersatzes nicht genügen. Problematisch sind dagegen jene Fälle, in denen eine konkrete Gewinn- oder Einkunftsmöglichkeit bestanden hat (vgl. HONSELL/ISENRING/KESSLER § 1 N 43).

29.96 So hatte z.B. der deutsche BGH eine Ersatzklage eines Architekten zu entscheiden, der rechtswidrig von einem Architektenwettbewerb ausgeschlossen wurde, an dem sich 42 weitere Bewerber beteiligten. Das Gericht lehnte einen Ersatz ab, da nicht nachgewiesen werden konnte, dass der Kläger bei Zulassung zum Wettbewerb einen Preis errungen oder den Auftrag erhalten hätte (BGH NJW 1983, 442). In einem ähnlichen Fall, bei dem die Klägerin vertragswidrig von der Teilnahme an einem Schönheitswettbewerb abgehalten wurde, anerkannte hingegen der englische Court of Appeal die Ersatzfähigkeit der Gewinnchance (Chaplin vs. Hicks, King's Bench Division 1911/2, 796). In diesem Fall gehörte die Klägerin zu den fünfzig Finalistinnen, aus denen die zwölf Siegerinnen ermittelt wurden. Der massgebende Unterschied zwischen den beiden Fällen ist wohl darin zu sehen, dass die Gewinnchance im englischen Fall nicht lediglich marginal war.

29.97 Im Allgemeinen ist nach wie vor zutreffend, was diesbezüglich bereits vor einem Jahrhundert ausgeführt wurde: «Die Möglichkeit bedeutenden Gewinnes, verbunden mit geringer Wahrscheinlichkeit, und die Möglichkeit geringen Gewinnes, verbunden mit grosser Wahrscheinlichkeit seines Eintretens, können sich als ökonomisch gleichwertige Gewinnchancen darstellen. Das Gesetz berücksichtigt als entgangenen Gewinn nur die letztere Chance» (FISCHER 54).

§ 30 Berechnungsgrundsätze

Literatur

CANTZLER, Die Vorteilsausgleichung beim Schadensersatzanspruch, AcP 1957, 29 ff.; HENKE, Die Vorteilsausgleichung, FS Hagen, Köln 1999, 371 ff.; KUHN, Die Anrechnung von Vorteilen im Haftpflichtrecht, Bern 1987; OERTMANN, Die Vorteilsausgleichung beim Schadensersatzanspruch, Berlin 1901; SCHAER, Grundzüge des Zusammenwirkens von Schadenausgleichsystemen, Basel 1984; WERRO, La fixation de l'indemnité, Bern 2004.

1. Vorteilsausgleichung

1.1. Allgemeines

Das schädigende Ereignis bewirkt mitunter auch Vorteile für den Geschädigten; den damit zusammenhängenden Problembereich bezeichnet man als Vorteilsanrechnung oder Vorteilsausgleichung. Gelegentlich wird in der Literatur vermerkt, dass der Begriff der Vorteilsausgleichung im Grunde überflüssig ist. Denn aus der Definition des Schadens als Vermögensdifferenz folge ohnehin, dass neben den negativen auch die positiven wirtschaftlichen Auswirkungen eines schädigenden Ereignisses zu berücksichtigen sind (ENGEL 505). 30.01

Diese Ansicht hätte freilich zur Folge, dass dem Schädiger auch solche Vorteile zugutekämen, die in keinem unmittelbaren Zusammenhang mit dem Schadensereignis stehen. Um diese Konsequenz zu vermeiden, setzt die Vorteilsausgleichung nach herrschender Auffassung voraus, dass zwischen Schadensverursachung und Vorteil ein adäquater Kausalzusammenhang bzw. eine **innere Zusammengehörigkeit** besteht; die Differenztheorie ist für diesen Bereich unbeachtlich (BGE 112 Ib 330; BK/BREHM OR 42 N 27 ff.; OFTINGER/STARK I § 6 N 49 ff.; ausführlich KUHN 89 ff.). 30.02

1.2. Kriterium für Berücksichtigung der Vorteile

Ob die innere Zusammengehörigkeit zwischen Schadensverursachung und Vorteil, der sog. Konnex, für die Lösung einzelner Sachprobleme der Vorteilsanrechnung etwas hergibt, ist fraglich. So berücksichtigt etwa das Bundesgericht bei einem schwerstgeschädigten Unfallopfer die Mehraufwendungen als Schaden, rechnet dagegen die Minderaufwendungen für Kleider, Ferien usw. nicht an (BGE 108 II 427 f.). In der Literatur wird darauf hingewiesen, dass die Einsparungen nicht nur in einem inneren Zusammenhang mit dem Unfall stehen, sondern sich auch direkt den Mehrausgaben gegenüberstellen lassen (KELLER II 41 f.; s. auch KUHN 116 ff.). 30.03

Der adäquate Kausalzusammenhang ist für die Anrechnungsfrage ohnehin unergiebig (ausführlich CANTZLER 29 ff.). Spekuliert ein Angestellter unzulässigerweise mit Vermögenswerten auf Rechnung des Unternehmens, so sind Spekulationsgewinne auch dann auf den 30.04

Verlust anzurechnen, wenn sie ausserhalb aller Wahrscheinlichkeit lagen (LANGE/SCHIEMANN 494). Umgekehrt können auch adäquate Vorteile, z.B. der Erbschaftsanfall, von der Vorteilsausgleichung ausgenommen sein.

30.05 Zutreffender Ansicht nach lässt sich kein allgemeingültiges Kriterium für die Berücksichtigung bzw. Nichtberücksichtigung von Vorteilen formulieren. Man steht vielmehr vor einem **Wertungsproblem**, weshalb zwangsläufig nur induktiv, von den wichtigsten Fallgruppen hervorgegangen werden kann (SCHAER N 372 ff. und 612 ff.; vgl. auch BGE 112 Ib 330).

1.3. Anwendungsfälle

30.06 In der Doktrin besteht insoweit Einigkeit, als eine Ausgleichung nur stattfinden darf, wenn ihr weder Gesetz noch ein Parteiwille entgegensteht (MERZ 208 f.; BK/BREHM OR 42 N 38 ff.). So ist etwa im Rahmen der Personenversicherung die Vorteilsanrechnung bezüglich der unabhängig vom entstandenen Schaden ausbezahlten Kapitalien (Summenversicherung) von Gesetzes wegen ausgeschlossen (VVG 96). Der Geschädigte muss also eine Lebensversicherungssumme nicht anrechnen lassen (HONSELL/ISENRING/KESSLER § 8 N 37). Decken Drittpersonen freiwillig einen Teil des Schadens (z.B. durch eine Spende), so geht der Wille des Zahlenden nicht dahin, die Ersatzpflicht des Haftpflichtigen zu reduzieren, sondern den Geschädigten zu begünstigen. Diese Zahlungen sind daher nicht anzurechnen (REY/WILDHABER N 247).

30.07 Bei Leistungen durch Schadensversicherungen (z.B. Hausrats- oder Fahrzeugkaskoversicherung) findet ebenfalls keine Entlastung des Schädigers statt; vielmehr geht der Anspruch des Geschädigten auf den Versicherer über (VVG 72). Gleiches gilt für Lohnfortzahlungen durch den Arbeitgeber (vorne N 18.27 ff.).

30.08 Eine Ausgleichung findet dagegen statt, wenn Eltern nach dem Tod ihres Kindes einen zukünftigen Versorgerschaden geltend machen; sie müssen sich die eingesparten Unterhalts-, Erziehungs- und Ausbildungskosten anrechnen lassen (BGE 112 II 122). Gleiches gilt hinsichtlich des Versorgerschadens des Witwers beim Tode der Ehefrau (BGE 108 II 437).

30.09 Der Versorgte ist sodann oftmals auch Erbe des Verstorbenen. Da er die Erbschaft aufgrund der Tötung früher erhält, hat er in Bezug auf den Vermögensertrag einen Vorteil. Dieser ist dann anzurechnen, wenn der Ertrag für die Versorgung des Geschädigten verwendet wurde (BGE 99 II 212; BK/BREHM OR 42 N 36).

1.4. Grenzfälle

30.10 Welche Schwierigkeiten die Frage der Anrechnung von Vorteilen mit sich bringt, zeigen zwei oft zitierte Fälle aus der deutschen Rechtsprechung des 19. Jahrhunderts:

30.11 Im einen Fall hat ein Braumeister Bier auslaufen lassen. Gegen den Ersatzanspruch wendete er ein, dass er nach dem Vorfall das Bier dünner eingebraut habe und infolgedessen sogar Überschussbottiche erzielen konnte, welche allesamt abgesetzt seien (RGZ 34 [1894], 222).

30.12 Im anderen Fall entnahm ein Bäcker dem ihm vom Brothändler gebrachten Teig heimlich geringe Quantitäten. Als der Händler von der Entnahme erfuhr, machte er Schadenersatzansprüche geltend. Der Bäcker erhob den Einwand, dass der Händler keinen Schaden erlitt, da die Brote ungeachtet der Verringerung des dazu gelieferten Stoffs stets zu den vollen Preisen hätten verkauft werden können (OLG Braunschweig, Seufferts Archiv 46 [1891], 273).

In beiden Fällen lehnten die Gerichte die Vorteilsanrechnung ab; Grund hierfür dürfte der Gedanke gewesen sein, dass im Falle der Anrechnung «für ein doloses, vielleicht gar verbrecherisches Tun geradezu ein Freibrief ausgestellt» würde (OERTMANN 100). 30.13

2. Schadensminderung

Literatur

BRUNNER, Die Anwendung deliktsrechtlicher Regeln auf die Vertragshaftung, Freiburg 1991; GEHRER, Von der Schadenminderungspflicht, Collezione Assista, Genf 1998, 156 ff.; HUDSON, Mitigation and Refusal of Medical Treatment Again, The Modern Law Review 1986, 381 ff.; LUTERBACHER, Die Schadenminderungspflicht. Unter besonderer Berücksichtigung der aktienrechtlichen Verantwortlichkeit, Zürich 2005; MCGREGOR, On Damages, 19. Aufl., London 2014; MERTENS, Der Begriff des Vermögensschadens im Bürgerlichen Recht, Stuttgart 1967; SCHAER, Grundzüge des Zusammenwirkens von Schadenausgleichsystemen, Basel 1984; TILBURY, Civil Remedies, Bd. I, Sydney 1990; WEBER, Die Schadenminderungspflicht, in: Haftpflicht- und Versicherungsrechtstagung, hrsg. von Koller, St. Gallen 1999, 133 ff.

2.1. Allgemeines und Begriff

Den Geschädigten trifft die Pflicht, den Schaden so gering wie möglich zu halten. 30.14 Gegen diese Schadensminderungspflicht verstösst etwa, wer sich bei Beschädigung einer produktiv eingesetzten Sache (Taxi, Lastwagen, Computer, Maschine) nicht um die Miete einer Ersatzsache bemüht, um den Einnahmeausfall möglichst gering zu halten. Gleiches gilt in jenen Fällen, in denen der Geschädigte ungeeignete Handwerker mit der Wiederherstellung betraut, die übermässig viele Arbeitsstunden verrechnen, oder wer sich in einer Luxusklinik behandeln lässt (BK/BREHM OR 44 N 60a).

In terminologischer Hinsicht wird anstelle des Begriffs «Schadensminderungs- 30.15 pflicht» auch die Bezeichnung «Verschlimmerung des Schadens» oder «vermeidbarer Schaden» verwendet. Genauer, wenngleich schwerfälliger, ist die im deutschen Recht verwendete Terminologie, die von der «Schadensabwendungs- und Schadensminderungspflicht» spricht (LANGE/SCHIEMANN 577). In der Sache besteht freilich kein Unterschied; nachfolgend soll der Begriff «Schadensminderung» auch die Schadensabwendung umfassen. Sodann handelt es sich bei der Schadensminderung nicht um eine Pflicht, sondern um eine **Obliegenheit**. Diese sind nicht gerichtlich durchsetzbar; ihre Verletzung führt aber zu einem Rechtsnachteil (SCHWENZER N 4.27).

2.2. Dogmatische Einordnung

Unklar ist, ob die Schadensminderung zur Schadens**bemessung** (hinten N 31.01 ff., 30.16 31.10 ff.) oder zur Schadens**berechnung** gehört. In der Lehre wird die Schadensminderung oftmals an beiden Orten erwähnt (vgl. BK/BREHM OR 42 N 21e ff. und OR 44 N 48; OFTIN-

GER/STARK I § 6 N 37 ff. und § 7 N 16 ff.; HONSELL/ISENRING/KESSLER § 8 N 11 und § 9 N 17 ff.).

30.17 Diesbezüglich ist folgendes festzuhalten: Die Frage der sachgerechten Einordnung der Schadensminderung hat nicht lediglich klassifikatorische Bedeutung, sondern ist in verschiedener Hinsicht von praktischer Relevanz. Bei der Reduktion wegen Selbstverschuldens ist auch das Verschulden des Haftpflichtigen zu berücksichtigen (hinten N 33.01 ff.). Kann der Schaden durch den Geschädigten vermieden werden, so darf er insofern vom Schädiger unabhängig von dessen Verschulden keinen Ersatz beanspruchen. Entsprechendes gilt hinsichtlich weiterer für die Schadensbemessung beachtenswerter Umstände, wie etwa eine mitwirkende Betriebsgefahr (hinten N 33.19 ff.). Die Abwägungsgrundsätze, welche hinsichtlich der Reduktion des Ersatzbetrages wegen einer Mitverantwortlichkeit des Geschädigten sachgerecht sind, können eben nicht auf die vermeidbaren Schadenspositionen übertragen werden (ausführlich hierzu ROBERTO 290 ff.). Schliesslich dürfte das traditionelle Konzept auch den praktischen Gegebenheiten nicht genügen. Es ist nicht zu erwarten, dass ein Gericht ein unter Umständen aufwendiges Beweisverfahren für die Berechnung einer Schadensposition durchführt, die es wegen Verstosses gegen die Schadensminderungspflicht ohnehin nicht zuerkennen will.

30.18 Dem Geschädigten ist es im Grunde unbenommen, sämtliche ihn gut dünkenden Dispositionen zur Schadensbeseitigung zu treffen. Er kann auch einen Luxuswagen als Ersatzfahrzeug mieten, wenn das alte Fahrrad beschädigt wird, mit dem er sonst zur Arbeit fährt (MERTENS 177). Entsprechendes gilt für anderweitige aus der Schädigung folgende Schadenspositionen, die nicht entstanden wären, wenn sich der Geschädigte sachgerecht verhalten hätte. Es führt zu keinem Erkenntnisgewinn, wenn man solche Kosten und Einbussen grundsätzlich als Schaden qualifiziert, um sie anschliessend im Hinblick auf das Selbstverschulden in einem bestimmten Umfange zu reduzieren.

30.19 Zutreffender Ansicht nach stellen Schadenspositionen, die bei vernunftgemässem Verhalten des Geschädigten hätten verhindert werden können, von vornherein **keinen ersatzfähigen Schaden** dar (vgl. auch den CCi 1227 II: «Il risarcimento non è dovuto per i danni che il creditore avrebbe potuto evitare usando l'ordinaria diligenza»). Die Schadensminderung ist infolgedessen bereits bei der Schadensberechnung zu berücksichtigen (vgl. auch SCHAER N 313 ff.; BRUNNER N 241 ff.).

2.3. Regeln des vermeidbaren Schadens

30.20 Der Geschädigte kann keinen Ersatz für Einbussen fordern, die er durch vernünftiges, einsichtiges Handeln hätte vermeiden können. Bei der Beurteilung der Handlungsweise fragt man am besten danach, was ein vernünftig handelnder Geschädigter vorkehren würde, um weitere Schäden zu vermeiden, wenn er aus irgendeinem Grund, z.B. wegen Zahlungsunfähigkeit des Schädigers, keine Entschädigung erlangen könnte (TILBURY N 3151 ff.; CHK/MÜLLER OR 42 N 28).

30.21 Der Schädiger hat die Kosten der **Schadensminderungsmassnahmen** zu tragen. Dies gilt grundsätzlich auch dann, wenn sich die Massnahmen nachträglich als unnötig, nutzlos oder mit Blick auf den vermiedenen Schaden als unverhältnismässig herausstellen (VON TUHR/PETER 113 f.). Der Geschädigte handelt im Rahmen der Schadensminderung auf Gefahr des Haftpflichtigen. Dieser Grundsatz bezieht sich nicht nur auf die Kosten, sondern auch auf sonstige Einbussen. Der Geschädigte kann also Ersatz für Einbussen und Kosten verlangen, die aus den Vorkehren zur Schadensminderung folgen, selbst wenn sich später herausstellt, dass der Schaden ohne diese Vorkehren geringer ausgefallen wäre.

Die Handlungsweise des Geschädigten darf grundsätzlich nicht nach einem streng objektiven Massstab beurteilt werden; vielmehr sind die individuellen Umstände des Falles, namentlich der Wissensstand des jeweiligen Geschädigten, massgebend. Zu beachten ist zudem, dass man bei der «ex post»-Beurteilung nicht allzu kritisch sein sollte. Es ist eben im Nachhinein regelmässig einfach, die Vorkehrungen des Geschädigten, welche oftmals unter Zeitdruck vorgenommen werden müssen, zu hinterfragen. Der Umstand, dass der Haftpflichtige nach ruhiger Analyse der Sachlage nachweisen kann, andere Vorkehrungen hätten zu einem tieferen Schadensbetrag geführt, ist unbeachtlich. 30.22

Illustrativ ist die australische Entscheidung Simonius Vischer & Co. vs. Holt & Thompson (Supreme Court of New South Wales, New South Wales Law Reports 2 [1979], 322). Das australische Büro der Klägerin (einer schweizerischen Gesellschaft, die im Wollhandel tätig ist) spekulierte in Überschreitung ihrer Befugnisse im «Future-Markt» für Wolle. Als die schweizerische Geschäftsleitung dies bemerkte, musste sie feststellen, dass zahlreiche nichtautorisierte Verkaufsverpflichtungen in ihrem Namen bestanden. Die Klägerin, die Erfahrung im Wollhandel in Australien hatte, kam aufgrund ihrer Marktanalyse zu dem Schluss, dass der Marktpreis eher fallen würde. Sie beschloss daher, vorerst an den Verträgen festzuhalten, um den Schaden zu minimieren. Entgegen ihren Erwartungen stieg in der Folge der Marktpreis, wodurch der Verlust noch vergrössert wurde. Das Gericht verpflichtete die beklagte Revisionsstelle, welche die unautorisierten Transaktionen hätte bemerken müssen, den ganzen Verlust zu ersetzen, da die Klägerin pflichtgemäss versucht hatte, den Schaden zu minimieren. 30.23

2.4. Konkretisierung der Schadensminderung

Einige Grundsätze der Schadensminderung wurden bereits besprochen. Erwähnt seien etwa die Differenzierungen hinsichtlich der Wiederherstellungskosten (vorne N 30.14 ff.) oder die Frage, inwiefern der Geschädigte anwaltliche Hilfe in Anspruch nehmen oder ein Inkassoinstitut, einen Detektiv oder einen Sachverständigen einschalten darf (vorne N 29.38, 29.45, 29.88 f.). Auch die Frage, inwiefern der Geschädigte die Geldmittel für Massnahmen zur Schadensbeseitigung vorzuschiessen hat, wurde im Rahmen der ersatzfähigen Schäden erläutert (vorne N 28.32). Die entsprechenden Überlegungen treffen auch für sonstige Vorkehrungen zur Schadensminimierung zu. Der Geschädigte ist infolgedessen nicht verpflichtet, in erheblichem Umfange eigene finanzielle Mittel zu riskieren (LANGE/SCHIEMANN 587 m.N.). Hat er die Mittel für die Schadensminderung zwar vorzuschiessen, ist er dazu aber nicht in der Lage, so kann ihm dies nicht zum Nachteil gereichen (MCGREGOR N 9-092 m.N.). 30.24

Sodann ist der Geschädigte auch nicht gehalten, Rechtspositionen aufzugeben. So hat ein Mieter, der durch einen widerrechtlichen Eingriff an der Nutzung seiner Wohnung verhindert ist, den Mietvertrag nicht zu kündigen, um den Schaden zu minimieren. 30.25

Vom Geschädigten darf ferner nicht verlangt werden, dass er seine wirtschaftliche Reputation riskiert. Anschaulich ist diesbezüglich eine ältere Entscheidung des englischen House of Lords (Banco de Portugal vs. Waterlow & Sons Limited, Appeal Cases 1932, 452): Die portugiesische Nationalbank beauftragte die Beklagte, Banknoten zu drucken. Aufgrund eines 30.26

Fehlers seitens der Beklagten wurde eine erhebliche Anzahl Noten an einen Dritten ausgeliefert, welche anschliessend in den Verkehr gelangten. Obwohl die «unechten» Noten aufgrund der Seriennummern einwandfrei identifizierbar waren, stellte die Nationalbank diese Noten nicht in Frage. Nach Auffassung des Gerichtes verstiess die Bank nicht gegen die Schadensminderungspflicht, da ihr nicht zuzumuten war, ihre eigene Währung nicht zu honorieren.

30.27 Die Schadensminderungspflicht gebietet unter Umständen auch, den Verlust durch Gebrauch von Rechtsbehelfen abzuwenden oder zu verringern bzw. Ansprüche gegen Dritte gerichtlich durchzusetzen (so die englische Entscheidung Pilkington vs. Wood, Chancery Division 1953, 777; BGH VersR 1966, 341). Massgebliches Kriterium sind die Erfolgsaussichten (HONSELL/ISENRING/KESSLER § 9 N 19; LANGE/SCHIEMANN 588).

2.5. Schadensminderung bei Gesundheitsbeeinträchtigungen

30.28 Besondere Aufmerksamkeit wird der Frage geschenkt, inwieweit sich der Geschädigte bei Gesundheitsbeeinträchtigungen einer Heilbehandlung unterziehen muss (VON TUHR/PETER 113; BK/BREHM OR 44 N 50 f.). Im Gegensatz zu den Schäden an Alltagsgütern sind bei der Wiederherstellung der Gesundheit nicht lediglich Rentabilitätsüberlegungen massgebend; vielmehr muss man sowohl den Umstand, dass es sich bei der Gesundheit um ein besonderes Rechtsgut handelt, als auch die sog. «risk aversion» des Betroffenen angemessen berücksichtigen.

30.29 Nach überwiegender Auffassung hat sich der Geschädigte einer Operation oder einer sonstigen Heilungsmassnahme dann zu unterziehen, wenn diese nach dem jeweiligen Stand der Wissenschaft **gefahrlos** erscheint und nicht mit besonderen Schmerzen verbunden ist (BGE 61 II 133; 81 II 515; RUMO-JUNGO N 836 ff.). Das mit jeder Operation zwangsläufig verbundene Restrisiko ist folglich in Kauf zu nehmen. Der Geschädigte ist freilich nicht gehalten, Eingriffe ausführen zu lassen, deren Erfolg ungewiss erscheint; es muss eine überwiegende Wahrscheinlichkeit auf Heilung oder wesentliche Besserung bestehen (einschränkender BK/BREHM OR 44 N 50, wonach eine sichere Besserung des Zustandes erwartet werden muss).

30.30 Es sei nochmals daran erinnert, dass entgegen der Terminologie den Geschädigten nie eine Pflicht trifft, einen Eingriff tatsächlich ausführen zu lassen. Es handelt sich vielmehr um eine Obliegenheit (vorne N 30.14 f.). Die Kriterien der Zumutbarkeit einer Heilbehandlung bestimmen lediglich den Umfang der Ersatzpflicht in jenen Fällen, in denen der Geschädigte auf die Behandlung verzichtet.

30.31 Dem Geschädigten darf sodann nicht zum Nachteil gereichen, dass er aus physischen oder psychischen Gründen einen an sich ohne Weiteres zumutbaren Eingriff nicht ausführen lässt.

30.32 Der kanadische Supreme Court hat diesbezüglich zutreffend ausgeführt, «that only preexisting mental infirmities which deprived the plaintiff of rational choice excused failure to mitigate», aber nicht «anxieties such as the plaintiff's which arose only after the tort» (Janiak vs. Ippolito, zit. nach HUDSON 383).

30.33 Zweifelhaft ist die Sachlage, wenn die Heilungsmassnahme aus **religiösen Gründen** verweigert wird. In der anglo-amerikanischen Rechtsprechung wird dies im Allgemeinen dem

Geschädigten angelastet (TILBURY N 3158). Hier zeigt sich besonders deutlich, dass es sich beim vermeidbaren Schaden nicht um ein Problem des Selbstverschuldens handelt. Lässt der Geschädigte aus religiösen Gründen einen an sich erforderlichen und zumutbaren Eingriff nicht ausführen, kann von einem Verschulden keine Rede sein. Gleichwohl rechtfertigt es sich, entsprechend der anglo-amerikanischen Rechtsprechung die durch den Eingriff voraussichtlich vermeidbaren Schadensfolgen dem Geschädigten anzulasten.

Unklar ist ferner, inwiefern von dem in seiner Gesundheit Geschädigten erwartet werden darf, dass er therapeutische Übungen befolgt, ein Korsett trägt, sich einer psychotherapeutischen Behandlung unterzieht oder seinen Alkohol- oder Nikotinkonsum einschränkt. Bedeutsam ist auch die Frage, ob übergewichtige Geschädigte, um die Heilung zu beschleunigen, abnehmen müssen. Richtiger Ansicht nach darf man vom Geschädigten zwar entsprechende Anstrengungen, nicht aber eine erfolgreiche Gewichtsabnahme erwarten (s. dazu ROBERTO 301 f. m.N.). 30.34

In welchen Fällen vom Geschädigten ein **Berufswechsel** und die möglicherweise erforderliche Umschulung bzw. der Umzug in eine andere Region verlangt werden kann, hängt von den Umständen des einzelnen Falles ab, namentlich vom Alter, von der Vorbildung, der physischen und psychischen Anpassungsfähigkeit des Betreffenden sowie den familiären und wirtschaftlichen Verhältnissen (BK/BREHM OR 44 N 51 ff.). Gleiches gilt hinsichtlich der Frage, ob dem ersatzberechtigten Ehegatten die Aufnahme einer Erwerbstätigkeit zumutbar ist. Im Zusammenhang mit der Wiederaufnahme einer beruflichen Tätigkeit durch den Geschädigten stellt sich auch die Problematik der Renten- oder Begehrensneurosen (vorne N 05.25). 30.35

Setzt eine geschädigte Person einen Teil ihrer Arbeitskraft für ehrenamtliche Tätigkeiten ein, nimmt sie ein geringeres Einkommen in Kauf. Sie kommt der Schadenminderungspflicht nicht nach und kann die Einkommenseinbusse nicht als Schaden geltend machen. Für die Schadensberechnung ist allein massgebend, in welchem Ausmass die geschädigte Person in ihrer Erwerbsfähigkeit eingeschränkt wird (BGer 4A_656/2011). 30.36

3. Zeitpunkt der Schadensberechnung und Zinsen

Literatur

CHAPPUIS, Le moment de la fixation du dommage, in: Le temps dans la responsabilité civile, hrsg. von Werro, Bern 2007, 1 ff.; GELZER, Verzugs-, Schadens- und Bereicherungszins, Basel 2010; OTT/TENCHIO-KUZMIC, Der massgebende Zeitpunkt der Schadensberechnung im Delikts- und Vertragsrecht, ZSR 1998 I, 183 ff.; WEBER/SCHAETZLE, Zeit ist Geld oder der unterschätzte Einfluss des Rechnungstages auf die Schadensberechnung, HAVE 2004, 97 ff.

3.1. Zeitpunkt der Schadensberechnung

Für die Schadensberechnung ist nach allgemeiner Auffassung auf den Urteilstag der **letzten kantonalen Instanz**, die noch neue Tatsachen berücksichtigen kann, abzustellen (BGE 125 III 17; BGer 4C.170/2005, E. 2.2; BK/BREHM OR 42 N 7; CHAPPUIS 5; vgl. auch OR 46 II). Eine Ausnahme gilt für den Versorgerschaden, der auf den Todestag hin berechnet wird (vgl. dazu HONSELL/ISENRING/KESSLER § 8 N 22). 30.37

30.38 Diese Auffassung über den massgeblichen Zeitpunkt der Schadensberechnung wird in verschiedener Hinsicht durchbrochen.

30.39 So kann sich z.B. der Wert (der Marktpreis) einer beschädigten oder verlorenen Sache zwischen dem Schädigungszeitpunkt und dem Urteilstag verändern; ein Teil der Lehre tritt dafür ein, auf den für den Geschädigten günstigeren Termin abzustellen (OFTINGER/STARK I § 6 N 380; VON TUHR/PETER 123; KELLER/GABI/GABI 106; a.M. KELLER II 105).

30.40 Problematisch ist der Zeitpunkt der Schadensberechnung auch bei Konsumgütern. Der Wert ist hier unabhängig davon zu ersetzen, ob der Geschädigte das Gut bis zum Urteilstag ohnehin verbraucht hätte (gemäss dem objektiven Schadensbegriff, vorne N 25.04 ff.).

30.41 Schliesslich kann der Geschädigte auch einen Schaden geltend machen, der erst nach dem massgeblichen Urteilstag entsteht; zu denken ist an den Entgang eines zukünftigen Gewinns oder Erwerbs, künftig anfallende Kosten usw. (HONSELL/ISENRING/KESSLER § 8 N 23 und N 78).

3.2. Schadenszins

30.42 Der Zins für den Schadensbetrag beträgt 5% (OR 73 I) und läuft von dem Zeitpunkt an, in welchem sich das schädigende Ereignis finanziell ausgewirkt hat; abzustellen ist also nicht auf den Zeitpunkt, in dem die Verletzungshandlung stattfand, sondern in dem die konkreten Auslagen getätigt wurden bzw. der Gewinn angefallen wäre (OFTINGER/STARK I § 6 N 23). Dieser **Schadenszins** ist vom **Verzugszins** (gemäss OR 104) zu unterscheiden. Auf den bis zum Urteilstag der letzten kantonalen Instanz aufgelaufenen Schadenszins kann ebenfalls Verzugszins verlangt werden (BGE 122 III 56).

4. Schadensschätzung

Literatur

FREY, Die Ermittlung des Schadens und anderer quantifizierbarer Werte im Anwendungsbereich von Art. 42 Abs. 2 OR, Zürich 2017; HÄFLIGER, Invaliditätsbemessung im Sozialversicherungsrecht und Haftpflichtrecht, HAVE 2005, 3 ff.; KOHLER, Vermögensausgleich bei Immaterialgüterrechtsverletzungen, Zürich 1999; LÜCHINGER, Schadenersatz im Vertragsrecht, Freiburg 1999; PASQUIER, Die Schätzung nach gerichtlichem Ermessen – unmittelbare und sinngemässe Anwendung des Art. 42 Abs. 2 OR, Zürich 2014; PERINI, Richterliches Ermessen bei der Schadensberechnung unter besonderer Berücksichtigung von Art. 42 Abs. 2 OR, Zürich 1994; SIDLER, Schadenschätzung und Gerechtigkeitsgebot – oder: die Beweismechanik bei ziffernmässig nicht nachweisbaren Schäden, AJP 2005, 535 ff.

4.1. Allgemeines

30.43 Der Geschädigte hat den Schaden grundsätzlich ziffernmässig nachzuweisen (Substantiierungspflicht). Ist ein solcher Nachweis nicht möglich, so ist der Schaden gemäss OR 42 II nach Ermessen des Richters mit Rücksicht auf den gewöhnlichen Lauf der Dinge und die vom Geschädigten getroffenen Massnahmen abzuschätzen. Gleiches gilt, wenn der Nachweis möglich, aber (z.B. wegen der damit verbundenen Kosten) nicht zumutbar ist (OFTINGER/STARK I § 6 N 32; PASQUIER N 182; CR/WERRO OR 42 N 26).

Der Richter darf den Schaden nur dann nach Ermessen abschätzen, wenn ein Schaden nicht bloss möglich ist, sondern mit einer **grossen Wahrscheinlichkeit** vorliegt (BGE 122 III 222; BGer 4A_232/2010, E. 10.1). Bei der Schätzung ist nicht von aussergewöhnlichen Entwicklungen (z.B. vereitelten Rekordgewinnen) auszugehen; vielmehr ist auf den «gewöhnlichen Lauf der Dinge» abzustellen. Für aussergewöhnliche Schadensverläufe muss der Geschädigte konkrete Anhaltspunkte geben. 30.44

Bsp.: Ein Bauunternehmen erleidet eine Gewinneinbusse, weil ein Kran fünf Tage nicht benutzt werden kann. Es verlangt vom Haftpflichtigen Schadenersatz auf der Basis der durchschnittlichen Tageseinnahmen des Vormonates. Das Bundesgericht lehnt diese Schadensbestimmung ab, da der Beweis des entgangenen Gewinns durch den Nachweis von Aufträgen für den fraglichen Zeitraum hätte erbracht werden können (BGer 4A_401/2011). 30.45

4.2. Anwendungsbereiche

Eine Schadensschätzung kommt vor allem bei zukünftigen Schäden, insbesondere hinsichtlich des Versorger- und Invaliditätsschadens sowie des entgangenen Gewinns, in Betracht. Ein bedeutsames Anwendungsgebiet sind auch Schädigungen durch Wettbewerbs- und Immaterialgüterrechtsverletzungen (vgl. dazu KOHLER 71 ff.; HAP/HILTI/HENNEBERGER-SUDJANA N 22.38 ff.). Die Schwierigkeit liegt in diesen Fällen darin, die hypothetische Entwicklung ohne schädigendes Ereignis abzuschätzen. Zu beachten ist, dass die Schadensschätzung nicht zum Zuge kommt, wenn der Schadensnachweis erbracht werden kann (BK/BREHM OR 42 N 51 m.N.). Sofern es möglich ist, hat der Geschädigte auch Anhaltspunkte nachzuweisen oder zumindest glaubhaft zu machen, welche der Richter seiner Schätzung zugrunde legen kann (OFTINGER/STARK I § 6 N 33; ausführlich auch FREY N 290 ff.). 30.46

4.3. «Vom Geschädigten getroffene Massnahmen»

Umstritten ist die Bedeutung der «vom Geschädigten getroffenen Massnahmen» (vgl. BK/BREHM OR 42 N 55a f.). Die Schadensminderungspflicht kann kaum gemeint sein, da dieser Grundsatz allgemein und nicht bloss hinsichtlich des nicht bezifferbaren Schadens gilt. Sachgerecht ist es, darunter die Aufwendungen des Geschädigten als Anhaltspunkt für die Höhe des entgangenen Gewinns zu verstehen. Es ist zugunsten des Geschädigten von einer Rentabilitätsvermutung auszugehen, wonach der Gewinn zumindest die getätigten Aufwendungen gedeckt hätte; dem Schädiger steht diesfalls der Gegenbeweis offen (LÜCHINGER N 496 ff.; vgl. auch vorne N 24.23). 30.47

4. Kapitel: Reduktion des Ersatzes

§ 31 Allgemeines

Literatur

BURCKHARDT, Die Revision des Schweizerischen Obligationenrechtes in Hinsicht auf das Schadensersatzrecht, ZSR 1903, 469 ff.; ESSER/SCHMIDT, Schuldrecht, Bd. I/2, 8. Aufl., Heidelberg 2000; GUHL, Haftpflicht aus unerlaubter Handlung, Bern 1904; HONORÉ, Causation and Remoteness of Damage, in: International Encyclopedia of Comparative Law: XI Torts, hrsg. von Tunc, Tübingen 1983; ROBERTO/SCHISTER, Leichtes Verschulden – kein Reduktionsgrund, HAVE 2014, 431 ff.; ROTT, Über den Entwurf eines schweizerischen Obligationenrechtes, ZBJV 1877, 361 ff.; RÜMELIN, Schadensersatz ohne Verschulden, Tübingen 1910; SCHILCHER, Theorie der sozialen Schadensverteilung, Berlin 1977; SCHWAMB, Die schadensersatzrechtliche Reduktionsklausel – § 255a BGB Referentenentwurf 1967: Eine vergleichende Untersuchung mit dem Schweizer Recht, Frankfurt a.M. 1984; STOLL, Consequences of Liability: Remedies, in: International Encyclopedia of Comparative Law: XI Torts, hrsg. von Tunc, Tübingen 1986; ders., Die Reduktionsklausel im Schadensrecht aus rechtsvergleichender Sicht, RabelsZ 1970, 480 ff.; UNGER, Handeln auf eigene Gefahr, 2. Aufl., Jena 1893; VON JHERING, Das Schuldmoment im römischen Privatrecht, Giessen 1867 («Schuldmoment»); WIDMER/WESSNER, Revision und Vereinheitlichung des Haftpflichtrechts, Erläuternder Bericht, Bern 2000; WITTMANN, Kein Mitverschulden bei Nichttragen eines Fahrradhelms, HAVE 2014, 275 f.

1. Prinzipien der Schadensbemessung

1.1. Proportionalität vs. Ausgleichung

Im Rahmen der Funktionen des Haftungsrechts wurde bereits auf den Gegensatz zwischen dem Präventions- und dem Ausgleichsgedanken hingewiesen (vorne N 02.64 ff.). Diese Diskussion findet ihre Fortsetzung im Schadensrecht. Die Fragestellung lautet, ob die **Ersatzhöhe in Relation zum Verschulden** stehen soll oder nicht. 31.01

Die Proportionalität von Schuld und Haftung findet sich vor allem in einigen älteren kontinentaleuropäischen Privatrechtsgesetzen (Nachweise bei ROBERTO 249 f.). Sie ist nach Auffassung eines Teils der Lehre auch in OR 43 verwirklicht; diese Bestimmung verweist hinsichtlich der Ersatzbestimmung auf die Grösse des Verschuldens (BK/BREHM OR 43 N 26; VON TUHR/PETER 104; zurückhaltend OFTINGER/STARK I § 7 N 11; a.M. HONSELL/ISENRING/KESSLER § 9 N 4). Dem Schadensrecht des deutschen BGB liegt dagegen das Ausgleichsprinzip zugrunde, wonach der Schädiger unabhängig vom Verschulden den ganzen Schaden zu ersetzen hat. Dies entspricht auch der Rechtslage in den meisten anderen Rechtsordnungen (STOLL N 8 ff.). 31.02

31.03 Bei der Abwägung des Proportionalitäts- gegen das Ausgleichsprinzip ist zu beachten, dass jede Reduktion des Ersatzes zu Lasten des Geschädigten geht. Wer geltend macht, es erscheine hart, dass jemand durch ein kleines Versehen sich einer weitgehenden Ersatzpflicht aussetzt, muss sich entgegenhalten lassen, dass es auf der anderen Seite noch viel härter ist, dem überhaupt keine Schuld treffenden Geschädigten die Tragung eines Teils des Schadens aufzubürden (ROTT 377; a.M. BURCKHARDT 497). Es wurde bereits ausgeführt, dass es wenig erfolgversprechend erscheint, das vorzugswürdige Schadenersatzprinzip und damit die Schadensverteilung zwischen Schädiger und Geschädigtem aus Gerechtigkeitserwägungen deduzieren zu wollen (vorne N 02.68).

31.04 Schon VON JHERING hatte darauf hingewiesen, dass «auf dem Gebiete des Zivilrechts die Idee der Strafe der des Schadenersatzes erlegen» sei und die Verwirklichung eines fortschrittlichen Schadensrechts «die vollständige Hinüberleitung der Strafe in die Form des Schadenersatzes» bedinge (VON JHERING 61). Ein modernes Schadensrecht richtet sich eben nicht auf Busse, Sühne oder Genugtuung, sondern auf den Schadensausgleich. Die Trennung von Straf- und Zivilrecht ist aber letztlich erst vollzogen, wenn bei der Ersatzbemessung der Verschuldensgrad unerheblich ist. Das Festhalten am Proportionalitätsprinzip bei der Ersatzbemessung läuft auf eine (bedauerliche) partielle Aufrechterhaltung der längst überwundenen historischen Gemeinsamkeiten zwischen **Strafe und Schadenersatz** hinaus.

1.2. Ökonomische Analyse und soziale Schadensverteilung

31.05 Es wurde bereits ausgeführt, dass namentlich aufgrund der Ökonomischen Analyse des Rechts der Präventionsgedanke im Haftungsrecht wieder an Bedeutung gewonnen hat (vorne N 02.71 ff.). Die Stellungnahmen in der Ökonomischen Analyse des Rechts beziehen sich allerdings bloss auf die Haftungsbegründung, während die hier interessierende Frage der Abstufung des Ersatzes nach dem Verschulden kaum Beachtung findet. Im amerikanischen Schrifttum scheint man jedenfalls die Auffassung, wonach der Präventionsgedanke eine Relation zwischen dem Verschulden und dem Schadenersatz erfordere, nicht zu teilen, ohne indessen die Frage näher zu prüfen.

31.06 Den wesentlichen Gesichtspunkt dafür, dass die Präventionsfunktion nicht mit dem Proportionalitätsprinzip gleichzusetzen ist, hat STOLL herausgearbeitet. Danach liegt der Hauptzweck der Sorgfaltspflichten in einer angemessenen Risikoverteilung. Je gefährlicher eine Tätigkeit erscheint, umso strenger sind die vom Gesetzgeber oder von der Rechtsprechung aufgestellten Verhaltensregeln zur Abwendung der Gefahr. Je strenger indessen die Verhaltensnormen, desto schwieriger ist es, ihnen trotz redlichen Bemühens voll zu entsprechen. Beruft sich nun der Haftpflichtige auf die Geringfügigkeit seines Verschuldens, «so wendet er sich im Grunde gegen die Strenge jener Verhaltensnormen»; mit anderen Worten: Eine Ersatzreduktion würde den Zweck der Sorgfaltspflichten, nämlich die Abwendung oder zumindest Verminderung der Gefahr, in Frage stellen. Die mittels der Sorgfaltspflichten angestrebte Risikoverteilung wird daher «durch die Proportionierung von Schuld und Haftung gestört oder durchkreuzt» (STOLL, RabelsZ 1970, 491).

31.07 Die Schadenersatzleistung vollstreckt eben bloss den Haftungsanspruch. Diese «Assistentenrolle» bedingt es, dass das Schadensrecht «keine spezifisch eigenen, denen der Haftungsbegründung gar zuwiderlaufenden Zwecke setzen und verfolgen kann» (ESSER/ SCHMIDT 169).

Es wäre daher auch verfehlt, mit dem Schadensrecht eine **soziale Schadensverteilung** anzu- 31.08
streben, indem die Vermögensverhältnisse sowohl auf Seiten des Schädigers als auch des Geschädigten berücksichtigt werden. Dieser ablehnenden Haltung wird vorgeworfen, dass sie sich nicht vom geistigen Hintergrund des ausgehenden 19. Jahrhunderts freizumachen vermochte, welcher unter dem Motto «Dem Tüchtigen gehört die Welt» mit sozialen Überlegungen im Schadenersatzrecht aufgeräumt hatte. Heute formuliere man bloss weniger pathetisch und erkläre schlicht, dass soziale Rücksichten nicht in den Aufgabenbereich des zivilrechtlichen Schadenersatzrechts gehören (so die Kritik von SCHILCHER 179). Dagegen ist ein Doppeltes einzuwenden: Auf Seiten des Schädigers wird die Verhinderung einer drohenden Notlage, d.h. die Sorge für das Existenzminimum, durch die Pfändungsschutzbestimmungen im Zwangsvollstreckungsrecht wahrgenommen. Auf Seiten des Geschädigten ist zu bemerken, dass es einen bedauerlichen Rechtsrückschritt darstellen würde, wenn man dem vermögenden Geschädigten bei gegebener Anspruchsgrundlage bloss einen Teil des Ersatzanspruchs zugestehen würde (ausführlich ROBERTO 254 f. und 268 ff.).

Bedenklicher noch ist das (meist verdeckte) Streben in der Rechtsprechung, die Vermögens- 31.09
verhältnisse (bzw. den Schutz durch Haftpflichtversicherungen) bereits bei der Haftungsbegründung mit zu berücksichtigen (vgl. ROBERTO 292 Fn. 23). Der Grundsatz «richesse oblige» (UNGER 140) kann nur eine moralische Handlungsmaxime, nicht aber ein rechtliches Gebot sein. Deutlicher hat dies bereits RÜMELIN vor einem Jahrhundert formuliert: «Unsere Richter können also nicht, wie manche wohl wünschen, den Spaziergänger, der einen Ohnmachtsanfall bekommt oder über einen Kirschkern ausgleitet und im Sturz eine Person oder eine Sache beschädigt, haftbar machen, auch nicht, wenn er ein Millionär und der Betroffene ein armer Teufel ist, und auch nicht, wenn er seinerseits die moralische Verpflichtung empfindet, unterstützend einzugreifen» (15 f.).

2. Überblick über die Schadenersatzreduktion

2.1. Trennung von Schadensberechnung und Schadensbemessung

Nach der schweizerischen Doktrin ist die Schadensberechnung streng von der Scha- 31.10
denersatzbemessung zu trennen. Die Schadensberechnung sei ein rein kalkulatorischer Vorgang, auf den die Umstände des Falles wie das leichte Verschulden des Schädigers oder das Selbstverschulden des Geschädigten keinen Einfluss haben (OFTINGER/STARK I § 2 N 82 und § 7 N 1; BK/BREHM OR 43 N 29; a.M. HONSELL/ISENRING/KESSLER § 9 N 4). Obwohl diese Unterscheidung auch in der Rechtsprechung anerkannt ist, hält die Praxis die beiden Operationen nicht immer streng genug auseinander. So hat das Bundesgericht in Einzelfällen auf eine prozentuale Kürzung bei der Schadenersatzbemessung verzichtet und stattdessen eine besondere Zurückhaltung bei der Schadensberechnung geübt (vgl. BGE 57 II 89 f.; 89 I 498).

Das geltende dogmatische System der Ersatzermittlung wurde namentlich durch GUHL ent- 31.11
wickelt. GUHL setzte sich in seinem Werk «Untersuchungen über die Haftpflicht aus unerlaubter Handlung» insbesondere mit der im ausgehenden 19. Jahrhundert in Deutschland verbreiteten Auffassung auseinander, die Berücksichtigung des Verschuldens verleihe dem Schadenersatz den Charakter einer Strafe. Um diesen Vorwurf zu entkräften, befürwortete er im Rahmen der Schadensberechnung die Ermittlung des ganzen, nur durch das Erfordernis

der Adäquanz begrenzten Schadens, «gerade wie wenn auch das OR wie das deutsche BGB vollen Ersatz vorschreiben würde» (GUHL 36). Damit sei zugleich das Maximum dessen bestimmt, was der Schädiger zu leisten hat. Indem das Verschulden (wie auch die sonstigen Umstände) nie zu einer Erhöhung, sondern bloss zu einer Reduktion dieses Betrages führt, könne der Zweck von OR 43 I nicht darin liegen, dem Schädiger ein Übel zuzufügen. Die Gesetzesbestimmung steht aus diesem Grunde, gemäss GUHL, in Übereinstimmung mit der Forderung, den Schadenersatz von pönalen Gesichtspunkten freizuhalten (GUHL 41, 52). Die Schadenersatzbemessung charakterisiert sich folglich als Ersatzreduktion.

31.12 Die herrschende Dogmatik räumt dem Richter bei der Schadenersatzbemessung erstaunlich grosse Freiheit ein. Bei Mitverantwortlichkeit des Geschädigten **muss** er, bei den anderen Reduktionsgründen **kann** er den Ersatz herabsetzen. Während sich die Doktrin bemüht, den Begriff des Schadens mit Hilfe der Differenzhypothese von Wertungen möglichst frei zu halten, ermächtigt sie den Richter im Rahmen der Ersatzbemessung weitgehend zur **Billigkeitsrechtsprechung**.

2.2. Die einzelnen Reduktionsgründe

31.13 Das Gesetz schreibt im Einzelnen nicht vor, welche Faktoren für die Schadenersatzbemessung berücksichtigt werden dürfen. Es erwähnt in OR 43 und 44 lediglich einige Kriterien: in OR 43 neben der Grösse des Verschuldens ganz allgemein die Umstände, in OR 44 das Selbstverschulden sowie die drohende Notlage des Schädigers.

31.14 Lehre und Rechtsprechung haben weitere, im Rahmen des richterlichen Ermessens zu berücksichtigende Faktoren herausgearbeitet. Sie lassen sich gruppieren einerseits in Umstände auf Seiten des Schädigers, sodann in Umstände, für die der Geschädigte einzustehen hat, und schliesslich in Umstände, die weder allein auf Seiten des Schädigers noch des Geschädigten liegen.

31.15 Umstände, welche den Schädiger betreffen, sind die Grösse des Verschuldens sowie die drohende Notlage. Weder auf Seiten des Schädigers noch des Geschädigten liegende Umstände sind der mitwirkende Zufall, das mitwirkende Drittverschulden, der entfernte Kausalzusammenhang und das Vorliegen einer Gefälligkeitshandlung.

31.16 Umstände, für die der Geschädigte einzustehen hat, sind in erster Linie das Selbstverschulden und die mitwirkende Kausal- oder Gefährdungshaftung (vor allem die Betriebsgefahr eines Fahrzeuges); in der Lehre werden sodann erwähnt die konstitutionelle Prädisposition und – sozusagen als Parallelfall – die fehlerhafte Beschaffenheit einer Sache, das ungewöhnlich hohe Einkommen des Geschädigten sowie – im älteren Schrifttum – Sachschäden an Luxusgegenständen.

31.17 In der Vertragshaftung kommen schliesslich noch das Betriebsrisiko des Arbeitgebers (Stichwort: gefahrgeneigte Arbeit) und ein bescheidenes Entgelt hinzu (hierzu BGE 127 III 459 f.). Wenngleich im Schrifttum jeweils betont wird, dass die Aufzählung der Reduktionsgründe aufgrund der weiten Fassung des OR 43 I nicht abschliessend sei, sind andere Gründe äusserst selten.

31.18 Dass Umstände, für die der Geschädigte einzustehen hat, in der Praxis bedeutsam sind, ist nicht zu bezweifeln. Dies ist nicht eine Eigenart des schweizerischen Rechts, sondern in allen Rechtsordnungen anerkannt (HONORÉ 7 ff.). Zweifelhaft ist dagegen die praktische

Bedeutung der Umstände, die nicht in der Sphäre des Geschädigten liegen, welche mithin dem Grundsatz der Proportionalität von Schuld und Haftung entsprechen. Da es sich bei der Berücksichtigung dieser Umstände um eine Besonderheit des schweizerischen Rechts handelt, sollen diese getrennt von der Mitverantwortlichkeit behandelt werden.

Bei den nicht auf einer Mitverantwortlichkeit beruhenden zahlreichen Reduktionsgründen ist insbesondere zu prüfen, inwiefern diese Umstände in der Rechtsprechung tatsächlich berücksichtigt werden (vgl. hierzu die Rechtsprechungsanalysen von OFTINGER/STARK I§ 7 und ROBERTO 274 ff.). Es sei vorweg bemerkt, dass eine grosse Anzahl der nachfolgend zitierten Urteile älteren Datums sind; darüber hinaus beschränkt sich die Analyse auf die letzten siebzig Jahre. 31.19

§ 32 Reduktionsgründe ohne Mitverantwortlichkeit

1. Den Schädiger betreffende Umstände

1.1. Leichtes Verschulden

Die Grösse des Verschuldens ist als Reduktionsgrund grundsätzlich nur bei der Verschuldenshaftung von Bedeutung. Eine Reduktion kommt namentlich bei leichter Fahrlässigkeit in Frage, während sie bei schwerem Verschulden, d.h. Vorsatz und grober Fahrlässigkeit, ausgeschlossen ist. 32.01

Umstritten ist, ob der Ersatz bei mittlerem Verschulden, d.h. gewöhnlicher Fahrlässigkeit, ermässigt werden darf (bejahend BK/BREHM OR 43 N 79, vgl. auch BGer 4C.103/2005, E. 6, wo u.a. das Vorliegen mittleren Verschuldens zu einer Reduktion führte; diese Frage wurde hingegen ausdrücklich offen gelassen in BGer 4A_141/2008, E. 15.3). Nach überwiegender Ansicht kommt eine Reduktion nur bei leichtem Verschulden in Betracht (BGE 91 II 297; 92 II 240; 99 II 181; OFTINGER/STARK I § 7 N 11; a.M. HONSELL/ISENRING/KESSLER § 9 N 4). Neben dem leichten Verschulden werden teilweise noch ungewöhnlich schwere Folgen vorausgesetzt (DESCHENAUX/TERCIER 244). 32.02

Entgegen den Erläuterungen in der Literatur ist die Reduktion des Schadenersatzes wegen geringen Verschuldens **in der Praxis kaum von Bedeutung**. 32.03

Insgesamt gibt es nur wenige Bundesgerichtsentscheide, in welchen eine Reduktion wegen leichten Verschuldens bejaht wurde (vgl. hierzu BK/BREHM OR 43 N 76 ff.; OFTINGER/STARK I § 7 Fn. 18 und 20; ROBERTO/SCHISTER 431 f.; Reduktion abgelehnt etwa in BGE 91 II 297; 92 II 240 f.; 99 II 181; 100 II 337 f.). Darunter fallen Urteile, in welchen die Reduktion vor allem im Hinblick auf das Mitverschulden des Geschädigten und viel weniger aufgrund eines leichten Verschuldens des Schädigers vorgenommen wurde (so etwa BGE 82 II 31 ff.). So letztlich wohl auch BGer 6B_861/2008, E. 5.4, in welchem die Schadenersatzpflicht eines Arbeitgebers nach einem Sturz des Vorarbeiters aufgrund leichten Verschuldens um 20% reduziert wurde; explizit verneint wurde in diesem Entscheid interessanterweise ein Selbstverschulden des Vorarbeiters, da er nur ungenügend über die notwendigen Sicherheitsmassnahmen instruiert worden sei (vgl. hierzu insbesondere E. 5.2). 32.04

In einem weiteren, von einem Teil der Lehre zur Fallgruppe des «leichten Verschuldens» gezählten Urteil ging es um eine Staatshaftung, genauer: um die Haftung zweier Kantone für Fahrlässigkeit ihrer Beamten (BGE 89 I 496 ff.). Im Grunde stand jedoch bei diesem Entscheid nicht die Reduktion im Vordergrund, sondern die Berücksichtigung des Verschuldens bei der Schadensberechnung: «Cependant, vu l'absence de faute concomitante de la victime, on ne réduira pas le montant de la réparation due à une fraction arithmétique du dommage; on laissera bien plutôt à la charge du demandeur les éléments du dommage qui peuvent donner lieu à des doutes et l'on mettra à la charge des défendeurs ceux dont l'existence est certaine» (a.a.O. 498). Im Übrigen dürfte ausser Streit stehen, dass dieser Fall nicht gerade ein Musterbeispiel für die Notwendigkeit einer Reduktion wegen leichten Verschuldens darstellt; zumal Staatshaftungen regelmässig verschuldensunabhängig sind. 32.05

32.06 Wenig überzeugend ist auch ein weiteres Urteil dieser Fallgruppe, in welchem die Ersatzpflicht gegen eine Bergbahngesellschaft, die eine künstliche Lawine ausgelöst und dadurch einige Alphütten beschädigt hatte, um zwanzig Prozent herabgesetzt wurde. Die Reduktion ist umso bemerkenswerter, als das für die Aktiengesellschaft handelnde Organ nicht leichtfahrlässig handelte, sondern lediglich «nicht geradezu elementarste, sich jedem vernünftigen Menschen gebieterisch aufdrängende Gebote der Sorgfalt verletzt[e]» (BGE 96 II 177).

1.2. Drohende Notlage

32.07 Die drohende Notlage des Ersatzpflichtigen darf als Reduktionsgrund nur berücksichtigt werden, wenn weder Absicht noch grobe Fahrlässigkeit vorliegt. Zu berücksichtigen ist zudem, ob Regressansprüche bestehen und ob der Geschädigte durch die Ersatzreduktion selber in Not geraten würde (ausführlich BK/BREHM OR 44 N 70 ff.). Entgegen den Erläuterungen in der Literatur ist die Reduktion des Schadenersatzes wegen einer drohenden Notlage **in der Praxis kaum von Bedeutung**. Dies mag weitgehend mit der Ausbreitung der Haftpflichtversicherungen zusammenhängen.

32.08 In der Rechtsprechung der letzten siebzig Jahre gibt es nur wenige Urteile, bei welchen das Vorliegen einer Notlage in Betracht kam (abgelehnt etwa in BGE 79 II 355; 90 II 14 f.; 108 II 427; vgl. hierzu OFTINGER/STARK § 7 N 49 ff.). In einem der weiteren Fälle reduzierte das Gericht die Regressforderung einer Sachversicherung gegen den verantwortlichen Schädiger von rund CHF 20'000.– auf CHF 4'000.– (BGE 80 II 250). Obwohl die Urteilsbegründung keine Angaben über die finanzielle Lage des Beklagten enthält, ist unklar, ob der Schädiger bei Zahlung des ganzen Betrages in eine Notlage zu geraten drohte. Der wirkliche Grund für die Kürzung dürfte ohnehin weniger die Sorge um eine drohende Notlage gewesen sein; entscheidend war vielmehr, dass ein Sachversicherer für seine Schadensdeckung eine Gegenleistung in Form von Versicherungsprämien erhält und deshalb auf den Regress im Grunde nicht angewiesen ist. «Il n'y a aucune raison que l'assureur ne supporte pas en définitive le dommage qu'il devrait couvrir si l'assuré avait commis lui-même la négligence dont son cocontractant s'est rendu coupable en exécutant ses obligations conventionnelles» (BGE 80 II 256).

32.09 In einem neueren Entscheid kürzte das Bundesgericht allerdings die Ersatzpflicht eines ehemaligen Arbeitnehmers wegen drohender Notlage (Bedürftigkeit des Beklagten) von CHF 35'000.– auf CHF 14'000.– (BGer 4C.103/2005, E. 6), nachdem die Vorinstanz den Schaden bereits von CHF 90'000.– wegen des Mitverschuldens des Arbeitgebers auf CHF 35'000.– reduziert hatte. Die Reduktion des Schadens von CHF 90'000.– auf letztlich CHF 14'000.– belegt die Notwendigkeit, den Arbeitnehmer gegenüber dem Arbeitgeber bloss bei Vorsatz haften zu lassen (s. vorne N 08.45 ff.).

2. Vom Schädiger unabhängige Umstände

2.1. Mitwirkender Zufall

32.10 Für zufällige Schädigungen ist haftpflichtrechtlich niemand verantwortlich. Aus dieser Überlegung ergibt sich bei einer Schädigung, die sowohl auf eine haftungsbegründende Ursache als auch auf Zufall zurückzuführen ist, dem Haftpflichtigen einen Herabsetzungsgrund zur Verfügung zu stellen (OFTINGER/STARK I § 7 N 34). Entgegen den Erläuterungen in der Literatur ist die Reduktion des Schadenersatzes wegen mitwirkenden Zufalls **in der Praxis kaum von Bedeutung**.

In der Rechtsprechung der letzten siebzig Jahre gab es nur **wenige Entscheidungen**, in denen der mitwirkende Zufall als Reduktionsgrund eine bedeutsame Rolle spielte (vgl. etwa OFTINGER/STARK I § 7 Fn. 65 und 67, die nur zwei Entscheidungen erwähnen; vgl. hierzu auch BK/BREHM OR 43 N 52b, der einige weitere Urteile als Fälle des mitwirkenden Zufalls zitiert). In einem dieser wenigen Entscheide handelte es sich um die bereits bei der Reduktion wegen leichten Verschuldens erwähnte Staatshaftung (vorne N 32.05 ff.); das Bundesgericht hatte die Reduktion allerdings sowohl mit dem leichten Verschulden als auch mit dem mitwirkenden Zufall begründet (BGE 89 I 497 f.). 32.11

In einem anderen Fall hafteten ein Elektrizitätswerk, ein Kanton, eine Gemeinde und ein Architekt aus ZGB 679, OR 58 und OR 41 solidarisch für die Zerstörung zweier Häuser durch eine wegen starker Regenfälle ausgelöste Geröll- und Schlammlawine (BGE 111 II 444). Den Beklagten wurde unter anderem vorgeworfen, durch künstliche Eingriffe in Bachläufe und übermässige Rodungen die Schädigungen verursacht zu haben. Die kantonale Vorinstanz hatte den Anspruch des geschädigten Grundeigentümers anerkannt, aber wegen Mitverschuldens den Ersatz um zwanzig Prozent herabgesetzt. Nach Ansicht des Bundesgerichtes kompensierte jedoch das erhebliche Verschulden der Kausalhaftpflichtigen das Mitverschulden des Geschädigten, weshalb eine Reduktion aus diesem Grunde nicht zulässig sei. Statt aber den Anspruch in voller Höhe anzuerkennen, suchte das Bundesgericht nach einem anderen Reduktionsgrund. Durch die Berücksichtigung des mitwirkenden Zufalls und der Reduktion des Schadens um 20% vermochte das Gericht der Vorinstanz zumindest im Ergebnis zu folgen. 32.12

Die Begründung des Bundesgerichtes, wonach die ungewöhnlich starken Regengüsse mitursächlich für den Schaden waren, vermag freilich nicht zu überzeugen. Die überzeugendere Auffassung findet sich in BGE 100 II 139, welcher einen ähnlichen Sachverhalt betraf. Die unter einer Strasse durchführenden Durchlässe waren für die infolge eines heftigen Gewitters durch die Bäche mitgeführte Menge an Geröll zu klein, wodurch verschiedene anliegende Grundeigentümer zu Schaden kamen. Das Gericht stellte sich hinsichtlich der Frage, welche Bedeutung dem ausserordentlich starken Gewitter zuzumessen ist, zu Recht auf den Standpunkt, dass es gerade die Aufgabe dieser Werke sei, bei solchen Unwettern Schädigungen zu verhindern. 32.13

Der massgebliche Grund in der oben erwähnten Entscheidung (BGE 111 II 444) findet sich wohl ohnehin in der Bemerkung, dass «il danno ai fondi dell' attrice si sarebbe forse prodotto ugualmente». Mit dem Hinweis, dass die Schädigung möglicherweise ohnehin eingetreten wäre, ist freilich die hypothetische Kausalität angesprochen, d.h. die Berücksichtigung der fehlerhaften Beschaffenheit der Sache bei der Schadensberechnung (vorne N 06.17 ff.). 32.14

2.2. Drittverschulden

In der Praxis soll eine Reduktion des Ersatzes auch dann eintreten, wenn infolge des Drittverschuldens das Verschulden des Haftpflichtigen als leichter erscheint (OFTINGER/STARK I § 7 N 41). Richtiger Ansicht nach führt aber ein Drittverschulden **nicht zu einer Herabsetzung** der Ersatzpflicht, sondern zu einer Solidarhaftung (MERZ 223; OFTINGER/STARK I § 7 Fn. 74; BSK/KESSLER OR 43 N 19; abschwächend BK/BREHM OR 43 N 87: Herabsetzung «nur ganz ausnahmsweise [...], wenn der Verzicht auf diese Kürzung unbillig wäre»; vgl. BGE 113 II 331). 32.15

32.16 In der bundesgerichtlichen Rechtsprechung der letzten siebzig Jahre ergingen nur wenige Entscheidungen, in denen die Ersatzpflicht wegen eines mitwirkenden Drittverschuldens reduziert wurde (vgl. etwa OFTINGER/STARK I § 7 Fn. 76, die verschiedene Entscheidungen zitieren; eine Reduktion wurde in diesen Fällen aber meist abgelehnt, s. grundlegend BGE 93 II 323; Gleiches gilt für den in BK/BREHM OR 43 N 82 zusätzlich erwähnten BGE 97 II 416 sowie den in BSK/KESSLER OR 43 N 19 zitierten BGer 6B_861/2008, E. 5.3). Dem Mitverschulden eines Dritten kommt daher in der Rechtsprechung des Bundesgerichtes seit über siebzig Jahren **keine Bedeutung** mehr zu (vgl. auch BGE 112 II 144, wonach dieser Reduktionsgrund «est considérée par le Tribunal fédéral lui-même comme théorique, au point qu'on ne connaît pas d'exemple où elle a pu trouver application»).

2.3. Entfernter Kausalzusammenhang

32.17 Wird bei den Haftungsvoraussetzungen der Kausalzusammenhang bejaht, dann kann der Richter – nach Auffassung eines Teils der Lehre – in einem weiteren Schritt unter Berücksichtigung der Intensität des Zusammenhanges die Entschädigung entsprechend herabsetzen (BK/BREHM OR 43 N 53; a.M. OFTINGER/STARK I § 3 Fn. 32).

32.18 Im Grunde handelt es sich auch beim mitwirkenden Zufall und beim Drittverschulden um ein Kausalproblem. Je entfernter der Kausalzusammenhang, desto stärker müssen andere Umstände, seien sie zufällig oder durch einen Dritten gesetzt, den Schaden mitverursacht haben. Die Reduktion wird denn auch damit begründet, dass die «sehr weit gehende Theorie des adäquaten Kausalzusammenhanges» insofern eine «notwendige, korrigierende Wirkung finden» kann (BK/BREHM OR 43 N 54).

32.19 Diese Auffassung ist nicht recht nachvollziehbar: Wenn der Begriff der Adäquanz zu weit ist, sollte dieser eingeschränkt werden; die Anerkennung eines weiten Adäquanzbegriffes und die anschliessende Reduktion bei der Schadensbemessung erinnern an die «Echternacher Springprozession»: drei Schritte vor und zwei zurück.

32.20 In der bundesgerichtlichen Rechtsprechung der letzten siebzig Jahre kam dem entfernten Kausalzusammenhang als Reduktionsgrund **praktisch keine Bedeutung** zu. So liessen etwa die bei BK/BREHM (OR 43 N 53) zitierten drei Urteile aus den dreissiger Jahren des letzten Jahrhunderts die Frage einer Reduktion aufgrund eines entfernten Kausalzusammenhangs weitgehend offen (BGE 57 II 46 f.: Reduktion offengelassen; 60 II 420 f.: Kausalität nur hilfsweise neben dem Mitverschulden erwähnt; 61 II 90: Rückweisung an Vorinstanz und entsprechende Reduktionsmöglichkeit neben weiteren Möglichkeiten nur generell erwähnt).

32.21 Ein Teil der Lehre scheint darüber hinaus Fälle der konstitutionellen Prädisposition zur Fallgruppe des entfernten Kausalzusammenhangs zu zählen (so etwa BK/BREHM OR 43 N 53; FELLMANN/KOTTMANN N 2401). So wird BGE 123 III 115 (Arbeitsunfähigkeit infolge eines leichten Halswirbelsäulentraumas) als Leitentscheid angeführt, in welchem sich das Bundesgericht ausdrücklich zur Berücksichtigung eines entfernten Kausalzusammenhangs als Reduktionsgrund bekannt habe. In diesem Zusammenhang wird auch BGer 4C.402/2006 erwähnt (FELLMANN/KOTTMANN Fn. 4757), in welchem das Vorliegen eines entfernten Kausalzusammenhangs bzw. einer konstitutionellen Prädisposition zu einer Haftungsreduktion um 66.67% führte. Gemäss E. 5.4 dieses Urteils wurde damit «der geringen Intensität des Unfalls als Ursache für die Beeinträchtigung» Rechnung getragen. In jüngster Zeit gibt es vermehrt Prädispositionsfälle mit erheblichen Haftungsreduktionen (50% Haftungsreduktion in BGer 4A_307/2009 und 4A_311/2008; 66,67% Reduktion im bereits erwähnten 4C.402/2006).

Es ist zu beachten, dass diese Urteile Schleudertrauma-Fälle betrafen. Die Reduktionen dürften Folge der zunehmenden Skepsis der Rechtsprechung hinsichtlich solcher «Phantom-Schädigungen» sein (vgl. vorne N 06.23). 32.22

2.4. Gefälligkeitshandlung

Schliesslich kann nach der Lehre auch das Vorliegen einer Gefälligkeitshandlung bzw. eines geringen Entgeltes zu einer Reduktion des Ersatzes führen (BK/BREHM OR 43 N 55). Auch diesem Reduktionsgrund kommt im Deliktsrecht **kaum nennenswerte Bedeutung** zu. 32.23

Von den zehn Bundesgerichtsentscheidungen, die OFTINGER/STARK (I § 7 Fn. 103 und 108) zitieren, führten bloss vier zu einer Herabsetzung des Ersatzbetrages. In allen vier Fällen lagen indessen hauptsächlich andere Reduktionsgründe vor, und die Gefälligkeitshandlung bzw. das bescheidene Entgelt wurde bloss nebenbei erwähnt (BGE 52 II 457: Reduktion wegen leichten Verschuldens [trotz Kausalhaftung], der drohenden Notlage und der Gefälligkeitsleistung; 64 II 263; 89 I 497; 92 II 242 f.). In einem späteren Entscheid lehnte das Bundesgericht die Berücksichtigung einer Gefälligkeit, welche «das übliche Mass an Grosszügigkeit, an Freundlichkeit nicht übersteigt», ausdrücklich ab (BGE 117 II 619). 32.24

Erstaunlicherweise versuchte das Bundesgericht in zwei um die Jahrtausendwende ergangenen Entscheidungen, diesen Reduktionsgrund «wiederzubeleben». Der eine Fall betraf eine Regressproblematik zwischen einer Sozial- und einer Privatversicherung, in der das Gericht die Gefälligkeit, sofern sie das übliche Mass übersteigt, als Reduktionsgrund im Sinne von OR 43 bezeichnete (BGE 127 III 447 f.: Haftungsreduktion von 30% aufgrund einer Gefälligkeitshandlung). Im anderen Fall führte das Selbstverschulden und das bescheidene Entgelt, das eine Revisionsstelle für ihre Tätigkeit erhielt, zu einer Reduktion von einem Drittel, wobei unklar ist, welche Bedeutung dem Entgelt neben dem Selbstverschulden tatsächlich zukam (BGE 127 III 457 ff.). 32.25

3. Würdigung

3.1. Diskrepanz der theoretischen und der praktischen Relevanz

Fasst man die Analyse der Rechtsprechung der letzten siebzig Jahre zusammen, so finden sich seit den vierziger Jahren des letzten Jahrhunderts nur sehr wenige Bundesgerichtsentscheide, in denen der Ersatz aus einem nicht auf Seiten des Geschädigten liegenden Grund reduziert wurde. In zwei dieser Fälle lag jeweils auch (und vor allem) ein Mitverschulden bzw. eine mitwirkende Kausalhaftung des Geschädigten vor (BGE 82 II 31 f.; 92 II 242 f.). Eine von einer etwaigen Mitverantwortlichkeit völlig unabhängige Reduktion fand in der bundesgerichtlichen Rechtsprechung der letzten siebzig Jahre gemäss der vorhergehenden Analyse lediglich in ganz wenigen Fällen statt (so etwa in BGE 80 II 250; 89 I 497; 96 II 176; 111 II 444), wobei die Reduktion in der Mehrheit dieser Fälle von der Sache her nicht geboten und von der Lage des Ersatzpflichtigen her nicht notwendig war (in zwei Fällen handelte es sich um die öffentliche Hand, in einem Fall um eine Aktiengesellschaft). Dieser Befund 32.26

wird noch bekräftigt, wenn man die Analyse auf die Rechtsprechung in den letzten vierzig Jahren beschränkt; sofern die Frage der Schadensbemessung überhaupt aufgeworfen wurde, ist eine Reduktion mit drei Ausnahmen (BGE 111 II 444, vorne N 32.12 ff.; BGE 127 III 448; BGE 127 III 457 ff. = Pra 2001, Nr. 179, vorne N 32.25) jeweils abgelehnt worden.

32.27 Die vorstehende Analyse der Rechtsprechung musste deshalb etwas ausführlicher erfolgen, weil die Lehre nach wie vor überwiegend den Eindruck vermittelt, der Reduktion des Ersatzes komme in der Praxis erhebliche Bedeutung zu. Die offenkundige **Bedeutungslosigkeit der Schadensbemessung** (mit Ausnahme der Mitverantwortlichkeit) wird in der Lehre schlicht zu wenig zur Kenntnis genommen. Stattdessen finden sich Stellungnahmen, wonach der Zufall «der meisterwähnte Umstand zur Herabsetzung der Schadenersatzpflicht» sei (BK/BREHM OR 43 N 52), die Berücksichtigung des entfernten Kausalzusammenhanges «dem Gericht gute Dienste erweisen» könne (BK/BREHM OR 43 N 54 und 88b) und «recht häufig [...] der Schadenersatz wegen der Geringfügigkeit des Verschuldens des Schädigers herabgesetzt» werde (WIDMER/WESSNER 153).

3.2. Gründe für die Bedeutungslosigkeit in der Rechtsprechung

32.28 Die relative Bedeutungslosigkeit der Reduktionsgründe in der Rechtsprechung liesse sich damit begründen, dass die massgeblichen Umstände entsprechend selten vorliegen. Dies mag auf Gefälligkeitshandlungen oder die drohende Notlage des Ersatzpflichtigen auch durchaus zutreffen. Indessen dürfte in zahlreichen Fällen der Verschuldenshaftungen kein schweres Verschulden des Schädigers, sondern ein Versehen, d.h. eine leichte Fahrlässigkeit, gegeben sein. Es erstaunt daher, dass die Gerichte den Ersatz nur selten wegen geringen Verschuldens reduzieren. Sofern in den Urteilsbegründungen überhaupt auf das Verschulden des Ersatzpflichtigen Bezug genommen wird, wird meist lediglich festgestellt, das Verschulden wiege nicht mehr leicht.

32.29 Vor diesem tatsächlichen Hintergrund erscheinen Ausführungen, wonach sich Verschulden und Haftpflicht «in einem Gleichgewicht befinden» sollen (OFTINGER/STARK I § 7 N 11) bzw. «das Gericht ein ausgewogenes Verhältnis zwischen der Schwere des Verschuldens und der Höhe des Schadenersatzes zu berücksichtigen hat» (BK/BREHM OR 43 N 26), als reichlich realitätsfremd. Diese Feststellung trifft in besonderem Masse auf die mitwirkenden Drittursachen zu. Da in jedem Unfall auch ein gutes Stück Unglück steckt, werden solche Umstände in der überwiegenden Zahl der Fälle in irgendeiner Form vorliegen; in der Gerichtspraxis spielen sie jedoch (bis auf wenige Ausnahmen) keine Rolle.

32.30 Theoretisch liesse sich gegen den Rückschluss von der Anzahl publizierter Entscheidungen auf die Bedeutung der Reduktionsgründe auch einwenden, dass diese bereits in der aussergerichtlichen Schadensregulierung Berücksichtigung finden und im Übrigen nur ein geringer Teil der Entscheidungen publiziert wird. Dieser Einwand ist aber nicht stichhaltig – im Gegenteil. Der Ersatzpflichtige wird die gerichtliche Klärung wohl eher in jenen Fällen anstreben, in denen er Reduktionsgründe geltend machen kann. Und die Gerichte werden Entscheidungen, in denen der Ersatz wegen eines dieser seltenen Reduktionsgründe herabgesetzt wird, eher veröffentlichen. In der Gesamtzahl aller Schadensfälle dürfte das ohnehin geringe relative Gewicht der Reduktionsgründe gemäss OR 43 I noch merklich tiefer liegen.

3.3. Verfall der Proportionalitätsidee

Vorne wurde ausgeführt, dass sich in der älteren Rechtsprechung häufiger Fälle finden lassen, in denen der Ersatz herabgesetzt wurde. Diesbezüglich ist zunächst festzustellen, dass die Begründungen meist in allgemeiner Form zahlreiche verschiedene Reduktionsgründe aufführten, so dass die Bedeutung, die den einzelnen Gründen zugemessen wurde, regelmässig im Dunkeln blieb. Überdies erwähnten die Gerichte neben den Reduktionsgründen gemäss OR 43 I oftmals auch das Selbstverschulden oder verwiesen, ohne die Gründe für die Herabsetzung im Einzelnen zu nennen, generell auf die Bestimmungen in OR 43 und 44. Dies dürfte darauf zurückzuführen sein, dass in der älteren Dogmatik das Wesen der Mitverantwortlichkeit noch nicht umfassend erkannt war. Schliesslich hat man auch zwischen der Schadensberechnung und der Schadensbemessung nicht genügend klar unterschieden. Mit zunehmender Fortentwicklung solcher dogmatischen Unterscheidungen durch die Rechtsprechung verloren die angeführten Reduktionsgründe an Bedeutung. 32.31

Dieser Befund wird auch durch die vergleichende Betrachtung ausländischer Rechte bestätigt (ausführlich STOLL N 8 ff.). So kennt etwa das österreichische ABGB eine Regelung, wonach der entgangene Gewinn nur bei Vorsatz oder Grobfahrlässigkeit ersatzfähig ist. Zu beachten ist freilich, dass diese Differenzierung heute für den gesamten Bereich des Handelsrechts, des Wettbewerbrechts und des Urheberrechts beseitigt wurde und man im Übrigen den Begriff des entgangenen Gewinns in einem engen Sinne versteht, indem sichere Erwerbsaussichten dem Aktivvermögen zugeschlagen werden (KOZIOL I N 2.37 m.N.). Dem Verschulden kommt auch im französischen Recht keine Bedeutung bei der Schadensbemessung zu. «Les dommages-intérêts se mesurent sur le préjudice subi, non sur la faute» (CHABAS 719; ferner CHARTIER 587 f. m.N.). Entsprechendes gilt auch für den angloamerikanischen oder skandinavischen Rechtskreis (STOLL N 8 ff.). 32.32

3.4. Folgerungen für die Dogmatik

Die schweizerische Lehre hinkt der sowohl in der bundesgerichtlichen Rechtsprechung als auch in anderen Rechtsordnungen erfolgten Entwicklung hinterher und vermittelt nach wie vor ein an Proportionalitätsgesichtspunkten und sozialen Rücksichtnahmen geprägtes System der Schadenersatzfestsetzung. Die augenfällig **geringe Bedeutung** zahlreicher in der Literatur genannter Reduktionsgründe für die Rechtsprechung wird **nur unzureichend wahrgenommen** und meist bloss am Rande erwähnt. Infolgedessen hielt man es auch nicht für notwendig, Gründe für die faktische Bedeutungslosigkeit der Reduktionsgründe auszumachen und die theoretische Fundierung des tradierten Systems der Schadensbemessung kritisch zu überprüfen. Stattdessen findet sich gelegentlich die Forderung an die Gerichte, wieder vermehrt Billigkeitsgesichtspunkte in die Rechtsprechung einfliessen zu lassen. 32.33

Sowohl die Analyse der Rechtsprechung zu den einzelnen Reduktionsgründen als auch die Betrachtung ausländischer Rechtsordnungen führen zu dem Schluss, dass das tradierte schweizerische System der Schadensbemessung den tatsächlichen Gegebenheiten nicht gerecht wird und überdies geeignet ist, die Gerichte bei der Entscheidfindung in die Irre zu führen. Entgegen dem in der Literatur vermittelten Eindruck ist die Qualifikation von OR 43 als Reduktionsnorm auch keineswegs gesetzlich vorgegeben. Vielmehr lautet die Marginalie dieses Artikels «Bestimmung des Ersatzes». Erst bei OR 44 spricht das Gesetz von «Herabsetzungsgründen». In Übereinstimmung mit der wohl überwiegenden Auffassung in anderen 32.34

Rechtsordnungen sollte mithin eine **Herabsetzung des Ersatzes nur bei Selbstverschulden bzw. mitwirkender Kausalhaftung** seitens des Geschädigten erfolgen. Ob ergänzend noch die Notwendigkeit besteht, in Ausnahmefällen die Ersatzleistung billigkeitshalber herabzusetzen, soll am Ende des nächsten Paragraphen geprüft werden (N 33.23 ff.).

§ 33 *Mitverantwortlichkeit*

Literatur

BURCKHARDT, Die Revision des Schweizerischen Obligationenrechtes in Hinsicht auf das Schadensersatzrecht, ZSR 1903, 469 ff.; DOBBS, Law of Remedies, 2. Aufl., St. Paul 1993; FLEMING, The Law of Torts, 10. Aufl., Sydney 2011; zitiert wird die 8. Aufl.; IM HOF, Die Art und Grösse des Schadenersatzes und der Genugtuung bei den Klagen aus OR Titel 1/II, Diss. Bern 1912; LOOKOFSKY, Consequential Damages in Comparative Context, Kopenhagen 1989; LOOSCHELDERS, Die Mitverantwortlichkeit des Geschädigten im Privatrecht, Tübingen 1999; RIZZO/ARNOLD, Causal Apportionment in the Law of Torts: An Economic Theory, Columbia Law Rev. (80) 1980, 1399–1429; SCHNEIDER/FICK, Das Schweizerische Obligationenrecht, Bd. I, 2. Aufl., Zürich 1896; SCHWAMB, Die schadensersatzrechtliche Reduktionsklausel – § 255a BGB Referentenentwurf 1967: Eine vergleichende Untersuchung mit dem Schweizer Recht, Frankfurt a.M. 1984; STOLL, Haftungsfolgen im bürgerlichen Recht, Heidelberg 1993; ZEDER, Haftungsbefreiung durch Einwilligung des Geschädigten, Zürich 1999.

1. Allgemeines

1.1. Wesen des Selbstverschuldens

Die Ersatzpflicht ist in dem Umfange herabzusetzen, in dem der Geschädigte für das Schadensereignis mitverantwortlich ist (vgl. OR 44 I). Dieser Grundsatz folgt nicht aus dem Prinzip von Treu und Glauben (so OFTINGER/STARK I § 5 N 139 m.w.N.), sondern aus dem Verantwortlichkeitsprinzip. «Wer mit seinen eigenen Rechtsgütern nachlässig umgeht oder haftbar machende Gefahren in den Verkehr bringt, die sich auch gegen den Eigenbereich richten können, muss zumindest einen Teil der Folgen tragen, wenn sich die von ihm geschaffenen Risiken wie auch immer verwirklichen» (LANGE/SCHIEMANN 549). Selbstverschulden bedeutet mithin Mitverantwortung. 33.01

Der Kläger muss sich ein Selbstverschulden vorwerfen lassen, wenn er nicht genügend Sorgfalt und Umsicht zu seinem eigenen Schutze aufgewendet hat. Dies gilt namentlich in jenen Fällen, in denen der Geschädigte seine Rechtsgüter freiwillig einer Gefahr aussetzt, die er kennt oder kennen sollte (OFTINGER/STARK I § 5 N 146 m.N. auf die Rechtsprechung), oder in denen er es unterlässt, angemessene Sicherungsvorkehrungen zu treffen. Welche Massnahmen erwartet werden dürfen, richtet sich sowohl nach der Grösse der Gefahr als auch nach dem Wert der Güter. 33.02

Ein Selbstverschulden trifft etwa denjenigen, der keinen Sicherheitsgurt anlegt (vgl. BGE 117 II 617), keinen Motorradhelm trägt, von einem fahrenden Transportfahrzeug abspringt, mit einem alkoholisierten Fahrer mitfährt, ohne sich umzusehen auf die Strasse tritt, als Skifahrer an einer unübersichtlichen Stelle mitten auf einer schmalen Skipiste anhält, um die Aussicht zu geniessen (BGE 82 II 32), kopfvoran in ein untiefes «Plauschbad» springt 33.03

(BGE 116 II 427 f.; 123 III 314 ff.), eine wertvolle Kunstskulptur ohne Sicherung auf einem Sockel in einem engen Gang aufstellt, die EDV-Dateien nicht regelmässig sichert usw. In der Praxis wird bei Vorliegen eines Selbstverschuldens die Reduktion jeweils in Form einer prozentualen Quote festgelegt (z.B. 25%, 33%, 50% usw.).

1.2. Abgrenzung vom vermeidbaren Schaden

33.04 Nach OFTINGER/STARK (I § 5 N 138) kann das Selbstverschulden vor, gleichzeitig mit dem haftungsbegründenden Ereignis oder nachher auftreten. Dazu ist zu bemerken, dass Handlungen oder Unterlassungen des Geschädigten nach der Schädigung im Regelfall unter dem Gesichtspunkt des vermeidbaren Schadens (vorne N 30.20 ff.) zu beurteilen sind. Der Geschädigte hat also denjenigen Teil des Schadens, den er nach dem haftpflichtbegründenden Ereignis hätte vermeiden können, selbst zu tragen.

33.05 Die Abgrenzung zwischen dem vermeidbaren Schaden und dem Mitverschulden hat aber im Grunde weniger nach dem Zeitpunkt der Handlung, sondern danach zu erfolgen, ob sich einzelne, dem Geschädigten anzulastende Schadenspositionen unterscheiden lassen (zutreffend DOBBS 275 f.); dies wird oft, aber nicht immer bei Verhaltensweisen nach der Schädigung der Fall sein.

1.3. Abgrenzung vom Handeln auf eigene Gefahr

33.06 Im schweizerischen Recht unterscheidet man in der Regel die Einwilligung von dem Handeln auf eigene Gefahr (vgl. etwa BGE 117 II 548; BK/BREHM OR 44 N 9). Allgemeiner Auffassung nach schliesst das Handeln auf eigene Gefahr eine Haftung nicht aus. Man versteht diesen Gedanken lediglich als Reduktionsgrund (vgl. etwa MERZ 229) und scheint dessen Anwendungsbereich auf Sportunfälle zu beschränken.

33.07 Wie sich das Handeln auf eigene Gefahr vom Selbstverschulden unterscheiden lässt, ist unklar. Da aber ohnehin beide nicht zu einem Haftungsausschluss, sondern zu einer Kürzung der Entschädigung führen, ist kein Grund für die Beibehaltung der Bezeichnung «Handeln auf eigene Gefahr» ersichtlich.

2. Abwägungsgrundsätze

2.1. Verschuldens- und Verursachungsabwägung

33.08 Ob bei der Ersatzreduktion in erster Linie auf das Verschulden des Geschädigten oder auf die Mitverursachung abgestellt werden muss, ist im deutschen und amerikanischen Recht umstritten (ROBERTO 310 f. m.N.). Richtiger Ansicht nach sind die beiden Elemente gleichrangig zu berücksichtigen.

33.09 Hinsichtlich des Grades der sorgfaltswidrigen Schadensvorsorge ist derselbe Massstab anzulegen wie beim Schädiger, freilich mit dem Unterschied, dass nicht die Sorgfalt zur Verhinderung fremder, sondern eigener Schädigung geprüft wird (OFTINGER/STARK I § 5 N 146). Welche Sorgfalt zum eigenen Schutz angemessen ist, bestimmt sich nach den Umständen im Einzelfall. Muss der Geschädigte sofort handeln, etwa wegen einer durch den Schädiger geschaffenen gefährlichen Situation, ist sein Verhalten nach einem milderen Massstab zu beurteilen (OFTINGER/STARK I § 5 N 151). Es geht also um die Frage, ob der Geschädigte unter den gegebenen Umständen vernünftig und angemessen gehandelt hat. Je weiter sein Verhalten von diesem Massstab abweicht, umso grösser ist die Kürzungsquote.

Die Mitverantwortlichkeit kann theoretisch zu einer Schadensverteilung zwischen null und hundert Prozent führen (so BK/BREHM OR 44 N 20). Es ist aber zweifelhaft, ob Verantwortlichkeitsanteile von wenigen Prozenten gegenüber dem Beitrag des anderen noch zu berücksichtigen sind. Die deutsche Rechtsprechung scheint deshalb im Regelfall Anteile von unter zwanzig Prozent für nicht mehr abwägbar oder berücksichtigenswert zu halten (LANGE/SCHIEMANN 620). Bei einem weit überwiegenden Verantwortungsbeitrag des Geschädigten kann tatsächlich nicht mehr von einer Haftpflicht des Schädigers ausgegangen werden (so bereits IM HOF 63). 33.10

Im umgekehrten Fall, d.h., wenn der Beitrag des Geschädigten nur marginal ist, gilt dies nicht. Hier erscheint die Berücksichtigung grundsätzlich nicht ausgeschlossen. Gleichwohl nimmt die schweizerische Rechtsprechung offenbar keine Kürzungen unter zehn Prozent vor (vgl. die Übersichten bei OFTINGER/STARK I § 7 N 32 und BK/BREHM OR 44 N 21). 33.11

2.2. Berücksichtigung des Selbstverschuldens bei Gefährdungshaftungen

Der Grundsatz, wonach sowohl die Verschuldens- als auch die Verursachungsbeiträge zu berücksichtigen sind, ist dann nicht anwendbar, wenn auf Seiten des Schädigers eine Gefährdungshaftung vorliegt. Da die Verschuldensgrade nicht miteinander verglichen werden können, liegt es nahe, in solchen Fällen nur die Verursachungsbeiträge zu vergleichen. Gelegentlich wird freilich der Einwand erhoben, dass eine Ursache entweder condicio sine qua non für eine Schädigung ist oder nicht, weshalb es keine Verursachungsgrade geben kann (so z.B. VON TUHR/PETER 111 Fn. 19). Dieser Auffassung liegt die (hier abgelehnte) «naturwissenschaftliche» Kausalität zugrunde, in welcher es in der Tat keine Rangordnung zwischen den Kausalbeiträgen geben kann. 33.12

Da aber nach der hier vertretenen Ansicht die «natürliche» Kausalität nicht ohne Wertungen auskommt (vorne N 06.04), scheint eine Differenzierung der Ursachen je nach ihrer Wesentlichkeit nicht a priori ausgeschlossen; im Übrigen ist ohnehin nicht auf den natürlichen, sondern auf den juristischen Verursachungsbeitrag abzustellen. Es ist indessen zuzugeben, dass die Frage nach den Massstäben für die Beurteilung der Verursachungsgrade nicht leicht zu beantworten ist. 33.13

In ausländischen Rechtsordnungen hat man verschiedene Verfahren für die Abwägung der Verursachungsbeiträge vorgeschlagen. Vertreter der Ökonomischen Analyse des Rechts wollen bei der Schadensverteilung die jeweiligen für die Schadensvermeidung erforderlichen Kosten für den Schädiger und den Geschädigten vergleichen. Dieser Ansatz ist nicht praktikabel, da – wie bereits erwähnt – beim Geschädigten sowohl bei «Alltagsversehen» als auch bei schwerem Mitverschulden ein sorgfältigeres Verhalten keine zusätzliche Kosten verursacht (ROBERTO 316 f. m.N. auf die amerikanische Rechtsprechung). 33.14

Ein anderer Vorschlag geht dahin, die Wahrscheinlichkeit zu schätzen, dass die jeweiligen Tatbeiträge des Schädigers und des Geschädigten zur Schädigung geführt hätten (RIZZO/ 33.15

ARNOLD 1399 ff.). Hat z.B. die durch den Geschädigten geschaffene Gefahr eine Wahrscheinlichkeit von neunzig Prozent, dass die Schädigung eintritt, und diejenige des Schädigers eine solche von fünfundvierzig Prozent, so müsste eine Reduktion des Ersatzes um einen Drittel erfolgen. Dagegen liesse sich einwenden, dass die Wahrscheinlichkeitsgrade oftmals auch nicht annähernd einzuschätzen sind. So bekunden z.B. die amerikanischen Gerichte bei den sog. «Asbestfällen» erhebliche Unsicherheiten, inwiefern der Ersatzbetrag herabzusetzen ist, wenn ein an Lungenkrebs erkrankter Geschädigter, der jahrelang Zigaretten geraucht hat, gegen einen Asbesthersteller klagt (ROBERTO 315 m.N.). Hierzu ist zu bemerken, dass eine vage Abschätzung der Mitverantwortung des Geschädigten – auch bei äusserst unsicheren Schädigungsbeiträgen – allemal gerechter erscheint als die Zuweisung der ganzen Verantwortlichkeit auf eine Seite (PROSSER/KEETON 345).

33.16 Dem Abschätzen der Schädigungswahrscheinlichkeit ist hingegen vorzuwerfen, dass dabei der Verschuldensgrad des Geschädigten ausser Acht gelassen wird. Ob beispielsweise bei einer Produktehaftung, in der die Fehlerhaftigkeit für den Verwender ohne Weiteres erkennbar war, der Geschädigte unerfahren im Umgang mit entsprechenden Gegenständen, sehbehindert oder ein Kind ist, sollte bei der Schadensverteilung Berücksichtigung finden.

2.3. Allgemeine Grundsätze der Reduktion bei Gefährdungshaftungen

33.17 Unsicher ist, ob allgemeine Regeln formuliert werden können, wie der Schaden zu verteilen ist. In der Regel stellt man in der Literatur fest, dass Gefährdungshaftungen gegenüber der Fahrlässigkeit und den einfachen Kausalhaftungen ein grösseres Gewicht zukommt (BK/BREHM OR 44 N 22b). Nach OFTINGER/STARK (I § 7 N 24) drängt es sich auf, den «einfachen Kausalhaftungen» (z.B. OR 55, 56, 58) «etwa halb so viel Gewicht beizumessen wie den Gefährdungshaftungen». Diese Aussage wird freilich durch die Kürzungsquoten in der von denselben Autoren zusammengestellten Entscheidsammlung nicht gestützt. Die Gerichte scheinen eine mittlere Fahrlässigkeit auf Seiten des Geschädigten sowohl bei einfachen Kausalhaftungen als auch bei Gefährdungshaftungen mit einer Kürzung zwischen fünfundzwanzig und vierzig Prozent zu berücksichtigen. Dieser Gleichstellung ist zuzustimmen. Während man nämlich bei der Gefährdungshaftung unabhängig von einer Sorgfaltspflichtverletzung und selbst bei Treffen aller Vorsichtmassnahmen haftbar ist, setzt die Einstandspflicht des Kausalhaftpflichtigen die Verletzung einer Sorgfaltspflicht voraus (vorne N 04.48 ff., 16.01 ff.). Dem unterschiedlichen Gefährdungspotential ist mithin schon im Rahmen der Haftungsvoraussetzungen genügend Rechnung getragen, weshalb sich eine nochmalige Berücksichtigung bei der Ersatzermittlung erübrigt.

33.18 Oftmals trifft den Gefährdungshaftpflichtigen ein zusätzliches Verschulden. Streitig ist, ob sich die Verschuldensanteile des Schädigers und des Geschädigten neutralisieren können, so dass nur noch die Gefährdungshaftung des Schädigers zu berücksichtigen wäre (so z.B. GUHL/KOLLER § 10 N 78). Dem Anliegen der Schadenersatzreduktion bei Mitverantwortlichkeit des Geschädigten entspricht aber das Prinzip der «sektoriellen Verteilung» besser (dazu OFTINGER/STARK I § 9 N 13 ff.). Denn obwohl sich die Kumulierung von Kausal- und Verschuldenshaftung erschwerend auswirkt, so ist doch dem Geschädigten nach wie vor eine Mitverantwortung für das Schadensereignis vorzuwerfen. Das mitwirkende Verschulden des Gefährdungshaftpflichtigen sollte daher richtiger Ansicht nach bloss zu einer geringeren Reduktion des Schadenersatzes führen (ebenso OFTINGER/STARK I § 7 N 25 ff.).

2.4. Mitwirkende Betriebs- und Sachgefahr auf Seiten des Geschädigten

Eine mitwirkende Kausalhaftung ist nicht nur auf Seiten des Schädigers, sondern auch auf Seiten des Geschädigten beachtlich. Eine Betriebs- oder Sachgefahr, die im Falle der Fremdschädigung zu einer Einstandspflicht aufgrund einer Gefährdungshaftung führen würde, kann im Falle der Eigenschädigung nicht unberücksichtigt bleiben. Dies ergibt sich aus OR 44 I («Umstände, für die er einstehen muss»). 33.19

Der Gedanke der mitwirkenden Betriebs- und Sachgefahr ist namentlich in jenen Fällen von praktischer Bedeutung, in denen der Ersatzpflichtige aufgrund einer Kausalhaftung haftet. So ist etwa unstreitig, dass bei Zusammenstoss zweier Fahrzeuge der Geschädigte sich die von seinem Fahrzeug ausgehende Betriebsgefahr anrechnen lassen muss. Diese Gefahr ist aber auch gegenüber dem aus Verschulden Haftpflichtigen (z.B. dem Radfahrer) in Ansatz zu bringen. 33.20

In der Lehre versteht man die in OR 44 I erwähnten Umstände, für die der Geschädigte einstehen muss, in einem umfassenderen Sinne. Danach sollen auch Umstände berücksichtigt werden können, wenn sie gegenüber Dritten noch keine Haftung auslösen würden (so wohl BK/BREHM OR 44 N 45 f.). Erwähnt werden etwa Gefälligkeitshandlungen (OFTINGER/STARK I § 7 N 67 ff.); darauf wurde bereits eingegangen (vorne N 32.23 ff.). Hinsichtlich der «schadensgeneigten Arbeit» als Reduktionsgrund ist zu bemerken, dass dieser Umstand im Arbeitsvertragsverhältnis durch OR 321e II geregelt ist (s. auch vorne N 08.45 ff.). Eine Berücksichtigung der «sozialen und wirtschaftlichen Verhältnisse beider Parteien» sollte dem Schadensrecht ebenfalls fremd sein. Weder sollte die Wohlhabenheit zu einer geringeren noch die Armut zu einer höheren Ersatzleistung führen. Auf die Umstände, dass der Geschädigte ein aussergewöhnlich hohes Einkommen hat oder dass «nicht motorisierte Strassenbenützer einer unverhältnismässig schweren Haftpflicht ausgesetzt» sein können (OFTINGER/STARK I § 7 N 76), ist sogleich einzugehen. 33.21

Ein **umfassenderes Verständnis** des Begriffes «Umstände» in OR 44 I (welches auch die wirtschaftlichen Verhältnisse der Parteien, das Vorliegen einer Gefälligkeitshandlung usw. berücksichtigt) ist **abzulehnen** (a.M. BK/BREHM OR 43 N 51). Eine Ersatzreduktion sollte nur bei Mitwirkung einer haftbarmachenden Betriebs- oder Sachgefahr erfolgen. Ob neben dem Selbstverschulden und der mitwirkenden Gefährdungshaftung in Ausnahmefällen weitere Kriterien für eine angemessene Begrenzung der Einstandspflicht notwendig sind, ist nachfolgend zu prüfen. 33.22

3. Aussergewöhnliche Schadenspotentiale

3.1. Vorbemerkungen

In der Literatur findet sich jeweils die Befürchtung, dass eine geringe Fahrlässigkeit zu einer aussergewöhnlich hohen Schadenersatzpflicht und zu einer für den Schädiger untragbar grossen Belastung führen kann (s. etwa VON TUHR/PETER 105 f.; MERZ 220 f.). Eine derartige Belastung wird nicht bloss von jenen Autoren als problematisch empfunden, welche (anders als hier) den Gedanken der Proportionalität zwischen dem Umfang der Ersatzpflicht und dem Grad des Verschuldens befürworten. Es entspricht offenbar einer verbreiteten Wer- 33.23

tungskonvention, dass der Ersatzbetrag mit Blick auf das Fehlverhalten nicht zu einer übermässigen, ruinösen Belastung führen darf.

33.24 Vorweg ist festzuhalten, dass entsprechende Erläuterungen in der Literatur einen weit grösseren Platz einnehmen, als es der praktischen Bedeutung dieser Fälle entsprechen dürfte. Gleichwohl ist nicht von der Hand zu weisen, dass es in Ausnahmefällen bei Vorliegen besonderer Schadenspotentiale zu ausserordentlichen Schadensfolgen kommen kann, deren Zurechnung an den Schädiger unbillig erscheinen mag. Nachfolgend soll auf einige der meistgenannten Problemgruppen kurz eingegangen werden. Nicht hierher gehören die Fälle der konstitutionellen Prädisposition (dazu vorne N 06.20 ff.).

3.2. Ungewöhnlich hohes Einkommen

33.25 Problematisch erachtet man etwa die Ersatzhöhe bei Verletzung eines Spitzenverdieners bzw. eines «shabby millionaire» (FLEMING 206). Die Sorge der übermässigen Belastung schlug sich in verschiedenen Spezialgesetzen nieder (KHG 7 II, SVG 62 II). Danach kann der Ersatz bei ungewöhnlich hohem Einkommen des Geschädigten reduziert werden. Diese Bestimmungen werden gelegentlich dahingehend missverstanden, dass sie einen verallgemeinerungsfähigen Gedanken enthalten, wonach das hohe Einkommen des Geschädigten als Reduktionsgrund gilt (so MERZ 231 f. und GUHL/KOLLER § 10 N 85); ganz nach dem Motto: «Wer so viel verdient, braucht weniger Entschädigung» (vgl. in diesem Sinne KELLER I 149). Die Bestimmungen wollen aber nicht eine Ersatzbemessung nach Massgabe der Vermögensverhältnisse ermöglichen, sondern zielen lediglich auf die Begrenzung des Schadensbetrages ab, welcher gerade **wegen des hohen Einkommens** des Betroffenen derart gross ausfällt.

33.26 Dagegen ist einzuwenden, dass sich das Schadenersatzrecht – wie bereits erwähnt – nicht für die Verfolgung sozialpolitischer Zwecke eignet. Weshalb wohlhabende Personen nicht ebenfalls Anrecht auf vollen Ausgleich für die ihnen zugefügte Schädigung haben sollten, ist in einer marktwirtschaftlichen Gesellschaftsform nicht einzusehen. Aus diesen Grunde ist auch schwer verständlich, weshalb Gutverdienende einen Teil ihres Verdienstausfalls selber tragen sollten (ebenso OFTINGER/STARK I § 7 N 63). Hinzuweisen ist, dass die Annahme, aussergewöhnliche Einkommenshöhen (z.B. des Inhabers eines Unternehmens) hätten entsprechend hohe Verdienstausfallschäden zur Folge, nicht zutrifft; die beiden Beträge (Verdienstausfall des Unternehmers und Gewinnreduktion des Unternehmens) steigen eben nicht proportional (zutreffend SCHWAMB 318 ff.). Im Regelfall erledigt sich daher das vermeintliche Problem bereits dadurch, dass die Schadensberechnung nicht zu einem aussergewöhnlich hohen Erwerbsschaden führt.

3.3. Hoher Gewinnausfall

33.27 Die Literatur begründet die Erforderlichkeit einer Ersatzbegrenzung mittels einer Reduktionsklausel ferner damit, dass der Geschädigte möglicherweise einen ausserordentlich hohen Gewinnausfall erleidet. Gedacht wird meist an den Entgang eines lukrativen Geschäftsabschlusses.

33.28 Nun ist aber die Ermittlung des entgangenen Gewinns vor allem dadurch gekennzeichnet, dass sie Hypothesen über künftige Entwicklungen erfordert. Aufgrund der damit verbundenen Unsicherheiten treten **Beweisfragen** in den Vordergrund. Es erstaunt daher nicht, dass man sowohl im französischen als auch im anglo-amerikanischen Recht das Problem des Gewinnausfalles vor allem unter dem Aspekt des Beweisproblems betrachtet (ROBERTO 327 m.N.). Je höher und ungewöhnlicher der angebliche Gewinnausfall, umso strengere Anforderungen sind an die Beweislast zu stellen. Überdies können dem Schädiger entsprechende Einbussen nur insoweit zugerechnet werden, als diese nicht vermeidbar waren. Hier hat denn auch die vorne erläuterte Einschränkung hinsichtlich des vermeidbaren Schadens einen wesentlichen Anwendungsbereich. Mit zunehmendem Abstand der Gewinnaussicht vom Schadensereignis wächst eben «die mögliche Einflussnahme des Geschädigten auf die Schadensentwicklung» (STOLL 425 f.). Es ist daher fraglich, ob im Hinblick auf Gewinnausfälle die Notwendigkeit einer Billigkeitsreduktion besteht.

3.4. Verletzung mehrerer Rechtsgüter

Eine untragbare Belastung für den Schädiger lässt sich sodann bei Verletzung mehrerer 33.29
Rechtsgüter denken. Zu denken ist etwa an einen Radfahrer, der unachtsam in der Mitte der Fahrspur fährt, wodurch ein Tankfahrzeug von der Strasse abkommt, explodiert und schwere Personen- und Sachschäden verursacht (SCHWAMB 289). Sobald bei der Sorgfaltspflichtverletzung auch gefährliche Stoffe mitbetroffen sind, kann der Schadensbetrag bald einmal in keinem Verhältnis mehr zum Verschulden des Schädigers stehen und sein Wiedergutmachungspotential weit übersteigen. Gerade solche Fälle hatten deutsche Autoren, welche die Einführung einer Reduktionsklausel in das BGB befürworteten, vor Augen (zu den entsprechenden Reformvorhaben ROBERTO 257 ff.).

Überraschenderweise stösst das Problem der übermässigen Belastung wegen Verletzung meh- 33.30
rerer Rechtsgüter in der schweizerischen Literatur nicht auf Beachtung, und auch in der Rechtsprechung lassen sich, soweit ersichtlich, keine Anwendungsfälle finden (vgl. auch SCHWAMB 289). Dies mag auf folgende Umstände zurückzuführen sein: Grosse Schadenspotentiale sind vor allem im Zusammenhang mit explosionsgefährlichen Stoffen denkbar. Für daraus folgende Schädigungen wird im Regelfall vor allem der Inhaber des Betriebes oder der Anlage, in denen diese Stoffe hergestellt, gelagert oder verwendet werden, aufgrund einer Gefährdungshaftung einzustehen haben (vgl. Art. 27 I SprstG). Überdies treffen denjenigen, der gefährliche Stoffe mit einem grossen Schädigungspotential in den Verkehr bringt, entsprechend grosse Sorgfaltspflichten. Der fahrlässig Handelnde wird daher in aller Regel bloss für einen Teil des Schadens aufkommen müssen. Sodann betreffen Fälle, in denen zahlreiche Rechtsgüter geschädigt werden, zumeist den Transportbereich; in diesem Bereich besteht eine gesetzlich vorgeschriebene Versicherungspflicht. Auch wenn die Unfallverursachung auf eine Fahrlässigkeit eines Radfahrers oder Fussgängers zurückzuführen ist, geht der grössere Teil des Schadens zu Lasten der mitbeteiligten Fahrzeughalter (vorne N 33.17 ff.). Ist dem Fahrzeugführer überdies ebenfalls ein Verschulden vorzuwerfen, so fällt die Ersatzpflicht des nur leichtfahrlässig handelnden, nicht zwangsversicherten Verkehrsteilnehmers meist ganz weg. In den – zumindest theoretisch denkbaren – verbleibenden Fällen wird der Geschädigte oftmals auf die eigene Haftpflichtversicherung zurückgreifen können (gemäss SCHWAMB 293 war dem grössten deutschen Fahrzeug-Haftpflichtversicherer im Jahre 1980 kein einschlägiger Fall bekannt).

3.5. Beschädigung wertvoller Sachen

Schliesslich ist eine übermässige Belastung des Ersatzpflichtigen auch bei Beschädigungen 33.31
wertvoller Sachen denkbar, z.B. fahrlässig verursachte Museumsbrände oder fallengelassenes, besonders wertvolles Geschirr. In der Schweiz fand dieses Problem vor allem im älteren

Schrifttum Beachtung. Dabei wurde in der Regel auf eine basel-städtische Entscheidung aus dem Jahre 1883 verwiesen. Nach den Erwägungen des Gerichts kann der Schadenersatz bei Beschädigung kostbarer Schaufensterscheiben, die sich an einer steil abfallenden Strasse befinden, reduziert werden (Beilage zur ZSR 1883 II, 78 f.; s. auch BURCKHARDT 501; SCHNEIDER/FICK OR 51 N 14).

33.32 Der Umstand, dass dieser Reduktionsgrund in der neueren Lehre nicht mehr erwähnt wird, lässt sich am ehesten darauf zurückführen, dass es in der veröffentlichten bundesgerichtlichen Praxis, soweit ersichtlich, keine Entscheidung gibt, welche den Ersatz wegen aussergewöhnlich hohen Wertes der Sache reduziert. Der Geschädigte muss eben bei schadensanfälligen oder wertvollen Sachen besondere Sicherungs- und Schutzmassnahmen treffen, ansonsten ihn ein Selbstverschulden trifft. Je grösser die Schadensanfälligkeit bzw. der Wert der Sache, umso strenger sind die an den Geschädigten gestellten Sorgfaltsanforderungen. Als Beispiel für diesen Grundsatz sei auf den Fall verwiesen, in dem ein auf einem Fahrzeuganhänger transportierter Rennwagen ungenügend gegen seitliches Verrutschen gesichert war (LG Baden-Baden VersR 1978, 238 f.).

3.6. Würdigung

33.33 Die schweizerischen Gesetzesbestimmungen sehen die Unverhältnismässigkeit der Ersatzleistung zwar nicht als Reduktionsgrund vor. Das Gesetz lässt jedoch grundsätzlich genügend Spielraum, um eine im Einzelfall aussergewöhnliche Schadensintensität bei der Schadensverteilung zu berücksichtigen, da OR 44 I nicht nur vom Selbstverschulden, sondern von den Umständen auf Seiten des Geschädigten spricht.

33.34 Diese Interpretation der Bestimmung in OR 44 I darf freilich nicht als **Freibrief** für eine generelle, im Ermessen des Richters stehende **Billigkeitsreduktion** missverstanden werden. Im Interesse der Richtigkeitsgewähr und der Rechtssicherheit bei der Rechtsanwendung sollte eine Reduktion nur in Ausnahmefällen, in denen die Verpflichtung zum vollen Schadensausgleich aus besonderen Gründen untragbar erscheint, in Betracht kommen dürfen. Eine entsprechende Ausnahmeklausel fand Mitte der achtziger Jahre Eingang in die skandinavischen Haftpflichtgesetze (LOOKOFSKY 190 Fn. 542 m.N.). Danach kann die Ersatzpflicht reduziert werden, wenn diese eine unverhältnismässige Belastung des Haftpflichtigen darstellt oder wenn andere Umstände eine Herabsetzung nahelegen. Bei der Entscheidung sind das Ausmass der Verletzung, die Haftungsart, die Situation des Schädigers, die Interessen des Geschädigten, bestehende Versicherungen und weitere Umstände massgebend.

33.35 Es ist nochmals zu betonen, dass die Notwendigkeit einer Reduktion wegen aussergewöhnlich hoher Ersatzbeträge im Grunde kaum auszumachen ist, wie anhand der vier vorne erwähnten Fallgruppen mit besonderen Schadenspotentialen aufgezeigt wurde. Dies mag nicht zuletzt auch mit der Ausbreitung der Haftpflichtversicherung zusammenhängen.

33.36 Im Übrigen ist zu beachten, dass in Fällen mit für den Schädiger untragbar hohen Ersatzbeträgen eine Billigkeitsreduktion oftmals nicht zum Ziele führt. Denn bei einem sehr hohen Ersatzbetrag kann auch eine erhebliche Reduktion für den Einzelnen eine untragbare hohe Belastung darstellen. Diese Fälle lassen sich nicht mit einer Schadenersatzreduktion, sondern nur mit einer Haftungsbefreiung lösen. Als Beispiel mag ein Fall aus der dänischen Rechtsprechung dienen: Ein Lotteriespieler händigt sein Los dem Inhaber eines Tabakladens aus, der es für eine zehnprozentige Kommission weiterleiten soll. Der Händler verlegt das Los. Als sich herausstellt, dass es ein Gewinnlos gewesen wäre, klagt der Spieler gegen den Tabakhändler. Das oberste dänische Gericht reduzierte nicht bloss den Ersatz, sondern lehnte bereits die Haftung des Händlers aufgrund der ausserordentlichen Umstände des Falles ab (LOOKOFSKY 192).

5. Kapitel: Genugtuung

§ 34 Allgemeines und Anspruchsvoraussetzungen

Literatur

HÜTTE/DUKSCH/GUERRERO, Die Genugtuung. Eine tabellarische Übersicht über Gerichtsentscheide aus den Jahren 1990–2005, 3. Aufl., Nachlieferung 3, Zürich 2005; HÜTTE, Genugtuungsrecht, Bd. I, Zürich 2013; ders./LANDOLT, Genugtuungsrecht, Bd. II, Zürich 2013; SUTTER, Voraussetzungen der Haftung bei Verletzung der Persönlichkeit, BJM 1991, 1 ff.; TERCIER, Contribution à l'étude du tort moral et de sa réparation en droit civil suisse, Freiburg 1971.

1. Allgemeines

1.1. Begriff und Wesen

Unter Schaden ist, wie bereits erwähnt, ein finanzieller Nachteil, eine Vermögenseinbusse zu verstehen (vgl. vorne N 22.01 ff.). Immaterielle Beeinträchtigungen wirken sich nicht auf das Vermögen, sondern nur auf die «Gefühlsbilanz» aus. Sie lassen sich infolgedessen auch nicht ziffernmässig berechnen. Gleichwohl können auch immaterielle Schädigungen in bestimmten Fällen durch eine Geldzahlung, eine sog. Genugtuungsleistung, ausgeglichen werden. Eine solche Wiedergutmachung kommt z.B. bei körperlichen Schmerzen, einer Verminderung der Lebensfreude oder einer Beeinträchtigung des wirtschaftlichen und sozialen Ansehens in Betracht (vgl. FELLMANN/KOTTMANN N 2612; HaftpflichtKomm/FISCHER OR 47 N 1). 34.01

Der invaliditätsbedingte künftige Einkommensverlust ist durch Schadenersatz auszugleichen; ist die Ausübung einer Freizeitbeschäftigung ebenfalls verunmöglicht, kann eine Genugtuungsleistung gefordert werden. Wurde ein Nutztier getötet, ist Schadenersatz geschuldet, beim geliebten, keinen ökonomisch nennenswerten Wert aufweisenden Haustier dagegen Genugtuung. Die Abgrenzung ist freilich nicht immer ganz einfach: Verlangt jemand eine Entschädigung dafür, dass sein Name oder sein Bild in der Werbung ohne seine Zustimmung verwendet wurde, so handelt es sich um Schadenersatz; hätte der Betroffene einer Verwendung nie zugestimmt, geht es im Grunde um eine Genugtuung (VON BAR II N 145). Auch bei Ersatz für einen (fiktiven) Nutzungsausfall oder für verdorbene Ferien ist die Einordnung unsicher (vgl. vorne N 29.25 ff., 29.48 ff.). 34.02

Gemäss der bundesgerichtlichen Rechtsprechung besteht der Zweck der Genugtuung in erster Linie darin, «beim Verletzten für die erlittene immaterielle Unbill bzw. das empfundene Unrecht einen Ausgleich zu schaffen, indem das Wohlbefinden anderweitig gesteigert oder dessen Beeinträchtigung erträglicher gemacht wird [...]» (BGE 123 III 15). In der Wiedergutmachung einer immateriellen Beeinträchtigung durch eine Geldzahlung liege zwar ein 34.03

gewisser Widerspruch, da sich die Beeinträchtigung nicht durch Geld aufwiegen lasse. Das Geld versetze den Berechtigten aber in die Lage, sich ein Gefühl des Wohlbefindens zu verschaffen bzw. sich etwas zu leisten, das am ehesten die erlittenen Beeinträchtigungen wettmachen könne (BGE 123 III 15). Auch die Lehre sieht den Zweck der Genugtuung weitgehend darin, einen Ausgleich für Schmerzen und seelische Leiden zu schaffen (BK/BREHM OR 47 N 9; FELLMANN/KOTTMANN N 2614; HONSELL/ISENRING/KESSLER § 10 N 2; KELLER/GABI/GABI 126; ZK/LANDOLT Vor OR 47/49 N 17; REY/WILDHABER N 494 und 498). Dagegen kommt der Genugtuung nach herrschender Auffassung keine pönale Funktion zu (BGE 123 III 15; BGer 1A.235/2000, E. 5d; BGer 6B_795/2009, E. 5.2; BK/BREHM OR 47 N 40; ZK/LANDOLT Vor OR 47/49 N 25; REY/WILDHABER N 500).

34.04 Spielt der Strafgedanke keine Rolle, so darf die Festlegung der Genugtuungssumme konsequenterweise nicht vom Verschulden des Schädigers abhängig sein. Bei der Bemessung muss vielmehr die erlittene immaterielle Unbill im Vordergrund stehen.

34.05 Infolgedessen kann der Geschädigte selbst dann Anspruch auf eine Genugtuung haben, wenn den Haftpflichtigen kein Verschulden trifft (was insbesondere bei verschuldensunabhängigen Gefährdungshaftungen der Fall sein kann [grundlegend BGE 74 II 212; ferner BGE 112 II 122; 115 II 158]). Widersprüchlich ist es freilich, dass bei der Verschuldenshaftung gemäss vorherrschender Lehre die Genugtuungsleistung reduziert werden kann, wenn den Haftpflichtigen bloss ein geringes Verschulden trifft (vgl. REY/WILDHABER N 562; BSK/KESSLER OR 47 N 20b; BGE 112 II 133; 117 II 50 ff.; BGer 6B_795/2009, E. 5.2; vgl. aber OFTINGER/STARK I § 8 N 9: schweres Verschulden als Grund für eine Erhöhung der Genugtuung). Überdies ist diese Auffassung mit der konsequenten Ablehnung des pönalen Gedankens nicht vereinbar (vgl. BK/BREHM OR 47 N 38, wonach die Schwere des einseitigen Verschuldens des Schädigers nur Beachtung finden könne, «wenn die Genugtuung in eine Privatstrafe umfunktioniert [bzw. «zurückfunktioniert»]» würde).

34.06 Das Verschulden des Haftpflichtigen sollte im Rahmen der Festlegung der Genugtuung bloss eine Rolle spielen, wenn es gegen das Mitverschulden des Geschädigten abgewägt wird (analog OR 44; BK/BREHM OR 47 N 74). Berücksichtigt man dagegen generell das Verschulden des Schädigers bei der Bemessung, so tritt der Präventions- oder gar Sanktionsgedanke (vgl. VON TUHR/PETER 126: «Besänftigung des Rachegefühls») in den Vordergrund (DEUTSCH N 907).

1.2. Gesetzliche Grundlagen

34.07 Das OR regelt die Genugtuung in OR 47 und 49. Aufgrund des Verweises in OR 99 III gelten diese Bestimmungen auch bei Vertragsverletzungen (BGE 110 II 164; 116 II 520 f.; 123 III 206 f.). Eine Entschädigung, welche neben der Genugtuungsfunktion auch eine Straffunktion hat, ist im Arbeitsrecht für missbräuchliche oder ungerechtfertigte Auflösung eines Arbeitsverhältnisses vorgesehen (OR 336a und 337c III; eingehend zur Funktion BGE 123 III 393 f.). Im ZGB finden sich Bestimmungen über die Genugtuung in ZGB 29 II (Namensanmassung) und 454 I (Verantwortlichkeit im Rahmen der behördlichen Massnahmen des Erwachsenenschutzes). In verschiedenen Gesetzen wird sodann auf die Bestimmungen in OR 47 und 49 verwiesen (vgl. etwa ZGB 28a III [Persönlichkeitsverletzung]; SVG 62 I, UWG 9 III).

34.08 Zu beachten ist, dass die Genugtuungsbestimmungen in OR 47 und 49 keine Haftungsnormen darstellen; sie regeln bloss die Voraussetzungen und Bemessung der Genugtuung als

Folge einer aufgrund anderer Bestimmungen bestehenden Haftung (BGE 123 III 209 f.; 126 III 166 f.; s. auch BK/BREHM OR 47 N 15 und OR 49 N 13).

2. Anspruchsvoraussetzungen

2.1. Überblick

Das Gesetz unterscheidet verschiedene Sachverhalte: Bei einer Körperverletzung kann der Geschädigte eine Genugtuung (Schmerzensgeld) beanspruchen (OR 47). Im Falle einer Tötung sind die Angehörigen anspruchsberechtigt (OR 47). Wird das Persönlichkeitsrecht verletzt, so ist ein Genugtuungsanspruch dann gegeben, wenn die Schwere der Verletzung dies rechtfertigt (OR 49 I). 34.09

Nach der Rechtsprechung können auch Angehörige einer verletzten Person Genugtuung fordern (BGE 123 III 210). Dies nicht bloss in jenen Fällen, in denen ein Unfall bei den Angehörigen einen Schock bewirkt (vorne N 05.36 ff.), sondern auch dann, wenn eine Körperverletzung bei den Angehörigen zu einer schweren Persönlichkeitsverletzung führt. 34.10

2.2. Körperverletzung und Tötung

Im Falle einer Körperverletzung setzt ein Genugtuungsanspruch voraus, dass der Geschädigte starke Schmerzen (physischer oder seelischer Natur) erlitten hat oder unter einer bleibenden Gesundheitsstörung leidet. Die Voraussetzungen können also etwa vorliegen bei erlittenen starken Schmerzen, langem und mühseligem Heilungsverlauf, Invalidität, reduzierter Lebensfreude (z.B. wegen des Verzichts auf Sport oder sonstige Freizeitaktivitäten), psychischen Störungen, physischen Entstellungen (z.B. Narben), Impotenz, Unfruchtbarkeit oder verkürzter Lebenserwartung (BK/BREHM OR 47 N 161 ff.). 34.11

OR 47 fordert das Vorliegen «besonderer Umstände»; die immaterielle Beeinträchtigung muss damit eine gewisse Intensität erreichen. Bagatellverletzungen, Verletzungen ohne dauernde Beeinträchtigung und ohne Komplikationen führen damit in der Regel zu keinem Genugtuungsanspruch, sofern keine anderweitigen besonderen Umstände (z.B. mehrmonatiger Spitalaufenthalt) vorliegen (FELLMANN/KOTTMANN N 2630; HaftpflichtKomm/FISCHER OR 47 N 34). 34.12

Bei der Tötung eines Menschen können die nahen Angehörigen eine Genugtuung verlangen (BGE 125 III 417). Anspruchsberechtigt sind grundsätzlich der überlebende Ehegatte, die Kinder, die Eltern und die Geschwister (BGE 113 II 339; 118 II 409); richtiger Ansicht nach kommen in Ausnahmefällen auch entferntere Verwandte wie Grosseltern, Enkel, Tante, Onkel, Schwiegereltern usw. in Betracht (BK/BREHM OR 47 N 155 ff.). Massgebend sollte weniger der Verwandtschaftsgrad, als vielmehr die Intensität der Beziehung sein. Aus diesem Grunde ist auch der in der Literatur getroffenen Unterscheidung nicht zu folgen, wonach Verlobte, nicht aber Konkubinatspartner anspruchsberechtigt sein könnten (vgl. BK/BREHM OR 47 N 159 ff.; HÜTTE/DUKSCH/GUERRERO I/28 f.; wie hier SCHWENZER N 17.09; HÜTTE 11). Nicht auf den Trauschein oder das Eheversprechen ist abzustellen, sondern auf die emotionale Bindung; damit vermeidet man auch einen Widerspruch zu der Ent- 34.13

wicklung hinsichtlich des Versorgerschadens (vorne N 27.09 ff.), welcher den Konkubinatspartner mitumfasst.

34.14 Unlängst hat auch das Bundesgericht erkannt, dass Konkubinatspartner gleich wie Ehegatten als «Angehörige» der verstorbenen Person zu betrachten sind. So sprach es in einem jüngeren Entscheid einer unehelichen Lebenspartnerin eines getöteten Motorradfahrers einen Anspruch auf Genugtuung zu (BGer 6B_368/2011, E. 2.3.2; zuvor hatte das Bundesgericht die Frage, ob der Konkubinatspartner zum Kreis der Genugtuungsberechtigten i.S.v. OR 47 gehört, ausdrücklich offen gelassen [BGer 1A.196/2000, E. 3a; BGE 114 II 149]).

2.3. Schwere Persönlichkeitsverletzung

34.15 Eine Verletzung der Persönlichkeitsrechte begründet eine Genugtuung nur, falls die **Schwere der Verletzung** dies rechtfertigt (OR 49 I). Im Vordergrund steht die Verletzung der Freiheit, der Ehre und der persönlichen Sphäre (vorne N 15.16 ff., 15.51 ff., 15.91 ff.). In Betracht kommen aber auch weitere Persönlichkeitsverletzungen, etwa durch unlauteren Wettbewerb (UWG 9 III) oder durch berufliche Kreditschädigung (Nachweise bei BK/BREHM OR 49 N 60 f.). Auch für eine unbegründete Verhaftung (BGE 113 IV 98), eine grundlose Verbeiständung, Nötigung, Freiheitsberaubung, Erpressung, Ehrverletzung, Boykott oder Verletzung der sexuellen Integrität (BGE 125 III 269) kann eine Genugtuungsleistung zugesprochen werden (FELLMANN/KOTTMANN N 2653).

34.16 Der Richter hat nach objektiven Kriterien zu beurteilen, ob eine Persönlichkeitsverletzung vorliegt. Es ist auf die objektive Schwere der Beeinträchtigung abzustellen, nicht auf das subjektive Empfinden des Betroffenen (BGE 122 III 449; ZK/LANDOLT OR 49 N 29). Der Betroffene muss die objektiv als schwer zu qualifizierende Beeinträchtigung jedoch auch subjektiv als seelischen Schmerz empfunden haben (BK/BREHM OR 49 N 30; ZK/LANDOLT OR 49 N 86 f. und 100).

34.17 Die Verletzung oder Tötung eines Haustieres kann ebenfalls einen Genugtuungsanspruch begründen. Ob dies auch für (unbelebte) Sachen gilt, ist unsicher (vgl. BK/BREHM OR 49 N 73). Ungewiss ist auch, ob die Verletzung eines Vertrages für sich allein einen Genugtuungsanspruch begründen kann oder ob ein konkurrierender Anspruch aus unerlaubter Handlung vorliegen muss (vgl. REY/WILDHABER N 541; SUTTER 3 m.N.). In Fällen vertragswidriger Erbringung einer Pauschalreise («verdorbene Ferien») ist ein Genugtuungsanspruch richtiger Ansicht nach abzulehnen (BSK/ROBERTO PRG 14/15 N 11 m.N. zu abweichenden Meinungen).

34.18 Nicht jede Persönlichkeitsverletzung, die einen Unterlassungs-, Beseitigungs- oder Schadenersatzanspruch begründet, genügt für einen Genugtuungsanspruch; erforderlich ist vielmehr eine schwere Verletzung. Überdies darf die Verletzung nicht bereits anders wieder gutgemacht worden sein (subsidiärer Charakter; s. dazu BK/BREHM OR 49 N 7 ff.). Der Richter kann gemäss OR 49 II statt oder zusätzlich zu der Geldleistung auch eine andere Art der Genugtuung anordnen, z.B. Urteilspublikation (BGE 95 II 499 f.; 104 II 2) oder Zahlung an wohltätige Organisationen (BGE 117 IV 275; ausführlich BK/BREHM OR 49 N 97 ff.).

2.4. Einzelfragen

In der Rechtsprechung wurde eine Genugtuung auch dann bejaht, wenn die verletzte Person die Genugtuungsleistung **nicht wahrnehmen konnte**, etwa weil sie eine schwere Hirnschädigung erlitten hatte (BGE 108 II 431 ff.). Das Gericht begründete den Verzicht auf das Erfordernis der subjektiv empfundenen immateriellen Unbill im konkreten Fall damit, dass ein in völliger Demenz lebendes Kind sich seinen Eltern gegenüber durch Überlassung der Geldsumme erkenntlich zeigen könne (a.a.O. 433). Wenn beim Betroffenen ein Ausgleich der erlittenen immateriellen Unbill nicht mehr erreicht werden kann, wie dies Sinn und Zweck der Genugtuung eigentlich wäre, so sollte man den Genugtuungsanspruch auch nicht über eine solche Fiktion begründen; die Angehörigen können vielmehr einen eigenen Anspruch aus OR 49 geltend machen (BSK/KESSLER OR 47 N 13; BK/BREHM OR 47 N 189 f.; FELLMANN/KOTTMANN N 2634 f. m.w.N.; vgl. auch BGE 116 II 521). 34.19

Als Genugtuung wird eine **Kapitalleistung** zugesprochen; nur bei andauernder immaterieller Unbill ist die Zusprechung in Form einer Rente denkbar (BSK/KESSLER OR 47 N 23). Genugtuungsforderungen können abgetreten werden (BGE 81 II 389; BSK/KESSLER OR 47 N 7) und gehen im Todesfall auf die Erben über. Hinsichtlich der Vererblichkeit ist nach der Rechtsprechung erforderlich, dass der Genugtuungsanspruch bereits geltend gemacht wurde (BGE 81 II 389 f.; 118 II 407). Richtiger Ansicht nach sollte aber der erbrechtliche Übergang nicht von der Geltendmachung durch den Verletzten abhängig sein (OFTINGER/STARK I § 8 N 47; BSK/KESSLER OR 47 N 7; HONSELL/ISENRING/KESSLER § 10 N 5; REY/WILDHABER N 499; a.M. BK/BREHM OR 47 N 123 ff. m.N.). 34.20

§ 35 Bemessung

Literatur

SIDLER, Die Bemessung der Genugtuung bei Invaliditätsschäden, SJZ 1997, 165 ff.; SIEMES, Gewinnabschöpfung bei Zwangskommerzialisierung der Persönlichkeit durch die Presse, AcP 2001, 202 ff.; TERCIER, La fixation de l'indemnité pour tort moral en cas de lésions corporelles ou de mort d'homme, FS Assista, Genf 1989, 143 ff.; WINTER, Die Wiedergutmachung immaterieller Beeinträchtigungen bei Körperverletzung und Tötung, Diss. Zürich 1975.

1. Grundsätze

1.1. Der Ermessensspielraum

Weder bei körperlichen oder seelischen Schmerzen noch bei Persönlichkeitsverletzungen kann der Betrag, der die Beeinträchtigung ausgleichen soll, rechnerisch ermittelt werden. «Geld und Schmerz stehen sich als unvergleichbare Grössen gegenüber» (BK/BREHM OR 47 N 6). Bei der Festsetzung der Genugtuungsleistung kommt dem Richter deshalb ein erheblicher Ermessensspielraum zu, wobei das Bundesgericht (obwohl es sich um eine im Berufungsverfahren überprüfbare Rechtsfrage handelt) bei der Überprüfung der kantonalen Vorentscheidungen Zurückhaltung übt (BGE 125 III 273 f.). 35.01

Der primäre Faktor bei der Bemessung der Genugtuung ist das Ausmass der immateriellen Beeinträchtigung, respektive des zugefügten Leides (BGE 115 II 158). Inwiefern das Verschulden des Haftpflichtigen für die Festlegung der Genugtuung von Bedeutung ist, ist umstritten (vgl. OFTINGER/STARK I § 8 N 9; vgl. vorne N 34.04 ff.). 35.02

Sodann ist fraglich, inwiefern weitere Gesichtspunkte wie Verzeihung, Verwandtschaft und Feindschaft zwischen Täter und Opfer, Flucht des Täters nach einem Unfall, zeitliche Distanz zum anspruchsbegründenden Sachverhalt, Gefälligkeitshandlung, Mitwirken des Zufalls usw. zu berücksichtigen sind (in der Tendenz bejahend etwa FELLMANN/KOTTMANN N 2659; ablehnend BK/BREHM OR 47 N 47 ff.). 35.03

In der Lehre wird diskutiert, ob die Einkommens- und Vermögensverhältnisse des Haftpflichtigen einerseits und des Geschädigten andererseits bei der Festlegung der Genugtuung zu berücksichtigen sind. So wird etwa die Auffassung vertreten, die Genugtuungssummen seien umso höher auszugestalten, je wohlhabender die geschädigte Person ist (BK/BREHM OR 47 N 11a ff.; WINTER, 101; a.M. OFTINGER/STARK I § 8 N 29; FELLMANN/KOTTMANN N 2662). Der gleiche Betrag vermittelt je nach finanzieller Situation der Person ein anderes Gefühl des Ausgleichs. Für einen Millionär ist eine Genugtuungsleistung von mehreren tausend Franken ein netter Zuschuss, für eine bedürftige Person dagegen ein Vermögen. Der Gesetzgeber geht dagegen davon aus, dass jeder die gleiche Empfindung erlebt, wenn er die gleiche Geldsumme als Wiedergutmachung für die erlittene immaterielle Unbill erhält. 35.04

1.2. Bemessungszeitpunkt und Wohnsitz des Klägers

35.05 Streitig ist, ob die Genugtuungssumme nach den im Unfallzeitpunkt geltenden Ansätzen zu bemessen ist oder ob der Urteilstag massgebend sein soll. Da namentlich bei Körperverletzungen die tatsächlichen und rechtlichen Abklärungen und die prozessuale Durchsetzung etliche Jahre beanspruchen können, ist die Fragestellung insbesondere im Hinblick auf sich verändernde Ansätze bei der Zusprechung von Genugtuungsleistungen von praktischer Relevanz (vgl. OFTINGER/STARK I § 8 N 33). Beim Abstellen auf den Urteilstag sind im Regelfall höhere Beträge zuzubilligen. Stellt man dagegen auf den Unfalltag ab, dann kann der Geschädigte eine Verzinsung des Genugtuungsbetrages zu fünf Prozent beanspruchen (BGE 101 II 357; 117 II 63; 118 II 408 f.). Vertreten wird auch, es sei dem Geschädigten zu überlassen, nach welcher der beiden Varianten die Genugtuung bemessen werden soll (so BK/BREHM OR 47 N 94b.; offengelassen in BGE 116 II 300).

35.06 Das Bundesgericht scheint sich in jüngerer Zeit für die Verzinsung ab Unfalltag entschieden zu haben (vgl. BGE 131 III 21). Die Frage des massgebenden Bemessungszeitpunkts hat in Bezug auf den Betrag an Bedeutung verloren. Der Grund liegt einerseits in der seit Jahren tiefen Teuerungsrate und andererseits in insgesamt stabil bleibenden Ansätzen für Genugtuungsleistungen während der vergangenen Jahre (vgl. BK/BREHM OR 47 N 98; ferner ZK/LANDOLT Vor OR 47/49 N 201 ff.). Relevant bleibt die Frage dagegen im Hinblick auf die Verzinsung.

35.07 Sodann hat sich in der jüngeren Rechtsprechung die Frage gestellt, ob die niedrigeren Lebenshaltungskosten eines **ausländischen** Anspruchsberechtigten zu berücksichtigen sind. Das Bundesgericht hatte zunächst entschieden, die Genugtuung sei unabhängig vom Wohnsitz des Klägers festzusetzen (BGE 121 III 255 f.). Bloss zwei Jahre später schränkte es jedoch diese Ansicht für den Fall ein, dass die Kaufkraft **wesentlich tiefer** liege als in der Schweiz (CHF 200.– entsprachen damals in China dem Monatslohn eines Angestellten in einer gut laufenden Fabrik); diesfalls könne die Zusprechung einer Genugtuung nach hiesigen Ansätzen zu einer krassen Besserstellung des Klägers führen (BGE 123 III 14 f.; bestätigt in BGE 125 III 556 ff.: Lebenshaltungskosten in der Vojvodina 18 Mal tiefer als in der Schweiz). Weshalb dieses Argument bloss bei einer krassen Besserstellung und nicht auch in anderen Fällen (etwa bei einer bloss drei bis vier Mal tieferen Kaufkraft) gelten soll, ist im Grunde nicht zu begründen (vgl. die entsprechende Kritik bei BK/BREHM OR 47 N 11e ff.).

1.3. Bemessungsmethode

35.08 Die Höhe der Verletztengenugtuung wird gemäss Rechtsprechung nach pflichtgemässem Ermessen festgelegt. Ausgehend von bereits beurteilten vergleichbaren Präjudizien wird die Höhe der Genugtuungsleistung im Einzelfall unter Würdigung der konkreten Umstände bemessen (vgl. zum Ganzen ZK/LANDOLT OR 47 N 13 ff.). Die zum Vergleich herangezogenen Präjudizien dürfen zeitlich nicht zu weit zurück liegen (BGer 4C.150/2004, E. 5.2) und müssen zudem sorgfältig verglichen werden (BGE 97 V 103).

2. Höhe der Genugtuungssummen

2.1. Bei Körperverletzung

Bei der Bemessung der Genugtuung für Körperverletzungen sind die Schwere der physischen Verletzung, das Ausmass und die Dauer der Schmerzen, die bleibenden Behinderungen und Entstellungen sowie die geistige und seelische Belastung als besondere Umstände im Einzelfall zu berücksichtigen. 35.09

Die zugesprochenen Genugtuungsleistungen waren in der Vergangenheit oftmals **bedrückend gering**, etwa bei Verstümmelung von vier Fingern CHF 5'000.– (SJZ 1965, 162), bei Verlust eines Auges unter CHF 10'000.– (BGE 89 II 63; 100 II 300; 104 II 190), bei Schädelverletzung mit Gehirnbreiaustritt, psychischer Behinderung sowie einer linksseitigen Lähmung, wodurch der Verletzte dauernd auf den Rollstuhl angewiesen war, CHF 60'000.– (BGE 107 II 348). 35.10

Unterdessen spricht die Rechtsprechung in der Tendenz höhere Genugtuungsleistungen zu. Bei schweren Körperverletzungen betrugen diese in der Regel zwischen CHF 100'000.– und CHF 150'000.–, teilweise gar um die CHF 200'000.– (ZK/LANDOLT OR 47 N 206). 35.11

So hat die Rechtsprechung für eine infolge eines schweren Schädel-Hirntraumas eingetretene vollständige Hilfslosigkeit CHF 215'000.– (OGer Luzern 11 04 163), für schwerste Kopf, Hirn- und Beinverletzungen sowie die Amputation eines Beines CHF 200'000.– (BezGer Münchwilen TG 258/1997, E. 4b/cc), für Paraplegie eines Neunundzwanzigjährigen CHF 120'000.– (BGer 4C.103/2002, E. 5), für eine Becken- und Oberschenkelfraktur, einen offenen Schienbeinbruch und einen teilweisen Ausriss des Schliessmuskels CHF 60'000.– (BGer 6B_546/2011, E. 2.4) und für eine schwere Hirnschädigung mit tetraplegischer Lähmung CHF 100'000.– (BGE 108 II 422; 118 II 404) als Genugtuung zugesprochen. Die Übertragung der AIDS-Krankheit wurde mit CHF 80'000.– (BGE 125 III 417 ff.), die Entführung und mehrfache Vergewaltigung durch mehrere Täter unter Todesdrohungen mit CHF 75'000.– (BGE 125 IV 204) und der langjährige sexuelle Missbrauch eines Mädchens durch ihren Vater mit schweren psychischen Folgen für das Opfer mit CHF 100'000.– (BGE 125 III 276) entschädigt. 35.12

Bei mittelschweren Körperverletzungen belaufen sich die Genugtuungsbeiträge regelmässig auf einen Betrag unter CHF 50'000.–. Für eine gänzliche Erblindung auf einem Auge sowie eine 90%-ige Invalidität infolge einer Schussverletzung wurden etwa CHF 50'000.– (BGE 112 II 138 ff.), für eine schwere Knieverletzung CHF 45'000.– (BGer 4C.150/2004), für eine Schädelfraktur, eine Läsion der Halswirbelsäule sowie Atemstörungen CHF 30'000.– (BGer 4C.407/1994) und für eine fehlerhafte Brustoperation CHF 25'000.– (BGE 108 II 59) gewährt. 35.13

Insgesamt wäre bei Körperverletzungen eine **grosszügigere Bemessung wünschbar**, welche zumindest nicht hinter den (ebenfalls eher zurückhaltenden) Ansätzen in den umliegenden Rechtsordnungen zurückbleibt (bei schwersten Geburtsschäden oder Querschnittlähmungen wurden in Deutschland Beträge bis rund CHF 500'000.– zugesprochen; in Frankreich setzte man den Betrag bei den AIDS-Skandalen auf rund CHF 520'000.– fest und auch in Griechenland gewährte man in einem entsprechenden Fall rund CHF 430'000.–; vgl. die Nachweise bei VON BAR II N 157 ff.; vgl. ferner ZK/LANDOLT OR 47 N 214 ff.). Von «amerikanischen Verhältnissen» ist man in den europäischen Rechtsordnungen indes überall weit entfernt (VON BAR II 164). Eine grosszügigere Zusprechung von Genugtuungssummen bei 35.14

Körperverletzungen ist auch im Hinblick auf die entsprechenden Entschädigungen für Persönlichkeitsverletzungen angezeigt.

2.2. Bei Verlust eines Angehörigen

35.15 Bei Verlust eines nahen Angehörigen (Ehegatte, eingetragener Partner, Elternteil, Kind) kann ein Genugtuungsanspruch geltend gemacht werden, wobei die Beträge vergleichsweise niedrig sind.

35.16 Die Genugtuungsbeträge bewegen sich in der Regel zwischen CHF 10'000.– und CHF 30'000.–, in begründeten Einzelfällen für Ehegatten bis zu CHF 60'000.– und für den Verlust eines Kindes bis zu CHF 100'000.– (vgl. HAP/BERGER N 11.60 m.N.; ZK/LANDOLT OR 47 N 465 ff. m.N.; BGer 1A.299/2000 und BGer 4C.495/1997: Ehegattengenugtuung, jeweils CHF 50'000.–; BGer 6S.20/2006: Ehegattengenugtuung, CHF 30'000.– für Ermordung des Ehemannes; OGer ZH = NZZ vom 08.12.1999, 47: Elterngenugtuung, CHF 120'000.– für den Vater und CHF 150'000.– für die Mutter von zwei grobfahrlässig getöteten Kindern; OGer ZH = NZZ vom 15.04.2003, 44: Kindergenugtuung, CHF 60'000.– für siebenjähriges Kind nach Ermordung der achtunddreissigjährigen Mutter). Bei Geschwistern liegen die Beträge niedriger; zudem sind sie nur in Ausnahmefällen genugtuungsberechtigt (ZK/LANDOLT OR 47 N 424). Gemäss Rechtsprechung besteht ein Anspruch für Geschwister grundsätzlich nur dann, wenn sie mit dem getöteten Bruder bzw. der getöteten Schwester in einem gemeinsamen Haushalt gelebt haben (BGE 118 I 404).

35.17 Entscheidend sollte ohnehin das Abstellen auf die Intensität der durch den Tod zerstörten Bindung sein und nicht die eigentliche Verwandtschaftsbezeichnung (vgl. vorne N 34.13; in diesem Sinne auch BGer 6S.700/2001, insbesondere E. 4.3). Tiefere Beträge sind demnach etwa gerechtfertigt bei in Trennung lebenden Eheleuten, bei einem Elternteil, der infolge Scheidung bloss sporadisch ein Besuchsrecht wahrnahm, oder bei seit Jahren weit auseinanderlebenden Geschwistern. Umgekehrt sind höhere Genugtuungssummen zuzubilligen, wenn ein Kind seinen einzigen noch lebenden Elternteil verliert oder den Eltern kein Kind mehr verbleibt (OFTINGER/STARK I § 8 N 93 und 95).

35.18 Die Anspruchsberechtigten müssen sich ein Selbstverschulden des Getöteten anrechnen lassen (BGE 116 II 735 f.; zu den Unsicherheiten der Rechtsprechung in dieser Frage vgl. BK/BREHM OR 47 N 76 ff.). So wurden die Genugtuungsansprüche der Hinterbliebenen (Frau und gemeinsame Kinder) eines bei einem Raserduell getöteten Familienvaters im Betrag reduziert, weil der Getötete die Hauptschuld am Unfall trug (BGer 4A_423/2008, E. 2).

2.3. Bei Verletzung eines Angehörigen

35.19 Gemäss neuerer Lehre und Rechtsprechung wird die Genugtuungsberechtigung von Angehörigen schwer verletzter Personen bejaht (BGE 112 II 227; ZK/LANDOLT OR 49 N 686).

35.20 In der Praxis wurden Angehörigen von Schwerstverletzten bisher Genugtuungssummen zwischen CHF 20'000.– und CHF 50'000.– zugebilligt (FELLMANN/KOTTMANN N 2681). Zu denken ist etwa an die Verletzung eines Mannes, welche zu einer Impotenz führt und damit auch die Ehefrau trifft (BGE 112 II 227), oder an die schwere Invalidität, welche sich in einer vollständigen Pflegebedürftigkeit auswirkt (BGE 112 II 225; 116 II 521; vgl. auch BGE 122 III 7).

2.4. Persönlichkeitsverletzung

Auch bei Persönlichkeitsverletzungen richtet sich die Höhe der Genugtuung nach dem Ausmass der immateriellen Unbill des Verletzten (ZK/LANDOLT OR 49 N 99). Ein mögliches Selbstverschulden ist genugtuungsmindernd zu berücksichtigen. Gibt jemand z.B. durch fahrlässiges Verhalten selbst Anlass zu Gerüchten, kann hierfür auch keine Genugtuung beansprucht werden (BGer 4C.386/2001; ZK/LANDOLT OR 49 N 105). 35.21

Bei schweren Persönlichkeitsverletzungen im Sinne von OR 49 sind die zugesprochenen Beträge **gering** und lagen bislang nur in Einzelfällen über CHF 20'000.–. Immerhin ist im Vergleich zu früher eine Tendenz hin zu etwas grosszügigeren Bemessungen festzustellen. 35.22

Genugtuung wurde etwa in folgenden Fällen zugesprochen: CHF 5'000.– Diskriminierungsgenugtuung für die Nichtanstellung einer neununddreissigjährigen Schweizerin mazedonischer Herkunft mit der Begründung «Wir stellen keine Kopftücher an» (ArbGer ZH AN050401/U1); CHF 12'000.– für ein minderjähriges Mädchen, das für längere Zeit unter sklavenähnlichen Lebensbedingungen als Arbeitskraft eingesetzt wurde (BGer 4C.94/2003, E. 5); CHF 25'000.– aufgrund einjähriger sexueller Belästigung und eingetretener Arbeitsunfähigkeit (BGer 4C.343/2003, E. 8.2); CHF 20'000.– aufgrund einer gegenüber der Untersuchungsrichterin geäusserten Morddrohung (KreisGer Rorschach = NZZ vom 25.09.2003, 19); CHF 30'000.– wegen ungerechtfertigter medizinischer Zwangsmassnahme infolge langjähriger widerrechtlicher Unterbringung in einer psychiatrischen Klinik (BezGer Zürich vom 13.12.1993, 58); umfassend zur Bemessung der Genugtuungsleistung bei Persönlichkeitsverletzungen ZK/LANDOLT OR 49 N 86 ff.). 35.23

Besondere Bedeutung kommt der Genugtuung im Bereich der Persönlichkeitsverletzungen durch die Massenmedien zu. Das Erfordernis der Schwere wurde in OR 49 als Tatbestandsvoraussetzung aufgenommen, um nicht bei jeder geringfügigen Beeinträchtigung der Persönlichkeitsrechte einen Genugtuungsanspruch gewähren zu müssen. Bei Verletzung durch die Massenmedien ist eine Persönlichkeitsbeeinträchtigung freilich im Regelfall schon wegen der Verbreitung nicht geringfügig. Gerade in diesem Bereich sollte die Rechtsprechung ihre Zurückhaltung ablegen (in diese Richtung auch die jüngste Rechtsprechung in Deutschland, vgl. SIEMES 202 ff.; vgl. BGE 126 III 161 ff.: CHF 15'000.– für ehrverletzende Pressekampagne). Die Pressefreiheit kann jedenfalls nicht als Rechtfertigung für grobe Vernachlässigungen elementarer journalistischer Pflichten dienen (z.B. Vorverurteilungen einer unschuldigen Person, fiktive oder verfälschte Interviews) oder ein gezieltes «Fertigmachen» einer Person durch ein Medienunternehmen («Medienbashing»). 35.24

Sachregister

E

F

G

H

N

O

P

Q

R

S

T

U

V

W

Z